# 日米衝突の萌芽
# 1898-1918

渡辺惣樹



草思社文庫

日米衝突の萌芽　1898—1918◉目次

◎地図作成＝アートライフ（小笠原諭）

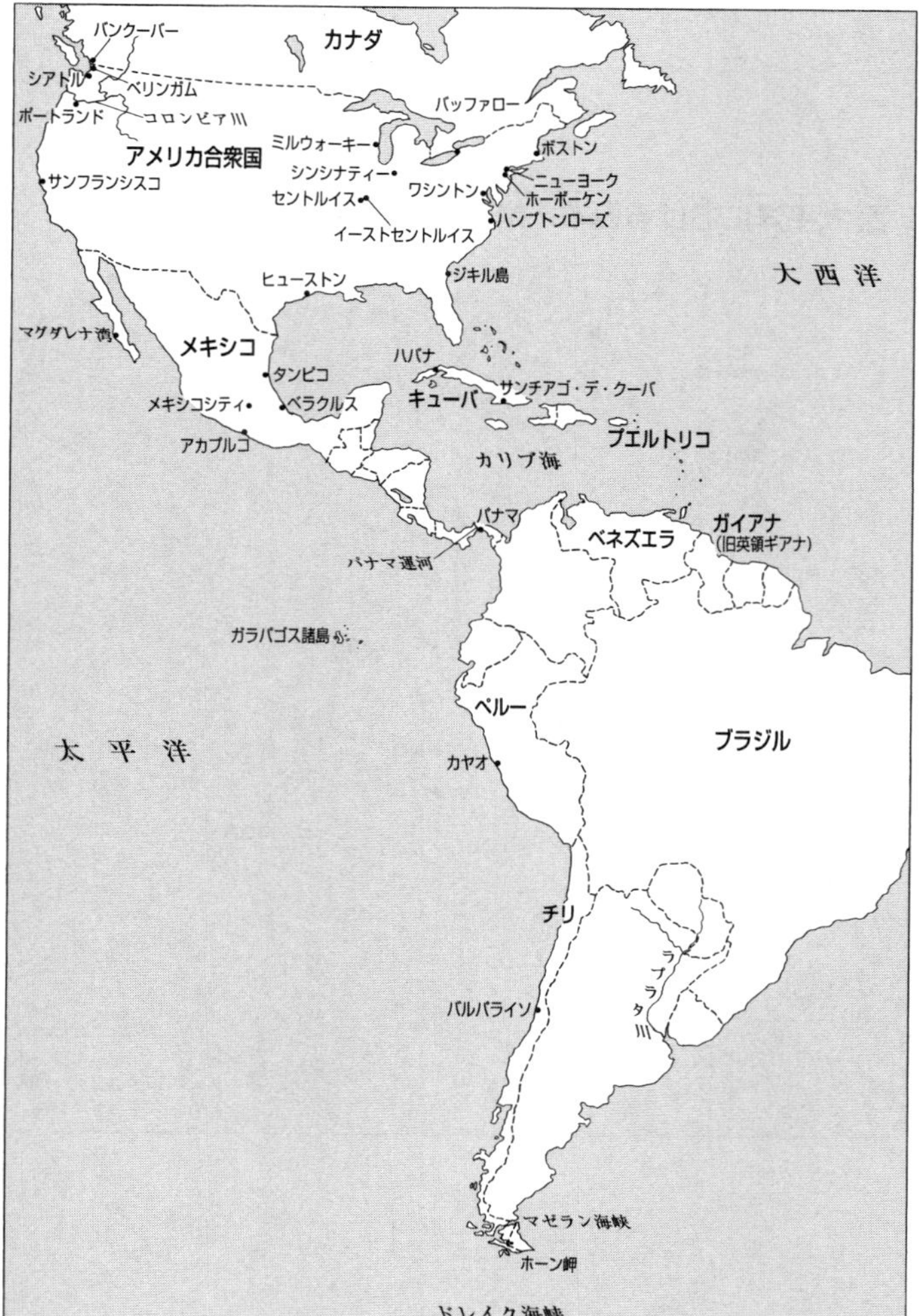
バンクーバー
カナダ
シアトル
ベリンガム
ポートランド
コロンビア川
バッファロー
アメリカ合衆国
ミルウォーキー
ボストン
シンシナティー
サンフランシスコ
ニューヨーク
ワシントン
ホーボーケン
セントルイス
ハンプトンローズ
イーストセントルイス
大西洋
ジキル島
ヒューストン
マグダレナ湾
メキシコ
ハバナ
タンピコ
サンチアゴ・デ・クーバ
キューバ
メキシコシティ
ベラクルス
プエルトリコ
アカプルコ
カリブ海
パナマ
ガイアナ
(旧英領ギアナ)
ベネズエラ
パナマ運河
ガラパゴス諸島
ペルー
ブラジル
太平洋
カヤオ
チリ
ラプラタ川
バルパライソ
マゼラン海峡
ホーン岬
ドレイク海峡

西太平洋における日本・米国・ドイツ領（1900年前後）
樺太
ウラジオストック
青島
(小笠原諸島)
(南鳥島)
(台湾)
香港
フィリピン
ミッドウェー島
ハワイ諸島
ホノルル
ウェーク島
マリアナ諸島
グアム島
太平洋
マーシャル群島
パラオ諸島
カロリン群島
シンガポール
ニューギニア
ビスマルク諸島
ギルバート諸島
ナウル島
パプア
ソロモン諸島
サモア諸島
ツツイラ島
ニューヘブリデス諸島
カイザー・ヴィルヘルムスランド
オーストラリア
ニュージーランド
(　)は日本領
細字はアメリカ領
太字はドイツ領

# 1900年前後の中国

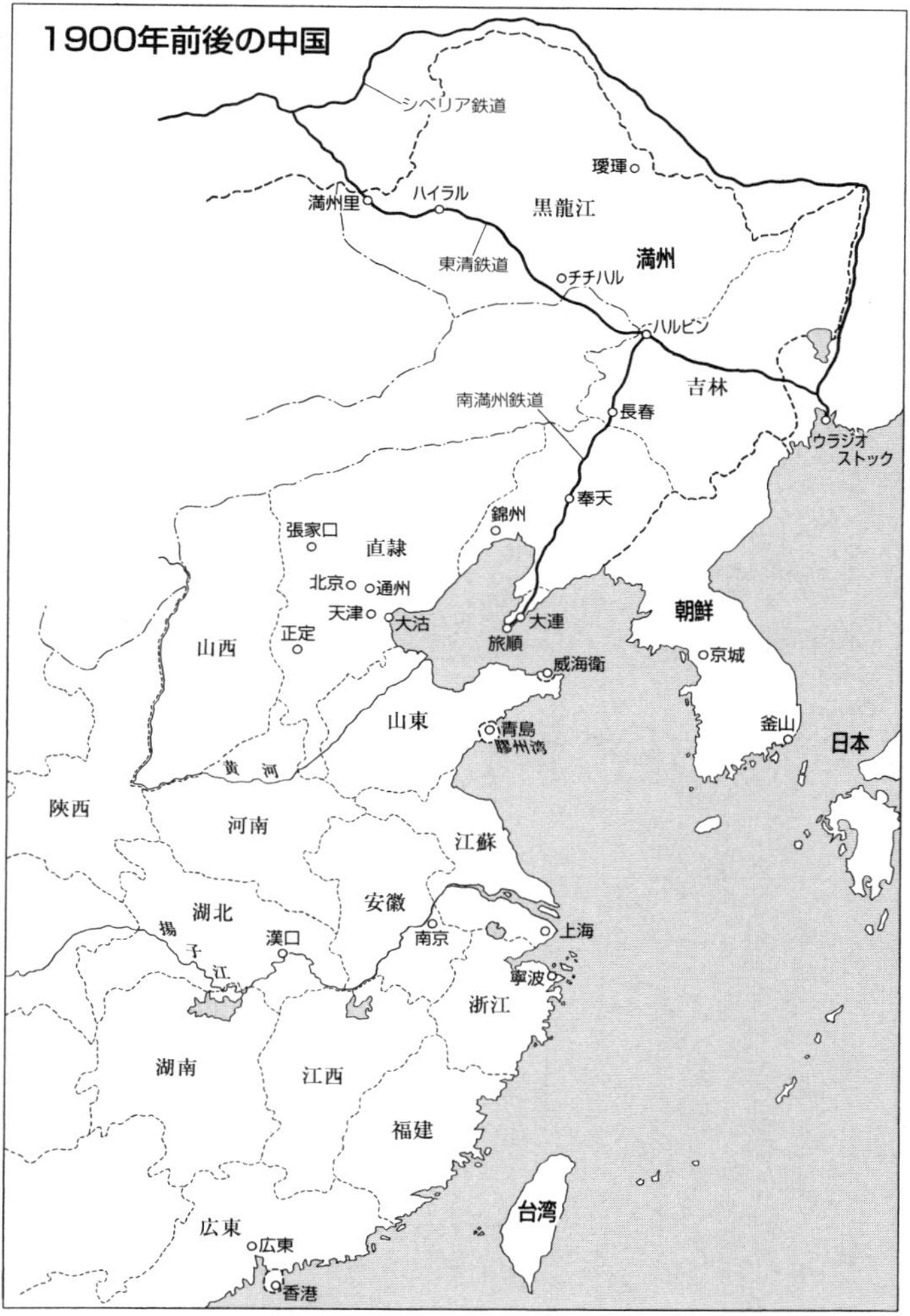
シベリア鉄道
璦琿
満州里
ハイラル
黒龍江
満州
東清鉄道
チチハル
ハルビン
吉林
南満州鉄道
長春
ウラジオストック
奉天
錦州
張家口
直隷
北京
通州
天津
大沽
大連
旅順
朝鮮
山西
正定
威海衛
京城
山東
青島
膠州湾
釜山
日本
黄河
陝西
河南
江蘇
安徽
湖北
揚子江
漢口
南京
上海
寧波
浙江
湖南
江西
福建
台湾
広東
広東
香港

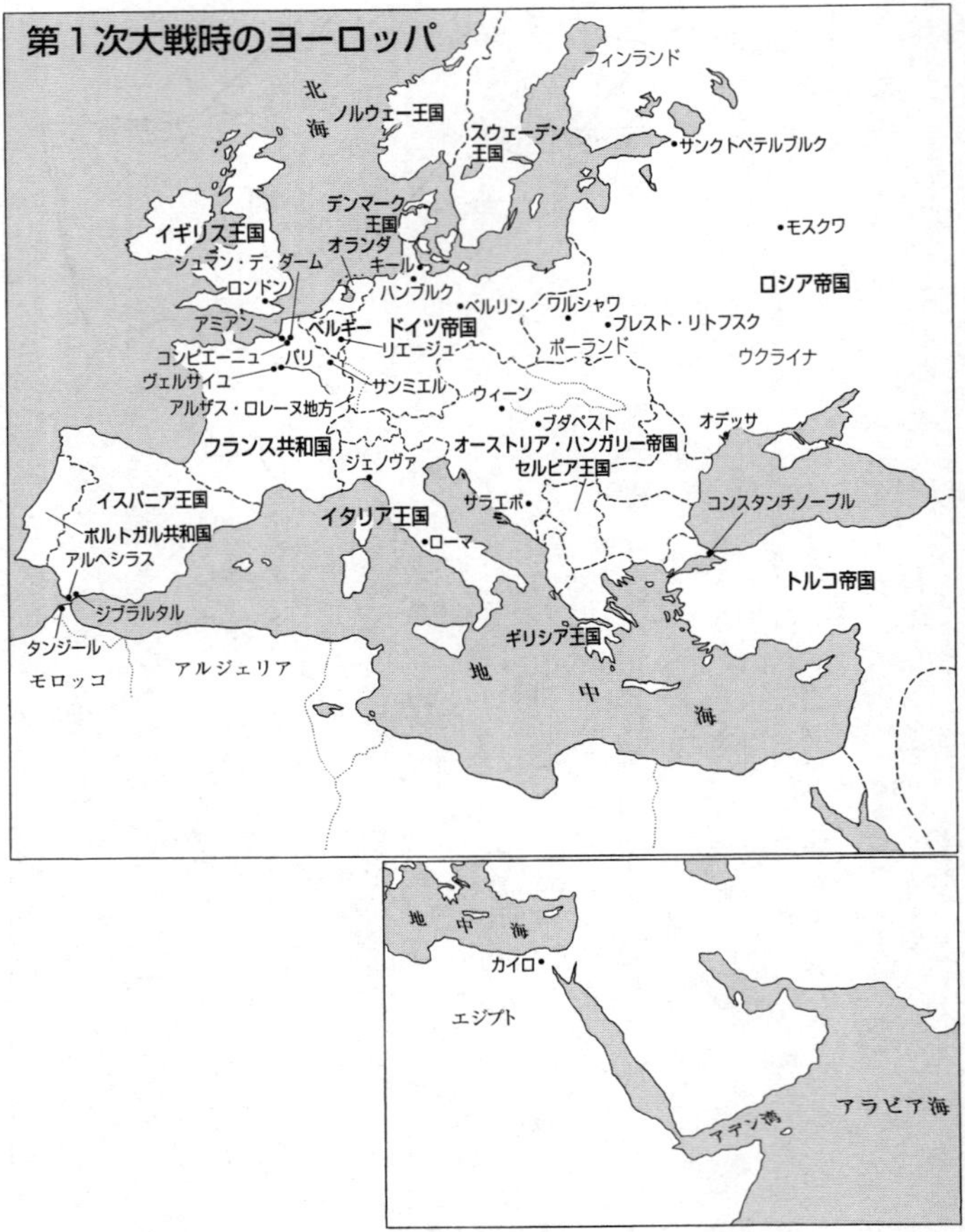
第１次大戦時のヨーロッパ
フィンランド
北
海
ノルウェー王国
スウェーデン
王国
サンクトペテルブルク
デンマーク
王国
イギリス王国
オランダ
キール
シュマン・デ・ダーム
モスクワ
ロンドン
ハンブルク
ロシア帝国
ベルリン
ワルシャワ
アミアン
ベルギー
ドイツ帝国
ブレスト・リトフスク
コンピエーニュ
パリ
リエージュ
ポーランド
ウクライナ
ヴェルサイユ
サンミエル
ウィーン
アルザス・ロレーヌ地方
ブダペスト
オデッサ
フランス共和国
オーストリア・ハンガリー帝国
ジェノヴァ
セルビア王国
イスパニア王国
サラエボ
コンスタンチノープル
イタリア王国
ポルトガル共和国
ローマ
アルヘシラス
トルコ帝国
ジブラルタル
ギリシア王国
タンジール
モロッコ
アルジェリア
地
中
海
地
中
海
カイロ
エジプト
アラビア海
アデン湾

# はじめに

本書は前著『日米衝突の根源　1858―1908』（二〇一一年十月刊、以下『日米衝突の根源』とする）の続編にあたります。

『日米衝突の根源』では、日本の明治期にパラレルに進行したアメリカの十九世紀後半から二十世紀初頭の歴史を描き、アメリカの行動原理を明らかにすることを試みました。アメリカの歴史を「日本を横目に見ながら」語ることで、早くも二十世紀初頭には日米衝突に至る兆候がはっきり見て取れることを示しました。

プロの歴史家でもあったセオドア・ルーズベルト大統領は、必ずや訪れるであろう日米の衝突を徹底したパワーバランス外交で均衡させ、衝突の日を遅らせたのでした。当時のアメリカは、猛禽類の国ではありましたが鷲のようなパワーは持ち合わせていませんでした。イギリスの海軍力にはとうてい歯が立たず、ドイツや日本の海軍力とどうにか対抗できる程度の力しかなく、陸軍力にいたっては数万の兵力しかありませんでした。数十万から百万を超えるヨーロッパの大国や日本との戦いなどできるはずもなく、たかだか鳶《とび》程度の力しか持ち合わせていなかったのです。

　アメリカの安全保障はつねに太平洋と大西洋の両面から脅かされる運命にありました。パナマ運河のない時代のアメリカは、大西洋の防衛はできても太平洋を守ることは至難の時代でした。この時代のアメリカの不安を、現代日本人が理解することはほとんど不可能に近いかもしれません。とくに日本に視座をおいて歴史を語る限り、その作業は絶望的なものになってしまいます。『日米衝突の根源』では、この理解の難しいアメリカの不安感を描きだすことを試みました。

　セオドア・ルーズベルトは日本の知識人とも交流があり、日本文化に対する造詣も深い大統領でした。それだけに日本に対しての外交は丁寧でした。アメリカの積年の潜在敵国であったイギリスとの関係も改善させ、日英同盟の中にサイレントパートナーとしてアメリカを位置づけ、米英日の友好関係を構築しました。その総仕上げの事業である「偉大なる白い艦隊」の横浜訪問を見事に成功させ、後事を自らが指名したウィリアム・タフトに引き継いだのでした。

　しかし、ルーズベルトが築いた日米関係はクリスタル細工のように美しい輝きを放ってはいましたが、ぞんざいな扱いをすればすぐにでも欠けてしまう脆いものでした。とくに米西戦争で領土化したフィリピンはルーズベルト外交のアキレス腱になってしまいました。防衛がまったくできない島嶼《とうしょ》を西太平洋の果てに持ってしまったのです。

それにもかかわらず、このフィリピンはアメリカ西漸運動のフィナーレを飾る、政治的にはきわめて重要な意味を持たざるを得なくなりました。この新領土の扱いを一歩間違えば、ルーズベルトの残した芸術品とも言えるアジア外交は崩壊してしまうのです。

ルーズベルトの後を襲ったタフトも、その後に続いたウッドロー・ウィルソンも、扱いは不器用でした。その不器用さに三つのファクターが拍車をかけています。アメリカ太平洋岸で荒れ狂う反日本人の政治運動と、ヨーロッパの新興大国ドイツの日米離反政策、そして支那びいきのアメリカ外交官（チャイナハンズ）の思惑です。

本書では、ルーズベルト大統領の残したクリスタル細工のような脆く、そしてすわりの悪い日米関係が、支那びいきのタフトと、強烈な人種差別意識を持つウィルソンの二人の大統領の時代に、崩れていくさまを描いています。二人の大統領が、ただたんに日本を嫌いだったというだけで、日本に対する扱いがぞんざいになったのではありません。彼らをとりまく政治環境や人間関係に翻弄されながら結果的にそうなっていくのです。

二人の大統領が無造作に扱ってきた日本を、もう一度丁寧に扱うようにさせたのは第一次世界大戦でした。英仏を筆頭にした連合国に巨額の戦時債権を持つアメリカにとって、連合国が敗れるようなことがあってはなりません。アメリカのヨーロッパ戦線への参戦決定は、日本に対する扱いを再び丁寧な、そして丁重なものに変えさせました。しかしその時には、日本の政治家も軍人も知識人も、アメリカに対して言いようのない不気味さを感じていたのです。

本書で扱う期間はアメリカのフィリピン領有（一八九八年）から、第一次世界大戦終結（一九一八年）までのわずか二十年ほどです。しかしこの短い間に起きていた事件の連鎖を紐解くことで、一九四一年の日米衝突に至る道筋（萌芽）が見えてくるのです。

歴史を語ることは事件の連鎖と、そこに蠢《うごめ》く人間関係を描写することと同義です。本書では、視座を日本に置く限りは見えてこない、つまり日本の史書ではほとんど見出すことのない事件や人物が語られています。

しかし、私たちの知らないところで対日本（人）像は作られていきます。実像には程遠い虚像の日本に対して対日外交が展開されているのです。その意味では、虚像を理解することのほうが実像を理解することよりも重要かもしれないのです。繰り返しになりますが、その虚像は視座を日本の外に置かない限り浮かび上がってはこないのです。

記述の基になる文献には、二十一世紀に入ってから公開された資料や研究成果が多くなっています。最近のアメリカの歴史研究は自省的なものが多くなっています。古い文献だけでなく、新しい研究成果を利用して、可能な限り客観的な歴史の描写に努めました。本書が、あの戦争の原因を世界史的な時代のうねりの中に見出す作業の一助になることを願っています。

# 序章　スペインのフィリピン占領

## 大多喜城のマニラ臨時総督

いすみ鉄道は千葉県房総半島の東海岸にある大原駅から西に向かう鉄道です。旧国鉄の木原線を昭和六十二年に第三セクターが引き継ぎ、いすみ鉄道となっています。西の終点は房総半島のほぼ中心にあたる上総中野駅です。単線のローカル鉄道ですが、その沿線はいつでも四季の花々で彩られ、旅人の目を飽きさせることはありません。

この鉄道の本社のある大多喜《おおたき》駅から、小高い丘に立つ大多喜城まではゆっくり歩いても二十分ほどの距離です。都市開発とは縁遠い大多喜町ですから、かつて禁漁だった御禁止川（夷隅川《いすみがわ》）沿いの城に通じる国道四六五号線を走る車も少なく、春ともなれば満開の桜の梢からウグイスの囀《さえず》りが賑やかです。

歩道を歩くと不思議なことに気づかされます。歩道のそこかしこに異国風の紋様の描かれたタイルが敷かれているのです。テラコッタ風の土色のタイルでできた升目の中央には、動物や太陽の象形紋が描かれた大型タイルが埋め込まれているのです。そここには「メキシコ通り」あるいは「ＭＥＸＩＣＯ」という文字が刻まれています。大多喜の町とメキシコとの間に何か強い因縁のあることをうかがわせます。異国情緒とは程遠い山間の町大多喜が、どうして遠い太平洋の向こう側の国と深い関係を持ったのでしょうか。

一六〇九年九月三十日、大多喜藩五万石の領地であった外房海岸、御宿岩和田《おんじゅくいわだ》の沖は暴風雨で荒れに荒れていました。この海で何とか転覆を防ごうと一隻のスペインのガレオン船[*1]が、寄せる大波や強風と格闘していました。船の名は「サン・フランシスコ」号といい、二ヵ月前の七月二十五日にフィリピンのマニラからスペイン領メキシコ（ヌエバ・エスパーニャ＝新スペイン）のアカプルコを目指して船出した三隻の大型帆船（およそ千トン）の一つでした。

おそらく台風によると思われる高波の中で「サン・フランシスコ」号は座礁してしまいます。乗組員三百七十三人は波に飲み込まれてしまいましたが、幸いなことに岸辺までは数百メートルのところでの遭難でした。浜辺に駆けつけた岩和田漁民の懸命な救助作業で三百十七人が命拾いをしています。助けられた者の中に一人の重要人物が含まれていました。スペイン領フィリピンのマニラ臨時総督ロドリゴ・デ・ビベーロ・アベルシア[*2]（通称ドン・ロドリゴ）です。

マニラでの任期を終え、アカプルコへの帰路でドン・ロドリゴは遭難したのです。

岩和田漁港を見下ろす岬に立つ日墨西友好の記念塔（撮影筆者）

彼は大多喜城で藩主本多忠朝[3]に面会を許されています。ロドリゴが日本の外交上、重要人物であることに気づいた忠朝から二代将軍秀忠への面会を斡旋されています。しかし一六〇九年当時、日本の外交権限は江戸にはありませんでした。関ヶ原の戦い（一六〇〇年）以降、日本の実質的支配権を確立した徳川家康は一六〇三年に幕府を開くと、その二年後に将軍職を秀忠に譲り、一六〇七年には駿府（静岡）に隠居してしまうのです。しかし、外交政策だけは家康自身が直接指揮をとっていました。家康が駿府に連れて行った西笑承《さいしょうじょう》兌《たい》[4]や金地院崇伝《こんちいんすうでん》[5]などの高僧やイギリス人三浦按針[6]（ウィリアム・アダムス）らのアドバイザーが家康の外交を「輔弼《ほひつ》」していました。

将軍職を秀忠に譲る前の一六〇二年、家康はフィリピン総督に親書を送り、マニラと日本を結ぶ交易を望んでいると伝えています。その中でフィリピンからの来航船を保護することを約束していました。ただしキリスト教の布教は認めないという条件は付けていました。[*7]家康の宗教政策は、教団が排他性を持たない限り温和なものでした。キリスト教（カソリック）の持つ仏教や神道への攻撃的な性格を嫌ったのです。

江戸幕府は後年、島原の乱（一六三七年）を契機に本格的な鎖国政策に入り、その後二百余年にわたって外国との貿易を長崎一港に絞っていますから、外国貿易には消極的な印象があります。しかし家康自身は外国との貿易には、むしろ積極的な姿勢で向き合っていたのです。

秀忠は父家康のそうした考えを知っていました。ドン・ロドリゴが実質的な日本の支配者である駿府の家康との面談を望むとそれを許しています。駿府に向かったドン・ロドリゴと家康の間でどのようなやりとりがあったかについては後述することにして、まずはスペインのフィリピン統治がどのように始まったかを概観しておくことにします。

## スペインの太平洋発見

十五世紀末、イベリア半島の二つのカソリック教国ポルトガルとスペインは世界を二つに分割する交渉を重ねていました。大航海時代は十五世紀初めから始まり、次々に発見される未知の島や大陸の領有をめぐって、この二つのカソリック教国が激しく争っていた時代でした。この争いはクリストファー・コロンブスによるカリブ海に浮かぶ島々（西インド諸島）の発見（一四九二年）で頂点に達していました。

両国の争いを仲裁したのはローマ教皇アレクサンデル六世[*8]でした。カソリック教を信奉する二つの国が争うことはローマ教皇にとって好ましいことではありません。世界を二つに分割し、それぞれにその分割地の領有を独占させることにしたのは一四九三年のことでした。教皇が頭の中で描いた「大西洋中央部の地図」に南北に走る一本の線[*9]を引き、その線から東をポルトガルに、西をスペインに独占させる。つまり地球を東西に二分し、両国の抗争を未然に防ごうとしたのです（アレクサンデル六世の大勅書）。

しかしポルトガル王ジョアン二世[*10]はこの裁定に不満でした。スペイン出身の教皇がスペインに有利な線引きをしたと疑ったのです。ポルトガルの線引き見直し要求にスペインは譲歩し、アレクサンデル六世の引いた分界線をさらに西におよそ八百マイル（約千三百キロメートル）移すことで決着させています（一四九四年、トルデシリャス条約）。

トルデシリャス条約で合意した分界線は西経四十六度半を南北に走っています。この条約によって、スペイン、ポルトガル両国はそれぞれの新領土拡大に専念することができるようになったのです。

南北アメリカ大陸の探検は、一部西経四十六度半の分界線にかかる現在のブラジル東部を除きスペインの独擅場となります。スペイン王室の支援を受けているコロンブスはポルトガルの脅威から解放され、当時の富の源泉であった香料を産出するモルッカ諸島（香料諸島）を探す旅を繰り返したのです。第四回目の航海（一五〇二―一五〇四年）でも、現在の中米地域の大西洋岸を巡り、モルッカにいたる海に繋がる海峡を探し続けました。しかし彼の求める海の隘路《あいろ》は見つかることはありませんでした。

香料諸島に続く海原の存在を初めて確認したのはバスコ・ヌニェス・バルボア[*11]でした。密林に覆われたおよそ百キロメートル弱のパナマ地峡を抜け、沿岸の小高い丘から太平洋を望んだ彼の興奮は絶頂に達しています（一五一三年九月二十九日）。

バルボアの太平洋（南海）の発見

「頂《いただき》に登った彼の眼前に広がるのは海（sea）であった。いや大洋（ocean）であるかも知れない。水平線の彼方まで続く海原は、ただただ広大であった。そこには何も遮るものはなく、海面は太陽の光を浴びてダイヤモンドのように輝いていた」

「バルボアは膝をついて両手を海に向かって大きく広げた。彼は全能の神の恩恵に深く感謝した。彼こそが太平洋を初めて目にしたヨーロッパ人であった。彼は祈りを終えると立ち上がり、部下に向かって叫んだ。『ここに上がってきて見ろ。この海原こそが、われわれが探し求めてきた（香料諸島へ続く）海なのだ』[*12]」

バルボアのパナマ地峡の旅は危険に満ちていました。樹木の密生する熱帯雨林では幾たびか原住民に遭遇しています。友好的な部族とは親交を結び、そうでないものは徹底的に殺戮していきました。価値のありそうなものは何もかも掠奪しながらの行程でした。彼が太平洋の輝きを見たのは、百九十人の部下と多数のブラッドハウンド犬とともにカリブ海側を旅立ってから二十二日目のことでした。彼の見た海原は現在のパナマ太平洋岸にあるサン・ミゲル湾です[*13]。

バルボアは目にした海原を南海（the South Sea）と名づけています。しかし、この大洋の発見は陸路でのものでした。バルボアも、カリブ海から太平洋にいたる肝心の水路はついに見つけることはできませんでした。

この二年後の一五一五年にはファン・ディアス・デ・ソリス[*14]の探検隊が現在のアルゼンチンにあるラプラタ川まで南下し南海への水路を探し求めています。この川を遡行すれば太平洋に通ずるかも知れないというソリスの願いも失望に変わり、彼は同地で亡くなっています。[*15]

ソリスが命を落としたラプラタ川付近からさらに南下し、南米大陸南端に近い海峡（現在のマゼラン海峡）が太平洋に繋がっているのを発見したのはマゼラン[*16]でした。

## マゼランの仮説

マゼランの名は世界一周航路を発見した探検家として誰もが知っています。彼は一四八〇年（推定）にポルトガルに生まれています。ポルトガル人の彼はもともとはマガリャンイス（Fernão de Magalhães）というポルトガル系の名を持っていました。船乗りとしてポルトガル船に乗り組み、優秀な士官として、ポルトガルが勢力を拡大していたインド洋やマラッカ海峡付近で現地のイスラム勢力との戦いの経験を積みました。彼がリスボンに帰国したのは一五一二年のことでした。この翌年にはモロッコ方面の戦いに参加し、一生足を引きずることになる傷を負っています。

マガリャンイスはモロッコの戦いで身に覚えのない横領の疑いをかけられると、本国に戻り国王マヌエル一世[*17]に直接掛け合い、身の潔白を晴らそうと試みています。国王は、モロッコに戻り、そこで改めて審判を受けることを命じています。マガリャンイスはその命に従い無罪を証明して帰ると、再び国王との会談に臨んでいます。

有能な航海士として国に尽くしたマガリャンイスには高いプライドがありました。

冒険家としての夢もありました。あらためて国王謁見の場を得た彼が望んだのは、軍人恩給を若干増額してもらいたいこと、爵位も少しばかり上げて欲しいこと、そしてポルトガルが東洋に派遣する船の一つを指揮させて欲しいというものでした。ところが一つとしてその願いは聞き入れられなかったのです。

「（国王は）冷ややかにマガリャンイスの三つの願いをすべて拒否した。マガリャンイスは国王の回答に失望した。そこで自分がもはやポルトガルの役に立つ人間でないのなら、働く場を何処に求めてもよいかと尋ねた。国王は、この厚かましい成り上がりの顔はもう見たくなかった。マガリャンイスが誰に仕えようがポルトガルの知ったことではないと答えている」[*18]

マガリャンイスはこの国王の冷淡な態度にもかかわらず、ポルトガルの官吏の立場をすぐには捨てませんでした。一年余にわたってポルトガルに留まり、彼の知的好奇心を刺激してやまない南アメリカ東岸の地理を、ポルトガルが蓄積した多くの資料をもとに研究し続けたのです。その資料の中にはポルトガルが実施したブラジル探検[*19]の報告書も入っていました。[*20]

マガリャンイスは文献をあたるうちに、地理学者でありまた天文学者であるルイ・ファレイロ[*21]の知遇を得ています。マガリャンイスはこれまでの資料とファレイロの考えを総合して二つの仮説を立てるのです。

一つは南アメリカ大陸はアフリカ大陸と同様で、南緯三十五度付近まで南下すれば大西洋と太平洋の二つの大洋は一つになっているはずであること。もう一つはポルトガル王の強欲がなさしめた大西洋分界線の八百マイルの西方移動（トルデシリャス条約）で、地球の反対側に存在するはずの分界線も必然的に西に移動し、その結果、ポルトガルの支配する香料諸島はスペインの独占が認められる範囲に入ったはずである、というものでした。

一番目の仮説は航海の難しさにかかわるものでした。アフリカ南端の喜望峰は南緯三十四度付近に位置します。もし南アメリカ大陸南端がアフリカ大陸のようにこの程度の緯度のところにあり、そこで二つの大洋が連結されていれば、そこにいたる航海はそれほど困難なものではないはずです。仮にもう少し南下が必要でも、せいぜい南緯四十度あたりまで下がれば充分ではないかと予想したのです。

二番目の仮説はマガリャンイスがスペイン王室の支援を受けるのには欠かせない考え方でした。この仮説が正しければ、香料諸島を現行の条約に基づいて合法的にスペイン領土とすることができます。そうなればスペイン王室がどれほど潤うことになるでしょうか。西回りで香料諸島を探るマガリャンイスのプロジェクトを、スペイン王室が支援する強い動機になるはずでした。

マガリャンイスは狙いどおりスペイン王室の担ぎ出しに成功しています。マガリャンイスはその名前もスペイン風に改めています。ポルトガル人マガリャンイスがスペイン風のマゼラン（Fernando de Magallanes マゼランは英語での綴りによる慣用表記）にその名を変えたのは、スペイン王室をパトロンとするための作戦でした。カルロス一世[22]はマゼランの説く「合理的な」仮説に納得したのです。

「（マゼランは）スペインにやって来ると、わずか数ヵ月でスペイン王室の支援を得ることに成功した。一五一七年の秋のことである。彼の指揮する艦隊が大西洋の海原に出帆したのはそれから二年後のことであった[23]」

その時の模様は次のように描写されています。

「マゼランには五隻の帆船がカルロス一世から与えられていた。すべての船はしっかりと補修され、サンルーカル[24]の港に集結していた。旗艦トリニダード号はマゼランが指揮する。他の四隻はサンアントニオ号、コンセプシオン号、ビクトリア号、サンチアゴ号であった。一五一九年九月二十日、艦隊は出帆した。この艦隊にはイタリア貴族で歴史家のアントニオ・ピガフェッタ[25]が乗り組んでいた。彼の記録（最初の世界周航報告書）のおかげで、後世の者はマゼランの最初の世界周航の旅がいかなるものであったかを手にとるように理解できるのである[26]」

## マゼラン海峡の発見

マゼランの艦隊は大西洋を順調に横断し、南米大陸沿岸にいたり（十一月末）、さらに南下を続けました。現在のリオデジャネイロには十二月十三日に到達しています。一行が南緯三十五度付近まで進んだのは年も明けた一五二〇年一月の初めでした。マゼランの立てた仮説では、このあたりが大陸の果てのはずでした。マゼラン艦隊が予期したとおり、西に広がる海原を目にしたのは一月九日のことでした。南半球の夏にあたるこの時期に、目指したとおりの位置に南海（太平洋）に続くだろう海路がマゼランの眼前に広がっていたのです。

しかしそれは地球を創造した神のいたずらでした。現在の世界地図を広げアフリカ南端の喜望峰から指で西にたどっていくと。南米大陸にぶつかります。たどった指の先が示すのは現在のウルグアイとアルゼンチンの国境あたりです。二つの国はマゼランが南海への水路と考えた海を隔てて向かい合っています。

そこは世界でも有数の大河ラプラタ川の河口部なのです。探検家ファン・ディアス・デ・ソリスが原住民との戦いで命を落とした地でした（一五一六年）。河口の広がりは百キロメートルに及んでいますから、マゼラン一行がその事実を知るのはまだ先のことでした。

ラプラタ河口で西方に舵を向けた艦隊が、徐々に海の水に塩辛さが薄まっていくのに気づくのは時間の問題でした。塩気の薄い海水は大きな川の存在を示すものでした。

マゼラン一行はそれに気づくと、いったん引き返し南下を再開しています。喜望峰の位置、南緯三十四度付近にはマゼランの望む水路はありませんでした。しかし南緯四十度までのどこかに南海にいたる水路があるはずなのです。

気を取り直したマゼランの艦隊が、南緯四十度付近のサンマチアス湾に入ったのは一五二〇年二月二十四日のことでした。しかしそこにも目指す海道はありませんでした。三月三十一日にはサンフリアン湾に到達しています。そこでも何の発見もありませんでした。しかしサンフリアン湾の南緯はすでに四十九度にもなっていました。南緯四十九度の気候は北緯四十九度にある地方を想像することで察しがつきます。北緯四十九度線は樺太のほぼ中央を走っているのです。

南半球ではこれから冬に向かいます。マゼランの航海は厳しさを増すことは間違いないのです。地理学者ルイ・ファレイロと自身の研究では、もう南海への水路は見つかっていなくてはならないはずでした。いらだちの中でマゼランは一つの重大な決意をしなくてはなりませんでした。乗組員に割り当てる日々の食糧を制限したのです。[*27]予想を超える長い航海になってしまっている以上避けがたい決定でした。

船上では指揮官の命令は絶対です。乗組員の生命は指揮官の双肩にかかっています。その重責を果たすには、部下の絶対的服従が海の掟でした。しかし食べることが船員の唯一の楽しみです。それを制限することは指揮官の最も恐れる船上の反逆を引き起こすきっかけになるのです。その危険性を承知の上で、日々細る食糧ストックを前にしたマゼランが下した決断でした。

四月二日に、危惧していたとおり、反逆が起きています。幸いなことにマゼランへの反抗は広がりをみせず、乗組員のほとんどがマゼランの側についたことで収束させることができました。厳しい処分で隊員の士気を引き締めたものの、そのまま南下を続けることは不可能でした。減り続ける糧食と迫りくる冬を前にしてマゼランは越冬を決意します。

サンフリアン湾岸での長い越冬を終え、食糧の補給も済ませたマゼラン艦隊がサンフリアン湾を出帆したのは十月十八日のことでした。九月には冬の荒波でサンチアゴ号は破壊されてしまい四隻での出帆でした。マゼラン艦隊が、西に向かう迷路のような海の隘路を発見したのはその三日後のことでした。

隘路を西に舵を切ったマゼランは、両岸から険しい崖の迫るこの狭い水道が、あのラプラタ河口のような見知らぬ川の河口なのか、それとも奥深い入り江なのか、それとも南海への通り道なのか、それを見極める自信はありませんでした。現在のドーソン島の北端でこの海の道は二手に分岐していました。

「南には陸地（ドーソン島）が広がっていた。（中略）マゼランは再会の場所を入念に打ち合わせた上で艦隊を二手に分けた。サンアントニオ号、コンセプシオン号を南西方面に向かわせ、旗艦トリニダード号とビクトリア号は南東方面を探ることにした[*28]」

南海に通じる海路らしい水道を発見したのは南西方面を探ったマゼランの本隊でした。北側に広がる岸辺に沿って進んでいくとその突端付近（現在のブルンズウィック半島の南端）で、今度は北西に走っている水路を発見したのです。突端手前付近で碇を下ろし、ボートで北西方面の探索に出た先遣隊が、三日後に吉報を持って帰ってきました。

「彼らは（ブルンズウィック半島の突端の）岬を発見したと報告した。そしてそこから十分に広い海が見えるというのだ。マゼランの頬から涙がつたって落ちた。彼は岬を『望みの岬（Cape of Desire）』と命名した。これが長い長い間彼が夢見た（南海への）路であった[*29]」

あとは南東方向の探索に向かった僚船二隻と合流し、「望みの岬」から北西に舵を切って南海を目指すだけでした。この時点ではこの水路が本当に南海に通じているのかまだわかりません。しかし船乗り特有の強い勘が働いていたのでしょう。彼らの記述は何か自信ありげです。風向きや潮の流れ、そして十分な海水の辛さ。何もかもが大きな海原が近いことを彼らの五感に知らせていたのです。

南西探索に出たコンセプシオン号とはすぐに合流できました。しかしサンアントニオ号とはついに合流できませんでした。いつまでもサンアントニオ号を待ち続けるわ

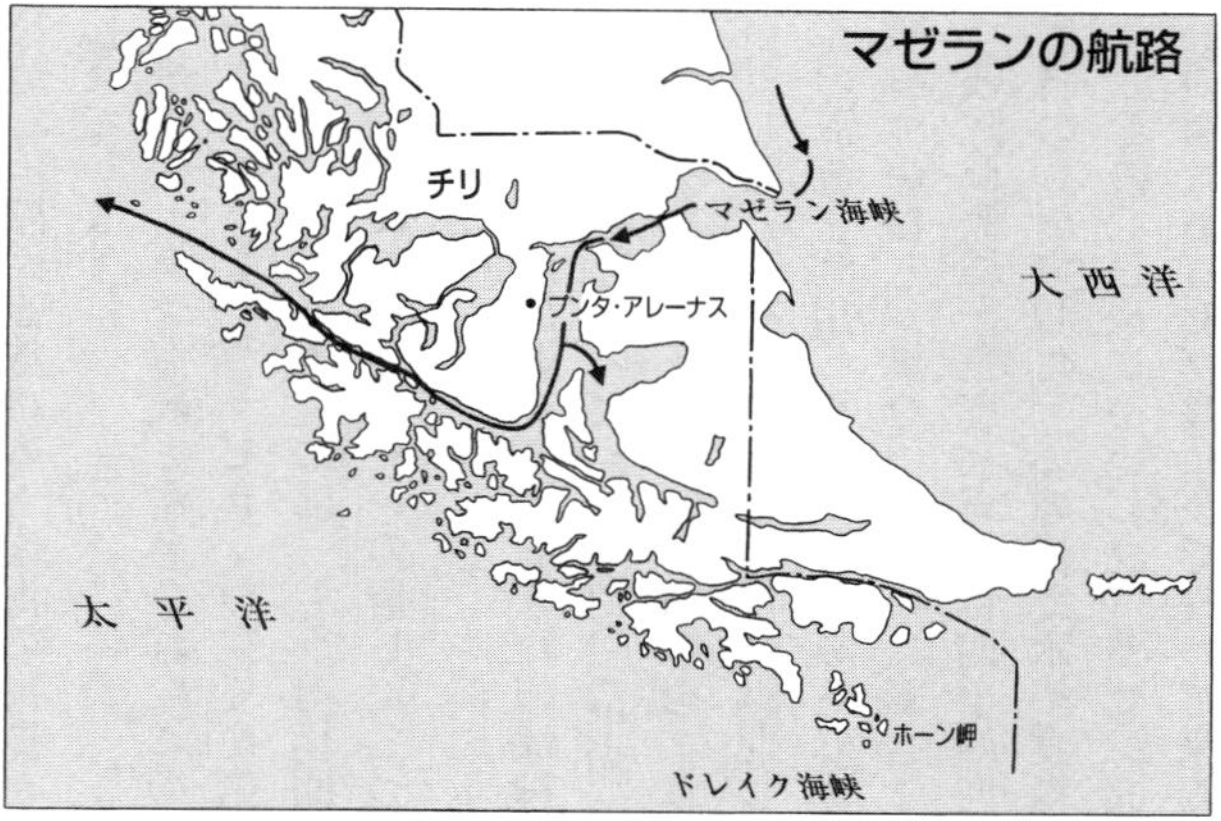


けにはいきません。岸辺の目立つ要所要所に目印を立て、これからの航海スケジュールを書きつけておきました。再会を期しながら北西に舵を戻したマゼラン一行は、サンアントニオ号が命令に反し、さっさと本国に逃げ帰ってしまったことなど想像だにしていませんでした。

## 太平洋そしてフィリピン諸島の発見

三隻となったマゼラン艦隊が南海を見たのは一五二〇年十一月二十八日のことでした。

「南海に近づくにつれ、海面は暗くなり荒れも激しくなっていった。日も暮れかかっていた」

荒れた海原も、海峡の隘路をようやく抜けた喜びにひたる者にとっては、神が与えた荒っぽい祝福でした。ピガフェッタはこの日の感慨を「隘路を抜けると南海の海原がやさしく包んでくれるようだった」と満足げに伝えています。[*30]

後年マゼラン海峡と命名されたこの海の隘路を抜けるのに、マゼラン隊は三十八日を要しています。マゼランの立てた第一の仮説では、この海峡はもっと北にあるはずでした。しかし現実には、もう南極圏にほど近い南緯五十度を越えた地点にあったのです。それでもマゼランの信じた二つの大洋を連結する水路の存在は確かめることができました。

マゼランは南海を発見できたのは神の強い加護によるものだと信じていました。彼はこの大洋を「el Mar Pacifico（平和の海：太平洋）」と名づけています。太平洋に出たマゼラン艦隊は最良の季節に恵まれました。南半球では暖かい夏の季節が始まっていました。現在のチリの西岸には北に向かうフンボルト海流が走っています。艦隊はこの海流を利用して北上し、さらに赤道の南北をつねに西に向けて風を吹かせる貿易風をつかむと、帆をいっぱいに膨らませて香料諸島を目指しました。

艦隊が北緯十三度、東経百四十四度にあるグアム島に到着したのは一五二一年三月六日のことでした。この島で水や食糧の補給を終えると三日後にはもう出帆しています。その七日後についにフィリピン諸島の一部であるサマール島を発見するのです。その西にあるセブ島にまでやって来たマゼランは、原住民をキリスト教徒にしようとしています。彼をこの島まで無事に運んでくれたのは神の加護でした。土人にもその偉大さを教えなければならないのです。部下に土人たちの信じる異教のシンボルを、徹底的に破壊するよう命じました。

しかしセブ島東海岸にある小島マクタン島の酋長はそれに抵抗します。一五二一年四月二十七日、この島の鎮圧に向かったマゼランはその戦いの中で命を落としたのです。マゼランは敬虔なカソリック教徒でした。彼は土人の信じる「低劣な異教」をそのままにしておくことはどうしてもできませんでした。偉大な探検家マゼランは香料諸島を目前にして、強烈な信仰心を発露させながらその命を散らせたのです。

指揮官を失った艦隊の隊員の数はわずか百十人にまで減っていました。スペインの港を出たときの数は二百三十四人でしたからすでに半数以下になっていました。三隻の帆船を操るには少なすぎる数でした。残った隊員を二隻に分乗させることを決めると、コンセプシオン号は焼いてしまっています。

トリニダード号とビクトリア号が香料諸島のティドレ島にやって来たのは十一月六日のことでした。香料諸島には確かに香料が溢れていました。当時、貴金属よりも価値のあったクローブや丁子《ちょうじ》。それを満載にした二隻は本国スペインを目指して帰路につきます（十二月二十一日）。しかし二隻はまったく異なる方向に舵を切りました。トリニダード号は太平洋を東へ向かい、もう一度マゼラン海峡を抜け大西洋に入る航路を選択しています。ビクトリア号は逆に西に向かい、インド洋から喜望峰を抜けて大西洋を目指しています。

トリニダード号はまず北東に向かいました。しかし日本の北のはずれの海上で航海の続行を諦めています。悪天候のなかで、まったくの未知の航路をこれ以上進む気力を失ったのです。香料諸島に戻ったトリニダード号を待ち受けていたのはポルトガルの軍船でした。香料諸島はポルトガルの支配する地域です。尽きることのない富を生む島に入り込む異国船はけっして見逃すことはできません。乗組員は捕らえられ収監されています[31]。

ビクトリア号がスペインの港にようやく帰還できたのは一五二二年九月六日のことでした。わずか十八名が乗船していただけでした。これが世にマゼラン艦隊の世界周回航路の発見といわれる事件です。わずか八十五トンのビクトリア号に積載された香料の利益だけで全艦隊のコストを賄えたといわれています。

## 失敗だったマゼランの航海

無事帰還したビクトリア号。満載された香料。スペイン王室は熱狂に包まれました。「香料取引業務およびモルッカ（香料）諸島に関する航海の管理運営を担う『商務院』がスペイン北西部のア・コルーニャに新設[32]」されています。

スペイン王室は、名門貴族であり聖ヨハネ騎士修道士であるガルシア・ホフレ・デ・ロアイサ[33]を指揮官に命じ、ビクトリア号で帰還した十八名のうちの一人エルカーノを水先案内人に指名した新たな艦隊を組織しました。艦隊は七隻のカラック船に、四百五十を超える隊員が乗船し、一五二五年七月二十四日、ア・コルーニャの港を出帆していきました。しかしマゼランの発見した太平洋へのルートはこの艦隊には荷が重過ぎました。マゼラン海峡で次々と座礁し、あるいは僚船からはぐれ行方知れずとなり、目指す香料諸島に無事到着できたのは一隻だけだったのです（一五二六年九月）。

杳《よう》として行方の知れないロアイサ艦隊に、スペイン王カルロス一世は業を煮やしています。しかし探検を諦めはしませんでした。スペイン本土からの派遣をやめ、今度は、新大陸ヌエバ・エスパーニャ（現在のメキシコ）の太平洋岸の港ジワタネホ[34]から艦隊を送り出したのです（一五二七年七月一日）。新大陸での造船技術を高め、メキシコ太平洋岸で造船を開始し、スペイン王にメキシコからの西方探検を勧めた[35]のはメキシコ・アステカ文明を滅ぼし、着々とメキシコ征服を進めつつあったエルナン・コルテス[36]でした。

コルテスが送った二隻の船は貿易風に乗り、やすやすとフィリピン諸島にたどり着いています（一五二七年十二月）。香料諸島ティドレ島でロアイサ艦隊の生存者を救出すると、メキシコ大西洋岸へ戻るべく出帆しました（一五二八年六月十四日）。丁子を満載し北東に向かったのはフロリダ号でした。しかしこの船も北緯三十五度付近まで北上したもののメキシコに戻る風をとらえることはできず、香料諸島に引き返さざるを得なかったのです。

マゼラン艦隊ビクトリア号の帰還で熱狂的に香料諸島への関心が高まったものの、それ以降に送り出す艦隊はいっこうに戻ってきません。スペイン王室はマゼランの航海は本当に成功だったのかとの疑念を抱くことになります。確かにマゼランは大西洋と太平洋は南の海で繋がっていることを証明してくれました。しかしそこはあまりに遠い南の果てでした。温帯にある喜望峰を利用できるポルトガルに比べて、圧倒的に不利な南極圏に近いルートでした。スペイン本土からの直接の艦隊派遣を諦め、新領土メキシコ太平洋岸からの派遣も試しました。しかし出港した港に戻ってくる船は一つもなかったのです。

急速に西方探検の熱が冷めるスペイン王室に対して、香料諸島の東からスペインが進出してくることを恐れたポルトガル王ジョアン三世（マヌエル王の子）は早々に外交的決着をつけています。スペインとの間で太平洋側にある分界線をはっきりと決めたのです（サラゴサ条約、一五二九年）。その分界線はスペイン王室が何としてでも確保したかった香料諸島のはるか東に引かれました。マゼランらの計算では香料諸島はスペインに与えられたテリトリーの内に存在するはずでした。しかしその計算は間違っていたのです。現実には香料諸島は計算された位置よりも西にあったのです。

スペインがこうした分界線の線引きに柔軟に応じたのは、スペイン王カルロス一世がジョアン三世の妹イサベルを后《きさき》に迎えていたことも関係していました。しかし本当の理由は香料諸島から引き返す復路（東方航路）が見つからない以上、香料諸島には何の価値も見出せないことをスペイン王室は悟っていたからでした。帰りの航路がなければそのまま西に向かい、マゼラン艦隊のビクトリア号がとったインド洋から喜望峰を経由して戻らざるを得ません。ポルトガルの支配地域を航海することはあまりに危険でした。

「マゼランの発見した航路はあまりに距離がありすぎ、そして時間がかかりすぎた。その上危険であった。最も重大な欠点はその航路が一方通行であったことだった」[*37]

また「（マゼラン海峡を使わない）新領土メキシコ太平洋岸からの探検も太平洋は西から東への航海が不可能な一方通行の海」[*38]であるらしいことを示していたのです。

マゼランがスペイン王室を説得した仮説は、大西洋と太平洋が南の端で連結している、ということ以外は外れていたのです。世界史の教科書にはマゼラン艦隊の世界周航をあたかも成功であるかのように記述してあります。しかしスペインにとっては西太平洋に覇権を求めたプロジェクトが失敗した象徴的事件に過ぎなかったのです。

## 帰り航路（大圏航路）の発見とガレオン貿易

サラゴサ条約の締結でスペインの西太平洋を目指す熱は冷めてしまいました。香料諸島はポルトガルの支配地域であることが確定してしまったのです。しかし探検家の好奇心の灯はけっして消えることはありませんでした。西太平洋からメキシコ沿岸部に帰る航路は必ずあると信じていた男がいたのです。ロアイサ艦隊で、からくも生き残ったアンドレス・デ・ウルダネータ[*39]です。

スペインに帰還（一五三七年）したウルダネータはカルロス一世に香料諸島の状況を説明し、北緯四十度付近には西から東に吹く風があり、それに乗れば簡単にメキシコ太平洋岸に戻ってくることができるはずであると説いたのです[*40]。彼を起用して西太平洋の覇権確立を目指したのは、カルロス一世から王位を継承（一五五六年）した息子のフェリペ二世でした。

フェリペ二世は、サラゴサ条約締結以来熱の冷めた西太平洋の探検を、改めてメキシコ副王ルイス・デ・ベラスコに命じたのです[*41]（一五五九年九月二十四日付書簡）。当時、ウルダネータは水先案内を任せられています。ウルダネータはメキシコシティにある聖アグスティン修道院に逗留していました。

メキシコ副王の死もあって艦隊編成作業は遅れましたが、フェリペ二世の指示から五年後（一五六四年十一月二十一日）、五隻の大型帆船（レガスピ艦隊）がメキシコ太平洋岸ナビダー[42]の港を出帆していきました。

　貿易風に乗った総勢三百八十人のレガスピ艦隊がフィリピン諸島に現れたのは年も明けた一五六五年二月の末のことでした。二月二十日にはサマール島[43]に到着し、フィリピンのスペイン領有を宣言しています。さらにセブ島にいたると、東洋で初めてのスペイン植民都市の建設を開始したのです。

　フィリピン諸島に植民基地を建設するという目的はあくまで二次的なものでした。艦隊の最も重要な使命はメキシコへの帰路を探すことでした。この航路が発見されなければフィリピンの植民地化は何の意味も持ちません。サンペドロ号がセブ島を出帆したのは六月一日のことでした。乗船するウルダネータはこの時期こそが、彼の狙う日本列島の北東部の沖を目指すには最適な時期と考えたのです。最も有利な風と海流が利用できるはずでした。

　黒潮に乗ったサンペドロ号は狙いどおり北東に進路をとり、これまでのどの船よりも北にやって来たのです。

「香料や真珠など東洋の物産を満載したサン・ペドロ号は（中略）太平洋に出て、黒潮に乗り北東に向け航行し、北緯三十九度三十分まで北上（中略）。その後二十七度十二分まで南下し、フィリピン諸島を出帆してから百二十日後の九月二十六日、艦隊はアルタ・カリフォルニア（現在のサンフランシスコ周辺）の沿岸を望見し、十月三日にヌエバ・エスパーニャのアカプルコ港に安着した[*44]」

サンペドロ号がその進路を東にとり始めた北緯三十九度三十分は、ちょうど日本の三陸沖にあたります。ウルダネータは自らの理論が正しかったことを証明できました。後に大圏航路と呼ばれるメキシコへの帰還ルートの発見で、フィリピン諸島の価値が一気に高まったのです。

ウルダネータは、季節風や海流の利用の重要性を知り尽くしていました。メキシコ太平洋岸（アカプルコ）とマニラを結ぶ貿易船は毎年二月の末頃にアカプルコから出帆させます。北緯十度から十三度付近で南西向きの貿易風をとらえれば、六十日から七十日でラドローネ諸島（現在のマリアナ諸島）に、そしてそこから十八日から二十日程度でフィリピンに到着するのです[*45]。それがウルダネータの考えた航海のやり方でした。

スペインにとってこの航路の発見は、マゼラン世界周航とは比較にならないほどの価値を持っていました。ポルトガルの勢力圏であるインド洋や喜望峰を使わず、自らのテリトリーである太平洋だけを使って新大陸の港に戻るルートを作り上げたのです。

マニラに残った艦隊司令官レガスピはセブ島には港に適した入り江がないことに不満でした。部下のマーチン・デ・ゴイチが、ルソン島にそれに相応しい湾があることを発見したのは一五七〇年五月三日のことでした。現在のマニラ湾です。ここには十分な水深があり、海岸にはイスラム教徒が作り上げた小規模な交易の村トンドがあったのです。ゴイチはトンドの村を一気に焼き払い指揮官の来航を待ちました。指揮官レガスピはゴイチの仕事に満足でした。マニラ周辺にいた部族も帰順しています。マニラをフィリピン諸島の政庁と決めています[*46]（一五七一年六月二十四日）。当時のフィリピン諸島に住む人々の数はおよそ七十万人でした。

スペインはフィリピンをこうして支配することになったものの、この島々にはこれといって目ぼしい資源はありませんでした。サラゴサ条約で決まった分界線によれば、フィリピンは明らかにポルトガルに帰属する位置にありました。貴金属よりも価値のある香料を産出する香料諸島と違い、何の資源も産業もないこれらの島に対するポルトガルの関心は薄いままでした。ですからスペインの領有宣言も気にならなかったのです。

価値がないと考えられていたフィリピンでしたが、スペインはすぐにこの島の特殊な価値に気づかされます。マニラの港ができあがると、そこに支那（明《みん》）からスペインとの交易を求める船が殺到したのです。彼らは生糸、絹製品あるいは陶器を満載してやって来ました。一五七三年には早くも彼らが運んできた絹製品や二万二千三百個もの陶器を積んだガレオン船がアカプルコに向けて旅立っていきました[*47]。

明からやって来た商人が求めたのは銀でした。明は銀をベースにした貨幣経済でした。経済の発展には貨幣が必要になります。またなにより明は辺境の防衛に軍を派遣し、その運用に大量の銀を必要としていたのです。紙幣を導入しようと試みたものの、辺境においてはペーパーマネーを受け取る者はどこにもいませんでした。銀を欲していた明は海外交易の制限を緩和（一五六七年）させていたのです。

マニラのスペイン人にとって、銀を手配することはたわいもないことでした。新大陸にはあり余るほどの銀があったのです。メキシコではタクスコ（Taxco）やザカテカス（Zacatecas）に銀鉱山を持ち、さらにボリビアのポトシ鉱山からも大量の銀が産出されていたのです。

明の貿易船は福建《ふっけん》周辺から十二月の末頃にやって来ます。明から持ち込まれる製品は多岐にわたります。陶器や絹製品はもちろんのこと、真珠、紙製品、ビロード（velvet）や漆製品も持ち込まれています。運び込んだ商品の支払いは、三月にアカプルコからやって来るガレオン船に積まれた銀が当てられます。また支那からの船はマニラでの造船や修理に欠かせない日本製の舟釘などの金属製品も持ち込んでいます。フィリピンは支那と日本の製品を集荷するには都合のよい立地にありました。待っているだけで必要な商品が手に入ります。これを新大陸の銀で買いつければよいのです。これがスペインが築き上げたガレオン貿易でした。

スペインはこの貿易を年一回の航海に限っていました。わずか二隻のガレオン船だけが貿易を許可されたのです。年間十四トンの銀に換算できる金額の貿易しか許さなかったのです。支那の産品があまりに大量に輸入され、新大陸での販売価格が値崩れしないための工夫でした。それが、マニラに赴任した高官の収入に当てられる仕組みにもなっていたのです。

## フィリピンの苦悩：脆弱な防衛力

マニラはこうして新大陸の銀と支那の物産の交易で繁栄することになります。しかし商業的な繁栄とは裏腹に、マニラを預かる総督はつねにその軍事力の脆弱さを心配しなくてはなりませんでした。マニラは貿易港として賑わっているものの、スペイン人の人口がいっこうに増えないのです。その結果、十分な軍事力の確保がままならず、現地人を雇ったプロとも言えない兵士の力に頼らざるを得ませんでした。マラリア、デング熱、赤痢などが蔓延する熱帯の島は、スペイン人には理想郷ではなかったのです。

フィリピン総督に軍事力の弱さを実感させたのは日本の豊臣秀吉でした。秀吉に朝鮮に出兵する愚を説き、フィリピン方面に軍を進めるべきことを主張した商人がいます。長崎の原田孫七郎でした。彼が秀吉の書簡を持ってマニラに現れたのです（一五九二年）。これは日本の明治期に展開される、日本は南に向かって勢力を拡張すべきであるとする南進論の萌芽ともいえる事件でした。[*48]

原田の持参した書簡にもかかわらず、結局秀吉は朝鮮に大軍を派遣しています。そのためマニラが日本軍に襲撃されることはありませんでした。しかし日本の侵攻を受けた朝鮮の模様は、マニラ総督に大きな衝撃を与えています。秀吉の天下統一と朝鮮出兵以前は、フィリピン総督やカソリック修道士にとって日本は征服と布教の対象に過ぎませんでした。布教を邪魔する者は武力で制圧すればよいと単純に考えていました。日本も野蛮で文化のない民族が暮らす、未開の地のはずでした。しかし徐々に日本の軍事力の強大さを知ることになります。少数の兵力ではとても日本の征圧などできないことを悟るのです。秀吉の朝鮮出兵は、その危惧が杞憂ではないことを、マニラの為政者にはっきりと知らしめる事件でした。

日本の軍事力の怖さをよく理解していたのが、一六〇八年にマニラ臨時総督となったドン・ロドリゴでした。[*49]

「フィリピン臨時総督を務めたロドリゴは、日本の軍事力の強大さと強硬的日本外交を痛感していたと思われるが、日本を征服するどころか、逆にマニラが日本に征服されるのではないかとすら恐れていた」

「日本よりマニラに至る航海は、天候良好なれば十五日に過ぎず。皇帝（将軍）もし命令を下さば五万人十万人を同市に派遣すること可能にして、之をなさば脆弱なる城壁内に在る五百のイスパニア人は多勢に抵抗すること能わざるべし」

そのロドリゴが帰国途中に岩和田の海岸で遭難し、助けられると、駿府にいる家康と対面することになります。それが一六〇九年のことだったのです。秀忠との会見を終え、駿府で家康と対峙したロドリゴは、マニラが軍事的に脆弱である不安を表に出すことは一切ありませんでした。彼は名門貴族の出身でした。メキシコ政界と深くかかわる家系を持つ外交のプロでした。

父方はメキシコ副王ルイス・デ・ベラスコの縁戚にあたり、母方の家系はコルテスに仕えた高官一族に繋がります。ロドリゴはこれまでの日本との親書の交換を通じて、家康がメキシコとの貿易を望んでいることをよくわかっていました。家康が欲しがっている銀精錬の技術者とともに「大量の宣教師を送り込もうと」[*50]画策するのです。「カソリック教布教を尖兵として領土化をはかる」[*51]のがスペイン外交の王道です。軍事力を展開できないスペインにとって、民衆をそして願わくは支配者そのものをカソリックに改宗させ、スペイン王に恭順させる。ロドリゴは狡猾なプロの外交官として家康と渡り合ったのです。

ロドリゴはそれ以前に家康と会ったことはもちろんありませんでした。しかし、彼が臨時総督になるとすぐに日本との外交案件が持ち上がっていたのです。ですから対日本外交のカウンターパートとしての家康をよく知っていたのです。当時ロドリゴは、マニラに居住する支那人移民の反乱鎮圧に利用した日本人傭兵の狼藉行為の頻発に苦慮していました。しかし日本人に対して強い姿勢で臨むのは危険なことでした。

　彼らを処罰することで、それが軍事侵攻の理由にされかねないと危惧していたのです。彼は日本人対策に当たって、まずは家康の許しを事前に得ようとします。その書面が発せられたのは一六〇八年（慶長十三年）五月のことでした。御宿沖で難破するおよそ一年前のことでした。

「此時日本人の呂宋《ルソン》に居留する者年を逐《お》ふて増加し、先に支那移民の叛乱マニラ市等に発するや、太守兵を指揮して二萬三千人を虐殺せしが、日本人は西班牙《スペイン》人を助けて之を撃ち、頗《すこぶ》る功あり、然れども粗暴放恣《ほうし》にして政庁の政令を奉ぜず、政庁やや之に苦しむ、（中略）新太守『ヴヴエロ』は其地在留の日本人を退去せしむるに決意し、慶長十三年特に使船を派し、書を以て先ず其由を家康に報ず[52]」

　家康はこの願いを聞き入れています。

　この頃の日本には豊臣家の力はまだ残っていました。しかし家康の国内統一は実質的に終わっていました。ですから国家運営にかかわる外交・経済政策について、家康は早い段階から多くの構想を練っていました。経済政策について彼は貨幣の持つ力を知っていました。貨幣となる貴金属の生産で得られる出目（セニョリッジ：名目価値と実質製造コストの差額）の魅力を熟知していました。貨幣を制することが本当の天下統一となることをわかっていたのです。

　スペイン人が銀精錬の技術に長《た》けていることは日本では知られていました。家康は、メキシコから精錬技術者を迎え、日本の貴金属鉱山の生産性をなんとしても向上させ、天下統一後に必要となる貨幣量を増やしたかったのです。ロドリゴも、家康の望みは過去に彼から届けられていたマニラ総督宛の書状で十分に理解していました。

　両者の思惑が合致すると、ロドリゴは家康のアドバイザー三浦按針が伊豆の伊東で完成させた西洋型帆船サン・ブエナ・ヴェンツーラ号（百二十トン）でアカプルコを目指して船出していきました（一六一〇年八月）。メキシコ副王に家康の望みを伝えるのです。宣教師の受け入れとその保護を家康が約束している以上、本国は家康の要請を断るはずはないのです。

　その後も家康の承諾を得た伊達政宗が、家臣支倉常長《はせくらつねなが》をメキシコ、スペインを経由してローマに派遣（一六一三年）しています。繰り返された両国の交渉で日墨間交易に幕が開くかと思われました。しかし外交にはっきりとしたビジョンを持っていた家康が亡くなり（一六一六年）、さらにカソリック教徒が叛乱を起こすと（島原の乱、一六三七年）、三代将軍家光は日本を閉ざしてしまっています。家康とロドリゴが目論んだ日墨交流の構想が日の目を見ることはありませんでした。わずかに開かれた長崎出島での交易の窓は、スペインの宿敵プロテスタントの新興国オランダだけに開放されることになったのです。

日本の鎖国はマニラを預かる者にとっては、むしろ幸いだったかもしれません。当時世界的に見ても強力な軍事力を保持していた徳川の軍隊が、海外に向かって膨張し南進を始めていたら、千にも満たないスペイン兵士の守るマニラなどひとたまりもなかったのです。アカプルコからマニラまでの距離は大圏航路でおよそ九千マイル（一万四千キロメートル）。マニラが攻撃されても、メキシコから救援など期待できるはずもありません。「マニラは日本の鎖国があったからこそ生きながらえることができた」と表現することも可能なのです。

ウルダネータの大圏航路の発見で本格化したアカプルコとマニラを結ぶガレオン船貿易。その成功で太平洋は「スペインの湖（Spanish Lake）」と呼ばれることになります。しかし実態は太平洋の西端の島に小さな基地を築いただけなのです。ガレオン船は一年に一度北太平洋を時計回りに、三角おにぎりのような形を描いて航海するに過ぎません。マニラは強力な軍事力の前ではひとたまりもない地（大洋）の果ての小さな砦でした。それでも二百五十年にもわたってガレオン貿易で繁栄するのです。

当時の日本とスペイン（メキシコ）の関係を今に伝える史跡は、大多喜の町のメキシコ風タイルの歩道だけではありません。ドン・ロドリゴらが救出された御宿近くの岩和田の海岸にはメキシコ記念塔（日・西・墨三国交通発祥の記念碑）が聳《そび》えています。三浦按針がサン・ブエナ・ヴェンツーラ号を築造した伊豆・伊東の松川の河口には、三浦按針記念碑を見ることができます。宮城県石巻市月の浦には、常長を乗せたサン・ファン・バウティスタ号が復元されています。そうした史跡は鎖国前の徳川幕府（家康）が見せた堂々たる外交交渉の記念碑なのです。

**◉原註**

＊1　Galleon 四本から五本の帆柱を持った帆船。喫水を浅くしているため速度は出やすいが転覆の危険性が高かった。当時としては大型で千トンを超えるものも多かった。

＊2　Rodrigo de Vivero y Aberrucia（一五六四―一六三六）

＊3　本多忠朝（一五八二―一六一五）家康の重臣本多忠勝の次男。大多喜藩第二代藩主。

＊4　西笑承兌（一五四八―一六〇八）臨済宗の高僧。徳川家康の政治外交顧問。

＊5　金地院崇伝（一五六九―一六三三）臨済宗の高僧。承兌没後の家康の政治外交顧問。

＊6　William Adams（一五六四―一六二〇）一六〇〇年にオランダ帆船リーフデ号で豊後臼杵沖に来航。家康の庇護で外交顧問となったイギリス人。

＊7　平川新「スペインの対日戦略と家康・政宗の外交」（『国史談話会雑誌』二〇一〇年三月）一九三頁。

＊8　Alexander VI（一四三一―一五〇三）教皇在位は一四九二年から一五〇三年。

＊9　the Line of Demarcation 分界線。

＊10 João II（一四五五—九五）在位は一四八一年から九五年。

＊11 Vasco Núñez de Balboa（一四七五—一五一九）スペインの探検家。パナマ地峡の熱帯雨林を踏破し、初めて太平洋西岸に達したヨーロッパ人とされる。

＊12 Frederick Albion Ober, *Vasco Núñez de Balboa*, Harper & Brothers, 1906, p170.

＊13 Fernand Salentiny, *The Encyclopedia of World Explorers*, 2nd edition, Rebo Publishers, 2006, p76.

＊14 Juan Diaz de Solis（一四七〇—一五一五）スペインの探検家。

＊15 柳沼孝一郎「スペイン帝国の太平洋覇権確立」（『神田外語大学紀要』第24号、二〇一二年）二〇六頁。

＊16 Fernando de Magallanes（一四八〇?—一五二一）フェルディナンド・マゼラン　ポルトガル人であるがスペイン王の信任を受け、香料諸島にいたる海路を探った探検家。

＊17 Dom Manuel（一四六九—一五二一）在位は一四九五年から一五二一年。

＊18 William J. Bernstein, *A Splendid Exchange*, Atlantic Monthly Press, 2008, p186.

＊19 ペドロ・アルヴァレス・カブラル（Pedro Álvares Cabral）は一五〇〇年にブラジルに到着している。

＊20 *A Splendid Exchange*, p187.

＊21 Rui (Ruy) Faleiro 生没年不詳。

＊22 Carlos I（一五〇〇—五八）スペイン国王としての在位一五一六年から五六年。神聖ローマ皇帝としてはカール五世（在位は一五一九—五六）。

＊23 *A Splendid Exchange*, p187.

＊24 Sanlúcar de Barrameda グアダルキビル河口の大西洋岸の町。上流にセビリアがある。

＊25　Antonio Pigafetta（一四九一？—一五三四？）ベネチア出身の貴族。歴史学だけでなく天文学や地理学にも優れた才能を見せた。
＊26　*The Encyclopedia of World Explorers*, p235.
＊27　同右　p235.
＊28　Magellan Finds his Strait.
http://www.rockvillepress.com/GIANTS/PDF/01-MAGELLAN.PDF
＊29　同右　p11.
＊30　Laurence Bergreen, *Over the Edge of the World*, Harper Collins, 2003, p200.
＊31　*A Splendid Exchange*, p188.
＊32　「スペイン帝国の太平洋覇権確立」二〇六頁。
＊33　García Jofre de Loaísa（一四九〇—一五二六）
＊34　Zihuatanejo メキシコ中部太平洋岸の港。
＊35　Cortes on the Mar del Sur, Chapter 3: Spain Entry and Dominion.
http://epress.anu.edu.au/spanish_lake/mobile_devices/ch03s02.html
＊36　Hernán Cortés（一四八五—一五四七）南米新大陸を征服したコンキスタドールの一人。メキシコ高地のアステカ帝国を滅亡させた。
＊37　Felipe Fernandez-Armesto, *Pathfinder*, Viking Canada, 2006, p200.
＊38　同右　p202.
＊39　Andrés de Urdaneta（一四九八—一五六八）聖アウグスチヌス修道会の修道士であり、探検家。
＊40　「スペイン帝国の太平洋覇権確立」二一四頁。

＊41 同右、二一三頁。
＊42 Barra de Navidad メキシコ中部の太平洋岸の港。
＊43 Samar フィリピン諸島のほぼ中央の東の島。
＊44 「スペイン帝国の太平洋覇権確立」二一五頁。
＊45 Howard J. Erlichman, *Conquest, Tribute, and Trade*, Prometheus Books, 2010, p341.
＊46 同右　p341.
＊47 同右　pp341-42.
＊48 有賀定彦「明治期における『南進』論の一系譜」（『東南アジア研究年報』一九八四年）八三頁。
＊49 「スペインの対日戦略と家康・政宗の外交」一九五―九六頁。
＊50 同右、一九七頁。
＊51 同右、一九七頁。
＊52 渡辺修二郎『世界ニ於ケル日本人』（経済雑誌社、明治二十六年）四二頁。

# 第1章 アメリカ西漸運動の果て：フィリピン買収

## マニラ湾海戦

ドン・ロドリゴがマニラ臨時総督の時代からおよそ三百年経った一八九八年五月一日未明、ルソン島西南部に位置するマニラ湾内に六隻のアメリカアジア艦隊が静かに滑り込んでいきました。艦隊を指揮するのは自慢の髯を丹精に整えたデューイ提督[*1]です。旗艦オリンピア（五千五百八十六トン）の司令室は緊張で張りつめていました。

マニラ湾は西の海（南シナ海）に面しています。湾口には北側から喉奥の上舌《うわじた》が垂れるようにバターン半島が延び、湾内への入り口を狭めています。半島の南端近くにはおたまじゃくしの形をしたコレヒドール島が、頭を西に向けて横たわっています。マニラ湾口の幅は十九キロメートル。奥に入れば腎臓のような形のマニラ湾が広がります。湾は最大四十八キロメートルまで広がりを見せています。

デューイ艦隊はこの湾内のどこかに潜んでいるスペイン艦隊との戦いに臨むのです。艦隊は各艦の最後尾にだけ点灯を許された小さな光を頼りに縦隊を作り、静かに湾口深く進んでいきました。六隻の乗組員すべてが強度の緊張を強いられたのは、闇の中での難しい操船だけが原因ではありませんでした。湾内には多数の機雷が敷設され、水先案内人なしではとても航行できないと噂されていたのです。

提督は出撃前に艦隊を集結させていた香港で、マニラ湾の情報を精力的に収集していました。民間人に変装させた隊員を使い、マニラからやって来る商船の乗組員からスペイン軍のマニラ湾防衛網の様子を聞きだしていました。彼らからの情報を総合して湾内には機雷はないと判断したのです。多数の機雷が敷設済みとの情報は、スペイン側が仕掛けた情報戦によるはったり《ブラフ》であると結論づけたのでした。[*2] しかし、本当にその判断は正しいのか。それはまだ誰にもわかりません。湾内奥深く侵入するまでは、もはや運を天に任せるしかないのです。

提督が夜間の湾内侵入を決行したのにはもちろん理由がありました。狭まる湾口の小高い丘やコレヒドール島には要塞が築かれ、高性能な砲を備えた砲台が艦隊を待ち受けていたのです。その砲門の総数は二百二十五にものぼるとの情報も入っていました。[*3] 昼間の行動では、こうした要塞からの攻撃をかわすことはとてもできなかったのです。これが危険な夜間航行を覚悟した理由でした。

デューイは湾口への夜間侵入作戦をすでに経験していました。提督は海軍兵学校を卒業（一八五八年）すると、間もなくして始まった南北戦争に従軍し、南部港湾の封鎖作戦（アナコンダ作戦）に参加していました。彼の所属する艦隊の司令官デヴィッド・ファラガット*4は夜の隠密作戦の名手でした。ファラガットの乗るハートフォード号の見せる見事な操船を、若き海軍士官デューイは乗り組んでいたミシシッピ号からじっくりと観察していたのです*5。ミシシッピ号は日米開国交渉にペリー提督をアジアに運び、江戸湾では威嚇の空砲で人々を驚かせた日本人にもよく知られた蒸気戦艦でした。

およそ八ノット（時速十五キロメートル）のゆっくりとしたスピードで進むデューイ艦隊。極度の緊張の中で無事湾内への侵入を果たしています。艦隊が進んだ水路に本当に機雷はなかったのか、それとも敷設されていた機雷が何らかの理由で爆発しなかったのか、それはわかりません。ただ無事湾口を通過できたのは間違いないことでした。しかしスペイン艦隊の居所は簡単にはわかりません。敵将モントホ提督の率いる艦隊の数は七隻。両艦隊の持つ砲門数も互角。できるだけ早く発見し、有利な陣形での戦いに臨まなければなりません。

デューイ艦隊がスペイン艦隊を確認したのはもう空も白み始めた午前五時を過ぎた頃でした。スペイン艦隊は湾の東南部カヴィテと呼ばれる水域に碇泊していたのです。この辺りの水深は浅く海戦には不向きな場所です。それでもモントホ提督がこの地を選んだのはマニラ市街地から距離があり、市街地に砲弾の被害が及ばない配慮がありました。また、この辺りでの戦いであれば、陸地の要塞からの援護の砲撃が期待できたのです。

デューイ提督が「グリッドリー君、準備ができたらいつでも砲撃を開始したまえ(You may fire when you are ready, Gridley)」と命じたのは、太陽がその頭をのぞかせたばかりの午前五時四十一分のことでした[*6]。

「およそ七時間戦いは続いた。(デューイ艦隊は隊列を乱さず)五度にわたって(旋回しながら)数の上では優勢なスペイン艦隊を砲撃した。モントホ提督は岸辺の要塞からの援護を期待して艦隊を碇泊したままで反撃した。しかし結局スペイン艦隊はそのほとんどを撃沈され、戦死者は三百八十一名にのぼった。モントホは降伏の道を選ばざるを得なかった。デューイ艦隊の完全勝利であった[*7]」

アメリカ軍側の戦死者はわずか一名、艦隊は無傷でした。これがアメリカ海戦史上一番のワンサイドゲームと言われるマニラ湾海戦のあっけない結末でした。デューイ提督がマニラ湾の完全征圧を、ロング海軍長官に電信報告したのは三日後のことでした。市内への上陸は陸軍の到着まで待つ、と伝えています[*8]。

デューイ提督には強力なドイツ海軍がマニラ湾沖を遊弋《ゆうよく》しているとの情報が入っていました。彼らもフィリピンを狙っていました。地上戦に戦力を割くわけにはいかなかったのです。実際、ドイツ艦艇が湾内への侵入を試みています。

「(周辺をうろついていた) ドイツ艦隊提督は実に失礼千万なことをしてくれる。艦隊の一隻がデューイ提督の警告を無視して湾内に侵入を試みたのである。それを停止させようと一発の砲弾が放たれた。デューイのこの毅然とした態度こそアメリカ海軍の模範となるものである」[*9]

提督はフィリピン民族派のリーダー、エミリオ・アギナルド[*10]を密かに香港から連れ出し（五月十六日）マニラに送り届けています。彼がフィリピン人をまとめ上げ、アメリカ陸軍部隊到着までスペイン兵と戦ってくれるはずなのです。

おそらく彼らだけの戦いではスペイン軍を追いつめることができないでしょう。このまま一進一退の戦いを続けさせ、マニラの本格的な征圧はアメリカ陸軍の到着を待ってから仕上げるのです。それがデューイのシナリオでした。デューイをアジア艦隊司令官に強引に引き上げた海軍次官セオドア・ルーズベルトや海軍大学の戦略家マハンとワシントンで入念に練り上げた戦術でした。

アメリカアジア艦隊がマニラ湾を征圧したこの日（一八九八年五月一日）が、ウルダネータの大圏航路発見以来完成したスペインのマニラ支配が実質的に終息した日となりました。三百二十余年にわたるスペイン支配が終焉を迎えたのです。太平洋が「スペインの湖」から「アメリカの湖」に変貌を遂げる初日でもありました。

## デューイ提督の苦悩：脆弱なロジスティックス機能

デューイは危険な夜間のマニラ湾侵入を見事に成功させ、湾内のスペイン艦隊を完膚なきまでに叩きのめしました。彼は後日アメリカ海軍の英雄として迎えられています。大統領候補に擬せられるほどの人気を得ています。アメリカ海軍史の中でも重要な人物としてその名を残しています。彼への高い評価は夜間行動の勇気と優れた海戦指導力だけが理由ではありません。むしろこの海戦の準備、つまりロジスティックスに類稀な才能を見せたからでした。

スペインとの戦いが始まりしだい、マニラ湾のスペイン艦隊を叩くことは、すでにワシントンで海軍次官ルーズベルトとの間で密かに決められていたことでした。海軍内の反対意見を押しのけて、自分の考えをよく理解したデューイをロッジ上院議員[*11]、プロクター上院議員[*12]らの政治力を使ってアジア艦隊司令官に任じたのはルーズベルト次官でした。デューイはルーズベルト次官から海戦準備を進めるよう秘密指令を受けていたのです。

「デューイは二月二十五日にルーズベルトから密かに指令を受けていた。艦隊の準備を整え、開戦と同時にスペインを攻撃するよう指示されていた[*13]」

ルーズベルトはマニラ湾海戦の勝利の報を受け、提督にすぐさま祝電を返すと、海軍次官の職を投げ打っています。マッキンレー大統領やロング海軍長官の主治医であったレオナード・ウッド[*14]軍医らと共に義勇軍を率いて、キューバ戦線に旅立っていきました。

デューイのアジア艦隊司令官就任のセレモニーは一八九八年一月三日、長崎に入っていたオリンピア号艦上で行われていました。日本帝国海軍との外交儀礼の日程を済ませ、香港に向けて出港したのは二月十一日。その六日後には香港に到着し、キューバ・ハバナ湾でのメイン号爆沈（二月十五日）の報を受けるのです。この事件でアメリカの対スペインへの宣戦布告は不可避になりました。開戦と同時にマニラ湾攻撃の準備にかからねばならないデューイの頭痛の種は、フィリピンが本国からあまりに遠い太平洋の西の果てに位置していたことでした[*15]。

「デューイが艦隊の運用に必要な石炭、弾薬あるいは予備の要員を自国の港から揃えるには（フィリピンは）あまりに遠かった。最も近い港でも七千マイル（一万一千キロメートル）もあった。準備には二ヵ月もかかることになる」

「さらに問題なのは、公式にスペインとの戦いが始まるとなると、国際法により中立国の港湾施設が使えなくなることであった。香港にも日本の港にも寄港することができなくなるのだ」

デューイは出発前のワシントンでの調査で、アジア艦隊の弾薬量の不足を熟知していました。準備を進めるにはあまりにも遠い香港での作業は、相当に難しくなることは覚悟していたのです。彼はアメリカが宣戦布告する前に必要な作業を終えていなくてはなりませんでした。彼が利用したのは、サンフランシスコのメア・アイランド海軍工廠で補修のためドック入りしていた「コンコルド」（千七百四十トン）でした。この艦はいわゆるガンボート（砲艦）といわれる小型の戦闘艦です。「コンコルド」の利用はルーズベルト次官が承認していました。[*16]

弾薬を積んだ「コンコルド」はサンフランシスコから運ぶ機材や弾薬に加えハワイで石炭を調達し、さらに日本でも必要な資材を購入しています。しかしコンコルド号の積載能力はあまりに小さすぎました。積みきれなかった弾薬などの搬送に利用したのは、蒸気帆走戦艦モヒカン号（千九百三十トン）でした。一八七二年建造の老朽艦です。モヒカン号が香港近くで待機していたデューイ艦隊に合流し必要な資材を届けることができたのは、マニラ湾への出陣のわずか四十八時間前のことでした。[*17]

デューイはこの二隻が運んでくる石炭だけでは足りないことはわかっていました。中立国の港が利用できなくなる前に手当てしておかなければなりません。提督はイギリスの民間船三隻を購入しています。乗組員は英国人クルーをそのまま臨時採用し、母港をグアムと偽装登録し、石炭運搬船に仕立て上げたのです。こうしておけばアメリカが宣戦布告したあとでも、港湾施設で石炭を調達できるのです。

提督はこうした面倒なロジスティックス作業を続けながら開戦の時を待ったのです。

その間、米マニラ領事O・F・ウィリアムスから寄せられたスペイン艦隊の動静や、マニラ湾防衛体制にかかわる情報を分析していました。マニラからやって来る民間船からの情報も探っていたのです。

予期したとおり、英香港領事から港からの退去要請があったのは四月二十四日のことでした。スペインに宣戦布告すると同時の退去命令でした。二十四時間以内に香港の港からの退去を求められました。しかしこの時点では海戦に必要なロジスティックス作業は完了していたのです。

デューイ提督が艦隊を移動させたのは香港からわずか三十マイル（約五十キロメートル）北東にある大鵬湾《たいほうわん》（Mirs Bay）でした。[*18] もちろんこの位置は清国《しんこく》の領海内でした。提督はまともな国の体《てい》をなしていない清国が、中立法に基づく必要な措置などとるはずはないと判断していたのです。

マニラ湾海戦は外見上は一方的なアメリカ海軍の勝利に終わっています。しかしこの海戦を指揮したデューイ提督にとっては薄氷を踏む思いの戦いだったのです。アメリカ艦隊が抱えるジレンマを理解し、スペインのマニラ湾防衛が強固なことを疑わない英国海軍士官たちは、イギリス人らしく、これから始まろうとする海戦の帰趨《きすう》を賭けの対象にしていました。社交場、香港クラブを舞台にしたその賭けで、アメリカ軍の勝利を予想した者はほとんどいませんでした。

「(アメリカ海軍の)連中は実にいい奴ばかりだった。残念だが、彼らとは二度と顔を合わすことはあるまいな」[*19]

デューイ提督は英軍士官らの予想を裏切って一方的な勝利を収めました。しかし彼こそが自らの経験のなかで、フィリピンがいかに遠隔の地なのかを初めて理解した海軍指導者でした。フィリピンはアメリカにとってあまりに海の果ての島でした。彼の進めたロジスティックスの作業は幸運に恵まれただけの綱渡りだったのです。

## 一九〇〇年の大統領選挙　その一　マニラ占領

一九〇〇年の大統領選挙は現職マッキンレー大統領が圧倒的優位に立つはずでした。米西戦争の鮮やかな勝利に加え、経済も順調でした。一八九三年に発生した「パニック・オブ・93」と呼ばれている不況は十九世紀最悪といわれるほど深刻なものでした。アメリカの貨幣政策が金本位制と金銀複本位制の間で揺れ動き、その結果、財務省の持つ金保有量が激減したことを主因とした不況でした。[*20]しかしマッキンレーが大統領に就任した年(一八九七年)には十パーセントを大きく超えていた失業率も一九〇〇年には五パーセントにまで減少し、まさに好況期の入り口にいるような明るい空気が満ちていました。

大統領にとっては幸いなことに、北米大陸最後のゴールドラッシュ(アラスカ・ゴールドラッシュ）が一八九六年から九九年まで続いたことで政府の金保有量にも余裕ができていました。発行できる貨幣の量を増やせる時代に変化していたのです。何もかも共和党現職大統領にとって追い風の一九〇〇年の選挙戦に民主党が担ぎ出してきたのは、またもやウィリアム・ジェニングス・ブライアンでした。一八九六年の選挙戦とまったく同じ戦いが繰り返されることになったのです。

ブライアンは相変わらず、中西部の農民や鉱山業界からの支援を受けて金銀複本位制を主張しています。受けて立つマッキンレーにとって、この主張を恐れることはまったくありませんでした。経済の順調な回復のなかで、世論は貨幣政策を根本から変えるようなことを望むはずがないのです。

そもそもあの九三年不況は、決めたはずの金本位制を金銀複本位制に戻すかのような、はっきりしない曖昧な政策をとったことが原因でした。その結果、アメリカ国内での金の価値の下落を懸念したイギリス資本が金を引き揚げ、経済の血液である貨幣量が減ったのでした。ブライアン候補の主張が通れば同じ過ちを繰り返すことになりかねません。世論はそれを理解しているはずなのです。マッキンレー大統領にとって一九〇〇年の選挙戦は楽な戦いになるはずでした。ところがブライアン候補がフィリピン領有の是非を争点にし始めると、雲行きが怪しくなってきたのです。

マッキンレーの決断した米西戦争は、もともとスペインの圧制に苦しむキューバの民を解放することが理念でした。国内イエロージャーナリズムが戦争を煽るなかにあって、マッキンレー政権は冷静にその戦争のもたらす影響を研究していました。とくに対スペイン戦後のキューバの処理については十分な検討がなされ、キューバは領土化しないことが予め決められていたのです。

「合衆国は、キューバ島の戦乱を収束させること以外の意図はなく、同島征服の意図は毛頭ない。戦乱鎮定の上は、同島の当地支配の権能を島民に委ねる」[*21]（テラー修正条項）

法案の文面の背後には、ラテン系カソリック教徒のキューバ人がアメリカ国内に流入することを嫌う勢力の意向が隠れています。キューバは当時百七十万もの人口を擁していたのです。アメリカ国内の精糖業者もキューバの主要産品である粗糖が流入することで、価格が暴落することを恐れていました。キューバを領土化することに反対していたコロラド州などの甜菜《てんさい》業者の意向を汲んだ法案でした。修正案をまとめたテラー議員は同州出身の上院議員でした[*22]。

アメリカ、スペイン両国は戦争終結の条件交渉をパリで行っていました。交渉は一八九八年十二月十日に妥結し条約となっています（パリ条約）。この条約でアメリカは二千万ドルを支払い、フィリピンを譲渡させました。アメリカ本土からわずか九十マイル（約百四十五キロメートル）の距離にあるキューバの戦後処理についての方針は明確でした。しかし、当時のアメリカ人のほとんどがその存在すら知らない太平洋の西のはずれの島をどうするのか、それについては曖昧なままだったのです。

フィリピンの独立を求める戦いは一八九六年から始まっていました。カティプナンと呼ばれる結社を組織して独立闘争をリードしたのが二十七歳のエミリオ・アギナルドでした。アギナルドや側近の法学者アポリナリオ・マビーニ*23らは、マニラ湾のデューイ艦隊は彼らの独立闘争を他意なく支援する白馬の騎士であると理解していました。アギナルドを香港から連れ戻したデューイ提督もそう断言していたのです。アギナルドらはマニラを守るスペインの守備兵およそ一万三千への攻撃を開始すると、時をおかずフィリピン共和国（第一共和国）の独立を宣言しています（一八九八年六月十二日）。

しかしアメリカ陸軍部隊の第一陣が到着（六月三十日）し、マニラ市内をアメリカ軍が征圧（八月十三日）すると様相が違ってきます。マニラ市内攻防戦には裏がありました。見せかけだけの戦いを済ませたらすぐに降伏したいとスペイン側からアメリカ軍側に打診が入っていました。戦ったという事実だけを作ったらスペイン守備隊は早々に白旗を揚げることがわかっていました。アメリカはこの戦いにアギナルドらの兵士を参加させる必要はまったくなかったのです。鎮圧と同時に道路を封鎖し、市内には独立派兵士を入れようとしませんでした。マニラ市内の治安はアメリカが完全にコントロールするという強い意志を示したのです。

正規兵二千、志願兵一万三千で構成される派遣第一陣を指揮するウェズリー・メリット少将はマニラ上陸に先立ち、部隊に期待されているミッションをワシントンに再度確認していました[*24]（五月十二日）。

「ワシントンが期待しているのは、島全体を征圧することなのか、それとも首都（マニラ）だけを征圧し守備することなのか。私にはいまだよくわかっていない」

ワシントン（マッキンレー大統領）から回答が届いています。しかしその指示は少しばかり曖昧なものでした[*25]。

「部隊には二つのミッションが期待されている。一つはスペインの軍事力を抑え込むことであり、二つめは（フィリピンが）わが国の占領下にある期間、必要な命令を発し秩序を保つことである」（傍点筆者）

マニラ市内が占領された八月にはすでにキューバ方面でもアメリカ軍の圧倒的勝利がはっきりしていました。それを受けて両国はパリで講和会議を開催し、条件を詰めることが決まっていました。フィリピンの将来はその会議の決定まで誰にもわからなかったのです。パリでその条件が確定するのはまだ先のことでした（パリ条約調印は一八九八年十二月十日）。

「四ヵ月にわたって誰にもフィリピンの将来はわからなかった。フィリピンは独立できるのか、アメリカが占領を続けるのか、その占領は一部に留まるのか、それともフィリピン全土に及ぶのか、はたまたスペインに再び返還されるのか」

「アギナルドらにとっては、短いアメリカの占領期間があったとしても、独立以外のオプションは考えられなかった。その頃にはアメリカ国内で反帝国主義運動が活発化していた。アメリカ西海岸から七千マイル（約一万一千キロメートル）も離れた遠い島フィリピンの価値に疑問が生まれていた[*26]」

フィリピンの現地事情に詳しいメリット少将は交渉団の一員としてパリに向かい、彼の率いる陸軍第八軍は六十一歳の老将エルウェル・S・オーティス少将の指揮に委ねられています。アギナルドらとアメリカ軍との間には落ち着かない均衡が四ヵ月にわたって続くことになりました。

## 一九〇〇年の大統領選挙　その二　フィリピン領有

それぞれ五人の代表メンバーで構成されるパリでの交渉が始まったのは十月一日のことでした。マッキンレー大統領はフィリピンの扱いについて悩み続けていました。

「私は正直に告白しなければならない。フィリピンがわが国のふところに入ってくることになった時、実はこの島をどうしたらよいのか私にはわからなかったのである。ある晩、なぜかはわからないがよい考えが浮かんだ。まず第一にこの島をスペインに返すことはできないということだ。国家として卑怯でかつ不名誉なことである。第二に（もし何もしないでおけば）この島をフランスやドイツに差し上げるようなことになってしまうだろう。両国とも東洋における商売仇である。第三にこの島をフィリピン人に任せてしまうこともできないことだ。彼らには自治は無理だ。彼らに渡してしまえば無政府状態となるだろう。スペイン支配時代以上の悪政が現出しよう。そうなると四番目の方策しか、われわれには残されていないことになる。つまりフィリピン全土を領土化し、フィリピン人を教育することである。彼らの啓蒙を進めキリスト教徒化していく。われわれにできることは神の加護を祈りながらそれに邁進することである[*27]」

フィリピンを併合し、「土民」を啓蒙する。それはアメリカに神の課した試練である。これがマニラ湾海戦以前にはフィリピンの位置を地図上で示すこともできなかった大統領が悩んだ末の結論でした。啓蒙の作業がいかなるものになるのか、それにどれほどの月日がかかるのか、啓蒙後はどうするのか。何もかもが不確かな中でフィリピン併合が決断されました。

パリでは大統領の方針に従って交渉が進められました。一時完全に膠着状態に陥った交渉も、フィリピンを割譲するのではなくアメリカに金銭譲渡することで決着をみるのです。

アギナルドの指導するフィリピン共和国にとっては納得できるものではありませんでした。しかし彼らは、この条約はアメリカ上院の批准が必要なことを知っていました。三分の二の賛成が必要なことを知っていました。アメリカに対してどう対峙するかは、上院の態度をみてから決めようとしたのです。

マッキンレー政権は条約批准を目指して議員たちに向けて懸命に工作しています。しかし年も明けた二月になっても批准に必要な議員数が二つ不足でした。アメリカ世論も、アメリカの安全保障に何の利点も見出せないフィリピン併合にそれほどの魅力を感じなかったのです。アギナルドらのフィリピン共和国はマニラ北部の町マロロスを拠点に着々と法整備を進めていました。一八九八年九月には憲法制定会議を開催し、年明けの一月には憲法（マロロス憲法）を発布しています。上院批准のないことを期待して着々と準備を進めていたのです。

ところが一八九九年二月六日、アギナルドらの期待に反し条約は批准されてしまいます。投票直前の二月四日から五日未明にかけて発生したマニラ市内での小競り合いで、六人の米兵が戦死しました。何者かが謀《はか》ったかのような銃撃戦でした。米兵の死を理由に二名の上院議員が批准賛成に回ったのです。

フィリピン共和国軍とアメリカ陸軍部隊の衝突はもはや避けられないものとなりました。この時点でのアメリカ陸軍駐留部隊の規模はおよそ二万一千でした。二月十日にはアーサー・マッカーサー少将[*28]率いる第二師団がマニラの北十二マイル（約二十キロメートル）の町カルーカンの攻撃を開始します。しだいに劣勢になった共和国軍は戦術をゲリラ戦に移行させていきました。かつてスペイン陸軍を悩ませた得意のゲリラ戦術です。アメリカ陸軍がこれまで経験したことのない戦いのありようでした。凄惨な戦いが三十一ヵ月にもわたって繰り広げられることになったのです。

「フィリピンはアメリカの新しい西部となった。原住民の抵抗は白人の怒りを爆発させた。フィリピンの独立を抑えようとしてきた陸軍は、かつてダコタの平原やニューメキシコの山間部で繰り広げられたインディアンとの戦いを再び始めることになったのである[*29]」

## 一九〇〇年の大統領選挙　その三　反帝国主義者連盟

一九〇〇年の大統領選はフィリピン領有を決めたマッキンレー政権を信任するかそれとも否任するかの投票でした。いわゆるフィリピン問題がシングル・イッシューとなる選挙戦となったのです。民主党候補ブライアンには都合のよい事態がフィリピンで起きていました。選挙戦が繰り広げられた夏の時点ではすでに三千人のアメリカ兵が命を落とし、フィリピン側の戦死者も一万五千にのぼっていました[*30]。

現職大統領マッキンレーにとって、フィリピンの血なまぐさい戦いで、成功している国内の経済政策や、見事なほどの対スペイン戦争の勝利の業績にまで泥を塗られるのは耐えがたいことでした。アメリカ金融界も金銀複本位制論者のブライアンを嫌っています。共和党にとっては意地でも負けられない選挙戦になったのです。共和党幹部が目をつけたのがセオドア・ルーズベルトでした。

キューバ戦線で英雄となりニューヨーク州知事となっていた前海軍省次官です。弁舌爽やかな若手政治家、戦争ヒーロー、汚職とは無縁なクリーンな政治家。そうしたイメージを持つルーズベルトを副大統領候補に担ぎ出すことで、マッキンレー大統領の再選を確かなものにしようと考えたのです。共和党陣営は、ブライアンが指弾していたフィリピン領有の決断が正しかったことを世論に訴え、理解を得なければなりませんでした。開戦と同時にマニラ湾攻撃を指示していたルーズベルトです。弁舌爽やかにその正しさを語れるはずなのです。

アメリカ軍の米西戦争の犠牲者は二千五百。しかもこのうち戦闘で命を落としたのはわずか四百です。残りは熱帯特有の病や、陸軍の手配した缶詰による食中毒で亡くなった者でした。ところがフィリピンでの戦いは、戦闘での死亡者がすでに三千を超えています。フィリピンで戦う若者の多くが志願兵でした。なんのために命をかけるのか。その理由は曖昧でした。

フィリピン領有は失敗だとするブライアンの主張には強い訴求力がありました。アメリカが、建国理念とは裏腹にヨーロッパの帝国主義諸国と同じような行動をとり、遠いアジアの一角に植民地を持つ。そのことに不快感を示す勢力が生まれていたのです。最も有力な組織は一八九八年六月に結成された反帝国主義者連盟（the Anti-Imperialist League）でした。

マッキンレー陣営は反帝国主義者連盟の活動に神経を尖らせていました。前大統領クリーブランドのように旧来の民主党支持者がメンバーとなっていることには何の痛痒《つうよう》も感じません。しかし問題は共和党を従来から支持してきた多くの有名人が含まれていたことでした。

たとえばジャーナリストのカール・シュルツです。[*31] 彼は週刊誌『ハーパーズ *Harper's Weekly*』に政治評論を寄稿し、その言論は高い評価を受けていました。一八二九年生まれのシュルツは根っからの共和党員でした。リンカーン政権時代には南北戦争を士官として戦い、駐スペイン大使、上院議員、そしてヘイズ大統領[*32]時代には内務長官まで務め上げた大物でした。

実業界では鉄鋼王アンドリュー・カーネギー[*33]もメンバーとなっていました。彼もリンカーンの時代からの共和党支持者でした。彼が築き上げた巨大鉄鋼会社（後のUSスチール）はリンカーン、そしてそれに続く歴代の共和党大統領が推し進めた保護貿易主義の恩恵をたっぷりと受けていました。安価なイギリス鉄鋼製品との競争から共和党が守ってくれたからこそ彼は鉄鋼王と呼ばれるまでになったのでした。

シュルツやカーネギーのような筋金入りの共和党支持者でさえ、フィリピンを領土化しようとするマッキンレー政権の政策に激しく反発したのです。その理由はきわめて明快でした。アメリカ建国の歴史と合衆国憲法の理念に反するからでした。アメリカは武器をとって宗主国イギリスに立ち向かい独立を勝ち取った歴史があります。フィリピン人はスペインの植民地政策に反発して独立を目指して戦ってきたのです。彼らはアメリカがその戦いを支援してくれるものだと信じたのです。

独自憲法の制定に先立ち合衆国憲法を研究していたアギナルドがデューイ提督の言葉を信じたのも、合衆国の建国理念に反する行為をアメリカがするはずがないと考えたからでした。後にアギナルドはアメリカの甘言にまんまと乗ってしまったと非難されます。しかし合衆国憲法を学んだアギナルドが提督を信用したのは致し方のないことだったのです。

シュルツやカーネギーはどのような主張をしていたのでしょうか。カーネギーが『ニューヨーク・タイムズ』に寄せた文章（一八九八年十月二十四日付）が残っています。

「われわれの敵はスペインだったのです。フィリピンの人々の敵もスペインでした。わたしたちは共通の敵と戦っていたのです。わが国がとるべき道はフィリピンでそれ

アメリカのフィリピン領有を批判する諷刺画。キューバの蚊よりも始末の悪いフィリピンの大型種（アギナルドという名の蚊）がマッキンレー大統領の血を吸っている。『ジャッジ』誌（1899年2月4日付）

なりの平和が実現したら軍を撤収することです。もしスペインがその支配を再び取り戻そうとするのなら、彼らが独自で（フィリピン独立軍と）戦えばよいのです。彼らは必ずや敗れるに違いないのです」

「（マニラに）星条旗を掲げた以上は占領すべきだとの主張には歴史的にも何の根拠もありません。かつてパリが占領された時（注：普仏戦争でのプロシアによる占領〈一八七一年〉を指す）パリあるいはフランスそのものを永続的に占領しようなどとは（プロシアは）考えてもいません。ナポレオンがベルリンを占領（一八〇六年）した時も彼はベルリンを領土化することなど一秒たりとも考えたことはないのです」

「フィリピンの人々は立派に軍隊を組織し、抑圧者を叩きのめしました。彼らは安定した政府を作り上げることができる民族なのです。大統領はパリの交渉担当者にこう命じればよいのです。石炭補給が可能になる港を確保し、その上で軍を撤退させる。それだけでよいのです。アギナルドは信用できるのです」

「マッキンレー大統領はフィリピンでの戦闘が終了すれば、遅かれ早かれ志願兵の部隊を解散させなければなりません。もしそうせずに志願兵をフィリピン占領のために使うとなればアメリカ国民はどう思うでしょうか。フィリピンは独立のための戦いを続けているのです。世界にはアメリカが馬鹿げた間違いをしでかして欲しいと願う勢力が溢れています。貴紙（『ニューヨーク・タイムズ』紙）は正常な（sane）感覚でフィリピン問題に対処しています。他のメディアにも見習って欲しいと思います」

ドイツ系移民であるシュルツの主張はカーネギーのそれとは少し違っていました。「(フィリピンを領土化したら）劣ったフィリピン人を支配し、啓蒙せざるを得なくなる。アメリカにとって面倒な足枷になる。アメリカの富はアメリカ市民のために使われるべきである」*34

マッキンレー大統領と副大統領候補セオドア・ルーズベルトの二人は、こうした主張を論駁《ろんばく》しなければなりませんでした。

## 一九〇〇年の大統領選挙　その四　マッキンレーの勝利

西太平洋に軍港を保有することのメリットは軍部、とくに海軍にはよくわかっていることでした。清国との交渉には海軍力をちらつかせることが有効でした。それを熟知している中国通の外交関係者（チャイナハンズ）にとってマニラ湾を占有できることは魅力的でした。支那に商業利権を持つ者にとっても、それがどれほど有利であるかは言わずもがなでした。

しかしアメリカの一部勢力の都合によるフィリピン占領の理屈は、広範な世論の支持を得るには力不足でした。そこでマッキンレー陣営が利用したのは「明白なる宿命(Manifest Destiny)」の考えでした。この理念をアメリカ大陸の外に向かっても展開できると考えたのです。未開状態のフィリピン人を教育啓蒙し彼らを人間として一段高いレベルに引き上げなくてはならない。それこそがアメリカ人に神が課した使命である。あくまで利他的な動機を前面に打ち出すのです。

かつてアメリカは、原住インディアンから土地を奪い、彼らを狭い保護区に追い込みながら国土を拡大させてきました。そのために便利に使ってきた理念をもう一度よみがえらせたのです。一八九〇年にはアメリカから辺境は消え去っています。失われた辺境が太平洋の西端で見つかったといえばすむ理屈でした。演説の名手ルーズベルトは全米各地を汽車に乗って駆けめぐりました。彼の演説の旅は計二十四州、移動距離は二万一千マイル（三万四千キロメートル）にも及んでいます。

「もし反帝国主義者の主張が正しいことになれば、わが国の西漸運動の歴史は犯罪の歴史になってしまうではないか[*35]」（ロッジ議員）

一九〇〇年十一月六日の選挙はマッキンレーの勝利に終わりました。一般得票率では五十一パーセントでしたが選挙人の数だけでみれば二百九十二対百五十五の圧勝でした。この結果はアギナルドらのフィリピン独立派にとっては厳しいものでした。もはや徹底的にゲリラ戦で戦うしか道はないのです。

再選を果たしたマッキンレーにとっても、彼らが主張した、「明白なる宿命」政策のフィリピンへの応用という難しい仕事が待っていました。意地でもそれを成功させ、国民にその主張の正しさを見せつけねばなりませんでした。

## バッファロー博覧会（一九〇一年）

第二期マッキンレー政権が始まる（一九〇一年三月）と、その門出を祝うかのように五大湖の一つエリー湖東岸の町バッファロー（ニューヨーク州）で万国博覧会が始まっていました（会期：五月一日から十一月二日）。三百五十エーカー（一・四平方キロメートル）の会場には水路が張りめぐらされていました。シカゴ万博のように入場者はベネチア風のゴンドラに乗って移動できました。

バッファロー博覧会はパンアメリカン・エキスポとも称されています。博覧会のプロモーターの本来の目的は、当時世界で四番目に忙しい港町バッファローを世界にアピールし、町のさらなる発展のスプリングボードにすることでした。この町は十九マイル（三十キロメートル）の湖岸線を持ち、十二の汽船会社が港を利用し、二十六の鉄道が乗り入れています。J・P・モルガンらが投資しているナイアガラ滝に設置された発電所から、たっぷりと新エネルギーとなった電力の供給が期待できる町。それがバッファローでした。博覧会会場にもナイアガラ発電所から電気が供給されていました。発電のエネルギー源となっているカナダ国境にかかるナイアガラ滝は、ここからわずか四十キロメートルの距離なのです。

博覧会にはテーマが必要です。プロモーターたちが目をつけたのはカリブ海諸国そしてラテン諸国との貿易振興熱でした。米西戦争でカリブ海はアメリカの「湖」、いやアメリカの「池」に変貌しています。アメリカ商船はカリブ海を安心して運航できます。南米に広がるラテン諸国との交易に著しい発展が期待できました。バッファロー博覧会は南北アメリカの飛躍的発展をテーマとしたのです。

大統領がこの博覧会に興味を持ったのは当然のことでした。マッキンレーが押し進めた戦争の勝利。それがもたらした新秩序と新領土。政権の成果を礼賛する博覧会。大統領は「バッファローのためなら、できることは何でもする」と協力を惜しみませんでした。

博覧会の様子はエジソンが映画に残しています。その映像から会場内の運河（水路）を優雅に滑るベネチア風のゴンドラが行き交っている様子を見て取れます。運河を利用した会場内交通のシステムはシカゴ万博（一八九三年）の再現でした。この会場でマッキンレー大統領がアメリカの未来を力強く語ったのは九月五日のことでした。大統領選の圧勝を受けての再選で気をよくしています。議会も共和党が過半数を制しています。思いきった政権運営ができる条件が揃っていたのです。

大統領はアメリカの十九世紀の目覚ましい発展を肯定的に総括し、始まったばかりの二十世紀に向けてアメリカ企業がその目を積極的に海外市場に向けるべきであることを自信たっぷりに訴えました。それに続いてパナマ運河建設と太平洋海底電信ケーブル敷設の事業を急ぐと断言しました。彼はスピーチを次のように締めくくっています。

「私はここに集まっている方々が自国の幸福だけでなく世界の幸福（the world's good）に向けて努力してくれると信じます。この町がいっそうの商業的発展を遂げることを祈念すると同時に、世界の人々が相互に尊重し信頼し、末長い友好関係を構築していくことを強く望むものであります[*36]」

マッキンレー大統領のスピーチはパンアメリカン博覧会のテーマであるカリブ海や

南米のラテン諸国にだけ向けられたものではありません。二十世紀に入り、ますます発展を見せる交通網と商業活動。相互関係が深まる世界全体に向けて発信したのです。

博覧会にはパンアメリカン博覧会の名に相応しく南北大陸に広がるカナダやアメリカ各州（北米）やカリブ海の島々、そして南米の国々のパビリオンが並んでいます。しかし実は博覧会のテーマにはいささか相応しくない土地からの展示もありました。ハワイとフィリピンの展示です。アメリカ本土から遠く離れた太平洋に浮かぶ二つの島国。米西戦争を機に新しくアメリカの領土になったばかりの島です。

田舎町からやって来た架空の人物ハンクがパビリオンを巡り歩く構成のガイドブック「ハンクおじさんと巡る博覧会」[*37]のなかで、ハンクおじさんは物知りの案内人と次のような会話を交わしています。[*38]

「パンアメリカンてどんな意味か知ってるかい。オールアメリカということなんだ。北米、中米、南米の国がみんな集まっているということさ」（案内人）

「サンドウィッチ島（ハワイ島）からも来ているかい」（ハンクおじさん）

「もちろんさ」（案内人）

「フィリピンからも来ているかい」（ハンクおじさん）

「来てるよ」（案内人）

「それなら博覧会の名称はパンアメリカン・アジアチック博覧会とすべきだね」

（ハンクおじさん）
「確かにそのとおりさ。アンクル・サム（アメリカ）は腕を大きく広げて、世界中にその影響力を強めてるってことさ」（案内人）

新領土、つまり新しい「フロンティア」の実態を国民に知らせる。選挙の付託を受けたマッキンレー政権の責務でした。バッファロー博覧会を通じてその活動を開始したのです。その手始めがフィリピン・パビリオンでした。アメリカがこれから啓蒙すべき新しい「野蛮人」を展示したのです。

アメリカの新フロンティアに「生息」する新種の未開人フィリピン人。彼らはいかなる人種なのか。アメリカ国民にまず見てもらう。それが目的でした。アメリカがこれから背負っていく宿命、「文明の恩恵にあずからない野蛮人」を教育啓蒙する義務（the Whiteman's Burden）でした。その崇高な理念を国民に訴えて再選を果たしたマッキンレー大統領は、国民に「新野蛮人」の実態を理解してもらわなければなりません。アメリカ国民のほとんどがフィリピンの場所さえ知りません。そこに住む「原住民」の実態など誰も知りません。「明白なる宿命」の実践のためには欠かせない国内啓蒙活動（プロパガンダ）が始まったのです。

バッファロー博覧会でのフィリピン・パビリオンは小規模なものでした。フィリピンをめぐる広報活動が本格化するのは、この博覧会の三年後に開催されたセントルイス博覧会でした。

## セントルイス博覧会（一九〇四年）　その一

マッキンレー大統領はおよそ五万の聴衆の前でアメリカの崇高な責務と、輝く未来を語ったその翌日（九月六日）、ポーランド系移民のアナーキスト、レオン・チョルゴシュの凶弾に倒れました。大統領が最後の息を引き取ったのは九月十四日のことでした。大統領の死で副大統領セオドア・ルーズベルトが昇格しています。

ルーズベルトは米西戦争の開戦と同時にマニラ湾攻撃を画策していた当時の海軍次官です。ルーズベルトが軍略家マハンらと練りに練った計画でした。彼らの真の狙いはハワイ併合でした。太平洋のほぼ中央部にあって、地政学上アメリカ西海岸の防衛そして太平洋支配の要《かなめ》となるこの島を、アメリカのものにすべきであるという強い信念を持ったルーズベルトが、ハワイ併合に反対する馬鹿野郎政治家に、ハワイの重要性をわからせるためにマニラ湾を戦場にしたのです。

フィリピンに向かう陸軍部隊はハワイを経由していきました。ハワイ共和国の白人リーダーはいち早くアメリカに協力しています。ハワイ共和国は米西戦争に実質的に参戦したのです。三分の二の賛成が必要なハワイ併合法案がアメリカ上院で可決されたのは、マニラ湾開戦から二ヵ月後（七月六日）のことでした。アメリカの安全保障とは何の関係もないフィリピンを攻撃させた真の目的はハワイの併合でした。

そのことを無知な国民に説明してもわかるはずはありません。あくまでもフィリピン領有の正しさを国民にわかりやすく説明しなくてはなりません。先の選挙戦ではフィリピンの領土化を共和党の党是として国民に訴えてきました。選挙戦の先頭に立って全国を旅したのがルーズベルトです。新大統領ルーズベルトにはフィリピン領有の正しさを引き続き訴えなければならない責任がありました。

ルーズベルトは、アメリカ領土が最大の拡大を見せたルイジアナ買収（一八〇三年）からほぼ百年目にあたることを記念して計画されていたセントルイス博覧会を利用することを考えるのです。博覧会ではフィリピンの産物を紹介し、そして何よりもこれからアメリカが啓蒙することになる新しい未開人を「展示」して、国民に理解してもらおうと考えたのです。

フィリピン人展示計画の責任者に任命されたのは、アメリカのアジア外交の若きスター、ジョン・バレット[*39]でした。駐シャム（タイ）公使に任命（一八九四年）されたのはわずか二十八歳の時でした。デューイ提督のマニラ湾海戦には外交顧問として参加していました。メディアへの対応もバレットが当たっていました。ルーズベルトはバレットを博覧会の連邦政府責任者（Commissioner General）に任じるとともに彼をフィリピンに送り、フィリピン民政庁そしてフィリピン人エリート層の理解を求めさ

『ライフ』誌の表紙（1902年5月22日付）フィリピンにおける水責め拷問のイラスト

せたのです。

　この頃のフィリピンは落ち着きを取り戻していた時期でした。フィリピン領土化に激しく反発したアギナルドのフィリピン共和国軍はアメリカ陸軍にほぼ完全に征圧されました。一九〇一年三月にはアギナルドは逮捕され、その後も続いたゲリラ戦も鎮圧され、一九〇二年七月四日の合衆国独立記念日にはルーズベルト大統領が米比戦争の終結を宣言していたのです。

　アメリカ軍が初めて経験する熱帯のゲリラ戦。対抗するための激しい拷問。捕らえられたゲリラ兵は無理やりじょうろを使って口から水を注ぎ込まれ溺死しました。そうでない者は山のように膨れあがった腹の上で米兵が飛び跳ねました。フィリピン兵士は、口から水を噴水のように噴き上げ絶命していきました。米比戦争の犠牲者はアメリカ側四千、フィリピン側は二十万とも三十万とも言われています。この壮絶な戦いの模様をアメリカのメディアは国民にほとんど伝えようとはしませんでした。

　しかししだいに、フィリピン独立派も、ウィリアム・タフト民政長官の進めた人心掌握政策（the policy of attraction）に影響されていきました。フィリピンエリート層の中からもアメリカの指導下で経済発展を目指すほうが得策であると考える者も増えていったのです。バレットはタフト民政長官だけでなく、そうした現地人勢力にセントルイス博覧会への参加を働きかけました。

## セントルイス博覧会（一九〇四年）その二

バレットはフィリピンでの交渉を成功させると同時に、他のアジア諸国の参加をも促しています。彼は日本の参加も要請しています。[*40]

「（バレットは）日本を訪れ、各地の日本の主な商工業者と面会し……日本政府には、日本が参加すれば博覧会会社より日本に各種便宜を与えることや、政府館の敷地や陳列地区等に最良の場所を提供する用意があることを伝えた」

「セントルイス万博の開催が、外国からの参加が少なかったため、一九〇四年に延期されたこともあり……（日本政府は）一九〇二年十月の閣議で博覧会に政府として参同することに決定し、米国博覧会準備委員会を設置した」

バレットはルーズベルト政権が彼に期待した責務を無事に果たしました。フィリピン領有の正当化プロパガンダのためにセントルイス博覧会を徹底的に利用する。それがルーズベルトの狙いでした。発展するアジア市場への橋頭堡《きょうとうほ》であるフィリピンの領有の必要性は、アジア諸国の参加を促すことで説明がつきます。アメリカの優しい啓蒙を待つ哀れな未開人の実態をアメリカ国民に理解させる広報活動は、フィリピンの参加で可能になりました。博覧会総裁デヴィッド・フランシスはその開会を誇らしく語っています。

「五十三もの外国政府が参加を決めてくれた。合衆国すべての州と連邦政府もそれぞれの持つ資源や発展した産業の展示をこれまでにない規模で進めてくれている。この博覧会は人間の素晴らしさ（human worth）と助け合いの精神（human brotherhood）を理解する最高の学びの場になるに違いない。何百万の同胞がここから学んだものを故郷に持ち帰れば、人類愛の尊さ、そしてアメリカという国がいかに素晴らしい国であるかをよりいっそう理解できるのである」[*41]

アジア市場の重要性を理解させることは簡単な作業でした。アジアからの参加国が競ってその国の素晴らしさを各パビリオンで訴えてくれればよいのです。アメリカの将来の富の創造がアジアにあることを入場者は理解してくれるに違いないのです。

しかしフィリピンそのものを理解させるのは難しいことでした。とくにフィリピン民族を理解させる作業は頭の痛い問題でした。そこで利用されたのが当時流行であった社会ダーウィニズム（Social Darwinism）の影響を強く受けていた人類学という学問でした。フィリピン人をいかにして一般大衆に理解させるか。その作業を担当したのは人類学者ウィリアム・マッギー[*42]でした。

フィリピン人という言葉は、およそ二千五百もの大小の島からなるこの国に暮らす多種多様の民族を表現するには相応しくありません。マッギーはフィリピンに「生息」する種々の民族を観察し、発展段階の低い部族から、それが進んでいると考えられる部族を選択しました。人類には発展段階があることを本物の人間を使って展示することを考えたのです。来訪者に最も進化の遅れた人種と啓蒙された人種を見せ、人類史上初めて生きているサンプルを博覧会で使う計画を立てたのです。そうすることで、アメリカの啓蒙によって未開の人種も文明の恩恵を受け、その発展が速まるというメッセージを発するのです。

マッギーのアイデアを気に入った政府と博覧会側はこの企画に四十七エーカー（十九ヘクタール）という広大なスペースを用意しました。そのロケーションも会場の中心部を選んでいます。つまりこの企画を、博覧会のメインイベントとしたのです。

四十の異なる部族、総計千三百人の原住民。彼らが暮らす掘っ立て小屋。そんな村を会場の中心に作り上げたのです。ルーズベルト大統領、エリフ・ルート国務長官、民政長官から陸軍長官に異動していたタフト。政権の中枢にある人物がみなこのプロジェクトに賛同していました。総額百五十万ドル（現在価値四千万ドル）の巨費が投じられています。異なった民族の「展示」の仕方にも工夫がなされていました。

「異なる部族をうまく見せることで啓蒙活動によって何が期待されるかを見る者に理解させることが目的であった。啓蒙の進んだビサヤン族（Visayans）を中心にしてその周りに獰猛な（savage）ネグリト族（Negritos）やイゴロト族（Igorots）を配した。このことでアメリカの善意ある（benevolent）啓蒙活動が野蛮人の文明化にどれほど効果があるかを示すことができた[*43]」

閉幕を目前に控えた一九〇四年十一月十九日午後、博覧会を訪問したのは伏見宮貞《さだ》愛《なる》親王でした。陸軍大将であった親王を日露戦争の最中にアメリカに送り出した日本政府には、この戦争の終結にアメリカの力を必要とすることがわかっていました。日米貿易も順調に発展しています。戦争債券をアメリカ国内の投資家に売りさばいてくれたのは、アメリカの投資家ジェイコブ・シフでした。戦争中とはいえ、恩義あるアメリカの招待には応えざるを得なかったのです。

親王はフランシス総裁以下博覧会幹部や、セントルイス市幹部の丁重な歓迎を受けています。金閣寺を模した日本館を含め会場をじっくりと見学しています。会場のほぼ中央にあるフィリピン原住民の生きた展示を見逃すはずはありません。親王がどのような思いを持たれたのか想像するしかありません。しかしアジア人種のトップとして招かれたとはいえ、生きた人間の展示に愉快な気持ちはしなかったに違いないのです。

## ◉原註

＊1　George Dewey（一八三七—一九一七）米アジア艦隊司令官、その後、陸海軍合同会議では、対日戦争をシミュレーションしたオレンジ計画の策定に強い影響力を持った。

＊2　Derek B. Granger, Dewey at Manila Bay, *Naval War College Research Report*, 2010, p12.

＊3　同右　p6.

＊4　David Farragut（一八〇一—七〇）海軍大将。

＊5　Dewey at Manila Bay, p7.

＊6　同右　p3.

＊7　同右　p3.

＊8　同右　p16.

＊9　E. Benjamin Andrews, *History of the United States: from the Earliest Discovery of America to the Present Time*, Charles Scriber's Sons, 1912, p238.

＊10　Emilio Aguinaldo（一八六九—一九六四）革命家。富裕な貴族階級に生まれている。

＊11　Henry Cabot Lodge（一八五〇—一九二四）ボストン出身の上院議員（マサチューセッツ州共和党)。同議員とセオドア・ルーズベルトの関係については拙著『日米衝突の根源』に詳述した。

＊12　Redfield Proctor（一八三一—一九〇八）ハリソン政権の陸軍長官、上院議員（バーモント州、共和党)。

*13 Jackson Lears, *Rebirth of a Nation*, Harper Collins, 2009, p208.
*14 Leonard Wood（一八六〇—一九二七）
*15 Dewey at Manila Bay, p4.
*16 同右 p9.
*17 同右 p10.
*18 同右 p13.
*19 同右 p6.
*20 一八九三年不況の原因については拙著『日米衝突の根源』第12章「フロンティアの喪失」中の「十九世紀最大の不況の到来」（三三二—三八頁、文庫版四一九—二七頁）を参照されたい。
*21 北原仁「占領と憲法——カリブ海諸国とフィリピン（1）」（『駿河台法学』第23巻第2号、二〇一〇年）二八七頁。
*22 Henry Moore Teller（一八三〇—一九一四）上院議員。アーサー政権時代には内務長官を務めた（一八八二—八五）。
*23 Apolinario Mabini（一八六四—一九〇三）アギナルドのアドバイザー。一八九八年にアギナルドが独立を宣言したフィリピン共和国憲法制定に寄与した。
*24 Robert E. Ramsey III, *Savage Wars of Peace: case Studies of Pacification in the Philippines 1900-1902*, Combat Studies Institute Press, 2007, p11.
*25 同右 p12.
*26 同右 p13.
*27 Thomas Patterson and Dennis Merill, *Major Problems in American Foreign Relations*, Vol. 1,

D. C. Health, 1995, p424.

*28 Arthur MacArthur（一八四五―一九一二）後にフィリピン軍政長官となるが、タフト民政長官との対立で解任される。ダグラス・マッカーサーの父。

*29 *Rebirth of a Nation*, p208.

*30 Organization of American Historians and the National Center for History in the Schools and the UCLA, The Philippine American War, p12. http://www.learner.org/courses/amerhistory/pdf/Philippine-War_L-One.pdf

*31 Carl Schurz（一八二九―一九〇六）ドイツ系移民。

*32 Rutherford Birchard Hayes（一八二二―九三）第十九代大統領。共和党。任期は一八七七―八一。

*33 Andrew Carnegie（一八三五―一九一九）

*34 Jovan Carandang, The Party Politics of American Imperialism in the Philippines 1900-1920, Mater Degree thesis for the University of central Florida, 2007, p29.

*35 *Rebirth of a Nation*, p210.

*36 President McKinley's Last Speech, New York-Henry Malkan, 1901, p14.

*37 Thomas Fleming, *Around the "Pan" with Uncle Hank*, The Nut Shell Pub, Co, 1901.

*38 同右　p236.

*39 John Barrett（一八六六―一九三八）ダートマス・カレッジ卒業後、新聞記者。その間アジア、南米を歴訪。駐シャム公使に任命されて以後、アジアおよび南米外交を担当。ルーズベルト政権ではアルゼンチン、パナマ、コロンビアに公使として赴任。

*40 楠元町子「セントルイス万国博覧会における日本の展示品と評価」（『愛知淑徳大学現代社会

研究科研究報告』二〇〇七年）一三六頁。

＊41 Official Guide to the Louisiana Purchase Exposition, the Official Guide Co., 1904. 総裁巻頭の辞 (Benefit of the Exposition)。

＊42 William J. McGhee（一八五三－一九一二）人類学者、民族学者。

＊43 "World's Fairs and Republican Foreign Policy Ideology: Race and Social Darwinism in U. S. Philippine Foreign Relations, 1901-1904" http://www.libertas.bham.ac.uk/publications/Essays/Microsoft%20Word%20-%20BAAS PhilippinesKellyMcFarland[1].pdf

# 第2章　日本への怖れ

## タフト民政長官の人心掌握政策

マッキンレー大統領はフィリピンの状況を詳しく知るためにフィリピン委員会(the First Philippines Commission)を組織させました(一八九九年一月二十日)。委員長はコーネル大学学長のジェイコブ・シュアマンです。デューイ提督もオーティス少将も委員に選出されていました。委員会が報告書をまとめ上げたのは翌年のことでした。独立派の激しいゲリラ闘争を目の当たりにしての分析でした。

委員会はフィリピン人の独立機運がきわめて高いことを念頭に置きながらも、彼らにはまだ自治の能力がないと結論づけています。そうした条件を与件として、できるだけ早く軍政から民政に移行させること、二院制議会の創設、地方政府レベルでは自治を認めること、無料の初等教育システムの導入。こうした提案が大統領への意見書に盛り込まれていました。報告書を受けて大統領はウィリアム・タフトを啓蒙の責任者に任命しています(一九〇〇年三月十六日)。大統領は法律制定権限と行政権の一部をタフトに委譲し、シュアマン委員会の建言に沿った改革を進めさせたのです。

タフト家は早い時期からボストン近郊にやって来たプロテスタント移民の名門でした。ウィリアムの父アルフォンソはグラント政権時代には陸軍長官および司法長官を歴任しています。アヘン商社ラッセル商会のパートナー、ウィリアム・ラッセルとともに、母校エール大学に上流階級子弟の成績優秀者だけで構成される排他的親睦組織スカル・アンド・ボーンズを創設した人物です。

ウィリアムも父と同じエール大学に学び、卒業後にはオハイオのシンシナティ大学で法律学を専攻しています。エール大学ではスカル・アンド・ボーンズのメンバーに推薦され、卒業時はクラスで二番目の成績でした。卒業後のウィリアムはハリソン政権では訟務長官（Solicitor General）となり（一八九〇年）、その後は連邦第六巡回控訴裁判所長となっています。ウィリアム・タフトは毛並みのよい法律のプロ中のプロでした。

マッキンレー大統領は、フィリピンの啓蒙の出発点は法制度の整備にあると考えたのです。タフトは大統領の期待に応えています。一九〇〇年九月から一九〇二年八月までに成立させた法律の数は四百九十九本にのぼっています。スペインが残した法制度はあまりに前近代的でした。カソリックの思想も色濃く反映していました。

選挙制度も公務員制度も徹底的な改革が必要でした。一九〇一年には地方行政の改革に着手し、地方長官および副長官を選挙で選出することを決め、徴税、公的資産管理、公共事業に責任を持たせています。この年の八月には警察組織を再編し、頻発する山賊的掠奪行為や残存するゲリラ活動への対処に当たらせています。

マッキンレー大統領が、タフトを民政長官に昇格させたのはこの年の七月四日、つまりアメリカ建国記念日でした。大統領が暗殺されるおよそ二ヵ月前のことでした。この人事で拷問をともなう強圧的なフィリピン統治を進めていたアーサー・マッカーサー軍政長官は解任されています。マッキンレー大統領がアメリカ国民に約束したフィリピンの啓蒙（近代化）を、大統領も驚くスピードで進めてきたタフトは、そのスピードをさらに上げようとしていました。そのためには、タフトのやり方を苦々しく思っていたマッカーサー軍政長官を外さざるを得なかったのです。後任にはアドナ・シャフィー将軍が任命されています。

タフトの民政長官就任と同時に成立したフィリピン組織法（Philippines Organic Act）で、フィリピン議会創設を決めています。叛乱行為がなくなり、選挙人名簿を作成することが条件でしたが、一般投票による議員で構成される下院とアメリカ大統領の選任議員によって構成される上院による二院制議会の創設が約束されたのです。さらに投票権を持たないオブザーバー待遇で、二人のフィリピン代表をワシントン議会に派遣できることも決まっています。

民政長官に就任したタフトが最も苦労したのは土地問題でした。すべての権限を掌握した民政長官にとって、どのような法律も成立させることが可能です。しかしその法律が外交問題とかかわってくると、ことは簡単ではありません。フィリピンでは土地所有があまりに偏在していました。三百年近いスペインのフィリピン支配は、カソリック教会の布教活動と密接な関係がありました。教会がフィリピンの肥沃な土地の大部分を所有していたのです。農民を（擬似奴隷状態にある）小作農から自作農に転換させるには、カソリック教会の持つ土地を再分配しなければどうにもなりませんでした。

カソリック教会の土地はカソリックの総本山バチカンが所有していました。たとえフィリピンを領土化したとしても、バチカンの持つ土地をむやみに接収することはできません。彼らの納得する金額で買収しなくてはなりませんでした。スペインの持つ私有財産の尊重はパリ条約第八条で決められています。スペインは、教会の持つ財産が保障されることをアメリカに確約させていたのです。

先に書いたように、スペインのフィリピン領土化は、カソリックの布教活動と密接に連動していました。フィリピンにやって来た宣教師たちは大小の島々にその根を下ろし布教を進めてきました。風土病も多く、資源も少ないこの島では商業的な成功の機会は限定されていました。フィリピンにやって来る一般のスペイン人は稀でした。

そんな中でフィリピン総督は各地に散らばった教会と宣教師の組織を政治組織の一部として利用したのです。徴税作業も彼らに任せていました。統一言語もない島です。スペイン支配のフィリピンの政治にはスペイン語を話す者が必要でした。カソリック教会組織は総督の命令を伝えるには絶好のツールでした。

カソリック教会はこの特権的な立場を徹底的に利用していました。公共事業のための動員があると、教会や宣教師の私的な事業に労働力を流用しています。洗礼に代表される数々の宗教儀式にも高い料金を課しています。教会内の役職はフィリピン人教徒には決して渡さず世襲化させていきました。その過程で広大な土地を教会財産に組み入れていったのです。[*1]

フィリピンでは、アギナルドらが進めた反スペイン叛乱以前にも大きな反抗の動きがありました。なかでも大きな暴動が一七四三年と一八七二年に起こっています。フィリピンの人々のスペインへの反抗は、同時に腐敗したカソリック教会への反発でもありました。

貧しい小作農による農業は不安定でした。一九〇二年には牛疫（rinderpest）が猛威をふるい、耕作に不可欠な水牛が激減しています。その結果もたらされた凶作の対応策にアメリカは三百万ドルの予算を計上し、ベトナムからキロ当たり四・八セントで輸入した米を一・八セントで配給しています。フィリピン併合反対派の恐れていた事態が早くも発生していたのです。

タフト民政長官はこの問題に対して真正面から取り組んでいます。バチカン法皇庁に土地売却を迫ったのです。バチカンは土地売却はもはや避けられないことを悟っていました。フィリピン各地に散らばっていた僧侶（friar）の数が激減していたのです。一八九八年には千百二十四人を数えたものが一九〇三年には四百七十二人までに減少し、そのほとんどはマニラ市内に居住していました。教会組織には広大な土地を管理する能力はもはや残っていませんでした。

一九〇三年十二月二十二日、タフトが合意にこぎつけた価格は六百万ドル（現在価値一億三千万ドル）でした。[*2] これによっておよそ十七万ヘクタールの土地がフィリピン人農民に低利で放出されることになったのです。この購入資金はアメリカ国内の反発を考慮し、年利四パーセントの債券発行で賄っています。放出された土地もタフトが用意した土地登録法で私有財産として保護される環境が整っていました。

タフトの改革はここで終わりません。初等教育改革が残っています。フィリピン人の啓蒙の要《かなめ》は教育です。初等教育はなんとしてでも無料の制度を作らねばなりませんでした。法律第七十四号（一九〇一年一月二十一日発効）によって公教育省（the Department of Public Instruction）が設立されています。同時に多言語国家フィリピンが一つの国として機能するためには、共通の言語が必要でした。その言語は英語が適当だったのです。公教育省はアメリカ本土から千人を超す教員を招聘しています。初年度には十五万の児童がその恩恵に与《あず》かることになりました。

タフト改革はまさに超特急のスピードで進められました。日本の明治期の三十年に相当する改革を、わずか数年で完成させるスピードでした。タフトが進めた政策は「人心掌握政策（the policy of attraction）」と呼ばれています。上からの改革でしたがタフトは真剣でした。フィリピンは、アメリカが神から命じられた「明白なる宿命」作業の総仕上げの土地なのです。フィリピンの啓蒙の成功は、アメリカのレゾンデートルそのものを証明することになるのです。失敗は許されないのです。

マッカーサーの軍政の時代とはまったく違うタフトの仕事ぶりに、フィリピン人はしだいに警戒を解いていきました。独立を求めて戦い続けていた者も武器を捨てていったのです。だからこそセントルイス博覧会の民族の生きた展示企画に、フィリピンの次代を担う層が同意したのです。真面目にフィリピン改革を進める長官の人心掌握政策の一環であると、彼らは理解したのです。タフトは真に利他的な考えを持っていたのか、あるいはアメリカのアジア進出を支えた帝国主義的思想の持ち主だったのか。おそらく前者だったでしょう。彼のその後の政治姿勢や法の運用に鑑みると真面目な性格であったことが窺えます。

タフトはルーズベルト政権を受け継いで大統領となるのですが、企業合併による独占化に歯止めをかけるシャーマン独占禁止法を積極的に運用しています。その過程で当時最も力のあった金融資本家J・P・モルガンや石油王ジョン・D・ロックフェラーとの対立も恐れていません。[※3] アメリカの理想主義的な倫理観を強く持った政治家でした。彼の推進したフィリピン改革も利他的な精神に基づいていたと見做してもよかろうと思います。

## セントルイス博覧会の失敗

フィリピン国内の改革の道筋をつけたタフトは、ルーズベルト大統領から陸軍長官に抜擢（一九〇四年四月）されていますが、フィリピン問題については引き続きフォローすることが指示されていました。フィリピン改革の実務は副長官のルーク・ライトが昇格し、彼に引き継がれています。フィリピン問題への本格的対処にはフィリピン人の啓蒙と同時に「アメリカ国民の啓蒙」も必要でした。アメリカ国民は、フィリピンの地理もフィリピン民族も何一つ理解していないのです。

また実業界に対してもアピールが必要でした。フィリピンの産業発展のためには欠かせない特恵関税をワシントン議会に認めさせなければなりません。それが実現すればフィリピンへの投資が期待できるのです。しかし砂糖精製や葉タバコなどの産業の利害に関心を持つ議員は、フィリピン産工業製品や農産物がアメリカ国内に安価で流れ込むことを警戒して、そう簡単にフィリピン産品への無税特権を認めそうもありませんでした。タフトの「啓蒙」作業はアメリカ国内にその場を移していきました。その最初の仕事がセントルイス博覧会のフィリピン民族の「展示」だったのです。しかしこの企画は惨めな結果に終わりました。

十九世紀末から西欧諸国の博覧会では、植民地とした国から奇態な未開民族を呼び寄せ、生きた風俗として展示することがブームになっていました。博覧会を訪れる人々も、見たことのない衣装や裸体に近い姿で動く異様な人間を恐る恐る見ることで、あまり上品でない好奇心をくすぐられていました。そうした展示は、当時盛んであった優生学の「高級種としての白人種が世界の後れた人種を支配するのは当然のことである」というメッセージを暗に伝える手段にもなっていたのです。「(未開人種の展示は）進んだ科学を武器に白人種が進めた帝国主義的拡大が不可避的なものであることを示すもの」[*4]だったのです。

未開人種の展示は早くもフィラデルフィア博覧会（一八七六年）で行われていました。二年後のパリ万博ではその規模が拡大されています。パリではフランスが植民地とした仏領インドシナ、セネガル、タヒチから原住民およそ四百人を展示しています。シカゴ万博（一八九三年）ではジャワ、サモア、仏領ダホメ（現ベナン）からの原住民に加えアメリカ原住インディアンも展示したのです。博覧会だけではなく、主要都市を巡業興行する純粋な商業公演でも、未開人を「見世物」にする民間の会社ができていました。[*5]

セントルイス博覧会のフィリピン民族展示は、そうした流行の先端をいく大型イベントだったのです。フィリピンの村をそのままの姿で再現するのですから来場者は喜んでくれるはずでした。企画にはアメリカ人類学者の科学的知見が総動員されています。展示には工夫が凝らされていました。

「今日はあのフィリピン村というのを見てきた。まず見たのはイゴロト族という種族だった。犬肉を食べる、ひどく獰猛で野蛮な未開人だ。あまりに危険なので奴らの住処はフェンスで囲われ警官がガードしていた[*6]」（来訪者が妻に宛てた手紙）

見学者がイゴロト族の次に見るのが、やや文明度の高いといわれる部族でした。それに続いて見ることができるのは、小奇麗な西洋風の服を身に着けたフィリピン人の子供たちでした。子供たちが、アメリカが作り上げた教室で学ぶ姿でした。タフトが進めた無料の初等教育の現場の再現です。

最後に見せられるのは、アメリカ陸軍の指揮官の命令に合わせて整然とした動きを見せるフィリピン兵部隊でした。彼らの履く軍靴は輝くほどに磨き上げられ、手にするライフル銃を指揮官の命令に合わせて見事に操っていたのです。[*7]

フィリピン村を訪れる者は、ルーズベルト政権がフィリピンで進める「啓蒙」プロセスを無意識のうちに体験できる仕掛けになっていたのです。アメリカの啓蒙政策が未開の人種を、惚れぼれするような文明人に変貌させることができるサクセスストーリー。それが描かれていたのです。ところがこの企画は失敗に終わるのです。

一般のアメリカ国民にとってフィリピンの将来など、どうでもよいことでした。彼らは、展示されている未開人の野蛮さに恐怖したのです。アメリカの新しい領土であることは歴然とした事実です。そこに暮らす者は将来アメリカ人になる可能性もあります。しかし会場の中心部に設けられた原始村に暮らす原住民はあまりに未開すぎました。一般のアメリカ人にとってはあまりにインパクトが強すぎたのです。あのような野蛮人がアメリカ人同胞になるのかと思うと、とてつもない恐怖を感じたのです。

イゴロト族は腰に蓑《みの》を巻いただけの裸体で、犬の肉まで食べていました。白人の食文化のタブー行為です[*8]。フィリピンを理解させるどころか、アメリカ国民を怯えさせてしまいました。

「博覧会は慎重に企画されたプロパガンダであった。しかし結果として実に気まずいものになってしまった。ルーズベルト政権が巨費をかけたこの企画は何の成果も得られなかった。博覧会の終了とともに（展示は）急いで撤去され、こうした企画を（政府が）行うことは二度となかった[*9]」

延べ二千万人もが訪れ興行的には大成功であったセントルイス博覧会。しかしフィリピン国内での改革を順調に進めてきたタフト長官は、アメリカ国民にフィリピンを理解させることはできなかったのです。

セントルイス博覧会が開かれる前から、フィリピン駐留軍が激しい拷問を行っているというニュースは、アメリカ国内に洩れ伝わっていました。ワシントン議会上院は事実の究明のための調査委員会を設置しています（一九〇二年一月三十一日）。タフトは召喚され証言台に立っています。彼は議員からの追及で拷問が陸軍によって行われていることを認めざるを得ませんでした。民主党もブライアンを筆頭にしてルーズベルト政権を激しく非難しています。

幸いにも、フィリピン領有はアメリカの支那市場進出には欠かせないと主張する帝国主義的思想を持ったルーズベルトの親友ヘンリー・ロッジ議員が委員会の議長を務めていました。委員には同じように支那市場を重視する白人至上主義者のアルバート・ベブリッジ議員も選出され、共和党に有利な議事進行となりましたから、何とか民主党の追及をかわしています。六月二十八日には調査は終了しています。*10 陸軍の失策を何とかごまかし、野党の追及をかわしたルーズベルトとタフトが仕掛けた汚名返上のセントルイス博覧会の企画でした。それが見事なほどに裏目に出てしまったのです。

## 日本の南進論の台頭　その一

セントルイスでは国民の理解を得るための企画は逆効果になってしまいましたが、それでもルーズベルト政権は、民主党や反帝国主義者連盟からの厳しい批判をかろうじてかわしました。国内の反対運動は徐々に沈静化していきました。フィリピンの独立を求める反米ゲリラ活動が、下火になったことがその大きな理由でした。タフトの進めた人心掌握政策の効果でした。

ようやく国内の反対運動の対処に一区切りつけたルーズベルト政権にとって、一つ気になることがありました。日本国内でフィリピン独立に共感を持つ者が目立ち始めていたのです。日本の海外進出は北ではなく南に向かうべきだと太閤秀吉の時代に原田孫七郎が主張した南進論は脈々として日本人知識人に伝わっていました。

フィリピン独立派が日本の協力を求めて日本国内で活動を開始したのは一八九五年（明治二十八年）八月のことでした。清との戦争に勝利したばかりの日本に、対スペイン独立運動への支援を求めて密使ホセ・ラモスが派遣されてきました。彼らは武器を必要としていました。ラモスに続いてスペイン人でありながらフィリピン独立運動を支援していたドロテオ・コルテスも来日しています[*11]（一八九六年五月三十日）。

「（コルテスの）目的は『将来馬尼刺《マニラ》をして日本の保護国と為さんが為め、其方法手段を画策』する意図を有していたようである。来日直後のラモスの正確な行動は把握できかねるにせよ、少なくとも明治二八年夏以降、ラモス並びに独立援助派のスペイン人等が、日本において相互に接触しながら工作を計っていた」[*12]

日本で活動を始めたラモス等は、つてを頼って大隈重信外務大臣への接触に成功しています。しかし、当時不平等条約改正に向けて欧米諸国と難しい交渉の最中にあった大隈は「気の毒なりと云うの外なし」[*13]と冷徹に協力を断っていたのです。

政府としては独立派に対する協力は断っているものの、陸軍はフィリピン情勢の把握に努めています。一八九六年に対スペイン武装蜂起が現実になると、台湾総督府は「軍務局陸軍第一課長楠瀬《くすのせ》幸彦中佐をマニラに派遣させ、数ヶ月にわたり、調査、情報収集を行」っています。さらに一八九七年には台湾鉄道隊にいた坂本志魯雄《しろお》[*14]が民間人に偽装してマニラに潜入しています。彼はその後七年間にわたりフィリピンの情勢を陸軍に報告していました。

米西戦争が勃発すると、日本はアメリカ・スペイン両国と友好関係にあっただけに慎重な対応を迫られています。伊藤博文首相は開戦から時をおかず局外中立を宣言(五月二日)しています。それでもマニラに居住する邦人は保護しなくてはなりません。

「海軍は松島、浪速《なにわ》、秋津洲《あきつしま》の三艦を『軍事視察及帝国臣民の保護』の名目で派遣を決定し」、陸軍もこの艦隊に明石《あかし》元二郎《もとじろう》少佐（参謀本部第三部）を乗せています。[*15]

日本の局外中立が明らかになった五月十日、秋津洲（艦長斎藤実大佐）がマニラ湾に入っています。アメリカと友好関係にあり、そしてまた中立を宣言している国が自国民の保護に送り出した軍船です。デューイ提督が秋津洲の湾内進入を拒む理由はありませんでした。

こうした情報収集活動を活発化させながらも、日本政府は早々にアメリカ政府の喜ぶ方針を表明しています。

「大隈外相は九月一日駐米中川臨時公使に対し、『帝国政府は敢て比律賓《フィリピン》群島方面に向て領土拡張の野心なし』とアメリカ側に伝える旨訓令し、さらに極東における列国の浸透に言及し『合衆国の主権を延《のば》して以って比等領土の上に布及せしむるは本問題を解くに最易のことにして日本国に於ても之には全然同意』であ[16]る、と伝えたのです。

スペインとの交渉を前にして日本がはっきりとアメリカ支持を表明してくれたことにアメリカ国務省は安堵（感謝）していま[17]す。

## 日本の南進論の台頭　その二

アメリカ政府は、日本がこれほど速やかにアメリカのフィリピン占領政策支持を表明したにもかかわらず、日本への警戒を緩めていません。フィリピン独立派は日本政府の方針にもかかわらず、日本からの支援をけっして諦めなかったのです。アギナルドがマニラに戻って独立政府を樹立（一八九八年六月）すると、対日工作をあらためて活発化させています。日本にフォスチーノ・リチャウコ、マリアノ・ポンセを相次いで派遣したのです。

ポンセは、六月三十日に成立したばかりの新内閣（大隈重信首相、外相は大隈が兼務）に積極的にアプローチしています。小村寿太郎外務次官に小銃二十万挺の手配を要請したり、川上操六《そうろく》参謀総長に近い筋を通じてモーゼル銃やスナイドル銃の手配を画策しています。後者についてはいったん認められたものの、十二月にはこの件をアメリカ側が問題視したために決定が覆されています[*18]。

アメリカは、日本の内部にフィリピン独立を心情的に支援するグループがあることをかぎつけていました。そんな中で、上海近くの馬鞍島（Saddle Island）近くの海域で一隻の日本の貨物船が沈没します（一八九九年七月二十一日）。暴風のなかで沈んだ貨物船は、衆議院議員である中村弥六が所有する布引丸《ぬのびきまる》でした。大隈内閣では短期間ではありながら司法次官（一八九八年九月から十一月）を務めるほどの有力議員でした。布引丸には中村が陸軍省幹部を説き伏せて払い下げを受けたモーゼル銃や、大量の弾薬が積まれていました。フィリピン独立を支援する中村が手配したものでした。

布引丸の武器弾薬は民間業者向けとして、時の陸軍大臣桂太郎が認可した陸軍からの払い下げ品でした。中村が秘密裏に進めたフィリピン独立派支援の一環でした。それが布引丸の沈没で露見してしまったのです。この事件はアメリカ政府をひどく刺激していました。この時期のフィリピンでは、まだ激しい戦闘が続いていました。武器調達に日本政府が関与していると疑ったアメリカは激しく抗議していました。日本政府の関与は、事情を知る独立軍幹部に対する拷問によって明らかになっていたのです。[19]

日本政府はこの事件に関する報告書を西郷従道《じゅうどう》内相から青木周蔵外務大臣に提出（一九〇〇年二月）し、門司港で布引丸に積まれた武器弾薬がいかなる目的を有していたかは知らないと弁明に努めています。

「比律賓《フィリピン》叛徒に弾薬供給の目的を有せしや否やは今日に於ても断定の途無之趣[20]」と記された報告書に青木周蔵外相は苦虫をかみつぶしたような顔をしていました。青木はもともと武器払い下げには難色を示していたのです。アメリカを刺激するようなことはしたくなかったのです。非政府ルートによる支援ならよかろうとする声に屈してしまった[21]ことを悔やんでいたのです。

布引丸事件でアメリカはフィリピン国内での民族派と日本人との接触に神経を尖らせ、監視をいっそう強化していきました。[22]政情が安定化した一九〇四年になってもアメリカがその警戒を緩めることはありませんでした。タフトの後を襲った新民政長官ルーク・ライトは関税調査官F・S・ケアンズを日本に派遣し、日本に潜入したフィリピン独立派の動向を報告させています。

アメリカは日本政府や軍部のフィリピン独立派への憐れみの感情だけを心配していたわけではありません。日本の一般民衆の間にも、フィリピン民族を助けるのは日本民族の務めであるといった機運が広がっていたのです。フィリピン独立援助をテーマにした通俗小説も相次いで出版されていました。

末広鉄腸《すえひろてっちょう》は一八九一年（明治二十四年）に、マニラ生まれの日本人青年が「スペイン太守の虐政とスペイン僧侶の横暴のひどさに憤激し、密かに同志を求めてフィリピンの独立を企てるに至る」[*23]物語（『南洋之大波瀾』）を上梓しています。一九〇二年には山田美紗《びみょう》がアギナルドの伝記小説『あぎなるど』を出版（明治三十五年）し、彼を独立運動の英雄と讃える一方で、アメリカを激しく罵っています。[*24]

「一八九八年頃の日本は西欧諸国が作り上げた帝国主義的秩序の中ではよそ者扱いされていると考えていた。そうしたなかで『アジアはアジア人のもの（Asia for the Asians）』という主張に共鳴する者が多かった[*25]」のです。

## タフト外交団　その一

ルーズベルトとタフトにとって、フィリピンの啓蒙化はなんとしても成功させなければなりませんでした。アメリカが建国以来進めてきた西へ西への領土拡大の行き着いた果てがフィリピンです。そこには啓蒙を待つ未開の原住民がいます。彼らに正しく西洋文明を授ける「明白なる宿命」は、神が人類の最優秀種であるホワイト・アングロサクソン・プロテスタント（WASP）に与えた試練なのです。フィリピンの啓蒙の成否は、アメリカ文明のレゾンデートルと強烈な関わりを持ったのです。

ところがフィリピン情勢はタフトが本国に戻って以来芳しくありません。新長官となったライトにはフィリピン人の心をまとめる作業は少し荷が重かったのです。

「長官職に就いたライトはすでに五十九歳であった。南北戦争でも戦った経験があった。彼は無愛想な男で、太平洋のニグロ（フィリピン人 Pacific Negro）の引き起こす問題は武力で解決するのが一番と考える傾向が強かった。彼はタフトのように人心を惹きつけようとする気持ちがなかった[*26]」

タフトはフィリピンの人々の心がアメリカから離れていくことが不安でなりませんでした。セントルイスには将来のフィリピンを担うリーダー層も招待していました。彼らもアメリカ世論がフィリピンに好意的でないことは肌で感じたはずなのです。

こうした状況の中でルーズベルトとタフトが考えついたのは、フィリピンに大型ミッションを派遣することでした。タフトが団長となり、フィリピン併合に疑念を持つワシントンの議員にフィリピンの実情を理解させるのです。フィリピン人の信頼を築いたタフトがフィリピンの地を踏むことで、離れかけたフィリピン人の心を再びまとめ上げるのです。

タフト・ミッションと呼ばれる総勢八十三人の大型外交団がサンフランシスコに到着したのは一九〇五年七月四日のことでした。建国記念日にサンフランシスコに入る一行を迎えて、町はお祭り気分でした。そこかしこで上がる花火で賑やかになった空を背景に、一行を運んだ列車の停まるホームで、カメラに向かってポーズをとる娘がいました。アリス・ルーズベルトでした。リボルバー拳銃を手にしてカメラに向かう姿はグラビアモデルのようでもありました。

ルーズベルト大統領は大型ミッションに花を添えるかのように、愛娘のアリスをメンバーの一人に加えたのです。皇室のないアメリカにとって大統領の娘の立場はまさにプリンセスでした。彼女はまだ二十一歳。身体中から好奇心を満ち溢れさせ、目を輝かせるプリンセス・アリスの参加でミッションが行く先々でメディアの関心を引くのは間違いないことでした。

ミッションにはワシントンの上下両院から多数の議員が参加していました。上院議員七名、下院議員二十三名。ルーズベルト政権が進めるフィリピン政策を支持してもらうには、フィリピンの実情を目の当たりにしてもらうことが近道でした。当然に有力議員もメンバーに入っています。後に下院議長となるニコラス（ニック）・ロングワース下院議員もその一人でした。三十四歳の若手議員ですが、下院外交問題委員会のメンバーとして新領土ハワイ、そしてフィリピンについて、強い関心を持っていました。[27]後日、アジアへの長旅でアリスとの親交を深め、プリンセスの夫になる人物です。

ほかにもハワイが米国本土防衛の要であることを早くから理解し、ハワイ併合の推進役だったフランシス・ニューランド下院議員（ネバダ州）、エール・ハーバード両大学で法律を学び法制度のプロであったハーバート・パーソンズ下院議員（ニューヨーク州）なども外交団のメンバーでした。

上下院議員だけでなくフィリピンへの投資機会を探っている銀行家など、実業界からの参加もありました。そうした人物の一人ハリー・ウッズ[28]は発売されたばかりのコダックの新型の小型カメラで旅の模様を記録に残しています。

タフト一行はサンフランシスコに四日間滞在し、サンフランシスコの有力者との親交を深めています。この町はアメリカのアジアへの玄関です。彼らの関心はアジア貿易ですからタフト外交団を歓迎するのは当然でした。同市の知識人が作る親睦組織ボヘミアン・クラブ[29]での昼食会もありました。

アリスはチャイナタウンの見学にも密かに抜け出したのではないかと噂されました。ミシシッピ川以西に初めて旅するアリスにとって、目にする何もかもが驚きの対象でした。七月八日、サンフランシスコの港で一行を待ち受けていたのはパシフィック・メール蒸気船会社の最新鋭客船マンチュリア号（二万七千トン）でした。

## タフト外交団　その二

マンチュリア号の最初の寄港地はホノルルでした。サンフランシスコを出港して五日目にホノルル港に入った一行を、十七発の礼砲が迎えています。わずか十二時間の慌ただしい寄港でしたが外交団一行は真珠湾を見学し、サトウキビ・プランテーションも視察しています。旧ハワイ共和国の指導者たちの念願であったアメリカ併合を叶えた立役者は、当時海軍次官であったルーズベルト大統領です。その愛娘アリスに精一杯の誠意をハワイの指導者たちは見せたのです。あまりの歓迎ぶりでアリスが乗船時間に間に合わず、マンチュリア号の出港が遅れるほどでした。

マンチュリア号の横浜到着は七月二十四日のことでした。夏の日差しの中にこだまする万歳（banzai, banzai, banzai, all the way）のうなるような響きに、アリスはひどく興奮しています。[*30]一行を迎えたロイド・グリスコム公使は次のような感慨に浸っています。

「ワシントン議会の代表がこんなふうに太平洋を渡って、わが国の広がる領土の視察にやって来る。こんなことが十年前に想像できただろうか。おとぎ話が現実になってしまったようなものだ[*31]」

タフト一行は、明治天皇との謁見を筆頭に日本の要人との会見が目白押しでした。日露戦争の最中の日本訪問には重要な目的がありました。日露の和平交渉役となるアメリカは、日本の対露要求をタフトを通じて直接に事前確認したかったのです。またプリンセス・アリスをメンバーに加えることで、前年の伏見宮貞愛《さだなる》親王による皇室外交への返礼の意味もありました。

しかしタフトにはより重要な使命がありました。日本にくすぶり続ける南進論、つまりフィリピンに対するアジア人としての同情の火を消すことでした。フィリピンに武器を運んだ布引丸は幸い嵐の中で沈みました。またいつか同じような試みがなされるか知れません。日本にフィリピンへのいかなる介入もさせない。それを約束させる。タフトの最も重要視していた案件でした。

明治天皇との謁見は、早くも横浜到着の翌々日の二十六日に予定されていました。謁見に続く昼餐会は、和やかな空気に包まれました。天皇はアリスをすぐ右隣の席に座らせました。アリスは天皇が父セオドアのことばかりを話題にしていたと伝えています。外国人には見せることのないプライベートガーデンまで案内されています。[*32]

タフトが桂太郎首相との会談に臨んだのはこの翌朝のことでした。この会議では両国の今後の外交にとってきわめて重要な案件が協議されています。日本が国家安全保障上、最も重要と考えている朝鮮と、アメリカが「明白なる宿命」の総仕上げを目指しているフィリピンをバーターする議論が交わされていたのです。

日本が朝鮮半島に外国勢力が侵入することにひどくナーバスになっている理由を、

アメリカの政治家が理解するのは容易でした。アメリカの外交は、カリブ海、メキシコあるいは中南米といった地域、つまりアメリカの裏庭と考えられる地域にはヨーロッパ勢力の介入を絶対に許さない、という強い方針に基づいて遂行されています。十九世紀初めにモンロー大統領が発したモンロー宣言以来の伝統です（アメリカ大陸とヨーロッパ大陸の相互不干渉。モンロー・ドクトリン、一八二三年）。その考えを敷《ふ》衍《えん》すれば、日本が朝鮮半島を日本の裏庭であると考えるのは当たり前のことでした。現実に戦われている日露戦争の原因も、ロシアの影響力が高まる朝鮮半島情勢に日本が危機感を持ったからにほかなりません。

タフトは桂首相との協議の中で、日本が朝鮮半島における特別な勢力圏（sphere of influence）を持つことを容認するのです。それはとりもなおさずロシアの影響力を排除することへの支援を意味します。その見返りは、タフトがそしてルーズベルト大統領が最も気にしているフィリピンの安全保障でした。フィリピンの統治を危うくする唯一の不安材料が日本国内の南進論であり、フィリピン人への同情でした。アメリカは、この動きを封じ込めなければなりません。タフトはフィリピンを安心して「啓蒙」するためには、日本からの一切の介入を遮断しなければ不安でならなかったのです。

二人の密約は桂・タフト協定と呼ばれています。桂首相は戦争に勝って外交に負けた日清戦争後の三国干渉の苦い経験を味わっています。日露の戦いは戦場だけのものではなく、外交の場での戦いでもあることを理解していた政治家でした。

この当時、タフトの約束にくちばしを挟めるヨーロッパの強国はいないのです。イギリスはボーア戦争（南アフリカ）の勃発（一八九九年）やロシアの南下政策との衝突で、アメリカとは友好関係の構築に舵を切っていた時代です。日本とは日英同盟（一九〇二年）が結ばれています。イギリスがこのことを知って反発することは考えられません。

横浜に到着したタフト・ミッション

ドイツはカリブ海や西太平洋地域でアメリカと小競り合いを起こしていますが、かつてのようにロシアやフランスと共謀して日本に圧力をかけるほどの海軍力は持っていません。ドイツの海軍力は北海方面でイギリス海軍と対抗することで精一杯なのです。太平洋に展開するわずかなドイツ海軍は日本の脅威にはなり得ません。アメリカの容認は、日本が朝鮮半島を勢力下におくことに実質的な意味を持たせる重要なものでした。

桂・タフト協定はこの時代の典型的な秘密協定でした。この協定の存在を初めて明らかにしたのはアメリカの歴史家タイラー・デネット[*33]でした。

タフトの外交団一行は日本のどこに行っても驚くほどの歓迎を受けています。その模様はメディアによって好意的に報道されています。外交団に参加していた長老派教会の高名なオルガン奏者ウィリアム・カールは帰国後、『ニューヨーク・タイムズ』のインタビューで次のように語っています（『ニューヨーク・タイムズ』紙、一九〇五年十月二日付）。

「日本のどこに行っても私たちは大歓迎を受けた。どんな身分の者でも、誰もが心から私たちを迎えてくれた。驚いたことに人力車の車夫でさえ、わが国のことをよく知っていた。私たち外交団のことにも詳しかった」

「私たち一行が新橋駅を出発した時などは、少なめに見積もっても三万人が見送ってくれた。英語が少しばかりしゃべれる人力車夫がいたのだが、彼は二十五年前にグラント大統領が東京を訪問した時の様子を覚えていた。この日のタフト長官への歓迎ぶりもその当時に匹敵するらしい」

「ルーズベルト嬢（アリス）はどこに行っても歓呼で迎えられて、抱えきれないほどの花束を手にしていた。彼女がほかにもたくさんの贈り物を受けたことは言うまでもない」

タフトはフィリピンの将来に怪しい影を作っていた日本の脅威を取り除くことに成功しました。しかし彼が、桂首相との協議の内容を口外することはありませんでした。そのことを知るのは、急ぎ暗号電で報告を受けたルーズベルト大統領やルート国務長官らのごく一部の政権幹部だけでした。一行はマンチュリア号の待つ神戸に列車での旅を続けています。

## 秘匿された桂・タフト協定

桂・タフト協定は、その後の両国の外交政策を左右する重要な取り決めでした。しかしその存在は長い間、公にされていません。現在の日本の外務省もその原本を持っていないことからもその秘密性が窺われます。

「『桂・タフト覚書』は、当時の首相桂太郎と来日したアメリカの陸軍長官タフトとの間で交わされました。この覚書は、アメリカが日本の朝鮮における指導的地位を認め、日本がフィリピンに対し野心のないことを表明し、日露戦争後の両国の対アジア政策を調整した重要な覚書ですが、残念ながら日本側原本は消失しています。そのため、外交史料館で編纂している『日本外交文書』第38巻第1冊（明治三十八年）には、

アメリカの外交文書から同覚書を引用しています」（外務省ホームページ。外交史料Q&A明治期）

外務省が引用しているとするアメリカの外交文書こそが、前述の外交史家デネットの調査で発見されたものでした。デネットが一九二四年に、歴史専門誌『カレント・ヒストリー』に「ルーズベルト大統領が結んだ日本との秘密協定[*34]」とタイトルをつけた論文の中で発表したものでした。つまり、およそ二十年間にわたって、アメリカと日本が朝鮮とフィリピンをバーターしたことは、どちらの国のメディアも国民も知らなかったのです。

私たちのように二十一世紀に生きる者は、後になってわかった事実を読み取る作業の中で、あたかもその当時の人々がそれを知っていたかのように思いがちです。しかしそうした勘違いをすると、当時の世相を読み違えてしまいます。時の指導者の心情を正確に読み取ることもできなくなるのです。

デネットがこの協定（覚書）を発見したのは、アメリカ議会図書館（Library of Congress）に保存されていたルーズベルト大統領の「プライベート史料」とラベルの貼られたボックスの中でした。[*35] ルーズベルト大統領やエリフ・ルート国務長官は、桂首相との協定を議会に報告せず、私的文書として処理していたのです。政権内部の高官でこの覚書の内容を知らされていたのは六人程度しかいませんでした。[*36]

デネットが発見した文書には、フィリピンと朝鮮のバーターだけではなく、もう一つ日米外交を理解する上で重要なことが記されていました。両国のこの合意は日英同盟の枠組みの中でアメリカがアジア外交を進めることが記されていたのです。[*37]

「（覚書のなかで）桂首相は日英同盟に対するアメリカの理解を要請している。言葉を換えて表現するなら、アメリカに日英同盟の陰のメンバー（シークレット・メンバー）になって欲しいということである。……ルーズベルトはその要請に肯定的に応えている（fully endorsed）」

「つまりルーズベルトは、彼が政権を担う限りその権能の範囲内で日英同盟のサイレント・パートナーとして行動することを約束したのだ」（傍点筆者）

これほど重要な外交協定をルーズベルトが議会に対して報告しなかった理由が当然にありました。この協定を条約として正式な国の約束事とするには、上院の三分の二の賛成が必要です。フィリピンなど併合すべきでないと主張する勢力の多い中で、そんな数を集められるはずもありません。その上、これから始まるポーツマスの日露交渉の仲介役を買って出ようとするアメリカが、日英同盟のサイレント・パートナーであることを公にできるはずもありません。表に出てしまえばロシアは、ワシントンに使節を送ることもやめてしまうでしょう。桂・タフト協定は秘密にせざるを得ない運命にあったのです。

アメリカの歴代大統領は条約の批准には悩まされています。上院の三分の二の賛成を要するという条件は、外交政策遂行の大きな足枷だったのです。これを回避する方策として秘密協定を結ぶことはよくあることでした。しかしそうしたやり方は、きわめて危険な要素を孕《はら》んでいました。

タフトが、あるいはルーズベルトが、どれほどこの密約を隠しておきたかったかを示すエピソードがあります。実はグリスコム公使にさえもこのことはまったく知らされていなかったのです。公使が、タフトと桂首相の間でフィリピン問題について何らかの了解がなされたことを知ったのは、日本のメディアからのぼんやりとしたリークでした[*38]。

秘密協定は一般にエグゼクティブ・アグリーメント（Executive Agreement）と呼ばれ「大統領府が独自に結んだ約束事」とされています。その約束事がどれほどの問題点を内包しているか、エール大学法学部の論文[*39]が詳しく論じています。

第一に秘密協定はそれを結んだ政権しか拘束しないことです。政権が代われば簡単に破棄される可能性が高いのです。つまり秘密協定では、有効期限はいつまでなのかが曖昧なのです。第二に秘密であることの代償として、当事者一方が独断的に協定を破棄しても対応策がないことです。第三の問題点は、もし議会がその存在を知った場合、議会は協定を破棄できるのです。憲法に違反する可能性のある脱法的な協定である、と批判されれば反駁が難しいのです。

日米の外交交渉では、この危うさを秘めた桂・タフト協定以降もエグゼクティブ・アグリーメントが利用されています。たとえば第一次世界大戦中に結ばれた石井・ランシング協定（一九一七年十一月二日）も似た性格のものでした。

「ランシング国務長官はランシング・石井協定は単なる政権の方針をステイトメントにしただけのものと理解していた。日本の北支方面の特殊権益を認めた重要な内容を含む協定であるにもかかわらず、ランシングはアメリカの意思でいつでも破棄できる（revocable at will）ものであり、アメリカを拘束しないと理解していた[*40]」

## タフト外交団　その三

タフト一行が長崎を経てマニラに到着したのは八月五日のことでした。その二日後にはライト長官が、アメリカがフィリピンを占領して以来最大級といわれるパーティーを催しています。会場のマラカニアン宮殿は、スペイン領有時代には総督の別邸でした。この邸が民政長官の官邸として使用されていたのです。制服に金ぴかの徽章を吊るした軍人たちや、色とりどりの宝石を身に着けた女性ゲストが、アリスとタフト長官を迎えました。宮殿は電飾ライトで輝き、熱帯の夜の岸辺に怪しくその姿を浮かび上がらせていました。フィリピン人リーダーたちも招待されています。受付に並んだ彼らは、タフト一行を目にすると丁寧に帽子をとって会釈しています。しかし心からの歓迎の言葉を口にする者はありませんでした。[*41]

この六日後の金曜日にも歓迎の夜会がありました。会場は市内のメトロポール・ホテルです。この夜タフトは集まったフィリピンの指導者層に向けてスピーチに臨んでいます。ルーズベルト政権は確固とした態度でフィリピンの自治を可能にするための諸政策を実行することを改めて約束しました。しかし彼らが自治の能力をいつ獲得できるのかについては数世代はかかるだろうと述べるに留まっています。水牛の疫病に起因する不作についても言及し、フィリピン人のさらなる自助努力を促しています。

「残念だが島民の九十パーセントは自治ができる能力に達していない。一部地域では凶作で飢えている者もいる。多くの問題をフィリピンは抱えているが、それを克服するのは難しいことではない。この島に新しい産業を発展させればよい。そうした芽はすでにジャワ島の一部に見えている。そして何よりも日本を見てほしい。日本のような素晴らしい国（a great nation）がどうして築かれたのか。それは産業化の賜物である。日本国民の倹約と知性によってもたらされたものである[*42]」

日本はフィリピン独立派が助けを求めた国です。日本がフィリピンの独立と将来の発展によい模範となるのは明らかなことでした。独立の闘士が日本と接触するのを妨害してきたのはほかならぬアメリカでした。タフトはフィリピン人の産業化への意識を鼓舞するのに、日本を引き合いに出すことに、もはや何の躊躇も見せていません。フィリピンは大いに日本を参考にすべきなのです。桂首相との密約で、フィリピン人がどれだけ日本との接触を深めても、日本が彼らを支援することはありません。タフトはそれがわかっていました。フィリピン人が、日本を手本とした国づくりを学んでくれたら、それはそれで素晴らしいことでした。

タフト一行がセブ島、レイテ島（タクロバン市）、ルソン島南部（アルバイ、ソルソゴン）などの視察を終え、マニラに戻ったのは八月二十六日のことでした。彼らを待ち受けていたのはフィリピン人指導者層の請願の声でした。フィリピン人にはもう自治の能力がある、と訴える彼らにタフトの反応は冷ややかでした。*43 彼らに自治の能力などあるはずがないのです。

フィリピン各地での「未開人酋長」らとの交流は、親交を深めるどころかむしろフィリピンの「文明開化」が途方もない難事業であることを、タフトに改めて思い知らせたのです。フィリピンの現状を目の当たりにした彼の心の奥底に「フィリピン領有は本当に正しかったのか」との疑念が起きるのは避けようもないことでした。初代民政長官として、過激なほどの法制度改革や教育の普及に取り組んできただけに、これからも続く啓蒙作業の長い道のりに深いため息をついたのです。

しかしフィリピン領有は絶対に正しいと考える政治家たちは、その信念を変えることはありませんでした。マニラでの最後の夜会がホテル・フランシスで開かれています。そこでのジョージ・フォス下院議員のスピーチは、そうした政治家の典型的な声でした。フォス議員は下院海軍問題委員会（the committee on Naval Affairs）の議長を務めている大物でした。

「フィリピンをこれからどうするか。スペインに返すのか？　フィリピン人に戻してあげるのか？　どちらも答えは『ノー』だ。フィリピン人には自治の経験がまったくない。その準備もできていない。われわれアメリカ人は、神に課せられた厳粛なる義務を粛々と遂行しなければならない。フィリピン人を啓蒙し、われわれが築いてきた自由と独立の素晴らしさを教え込まなくてはならない。偉大なる建国の父たちが、あのニューイングランド地方で（原住インディアンに対して）行った啓蒙の作業を、この島でもう一度進めなければならない」[*44]

八月三十一日、フィリピン視察を無事終えた一行は次の目的地香港に旅立って行きました。

## タフトの誤算　日比谷焼討ち事件

タフト一行がマンチュリア号でホノルルに向けて出発した翌日の七月七日（日本時間）、日比谷公園では日露交渉に旅立った小村寿太郎全権大使を激励する大きな集会が開かれていました。集会の音頭をとるのは河野広中《こうのひろなか》です。第一回衆議院選挙から当選を続け、一九〇三年には議長に選出されている大物です。対露交渉の強硬派でした。彼は対露強硬派の政治勢力をまとめ上げ、この大会を企画したのです。この集会で小村全権への檄文《げきぶん》を決議しています。

七月十九日には対露強硬派の団体を糾合して講和問題同志連合会を結成しています。賠償金や領土割譲についてロシアからはっきりとした譲歩を引き出すべきだと主張し、会員は全国に遊説の旅に出ました。日清戦争で得た賠償金（二億テール）は、銀価で換算すると国家予算のおよそ四倍にもなる巨額なものでした。この賠償金が国家運営を楽にしたことはいうまでもありません。河野らの勢力はこの額に匹敵する、あるいはそれ以上の賠償金を期待していたのです。

政府は日露戦争の戦況を正確に国民に伝えていませんでした。「日本では敵を恐れるよりも、むしろ味方を恐れた。吾が内輪に多くの弱点があることは、当局者のみの知識にして、国民の士気の沮喪するを恐れて、一切これを隠して置いた*45」（徳富蘇峰）のです。

戦争の継続は、軍事的にも財政的にも難しい状況にあることを国民は知りませんでした。逆に揚々たる戦果ばかりが伝わっていたのです。当時の日本では、イラストをふんだんに駆使したビジュアル性の強い雑誌が人気を博していました。たとえば矢野

『戦時画報』（明治38年8月1日発行）。
樺太占領の模様が表紙となっている

龍渓《りゅうけい》[46]の『戦時画報』は、国民に華々しい戦況を伝えていました。国木田独歩[47]が編集長として辣腕を揮い、戦地の情報に飢える国民の欲求に応えていたのです。

日露の戦いは戦死者五万五千余、戦傷者十四万四千。日清の戦いの戦死者（九百九十七人）に比べるとその犠牲は桁違いでした（国立公文書館統計）。戦費は二十億円にのぼっています。当時の政府歳入は四億円ですから、この戦争がいかに膨大な金銭的負担を日本政府に負わせたかがよく理解できる数字です。

戦費は外債に多くを頼っていましたから、歳入を増やすためには増税が不可避でした。所得税率を上げるだけでなく、煙草を専売にしています（一九〇四年）。一九〇五年には塩まで専売品に加えています。こうした負担の苦しみを、国民の誰もが感じていただけに小村の交渉に期待する気運は、全国民の間で高まっていたのです。

「講和の動きが明確になった六月中旬から、各地で代議士や新聞記者などが中心となって、大きな講和条件を要求する大会が開かれ始めた。その要求はさまざまであったが、領土は樺太はもちろん、小は黒竜江《こくりゅうこう》以南の沿海州《えんかいしゅう》から大はバイカル湖以東、償金は二十億円から四十億円というのが大体の見当であった」*48

国民の期待の高まるなか、ポーツマスでの講和が決まると間髪を置かず『国民新聞』が条約の内容を詳しく報道しています。『国民新聞』は首相桂太郎と親しい徳冨蘇峰の新聞です。蘇峰は桂政権を支持する論陣を張り続けていた新聞人でした。『国民新聞』が伝えた講和の条件は、国民の期待とはあまりにかけ離れたものでした。賠償金は一切なく、得られた領土は樺太の南半分だけでした。日本が樺太全土を占領していることを知っている民衆には納得できるものではありませんでした。

国民の不満をバックにした河野らの勢力は、条約批准を阻止させようと運動の方向を切り替えています。政府に檄をとばす集会が、たちまち政府を糾弾する集会に変貌したのです。大阪、宇都宮、神戸などの地方都市での反対集会に続いて、東京での集会が九月五日に計画されました。政府は各地で盛り上がる反対の動きを憂慮し、東京の大会を中止させることを決めています。

集会は日比谷公園での開催が予定されていました。警察は公園入り口の各所にバリケードを築き、人の出入りを禁じました。しかし集会に集まる民衆の数はあまりに多く、バリケードで止められるようなものではありませんでした。およそ三万人が、広いとは言えない日比谷公園に集結したのです。彼らはあっさりと警官の制止を振り切り、バリケードを越えて公園内に入っていきました。勢いづく大会議長の河野は、講和条約の破棄、批准拒否を求める決議を採択します。

　大会が終了しても興奮は収まりません。群衆は、桜田門、二重橋付近あるいは条約反対の講演会の開かれていた新富座周辺で気勢を上げています。最後は、駆けつけた警官隊と衝突してしまいます。一部は公園近くの内務大臣官邸を襲い、さらには桂内閣の広報新聞と考えられていた国民新聞社に押しかけ、輪転機を破壊してしまうほどに暴徒化してしまったのです。

「この状態は夜になっても続き、民衆は多くの警察署・派出所・交番を破壊し、或いは焼き払った。翌六日にも、内相官邸では前夜同様の騒ぎが起こり、また群衆が通りがかりの電車を焼くなどの行動が相次いだ。かくて、政府は遂に東京市及びその周辺郡に戒厳令を布《し》き（六日夜更）、一方『万朝報《よろずちょうほう》』『東京朝日新聞』等の新聞・雑誌に発行停止を命じ、その結果、七日夜に至りようやく事態は鎮静したのであった[*49]」

　桂内閣は、タフトと結んだ協定を国民に発表することはできませんでした。日露戦争の本来の目的は、日本の安全保障の要である朝鮮半島からロシアの影響を完全に排除することでした。その目的が達成されたことは条約条文で明らかにされています。あの屈辱的な三国干渉に似た事態が起こらないようアメリカ（タフト）の確約も得ています。戦争の続行に財政的に耐えられない政府として、それなりに理屈の通る講和条件でした。アメリカが、朝鮮半島に日本の特殊権益が存在することを認めたことには大きな意味があったのです。

しかし政府はそうしたロジックを国民に説明することはできませんでした。桂から秘密協定の内容を知らされていた徳富蘇峰は、知っていることを国民に知らせることのできない悩みを次のように語っています。

「世の中に知らざるを知らざるとするは、苦痛でもなお忍び得るが、知ったことを、知らざる振りをして過すことは、いかにも苦痛である。……ことに（明治）三十七年、八年（一九〇四、五年）の役から、この不快をば、常に満喫した[*50]」

民衆の怒りは仲介役に入ったアメリカに対しても向けられることになります。日比谷公園近くの帝国ホテルでは、アメリカ人宿泊客が襲われています。彼らは保護を求めてアメリカ公使館に逃げ込みました[*51]。アメリカにとっては想定しなかった事態が起こってしまったのです。

日本人の期待がこれほど現実と乖離《かいり》しているとは考えていませんでした。公使館は米国人の安全の確保に注力しながらも、日本政府があの密約を洩らさないかどうか気が気でなりませんでした。館員は『国民新聞』の編集局にたびたび訪れて情報を収集し、国務省に報告していました[*52]。政府の「広報誌」『国民新聞』の報道を監視していたのです。

タフトは東京での騒乱の知らせを早くもその翌日に受けています。日本、フィリピン、支那の旅を終え、帰国の途につこうとしていた矢先のことでした。

「われわれは上海で東京の事件を聞いた。群衆がロシアとの条約内容に反感を持ち暴れているというのだ。その憤懣が外国人、特にアメリカ人に向けられているということで心配であった。（中略）しかしその後の報告ではこうした報道が大げさに語られていることがわかった。群衆の怒りは日本の官憲に向けられていたようだ。警察が、平和的に行われていた条約への抗議運動を妨害したことが原因であったらしい」[*53]

タフトは日本での抗議活動が、実際にはどれほどのものであったかはよくわかっていないようです。アメリカに向けられていない、と無理やり自らに思い込ませようとしている風にも感じられます。アメリカへの憤懣を爆発させた騒乱そのものよりも、あの桂との密約が洩れないことがよほど気がかりだったのかもしれません。

**◉原註**

＊1　Lakshmi Iyer and Noel Maurer, The Cost of Property Right: Establishing Institutions on the Philippine Frontier Under American Rule 1898–1918, Harvard Business School Working Paper, 2008-9, p8.

＊2　最終的には土地改良分の価値などをさらに勘案し、六百九十万ドルに増額（同右　p12）。

＊3　William Kolasky, Theodore Roosevelt and William Taft, *Antitrust Magazine*, Spring 2011, pp102-4.

＊4　Raymond Corbey, Ethnographic Showcase, *Cultural Anthropology*, Aug. 1993, p341.

＊5　同右　p341.

＊6　James Bradley, *The Imperial Cruise*, Little Brown, 2009, p133.

＊7　同右　p133.

＊8　Ethnographic Showcase, p347.

＊9　Paul Kramer, Making Concessions: Race and Empire Revisited at the Philippine Exhibition St. Louis, 1901-1905, *Radical History Review*, 1999, p81.

＊10　*The Imperial Cruise*, pp126-7.

＊11　波多野勝「フィリピン独立運動と日本の対応」（『アジア研究』34巻4号、一九八八年）七二頁。

＊12　同右、七二頁。

＊13　同右、七二頁。

＊14　明治四年、高知生まれ。フィリピンにはその後七年間滞在。昭和三年衆議院議員。同六年死去（「フィリピン独立運動と日本の対応」七六頁）。

＊15　「フィリピン独立運動と日本の対応」七七頁。

＊16　同右、八一頁。

＊17　同右、八二頁。

＊18　同右、八〇頁。

＊19　同右、八九頁。
＊20　同右、九〇頁。
＊21　同右、八六頁。
＊22　Paul A. Rodell, Southeast Asian Nationalism and the Russo-Japanese War, *Southeast Review of Asian Studies*, Vol. 29, 2007, pp27-8.
＊23　山下美知子「南進のまなざし」（『東京外国語大学総合文化研究』二〇〇〇年）八五頁。
＊24　同右、九二頁。
＊25　Southeast Asian Nationalism and the Russo-Japanese War, p27.
＊26　*The Imperial Cruise*, p256.
＊27　同右　p19.
＊28　Harry Fowler Woods（一八五九―一九五五）製紙会社 Chatfield and Woods 社社長。妻のキャサリンはロングワース議員のいとこにあたる。
＊29　Bohemian Club 一八七二年創立。ビジネスマン、政治家、ジャーナリストなどが会員。人種的排他性は少ないとされる親睦組織。
＊30　Stacy A. Cordery, *Alice*, Viking, 2007, p118.
＊31　同右　p118.
＊32　同右　p119.
＊33　Tyler Dennett（一八八三―一九四九）歴史家。コロンビア大学、プリンストン大学などで教鞭をとる。
＊34　Tyler Dennett, President Roosevelt's Secret Pact with Japan, *Current History*, 1924, p15.
＊35　同右　p18.

＊36　同右　p18.
＊37　同右　p19.
＊38　Jack L. Hammersmith, *Spoilsmen in a "Flowery Fairyland"*, The Kent State University Press, 1998, p249.
＊39　Edwin M. Borchard, Shall the Executive Agreement Replace the Treaty; Yale Law School Legal Scholarship Repository, *Yale Law Journal*, 1944.
＊40　同右　p679.
＊41　*The Imperial Cruise*, p258.
＊42　同右　p259.
＊43　同右　p267.
＊44　同右　p268.
＊45　徳富蘇峰『蘇峰自伝』（日本図書センター、一九九七年）二八四頁。
＊46　矢野龍渓（一八五一―一九三一）小説家、ジャーナリスト。郵便報知新聞社社長。
＊47　国木田独歩（一八七一―一九〇八）小説家、編集者。
＊48　故・古屋哲夫氏ブログ「日露戦争第5章ポーツマス講和条約」http://www.furuyatetuo.com/
＊49　森部英生「大正デモクラシーと公民教育の形成」（『東京大学教育学部紀要』第17巻、一九七八年）一一一頁。
＊50　『蘇峰自伝』二八二―八三頁。
＊51　西田光男「明治三十八年における非講和運動についての一考察」（『大阪学芸大学歴史研究』3、一九六五年）四二頁。

＊52 『蘇峰自伝』二八一頁。

＊53 『ニューヨーク・タイムズ』一九〇五年九月二十八日付。

# 第3章　日本人蔑視と日本人移民の停止

## サンフランシスコの水死体　その一

日比谷の騒乱は、日本人のアメリカへの疑念が初めて外に向けて爆発した最初の事件かもしれません。ところがアメリカでは日本人を嫌うきっかけとなる事件が、すでに六年も前の一八九九年に発生していました。

支那からの移民は一八八二年に成立した支那人排斥法で制限されています。彼らはアメリカ太平洋岸で忌み嫌われていました。日本人は支那人と同じ不潔な民族である。アメリカを汚す危ないアジア人種の一種に過ぎない、と思わせる重大事件がサンフランシスコで発生したのです。

一八九九年六月二十八日、サンフランシスコ湾への出入り口となっているゴールデンゲート南岸のフォート・ポイント沖に二人の漁師が船を出していました。フォート・ポイントは現在のゴールデンゲートブリッジ南端（サンフランシスコ市）の橋下辺りです。

サンフランシスコ沖は、かつてマニラ帰りのガレオン船がアカプルコを目指して南に疾駆していた海域です。スペインは、この海域沿岸にも宣教師を派遣し教会を建設していました。サンフランシスコに教会が設立されたのは一七七六年のことでした。サンフランシスコ湾の湾口はわずか二キロメートルです。スペインはサンフランシスコ防衛にこの湾口の南側の、最も海に突き出た岬に要塞を築いています（一七九四年）。それがフォート・ポイント（ポイント砦）でした。要塞は今でも残っています。

フォート・ポイントの岩場近くで魚を追っていた漁師が、小さな二つの流木を目にしたのは二十八日の午後のことでした。船を寄せてみるとそれは流木ではありませんでした。どちらも体を仰向けにして漂う水死体だったのです。その体には救命具が巻きついていました。その救命具には、はっきりと「Nippon Maru」の文字が刻まれていました。[*1] 死体の顔は白人種のそれではありませんでした。明らかにアジア人の容貌をしていたのです。

「Nippon Maru」の姿は、漁師のいた位置から目にすることができなかったでしょう。しかし日本の東洋汽船の最新鋭貨客船「日本丸」は二人が北に目をやれば、すぐそこに見えていたエンジェル島北部の港に碇を下ろしていたのです。日本丸は黄色一色の信号旗（ケベック旗）を掲げていました。ケベック旗は船内から疫病患者が出ていることを示します。エンジェル島は、湾口の北岸近くに浮かぶ広さ三平方キロメートルばかりの小島です。日本丸は、連邦政府検疫所の命令でこの島に回航されていました。ここにある検疫所で徹底的な消毒を受け、十四日間留まらなくてはなりませんでした。その間に乗客から病人が出ないことを確認できて初めて通常の埠頭に移動し、乗客を下船させ、貨物を降ろすことができるのです。

日本丸は浅野総一郎[*2]が日本海運業の期待を一身に背負って建造した最新鋭貨客船でした。上海‐長崎‐神戸‐横浜‐ホノルル、そしてサンフランシスコを結ぶ太平洋航路に初めて参入する日本海運界の期待の星でした。一八九八年に処女航海を終えています。六千百六十八トンの巨船は、時速十七・二ノット（時速三十二キロメートル）で大洋を駆けるイギリス建造の最新鋭蒸気貨客船でした。細身のエレガントなデザインと、真っ白に塗られた船体はその優雅さから太平洋の白鳥とも呼ばれていました。内装も贅を尽くし、富裕層の利用をも狙っていました。

エンジェル島に碇を下ろした日本丸は、三度目の太平洋横断の航海を終えたばかりでした。日本丸のこの航海は散々なものでした。香港を出港（一八九九年五月二十日）した日本丸では長崎に入った直後に問題が起きました（二十六日）。乗客の一人が突然死亡したのです。つい数時間前には元気そうだった支那人の若い男でした。おそらく苦力《クーリー》としてアメリカに出稼ぎに渡るのでしょう。まだ十代のあどけなさが残っていました。

伝染病を疑った船医は、長崎検疫所の検査結果を不安げに待っていました。長崎の検疫所が死者の体から採取した粘液を顕微鏡検査し、死因がペストであると認定したのは長崎に入ってしばらくしてからでした。顕微鏡検査だけでは病原の確認はできない時代でした。疑いのある菌を動物に注射して、その発症を確認する必要があるにもかかわらず、長崎ではペストであると宣告されてしまったのです。[*3]

乗客から伝染病が出ると実にやっかいな状況に陥ります。長崎では乗員乗客すべてが風呂で体を洗い、身に着けた衣類も寝具もすべて消毒しなければなりませんでした。船そのものも徹底的に洗浄されています。蒸気洗浄だけでなく炭酸ソーダ（carbonic acid）も使われています。殺菌の作業を終えた日本丸がホノルルに入ったのは六月十八日になっていました。スケジュールどおりの運航が期待される蒸気客船にとっては、運行の遅れは評判をひどく落としかねません。

ホノルルの東洋汽船のエージェントは長崎以上の厳しい状況に陥ります。長崎から連絡を受けていたホノルルの検疫所が、日本丸の乗客の下船を認めなかったのです。ホノルル向けの貨物も降ろすことが拒否されています。しかしホノルルを目的地にした乗客は何としてでも降ろさなければなりませんでした。交渉の末、下船させることはできましたが、それでも彼らは一定期間検疫所に留め置かれました。

東洋汽船は高級客室の客だけには客船をチャーターし、検疫期間中はその船内に寝泊りさせる便宜を図っています。しかし船底に近い雑魚寝の三等客室の客は、検疫所の用意する粗末な宿泊施設に移されています。四日間にわたる検疫当局との交渉や、下船客の対応を終え日本丸がホノルルを出港できたのは六月二十二日のことでした。[*4]ホノルルでもこれほど厳しい措置がとられたのには理由がありました。乗客の日本人女性の一人がペストに似た症状を見せていたのです。ホノルルが目的地であったこの女性は、下船が認められませんでした。彼女の病状が悪化して亡くなったのはホノルルを出港して三日後のことでした。二十九歳の遺体は水葬にふされ、太平洋の淵に沈んでいきました。[*5]

## サンフランシスコの水死体　その二

サンフランシスコの検疫所は、日本丸の到着を万全の態勢を整えて待っていました。蒸気船が世界各地を結ぶ時代にあって、疫病をもたらす病原菌も自由に移動し始めています。病原菌の上陸を水際で食い止めることの重要性は各国で認識されています。

アメリカも世界に散らばる領事館に対して、アメリカの港に向かう船舶に伝染病患者が出た場合には、遅滞なく本国に報告することを指示していました。ホノルルから報告を受けた[*6]エンジェル島検疫所の責任者はジョセフ・ジェイムス・キニオン[*7]です。アメリカ細菌学の若きスターでした。

キニオンは鉄鋼王カーネギーの多大な寄付で運営されているベルビュー病院付属学校（ニューヨーク）で学び、ニューヨーク港の検疫を担うスターテン島検疫所に勤務していました。一八九〇年にベルリンの細菌学者ローベルト・コッホが、ツベルクリンにより結核治療の可能性があると発表すると、[*8]ベルリンにあるコッホの研究所に向かっています。そこで北里柴三郎[*9]から、新しい分野として注目され始めた免疫学の手ほどきも受けています。

帰国後はスターテン島の海事病院サービス機構（Marine Hospital Service：MHS現在のアメリカ公衆衛生局の前身）所属の研究所[*10]に配属されています。キニオンは、キューバから凱旋帰国したセオドア・ルーズベルトやその部隊ラフ・ライダーズの検疫[*11]も担当しています。

MHSの上司ウォルター・ワイマンがキニオンをサンフランシスコ港の検疫の責任者に命じたのは一八九九年四月二十七日のことでした。[*12]当時、アジア各地で疫病が頻発していました。アジアの玄関口サンフランシスコ港に、病原菌が蒸気船とともに運ばれてくるのは時間の問題でした。

「キニオンは疫病は必ずアメリカにやって来ると考えていたから、一八九六年には早くも（防疫の）研究を開始していた。ワイマンはトップクラスの研究者を検疫の最前線に送り込むことで、疫病が国内に蔓延することをなんとか防ぎたいと考えていた[*13]」

ホノルル領事から報告を受けていたキニオンは、日本丸の到着を待ち受けていました。日本丸は六月二十七日朝に到着しています。すぐさまエンジェル島に日本丸を回航させると、検疫作業を開始しています。船員と乗客を検疫所に移し、十四日間は彼らを監禁状態とし、病状の出ないことを確認しなくてはなりません。船内も積載貨物も燻蒸消毒処理をしなければなりませんでした。所定の作業を進め、キニオンが検疫職員らと船内検査に入ったのは六月二十八日朝のことでした。

案内の船員と船内の調査を進めていくと、彼らはとんでもないものを石炭貯蔵庫で発見するのです。それは顔を真っ黒にして蠢《うごめ》く九人の男でした。案内の船員もあずかり知らない密航者が貯蔵庫に隠れていたのです。詰問して事情を聞くと、彼らはみな横浜で船内に潜り込んだ日本人でした。ボイラーを担当する下級船員が時折食べ物を与え、匿《かくま》っていたのです。

この日の午後漁師が発見したアジア人の水死体はこの九人のうちの二人のものでした。密航者はそのまま日本に送り返されることになります。二人は憧れの地アメリカを目前にしてサンフランシスコ湾に救命具を身につけて飛び込みました。狭い湾口の潮流は速く水も冷たすぎました。船上からは間近に見えた岸辺は思いのほか遠かったのです。

## サンフランシスコの水死体　その三

フォート・ポイント沖で見つかった死体は市内のベーカー通りの突き当たりにある揚陸場に運ばれています。そこにはサンフランシスコ市のヒル検視官と司法解剖担当医ザバラ（Zabala）医師が待ち受けていました。二人は二つの死体を火葬に回すことを決めましたが、死体から粘膜を採取し市独自の検査を実施することにしました。[*14]

サンフランシスコ市民は日本丸のペスト発症事件をはらはらしながら見守っていました。市の保健衛生当局も気が気ではありませんでした。彼らには何の口出しもできません。外国船の検疫は連邦政府の管轄なのです。しかし市内に流れ着いた死体の検査をすることは市の権限の範囲内でした。採取された粘膜は市保健局の細菌学の専門家ロウラー博士（Dr. Lawlor）によって詳しく検査されることになりました。

ヒル検視官は二人の日本人の死因は溺死であることはわかっていましたが、ペストに罹患しているはずだと強く疑っていました。ロウラー博士は検査を進めながらも、現実には何の口出しもできないことを知っていました。検疫作業は連邦政府管轄下でキニオンが規則どおりに進めています。しかし二人のアジア人が検疫所から逃げ出すことができたのは、キニオンの管理が甘いからに違いないのです。そしてこの逃亡者はペスト菌を持っているかもしれないのです。検査を進めながらその苛立ちを地元紙にぶつけていました。

「私は連邦政府の検疫作業が難しいものであることをよく知っている。（今回の事件に）似たようなことはニューオリンズでもニューヨークでも起こっている。その結果、得体の知れない病気がそこいら中に広まったのだ。今回の件にしても、いったいどれだけの（病原菌を持った）ジャップ（Japs）が逃げ出したか知れやしない」[15]（『サンフランシスコ・イグザミナー』紙、一八九九年六月二十九日付）

三十日には『イグザミナー』紙は一面を使って、連邦検疫所を非難する記事を掲載するのです。記事の見出しは『イグザミナー』紙らしい扇情的なものでした。「連邦政府検疫職員がサンフランシスコを危機に晒《さら》す」[16]

『イグザミナー』紙は新聞王ウィリアム・ランドルフ・ハースト[17]の経営するセンセーショナリズムを商売にする新聞です。その上、従来からアジア人蔑視の論調を張ってきたメディアだけにこの事件は格好のネタでした。

記事に煽られた市民は、キニオンのやり方に不信の念を強めていきました。それでもキニオンはそうした雑音に耳を貸すことはありませんでした。アメリカでも指折りの細菌学者としての誇りもありました。粛々と規則どおりに検疫手続きを進めていったのです。乗客は引き続き検疫所に留め置かれますが、日本丸に対しては、二十九日には検疫済証明書の発行を決めています。[18]翌三十日には臨時に雇われた船員によって、日本丸は所定の埠頭（Pacific Mail's dock）への移動が認められました。[19]

キニオンには自信がありました。サンフランシスコ市の保健当局が何を言おうが、彼らには病原菌を特定する能力がないのを知っていたのです。疑わしい菌は実験動物に植菌して発症の確認をする必要があります。その設備を持っていることをはっきりと口にして、『イグザミナー』紙に反論しています。

「日本人の密航者は確かに入国管理にかかわる法を犯し、日本丸の周囲を警備する艦艇の監視の目を盗んで海に飛び込んだ。その結果、彼らは溺死したのである。健康状態には何の問題もなかったのである（perfectly healthy）」

キニオンは市の圧力に屈したら、さらに難しい問題が発生することがわかっていました。国際港の検疫の最終責任者は連邦政府の財務長官です。長官宛に高級船室を利用していたビジネスマンらから、検疫作業の緩和を求める電報が届き始めていました。東洋汽船が日本政府を通じて抗議してくることも確実です。

エンジェル島の検疫施設は建物だけでも三十二棟もある、アメリカ最大規模の防疫の砦でした。

そこを預かる行政官としてのプライドと、学者としての良心に従いながら、規定どおりの作業を進めることが重要でした。サンフランシスコ市の保健衛生担当者は、憤懣は持ちながらも、キニオンの主張を覆すほどのデータを示すことも、論理を展開する力もありませんでした。彼らには菌を特定できる力はなかったのです。年が明けると、この事件は人々の記憶から薄れていきました。

**ペスト上陸　ホノルル**

キニオンは日本丸の騒動が一段落してもアジアからのペスト襲来の警戒を続けていました。しかし忌まわしいペストを発症させる細菌は警戒の網の目を密かに潜り抜けアメリカに潜入していたのです。

ペストは英語では Bubonic Plague と呼ばれています。Plague は致命的な感染症、Bubonic とは「横根《よこね》」を意味します。「横根」とは四肢のつけ根のリンパ節が、卵の形状に腫れたものです。ですからキニオンらが警戒していたペストは正確にいうなら、鼠蹊《そけい》部などのリンパ節が異常に膨れ上がる症状を示す腺ペストでした。この型のペストは次のような症状を示しながら感染者の半分を死に至らしめる禍々しい病でした。

「腺ペストはヒトペストの80～90％を占め、ペスト菌含有ノミの咬傷や、稀に、感染したヒトあるいは動物への接触により、傷口や粘膜から感染する。侵入部位にほとんど変化を起こすことなく近くの局所リンパ節に伝播する。リンパ節は壊死、膿瘍を形成し、クルミないしアヒルの卵大に腫大する。その後、リンパ流、血流を介して脾臓、肝臓、骨髄を経て、心臓、肺臓など全身に伝播して敗血症を起こす」

「臨床症状としては、通例3～7日の潜伏期の後、40度C前後の突然の発熱に見舞われ、頭痛、悪寒、倦怠感、不快感、食欲不振、嘔吐、筋肉痛、疲労衰弱や精神混濁などの強い全身性の症状が現れる。通例、発症後3～4日経過後に敗血症を起こし、その後2～3日以内に死亡する」（日本国立感染症研究所ホームページ）

アメリカ全土の防疫関係者を震撼させる発症事例が初めて確認されたのはホノルルでした。腺ペスト患者の、膨れあがったリンパ節と爛《ただ》れた患部は正視に堪えないものでした。そうした症状で死んでいった一人の支那人遺体から採取した粘膜検査で腺ペストの細菌が見つかるのです。この忌わしい事実をハワイ衛生局（the Board of Hawaii：BOH）が発表したのは年も押し迫った一八九九年十二月十二日のことでした。[*22]

病原菌の潜伏先として真っ先に疑われたのは、不衛生なホノルルのチャイナタウンでした。当時の医学ではペストの治療法は確立されていません。[*23] 防疫の方法は患者の隔離と、感染源と疑われる場所の徹底的な除染しかありませんでした。チャイナタウンの学校は閉鎖され、町一帯が完全に封鎖されました。医療関係者にはこの恐ろしい病を必ず抑え込むという強烈な意志がありました。熟慮の末、決定された方針は、不潔なチャイナタウンを焼き払うという大胆なものでした。

消防当局が厳重に監視しながら最初の火がチャイナタウンの一角に点けられたのは、

十二月三十一日のことでした。まず初めに焼き払われたのは、死亡した腺ペスト患者の接触が疑われた地区でした。そこから順次街一帯を焼き払う計画でした。順調に進んでいた焼き払い作業でしたが、一月二十日に点けられた火は思いがけぬ強風にあおられて火の粉が舞い上がり、近くにあった教会（Kaumakapili Church）に類焼してしまいました。待機していた消防隊も制御不能の大火になってしまいます。火勢をコントロールしながら順次建物を焼き払う計画でしたが、結果的に一気に町全体を焼いてしまうことになりました。

翌朝には三十八エーカー（四万七千坪）の土地にあったすべての建物が灰塵に帰したのです。この町に暮らしていた支那人およそ四千が棲家を失っています。早くから町全体を焼いてしまえと主張していた地元紙『パシフィック・コマーシャル・アドバタイザー』[*24]の願うとおりの結果になったのです。

廃墟となったチャイナタウンはすぐさまフェンスによって封鎖され、一般人が近づくことが禁止されました。警官がものものしく警戒にあたったのです。建物の建設が認められたのは五月になってからのことでした[*25]（一九〇〇年五月十七日）。

## ペスト上陸　サンフランシスコ

キニオンはホノルルのペスト発生のニュースに接し、忌まわしいペスト菌を水際で何としてでも食い止めなくてはならないと考えていました。しかしペスト菌は厳重な検疫の網を易々と潜り抜けていったのです。

一九〇〇年三月六日、サンフランシスコで一人の支那人労働者の死体が見つかります。遺体が発見されたのはチャイナタウンにある安宿の地下の一室でした。疫病による死を疑った市衛生当局は、遺体をすぐに解剖にふしています。結果は最悪でした。心配し続けていたあの腺ペストの病原菌らしきものが発見されたのです。キニオンもその検査に協力していました。ペスト発生の報を受けた市は、すぐさま防疫線（cordon sanitaire）を張り、警官を配置し、チャイナタウンを完全に封鎖しています。ペスト菌はチャイナタウンに潜んでいることを疑う者はありませんでした。北里がペスト菌を発見したのも香港でした。ペストはアジアの流行り病なのです。

市の保健当局者は、チャイナタウンに建つ建物内部の検査をも急いで進めています。古ぼけて薄汚い安宿やギャンブル場。悪臭の漂う水まわりや便所。何もかもが徹底的に調べ上げられることになるのです。検査が終了するまで防疫線内に閉じ込められることになった支那人住民はパニックを起こしています。彼らはホノルルでチャイナタウンが焼き尽くされたことを知っています。ここでも同じことが起こるのを恐れました。彼らは検査に協力することなど考えてはいません。病んでいる者やすでに亡くなった者の死体を検査の目から隠そうとしたのです。[*26] ホノルルの二の舞にならないことだけが彼らの思いでした。

「五月十五日にはさらに十一人の支那人がペストに罹患していることが判明した。これ以外にも隠れたケースがあることも疑われた。キニオンは市衛生当局と連係しながら、サンフランシスコが伝染病流行地域となったことを公式に宣言せざるを得なかった[*27]」

　キニオンはワシントンにいる上司ワイマンに現状を詳しく説明すると同時に、指示を仰いでいます。

○五月十九日報告　キニオンからMHS（ワシントンDC）へ
市衛生当局の指示で、検査官および警官など計四十人がチャイナタウンに入った。建物内部に入るのは難しかった。組織的な反抗が疑われる。（住民を指導する立場にある）清国領事館も（互助会組織の）六大公司も何もしていない。鉄道各社に対してサンフランシスコから逃げ出そうとする支那人および日本人（傍点筆者）の乗車を拒否するよう指示した[*28]。（後略）

○五月十九日指示　MHS（ワシントンDC）からキニオンへ
指揮下の検査官をリノ市およびオレゴン州境に配置すること。MHSが発行する健康証明書を所持しない支那人および日本人（傍点筆者）を決して通過させないこと。

ロサンゼルスの責任者コファーにも同様の指示を出している。[29]（後略）
○五月二十一日指示　MHS（ワシントンDC）からニードル市（カリフォルニア）、リノ市（カリフォルニア）、ユマ市（アリゾナ）、アッシュランド市（オレゴン）検疫副担当官へ
カリフォルニアから州外に出るすべての列車を検査すること。支那人と日本人（傍点筆者）は徹底的に調べること。少しでも疑いがあれば州外には絶対に移動させてはならない。すべてのアジア人について健康証明書の提示を義務づけるが、詳細は追ってサンフランシスコのキニオン君から指示がある。[30]

電信によるやりとりから防疫担当者の緊張感が伝わってきます。ペスト上陸の報はMHSを管轄する財務長官（ライマン・ゲージ）からマッキンレー大統領に伝えられました。大統領は防疫に必要な措置を定めた法律（一八九〇年三月二十七日制定）の発動を許可しています。

**サンフランシスコの反日本人活動**

ペストのサンフランシスコ上陸は日本人にとっても、きわめて不愉快な事態を生んでいます。前述のようにアメリカの防疫当局の指示は支那人と日本人を同一視してい

ます。日本人からすれば、猖獗《しょうけつ》を極めるチャイナタウンに暮らす支那人と同様の扱いを受けることは我慢のならないことでした。しかし白人防疫官にとっては、日本人のそんなプライドなどにはかまっていられませんでした。

前年の日本丸の事件はまだ記憶に新しく、チャイナタウンのギャンブル場には日本人も入り浸っています。日本人娼婦も散見されています。[*31] 何よりも白人種から見れば瓜二つの人種を見分けることなどできはしないのです。彼らにとってはどちらも不潔なアジア人なのです。

連邦政府の防疫部局が支那人と日本人を同一の民族として扱い始めたことで、ある勢力の眠っていた活動が目を覚ますことになりました。その勢力とは日本人排斥を主張する反アジア人グループです。サンフランシスコの黄色人種を嫌う勢力には一つの大きなジレンマがありました。アイルランド系移民のデニス・キアニーらの人種差別的政治組織が、連邦政府を動かして支那からの移民を禁止させたのは一八八二年のことでした（支那人排斥法）。爾来、支那人人口は確実に減少して成果を生んでいました。サンフランシスコにいた二万五千八百三十三人（一八九〇年）の支那人の数は十年後には一万四千人弱にまで減少していたのです。ところが日本人は同じ時期に五百九十人から千七百八十一人にまで増えているのです。

アジア人をひとくくりにして嫌う勢力にとって、少ない数ながら増え続ける日本人は気になってしかたがない存在でした。支那人の次には日本人を排斥したいグループは、白人知識人の一部にある「日本人はモンゴロイド（黄色人種）の中でも特別な種で、文明も開化し啓蒙されている」[*32]との主張に反論できずにいたのです。日清戦争の勝利や、メディアでも報道される日本の国際社会での台頭で、日本人は別だという考えは十分な説得力を持っていたのです。

ところが今回のペスト事件では、連邦政府の防疫部隊が二つの民族を何の区別もせずに厳しい検疫の対象にしてしまいました。反アジア人グループにとっては千載一遇のチャンスでした。この事件に乗じて、彼らは五月にはサンフランシスコで初めての大規模な反日本人デモを成功させるのです。

この集会には市の有名人も参加しています。サンフランシスコ市長のジェームズ・フェラン市長もその一人でした。フェランはかつてキアニーの使った反アジア人の主張を援用し、日本人は支那人排斥法の対象とすべきだと主張したのです。

「私は個人的には日本人に含むところは何もない。しかし日本人はわれわれ白人と同化できない人種であることは厳然とした事実だ。彼らの生活や文化は白人のそれとはまったく違う。日本人は敬して遠ざける。それが正しいやり方である」[*33]

フェランは後にワシントン議会の上院議員となっています。反日本人を煽ることで人気を得ようとする、きわめて悪質な人種差別主義者に変容していきます[*34]。しかし、この時代のフェランの反日本人の物言いはまだ抑制されたものでした。いずれにしろ一九〇〇年という年にサンフランシスコに上陸したペスト菌は、チャイナタウンの支那人の体を蝕んだだけではありませんでした。サンフランシスコの白人層の心を蝕み、彼らの心の底に沈んでいた日本人差別感情を激しく刺激したのです。

「サンフランシスコに暮らす日本人にとって、一九〇〇年は実に不吉な年になってしまった。日本人とサンフランシスコ市との関係が、この年を境にしてはっきりと変質した。日本人はこの年から、支那人と同じ運命を辿ることになったのである[*35]」

日本政府は事態を憂慮しています。こうした「状況に応じて、外務省は（中略）好ましくない移民を抑えようとした。（中略）一九〇〇年八月二日には当分の間、アメリカ、カナダへの移民は一切差し止めるよう帝国政府が青木外務大臣の名で地方に通達を出し[*36]」たのです（対米移民措置における第一次紳士協定）。

## サンフランシスコ教育委員会の反日本人政策　その一

サンフランシスコ教育委員会は、支那人排斥が決まって以来、支那人児童をどう扱うかについて悩み続けてきました。その方針が決まったのは支那人排斥法が成立した三年後の一八八五年三月のことでした。カリフォルニア州上院で州学校法を一部改定し、支那人だけの学校を建設することを決めたのです[*37]。

「五歳から二十一歳までのすべての州民に対して、各地区の学校は教育の機会をオープンにしなくてはならない。当該地区以外の学童の受け入れについては教育委員会がその是非を決めることができる。また委員会は不潔な、あるいは暴力的な児童や伝染病を患う児童を排除できる権限を有する」（第一六六二条。傍点筆者）

この傍点部分に次のような条件をあらたに加えたのです。

「委員会はモンゴロイド族（Mongolian）あるいは支那人学童専用の学校を建設する。施設が完成した時点で、モンゴロイド族あるいは支那人学童はそうした学校に通学しなければならない」

この修正はチャイナタウンに四月に完成予定の支那人専用学校の開校を睨んでのことでした。学校制度の中での支那人種の隔離はこうして完成したのです。ところが前述のように一八九〇年代から数は少ないながらも日本人学童が増加しています。この扱いをどうするかが表面化したのは一八九三年のことでした。

この年の十月、教育委員会は次のような決議案を審議しています。第一六六二条を日本人学童にも適用しようとしたのです。

「公教育を受けようとするすべての日本人は、チャイニーズ・スクールに学ばなければならない」[*38]

しかし委員の中には、日本人をモンゴロイド族としてひとくくりにすることに疑問を持つ者がまだ多く、廃案になっています。日本人を特別なアジア人とするのか、それとも区別なく扱うのか。この問題はその後も消えることなく、くすぶり続けていたのです。白人種は、白人の子供が日本人の子供と席を並べることに言いようのない不安を感じ続けていました。

ところが一九〇〇年のペスト発生で、連邦政府の防疫当局があっさりと二つの種に何の区別も設けずに厳しい検疫措置をとったのです。どちらも不潔で不衛生な危ない人種である、と連邦政府の組織が公然と宣言したに等しいのです。教育委員の考えが、この措置に影響を受けるのは避けられないことでした。

日本人学童を白人の子供と一緒に学ばせることはできない、という勢力が過半を占めることになるのです。それでもその考えを実現するには裁判所の課したハードルをクリアしなければなりませんでした。

人種隔離政策を合憲と認めていた最高裁判所は、その条件として隔離される者に対して白人種と同等な便益が提供されることを要求していました。アメリカ南部諸州の黒人隔離政策が合法であるとされたのは、この条件を表面的には満たしていたからでした。日本人学童を排除し隔離することは可能です。しかし彼らから学ぶ機会を奪わない限りにおいて、という条件があったのです。

日本人学童をも支那人学校に押し込みたい勢力が困ったのは、チャイニーズ・スクールの収容能力不足でした。支那人学童の収容だけでも手狭な状況だったのです。委員会は支那人グループから繰り返し学校の拡張を要請されていました。それを予算不足で拒否してきたのです。そんなところに新たに日本人を押し込めば、裁判に持ちこまれたら負けるのは確実でした。

サンフランシスコ教育委員会は、ペスト事件をきっかけに盛り上がりをみせる反日本人運動を横目に見ながら、じっとチャンスを窺っていました。

**サンフランシスコ教育委員会の反日本人政策　その二**

サンフランシスコは、大陸部からほぼ真北に延びた半島地形の最北端に位置します。東にはサンフランシスコ湾を望み、西の沿岸部には太平洋の荒い波が直接浜辺や磯に押し寄せます。パシフィカ（pacifica）市は半島地形のほぼ中央部にある太平洋に面した町です。

長さ十キロメートルに及ぶ海岸線を無蓋のスポーツカーでドライブすれば、打ち寄せる高い波の上でボードを器用に操るサーファーの群れを見ることができます。視線を空に向ければ、命知らずの若者が目に染みるような鮮やかな色のパラグライダーを背負い、空を滑空しています。私たちのイメージする典型的なカリフォルニアの光景です。マッスルロック（Mussel Rock）の海岸はこの町の南に位置します。Mussel

はムール貝のことですから、かつてはムール貝がこの辺りで大量にとれたのでしょう。

この海岸の地下が激しく震動を始めたのは一九〇六年四月十八日早朝のことでした。[*39]

「地震の前兆ともいえる震動が起きたのは午前五時十二分のことであった。その揺れから二十秒から二十五秒後に衝撃的な揺れが発生した」

「暴力的ともいえる震動の時間はわずか一分にも満たなかったが、わが国の歴史上でも最大級の自然災害をもたらしたのであった。マグニチュード（Richter scale）八・二五と推計されている」

パシフィカ市の海岸部には、サンアンドレアス断層が走っています。この町を十一時から五時の方向に斜めに走る断層は、総延長千三百キロメートルに及んでいます。太平洋プレートと北アメリカプレートの接触で形成されたこの断層は、二つのプレートの移動で蓄積されるエネルギーを支えきれなくなるたびに、一気に放出します。それを定期的に繰り返してきました。上下ではなく横ずれによってエネルギーを放出するタイプの断層（トランスフォーム断層）でした。

震央のパシフィカからサンフランシスコまでは車でわずか二十分の距離です。建物の密集するサンフランシスコ市内は瞬く間に火に包まれるのです。市中央部の高台から配管された給水システムが破壊されてしまいました。装備も充実し訓練の行き届いた市消防団もなす術がありませんでした。揺れが収まってから数秒後に発生した数カ所の火災が、瞬く間に市街地全体に広がっていきました（英国駐サンフランシスコ総領事カートネット・ベネットから外務大臣エドワード・グレイ宛報告書による描写）。*40

時の経過とともに明らかになる地震の災禍は驚くべきものでした。消失したエリアはおよそ千二百ヘクタール（四・七平方マイル）。二万八千の建物が崩壊あるいは消失し、三千人余りが死亡しています。被害の中心はサンフランシスコ湾に面する市の東部でした。そこにはチャイナタウンもありました。市長のユージーン・シュミットは、警察や動員された州兵に対し、略奪行為があれば逮捕は不要、射殺すべしとの方針を伝えていました。

市学校監督官のアルフレッド・ロンコヴィエリが急ぎ会議を開催したのは四月二十三日（月曜日）のことです。被害を免れた自らの邸に関係者を招集し、学校施設の被害状況の調査を命じたのです。その調査で市内七十五の学校のうち三十三校が失われたことが判明しています。*41 教育委員会の建物も破壊されていました。教育委員会は残された学校施設を警察、消防、医療の関係者の緊急施設として開放しています。軍も緊急物資の倉庫として学校の建物を利用しています。

本来の学校機能が麻痺した中、子供たちを自宅待機とした教育委員会はシステムの回復に全力を尽くしています。破壊された学校の再建には四百四十万ドルの費用がかかると見込まれました。現在価値にするとおよそ百億円程度になる巨額な金額です。

しかし子供たちを学校に通わせることは市民にとっては大事なことでした。元気に通学する子供たちの姿が市再建のシンボルになると考えたのです。六月三日には自宅待機を続けていた卒業予定の学童一万五千人をゴールデン・ゲート・パークに集めて、盛大な合同野外卒業式を開催しています。[*42]

市は学校再建を最重要課題の一つとしていましたから、次々と新校舎の建設を進めていきました。夏が終わるまでにはなんとしてでも校舎を立ち上げ、秋の新学期に間に合わせようとしたのです。チャイナタウンの支那人学校も焼失していましたが、市の再建プログラムの中で新校舎が立ち上げられています。

関係者の努力で無事に秋の学期が始まりました。ところが十月になってもチャイニーズ・スクールには支那人児童がほとんど戻っていないことに教育委員会は気づくのです。支那人は焼け野原になったチャイナタウンに集中して暮らしていました。生活基盤を失った支那人の家族はこの地域から離れている者が多かったのです。

チャイニーズ・スクールが定員に満たない運営になったことで教育委員会はうまいアイデアを思いつくのです。教育委員会委員長アーロン・アルトマンは教育条例第一六六二条を適用し、日本人学童を定員に余裕のあるチャイニーズ・スクールに隔離することを考えるのです。日本人児童を法に則って隔離することは、彼らに白人児童と同じ教育の機会を与える限りにおいて合法である、という事態が思いもよらぬ形で現出したのです。

アルトマンは日本人嫌いのアイルランド系市長シュミットの情実人事で委員長になった人物です。日本人学童隔離を合法的に実施すれば市長が喜ぶことをわかっていたのです。日本人学童隔離を市教育委員会が決定したのは十月十一日のことでした[*43]。この決定の影響を受ける日本人学童の数は九十三人でした。このうちの六十八人が日本生まれの学童でした。九十三人は十月十五日の月曜日以降チャイニーズ・スクールで学ぶことが義務づけられたのです。十八日にはアルトマンは次のような声明を出しています。

「ついに、すべての日本人学童が白人児童の学ぶ校舎から排除された[*44]」

## 日本人の激しい反発

駐サンフランシスコ領事上野季三郎《すえさぶろう》は、日本人学童隔離が決定した翌日には教育委員会に対して、この措置を激しく非難する文書を届けています。しかしアルトマンらは落ち着いていました。連邦裁判所に提訴する、との上野の文書にも驚きはしませんでした。既存の条例に従っているのです。南部諸州の黒人隔離のやり方どおり、日本人の子供にも教育の機会を保証しています。裁判に負けるはずもないのです。上野領事には「教育条例をよく読むべし」と回答し、強気の姿勢を崩しませんでした。

日本人のコミュニティーもこの決定には激しく反発しています。十月十八日にチャイニーズ・スクールに登校した日本人学童はわずか一人だったと記録されています。十五日には三人登校していましたが「二人の学童は上野領事が学校にやって来て帰宅するよう説得した」と校長のニューホールは語っています。*45 日本領事館は、日本人学童は自宅待機すべし、として抗議の意思を明確にしたのです。

十月二十四日には千二百人の日系市民が市内のジェファーソン広場のホールに集まり、今回の措置は日本人移民を支那人移民と同じようにアメリカから排斥する壮大な計画の一環である、と市教育委員会や市長を詰《なじ》りました。翌日の日系新聞の紙面には「日本国民の尊厳が汚された。今こそ武器をとって戦うのだ」という激しい主張がなされたのです。*46

日系紙がこうした主張をするのもそれなりの根拠がありました。地震直後に純科学的な調査に訪れた一流の地震学者である大森房吉東京帝国大学教授*47が、二度にわたって反日本人の暴徒に襲われています。地震によっていらついた市民は、その憤懣を反日本人の暴力行為で紛らわせていたのです。

日本人学童隔離の決定は、早くも十月二十日には日本国内に伝わり大きく報道されています。前年には、納得のいかないポーツマス条約を強要したのはアメリカである、とした反アメリカの暴動が起きたばかりです。駐日アメリカ大使は、ワシントンに東京での反発が激しくなっていることを急ぎ知らせ警告しています。駐日大使にはフィリピン民政長官であったルーク・ライトが五月から就任していました。ライトを駐日大使に横滑りさせる人事に、アメリカがこの時期いかにフィリピンの安全保障を重視していたかが見て取れます。

ルーク大使の警告から三日後には、青木周蔵大使とエリフ・ルート国務長官が非公式な会談を行っています。ルーズベルト大統領にとって日露の仲介は、フィリピンの安全を確保する狙いがありました。両国のいがみ合いも痛み分けで鞘に収めさせることに成功しました。日本は今後ともロシアの脅威に備えなければならないのです。桂とタフトの秘密協定も、フィリピンの安全を確かなものにしたはずでした。

それがサンフランシスコ教育委員会の愚かな日本人学童隔離の決定で台無しになるかもしれないのです。ルーズベルト政権にとって、わずか九十三人の日本人学童をチャイナタウンの学校に閉じ込めることなど何の意味もないのです。ましてや日本はサンフランシスコには多額の義捐金《ぎえんきん》を送っています。その額は二十四万五千ドル。現在価値に直すとおよそ六億円にもなります。日米友好は絶対に壊してはならないとの信念を持った渋沢栄一や金子堅太郎らの尽力で集めた浄財でした。この金額の中には明治天皇個人による義捐金二十万円も含まれていました。日本の義捐金は、他の国からの義捐金総額を上回っています。二番目に額の多かったカナダからの義捐金は十四万五千ドルでした。

青木大使はルート国務長官に対し、サンフランシスコ教育委員会の措置は一八九四年に両国間で締結された日米通商航海条約（陸奥条約）に抵触するのではないかと抗議しています。この抗議が、一地方都市の「小さな」事件が日米国家間の対立に拡大した瞬間だったのです。この抗議にルート国務長官は悩みます。ニューヨークの切れ者弁護士で知られていたルートが考えたのは、一連の騒動の原因はサンフランシスコの馬鹿野郎政治家が引き起こした、きわめてローカルな事件であり、連邦政府はまったく関与しないという立場をとることでした。

ルートはサンフランシスコの事件は、先の地震と大火で苛立っている連中が引き起こしたもので、彼らは日本人を排斥することで労組の票を期待し、選挙で有利になろうとしているのだと確信していました。東京のルーク大使にも電信で、日本政府にその旨報告するよう指示しています。[*48]また「ルーズベルト大統領が米日友好と互恵の精神は確実に守ると約束したことをも伝えさせています」。

青木大使は国務長官との協議で次のように述べています（『ニューヨーク・タイムズ』一九〇六年十月二十六日付）。

「もちろん日本政府は日本人児童に対する（非道な）措置は、一地方が起こした問題であり、アメリカが国として実施したものでないことは理解している。しかしわが国の一般国民はそうは考えない。アメリカが国として決めたことと理解するし、多くの日本人は今回の事件を苦々しく思っている」

ルーズベルト大統領は、青木に約束したとおり、ただちにアクションを起こしています。サンフランシスコ出身の商務労働長官ビクター・メトカーフを同市に派遣し、長官自ら調査に当たらせたのです。彼は十月三十一日に現地に到着すると、二週間にわたって精力的に調査に当たっています。その報告書がまとめ上げられたのは十二月の半ばのことでした。メトカーフは、事件は教育委員会を牛耳る少数の人種差別主義に凝り固まった労働運動指導者連中が引き起こしたもの、と断罪しました。

サンフランシスコ教育委員会はメトカーフ報告書に激しく反発しています。理由はきわめて明快でした。条例に決まったとおりの業務を遂行している、というものです。理由は委員会は日本人学童の隔離がこうした反発を生むことを予想していました。だからこそ法律問題にならないよう入念な準備もしていたのです。

彼らの日本人学童隔離の理屈は、南部諸州が実施している黒人隔離の理由と同一なのです。委員会が学童から教育の機会まで奪ったわけではなく、最高裁判所がすでに合憲だと認めている隔離政策を実行したまででした。連邦政府がとやかく言える立場にはなかったのです。

ワシントンでは南部諸州の政治家が次々にサンフランシスコの応援に回っていまし

た。黒人隔離を続ける南部諸州にとって、カリフォルニア州が人種隔離政策を進める州に加わることはうれしいことでした。連邦政府の横槍で、あの忌まわしい黒人たちとの雑居を強要されるようなことになったらたまったものではありません。サンフランシスコには頑張ってもらわなければならないのです。

## ルーズベルト大統領の覚悟

セオドア・ルーズベルト大統領は徹底的な白人至上主義者でした。ホワイト・アングロサクソン・プロテスタント（WASP）が、人類の中でも最も優秀な種であることを固く信じていました。彼が創設した親睦組織B&Cクラブ[*49]のメンバーに多くの優生学者が迎え入れられていることからも明らかです。メンバーであるマジソン・グラントのような強烈な人種差別主義の優生学者との深い親交もありました。

ただルーズベルトは歴史家としての視点から人種問題をとらえていました。肌が白いから、鼻筋が通っているから、頭の形が良いからといった優生学者がお得意とする外形的形態分析による白人種の優秀性の解説など気にも留めていません。彼はWASPが優秀なのは、つねに戦いの心を忘れなかった歴史的事実に基づいていると考えていました。荒くれる自然と野蛮な原住インディアンとの戦いを続けてきたこと。騎士道に裏打ちされた戦いの精神。それこそがWASPをWASPたらしめている、と考えていたのです。

そうであるならば他の種がＷＡＳＰと同じ精神を示せば、彼らもＷＡＳＰ同様の強靱な優れた人種になり得ることになるのです。ルーズベルトは、日本の明治維新以来の発展ぶりを知っています。日本の文明開化を陰で支えてきたのはグラント大統領らが送り込んできた多くのアメリカ人アドバイザーたちでした。アメリカは野蛮人を啓蒙する宿命（「明白なる宿命」）を背負ってきました。その期待に見事に応えたのが日本という「未開の国」だったのです。

日本人は騎士道の精神に匹敵する武士道の精神を持っていることをロシアとの戦争で見事に示したのです。

「日本人は戦いを通じて敬意を表されるに値する人種であることを証明した。その結果、ルーズベルトの考える人種優劣の序列の中で、日本人は白人の次に位置されることになった。日本人は白人の下ではあるが黒人や支那人の上になったのである[*50]」

十二月三日、ルーズベルトは重大な提案を行っています。メトカーフ長官の報告書が発表される二週間も前のことです。彼は日本人移民を帰化可能な人種にしてはどうかというアイデアを議会（第五十九議会）に提示したのです。彼は日本人は白人の下位ではあるけれども、アメリカ市民権を持たせてもよいレベルにまで達した、と考えたのです。ルーズベルトはサンフランシスコに代表される太平洋岸諸州の日本人排斥運動の根本の原因が「日本人は帰化不能」であり市民権を持てない人種と分類されていることにあると見破っていました。[*51] 日本人は選挙権がないのですから、どれほど排斥しようが政治家は何の痛みも感じないのです。

この提案がもしアメリカ議会で真剣に議論され、日本人移民が市民権を持てるように法改正されていれば、その後の日米関係はまったく違う様相を示した可能性がありました。しかしワシントンの議会は、ルーズベルト提案の本質を理解するほどには成熟していませんでした。アメリカは人種問題についてはまだまだ未熟な国だったのです。

サンフランシスコの政治家や教育委員会関係者は、ルーズベルトの提案に激しく反発しています。大統領からこうした提案があった以上、メトカーフ長官が発表するレポートも彼らに厳しいものになるのは必定でした。発表された報告書は案の定、サンフランシスコ教育委員会の決定は、日本人排斥を目論む政治グループの圧力の中でなされたものだ、と結論づけられていたのです。

とくに前年の五月に結成された日本人・朝鮮人排斥連盟（the Japanese Korean Exclusion League）の活動を槍玉にあげていました。連盟の主要メンバーは、反アジア人を標榜する労働組合の活動家でした。彼らが日本人排斥運動の一環として教育委員会に圧力をかけたことを明らかにしていたのです。

ルーズベルト大統領は、日本人を帰化可能人種にするという提案（妙案）に対する議会の冷淡な態度と、カリフォルニアで燃え盛る反日本人の政治活動を目の当たりにして、何らかの解決策を見出さなければなりませんでした。この重大問題にかかわるすべてのプレーヤーを納得させる手立てを考えなければなりませんでした。

悩んだ末の結論は、日本からの移民を徹底的に抑制することでした。アメリカ政府の公式の方針として日本に抑制を強要することはできません。日本のプライドが傷つきます。日本はフィリピンの将来の不安定要因となる潜在敵国です。刺激することは許されないのです。あくまで日本の自主的な判断として、西海岸にこれ以上日本人を送り込まないようにさせることが重要でした。

もちろん日本に自主規制を承服させるには、サンフランシスコ教育委員会が日本人学童隔離の決定を破棄しなくてはなりません。同時にカリフォルニアのメディアが一九〇五年以降続けている激しい反日本人キャンペーンもやめさせなければなりません。そしてまたカリフォルニア州政府が続けている日本人移民への侮蔑的な条例も破棄させなければなりません[*52]。

ルーズベルトはこの困難な交渉に敢然と立ち向かうのです。大統領がサンフランシスコ教育委員会関係者をワシントンに招請したのは年も明けた二月のことでした。シュミット市長に伴われた委員会一行がワシントンに入ると（二月八日）、激しい交渉が一週間にもわたって繰り広げられるのです。最終的に大統領が日本人移民を禁止(ban)することを約束してくれるならという条件で、日本人学童隔離の決定を取り下げることが決まっています。

大統領は、サンフランシスコが日本人学童を隔離することを続けていては(日本を説得して)移民をやめさせることは難しい、として委員会側の理解を求めたのです。委員会にとって、いや、とくに市長にとっては、学童隔離そのものよりも日本人排斥のほうがより重要なテーマです。労働組合が喜びます。サンフランシスコの代表団は日本からの移民流入がやむことを条件に妥協します。市長は当時収賄容疑で起訴されていただけに、日本人移民流入を阻止できれば、裁判にもプラスの効果があるだろうとの打算もありました。

日本政府との移民抑制交渉は、委員会との交渉以前に青木大使との間で始まっていました。青木は一九〇六年十二月二十八日の交渉で、ハワイ、メキシコ、カナダなどを経由してアメリカ本土に入っている移民の制限にはすでに同意を仄《ほの》めかしていました。[*53]それがあったからこそ、ルーズベルトはサンフランシスコ教育委員会との交渉に強気で臨めたのです。

「一九〇七年三月十三日、サンフランシスコ教育委員会は日本人学童の(一般の)公立学校復学を認め、ルーズベルトは翌十四日の行政命令をもって、日本人・朝鮮人労働者のメキシコ、カナダ、ハワイ経由での米国本土入国を禁止した」[54]のです。ルーズベルト政権はこの措置に続き、日本政府との本格的な移民制限交渉に臨んでいます。一九〇七年十一月から翌年三月までの数次にわたる交渉を経て、日本は正式に米国本土への労働者渡航を停止することに合意するのです[55]。アメリカの強い要請に基づく、半ば強制のような移民停止でした。しかしその決定は外形的には日本側が独自で実施する「自主規制」でした。あくまでも「紳士協約」だったのです。

**◉原註**

＊1 Robert Barde, Prelude to the Plague, *Journal of the History of Medicine*, vol. 58, April 2003, p172.

＊2 浅野総一郎（一八四八―一九三〇）実業家。一八九六年に東洋汽船を設立。

＊3 Prelude to the Plague, p161.

＊4 同右　p162.

＊5 同右　p163.

＊6 David M. Morens and Anthony S. Fauci, The Forgotten Forefather: Joseph James Kinyoun and the Founding of the National Institutes of Health, *MBio Journal*, July-Aug, 2012 issue, p2.

＊7 Joseph James Kinyoun（一八六〇―一九一九）細菌学者。現アメリカ国立衛生研究所（National Institutes of Health：ＮＩＨ）創設の父とも言われる。

＊8　ツベルクリンは当初、治療効果のあるワクチンとして発表された。後日ツベルクリンにはその効果はないことが判明している。治療薬はパスツール研究所によるBCGの開発を待たねばならなかった。

＊9　北里柴三郎（一八五三―一九三一）日本の細菌学の父。北里は一八八六年から九二年までベルリンのコッホ研究所で研究を続けていた。

＊10　MHS Hygienic Laboratory.

＊11　セオドア・ルーズベルトとラフ・ライダーズのニューヨーク凱旋の模様は『日米衝突の根源』四六八―六九頁（文庫版五九三―九四頁）を参照されたい。

＊12　The Forgotten Forefather, p4.

＊13　同右　p4.

＊14　Prelude to the Plague, pp172-3.

＊15　同右　p173.

＊16　同右　p173.

＊17　William Randolph Hearst（一八六三―一九五一）事件をセンセーショナルに扱うことで販売増を競ったイエロー・ジャーナリズム時代の新聞王。『サンフランシスコ・イグザミナー』『ロサンゼルス・イグザミナー』『ニューヨーク・ワールド』などのオーナー。ハーストの経歴については『日米衝突の根源』四二五頁（文庫版五三七頁）、「『戦争を売る』ジャーナリズム：ハーストとピューリツァー」の項を参照されたい。

＊18　Prelude to the Plague, p175.

＊19　同右　p175.

＊20　同右　p184.

＊21　David M. Morens, Victoria A. Harden, Joseph Kinyoun Houts Jr., Anthony S. Fauci, The Indispensable Forgotten Man, *National Institute of Allergy and Infectious Diseases*, August 2012, p26.
＊22　The Indispensable Forgotten Man, p27.
＊23　ペスト菌は北里柴三郎らによって発見（一八九四年）されてはいたが、特効薬となるストレプトマイシンが発明されるのは一九四四年のことである。
＊24　Honolulu Responds to the Plague. http://state.hi.us/dlnr/hpd/centennial/cf_1.htm
＊25　同右。
＊26　Brian Dolan, Plague in San Francisco（1900）, *Public Health Report*, Vol. 121, 2006, p16.
＊27　The Indispensable Forgotten Man, p27.
＊28　Plague in San Francisco（1900）, p21.
＊29　同右　p22.
＊30　同右　p23.
＊31　Michael Dunson, Shocks to the System: The Politics of Decision making in San Francisco Public School, Stanford Univ. Dr. Thesis, 2010, p33.
＊32　同右　p38.
＊33　同右　p33.
＊34　フェランについてはカレイ・マックウィリアムス著、拙訳『日米開戦の人種的側面　アメリカの反省１９４４』（草思社、二〇一二年）第2章「カリフォルニア州の対日戦争」に詳しい。原著は Carey McWiliams, *Prejudice; Japanese Americans Symbol of Radical Intolerance*,

Little Brown and Co., 1944.

*35 Shocks to the System, p33.

*36 水谷憲一「1907年移民法における『日本人移民問題』」(『同志社アメリカ研究』36号、二〇〇〇年)一〇九頁。

*37 Shocks to the System, pp37-38.

*38 同右 p38.

*39 1906 San Francisco Earthquake Newspaper Images. http://www.usgwarchives.org/ca/earthquake/earthquake.html

*40 Simon Winchester, *A Crack in the Edge of the World*, Harper Perennial Edition, 2006, p290.

*41 Shocks to the System, p44.

*42 同右 p46.

*43 同右 p50.

*44 同右 p50.

*45 Shocks to the System, p51.

*46 同右 p54.

*47 大森房吉(一八六八―一九二三)一八九六年より理学部教授。日本地震学の父と称される。

*48 Shocks to the System, p59.

*49 ブーン・アンド・クロケットクラブ(Boone and Crockett Club:B&Cクラブ)と称する狩猟家の親睦組織。創立の経緯やメンバーについては『日米衝突の根源』第14章「米西戦争」中の「東部エリートたちの狩猟クラブ」の項(三八一頁、文庫版四八二頁)を参照されたい。

＊50 Shocks to the System, p72.
＊51 同右 p72.
＊52 一九〇五年当時のカリフォルニア州におけるメディアや州議会の反日キャンペーンの詳細については『日米開戦の人種的側面 アメリカの反省1944』第2章「カリフォルニア州の対日戦争」を参照されたい。
＊53 「1907年移民法における『日本人移民問題』」一一三頁。
＊54 同右、一一六頁。
＊55 同右、一一六頁。

# 第4章　黄禍論、ドイツ外交、そして「偉大なる白い艦隊」

## 悪化する反日本人活動

南部諸州の政治家がサンフランシスコ市やカリフォルニア州の日本人隔離政策に理解を示し、積極的に州や市の応援にまわったことはすでに述べたとおりです。そうした中でもアラバマ州出身の下院議員リッチモンド・ホブソン（民主党）の主張は激しいものがありました。

「カリフォルニアの日本人は（たんなる移民ではなく）兵士であると考えなくてはいけない。しっかりと編成された軍隊なのである」[*1]（『ニューヨーク・ヘラルド』紙、一九〇七年二月三日付）

ホブソン議員は共和党のルーズベルト政権を嫌うだけの一介の民主党議員ではありませんでした。彼は海軍出身の戦争ヒーローでした。一八九八年の米西戦争の中心舞台はキューバ島の南東部にある港湾都市サンチアゴ・デ・クーバをめぐる攻防でした。この町の後背部にあるケトルヒル攻防戦で騎馬隊を率いて高地奪取に成功し、一躍国民的ヒーローになったのがセオドア・ルーズベルトでした。陸戦のヒーローがルーズベルトなら海戦のヒーローがホブソンでした。

アメリカ艦隊がサンチアゴ・デ・クーバ沖に到着し、湾内奥深く逃げ込んだスペイン艦隊の出口を封鎖したのは一八九八年五月二十九日のことです。サンチアゴ・デ・クーバ湾は、わずか二百メートルばかりの狭い湾口を抜けると、北東に向かって奥深く入り江が延びています。括れた湾口部の東の高台にはモロ要塞が、西にはソカパ要塞が築かれ、アメリカ艦隊が湾内に侵入するのをほぼ完璧に防いでいました。

アメリカ艦隊を指揮するサンプソン提督は、湾内に入ったスペイン艦隊の外洋への展開を完全に遮断することを考えます。湾口部の中央に軍船を自沈させることで、水路を遮蔽する計画を立てたのです。故障続きだった石炭運搬船メリマック号をこの作戦に使用することは簡単に決まりましたが、作戦の実行に誰をあてるかは難しい問題でした。夜間の隠密作戦を決行するにしても、警戒が厳しい湾口部に近づけば遅かれ早かれ発見されるのは必定です。二つの要塞から容赦ない砲撃を受ければ狙った位置に船を沈めることは至難でした。

自沈用に積み込んだ爆薬に命中したら乗組員の命はそれまででした。まさに命を賭しての作戦になるのです。提督はこの作戦決行に志願する者を募っています。とても命令で指名することはできませんでした。この作戦にリーダーとして志願した男がホブソン大尉だったのです。アナポリスの海軍士官学校で、軍船の設計と造船技術を学んだエリートでした。ホブソンが、他に志願した七人の下級水兵とともにメリマック号を操り、真っ暗な海面を湾口に向けて出発したのは一八九八年六月三日未明のことでした。九ノット（時速十六キロメートル）で進むメリマック号に隠れるように小型蒸気船が追走します。ミッションを終えた八人を救出する役目を負っていました。

両岸の要塞から激しい砲撃が始まったのは自沈ポイントまでおよそ五百メートルに迫った時でした。砲弾をかいくぐってポイントを目指しましたが、被弾箇所から浸水の始まったメリマック号を操船することは不可能になるのです。推進力を失ったメリマック号は、湾内方向に向かう潮の流れに乗りながら沈んでいきました。

脱出用に用意していたボートは混乱の中で転覆し、その腹を見せたまま漂い始めていました。海に飛び込んだ八人ができることは、裏返しになったボートの腹に必死につかまることだけでした。伴走の小型蒸気船は、砲火の中で彼らを救助することはできませんでした。ボートは潮流によってしだいに湾内に吸い込まれていったのです。

湾の奥から一隻の小型艇が現れ、漂うボートを発見したのはあたりが白々とし始めた頃でした。小型艇にはスペイン艦隊司令官セルベラ提督が乗っていました。後日語られることになる英雄譚では、提督は波間を漂う彼らを見ると「Valiente!（なんと命知らずな〈勇敢な〉ことか！）」と叫んだと伝わっています。*2

捕虜になった八人が両軍の捕虜交換交渉を通じて解放されたのは、セオドア・ルーズベルトらの陸軍部隊がケトルヒルのあるサンファン高地を攻略した五日後のことでした（七月六日）。

アメリカ本土に帰国した八人は熱狂的な歓迎を受け、下級水兵七人は最も栄誉ある名誉勲章（Medal of Honor）を受けています。当時は士官にはこうした勲章は授与されない規則でしたからホブソンは叙勲されていません。規則改正後の一九三三年四月二十九日に改めてこの勲章がホブソンに与えられています。決死行から三十五年後にホワイトハウスに招かれた彼の胸にメダルをつけたのは、セオドア・ルーズベルトの義理の甥にあたるフランクリン・デラノ・ルーズベルト大統領でした。

ホブソンはキューバから帰ると一九〇〇年にはマニラに派遣され、同湾東部に建設されたキャビテ（Cavite）海軍工廠での造船担当技官となっています。さらにマニラ湾の北百キロメートルにあるスービック湾（当時はオロンガポ湾）の測量にも携っています。帰国の途次には病の詳細はわかりませんが、横浜で治療を受けています。

ホブソンは当時の政治家の中でも国民的英雄であると同時に、傑出したアジア通でもあったのです。海軍出身の政治家として、ルーズベルトやマハンが訴えた太平洋の覇権を握ることの重要性をしっかりと認識していたのです。しかし彼は民主党員でした。政権中枢からずいぶんと距離のあるところにいましたし、出身も南部アラバマ州でした。アメリカの弱点を補うために世論を喚起すること、つまり日本の危険性を大げさに訴え日本人を隔離することは、南部諸州が黒人を隔離するのと同様に当然であると主張したのです。南部民主党員としての当たり前の考え方でした。

彼は桂・タフト協定によって日本の軍事的憂いは消えていることも、アメリカが日英同盟のサイレントパートナーとなったことも知らないのです。アメリカは日本を徹底的に警戒しなければならない。それがホブソンの信念でした。ホブソンはハンサムな男です。キューバから帰還するとアメリカ各地に戦争ヒーローとして引っ張り出されています。待ち受けた多くの女性が彼にキスを求めたと伝わっています。*3 国民的な人気を持つ政治家の反日本の発言は、確実に一般世論の中に日本に対する不気味な警戒感を醸成していったのです。

## メディアの始めた対日戦争

ルーズベルト政権が日本人学童隔離事件の処理で腐心するなか、サンフランシスコの新聞メディアは激しい反日本人キャンペーンを始めています。その先頭に立ったのはカリフォルニアの「イエロージャーナリズムの旗手」とも言える『サンフランシスコ・イグザミナー』紙でした。日本人嫌いのオーナー、ウィリアム・ハーストは、カリフォルニア政界の反日本人の蠢《うごめ》きは、販売部数拡大の絶好のチャンスだと考えたのです。

一九〇六年のクリスマスを目前に控えた十二月二十日、『イグザミナー』紙はとんでもない与太話を記事にするのです。

「日本、わが国海岸線を調査、あの黄色人種はすでに（詳細な）地図を持っている。奴らはいつでも上陸可能である」*4

年が明けると同紙の出鱈目ぶりはますますエスカレートしていきます*5（一九〇七年一月一日および十日付）。

「日本人はハワイにおいて、軍事訓練を実施している。ライフルで武装した四十人単位の部隊による訓練である。ハワイの日本人はすでに七ヵ月分の米を密かに準備している。最近やって来た日本人移民は苦力《クーリー》のような労働者といわれているが、彼らは実はこの地を陥れようとやって来た兵士なのである」

新聞がこうした報道を始めると、まるで見てきたかのように、日本がハワイだけでなくメキシコでも、いやもうカリフォルニアの沿岸でも訓練しているという話をまことしやかにしゃべりだす輩《やから》も登場しています。しかし日本人移民がカリフォルニア攻撃を目論んでいることを示す証拠など一切なかったのです*6。

『イグザミナー』紙の無責任な報道は、確実にカリフォルニアの白人種の心を蝕んでいくのです。メディアの報道で彼らの日本人像は、現代日本人には想像もつかないほどに歪んでいきました。それが暴発したのは一九〇七年九月のことでした。ルーズベルト政権がサンフランシスコ市教委の抑え込みをすませ、日本との移民抑制交渉も進めていた頃です。セオドア・ルーズベルトにとっては実に苦々しい事態が発生するのです。

## 西海岸の反日本人暴動

サンフランシスコの日本人・朝鮮人排斥連盟宛に一通の文書が下院議員イヴェリス・A・ヘイズ[*7]から届いています。[*8]それは渋沢栄一らがサンフランシスコ地震への見舞金募集に奔走している頃でした。

一九〇六年五月一日

日本人・朝鮮人排斥連盟書記長　A・E・ヨール殿

日本人・朝鮮人排斥連盟が設立されて一年が経とうとしています。われわれの最終的な目標は、日本人およびすべてのモンゴロイド族をわが国から一掃することにあります。これまでの貴殿らの努力で大きな成果が上がったことを喜ぶものです。

貴連盟のまとめた資料は、下院でのスピーチに大いに役立っただけでなく、他の議員の理解を得るにも有効でした。その結果、議会では支那人排斥法の適用をすべてのモンゴロイド族に広げるべきだという機運も盛り上がっています。

現在行われている議会（注：第五十九議会）に、そうした法案の提出ができれば下院では大差で成立する可能性がありますが、議長が法案審議に反対しております。議長に対する説得は今後とも継続しなければなりません。そちらで反日本人のアジテーションを続けることで、日本人がいかに白人労働者の脅威になっているかを一般の人々にも理解させることができるのです。日本人移民はわれわれの文化に間違いなく悪影響を与えます。われわれは彼らの排斥を絶対に成功させなければなりません。（後略）

E・A・ヘイズ　連邦議会下院議員

ヘイズ議員のこの手紙は、地震によって日本人・朝鮮人排斥連盟の活動が鈍ることを恐れ、連盟を励まそうと届けられたものでした。ヘイズの心配とは裏腹に連盟の活動はいっこうに鈍っていませんでした。連盟のメンバーのなかには「日本人が今回の地震を見てサンフランシスコは危険だと考えることはあり得ない。奴らはもともと地震の国に育ってきた人種だ。下手をしたらこの地震でカリフォルニアが、故郷に似ていてちょうどいい、などと考えているかもしれないのだ」[*9]と言い出す者までいたのです。

日本人・朝鮮人排斥連盟の活動は、カリフォルニア州だけでなく太平洋岸全土に広がっていきます。一九〇七年九月二日はレイバーデイでした。日本の勤労感謝の日に相当するレイバーデイは九月の第一月曜日があてられています。この日、ワシントン州北部の小さな町ベリンガムではアメリカ労働者同盟（American Federation of Labor：ＡＦＬ）が気勢を上げていました。ベリンガムは、シアトルの北百四十キロメートルにある地方都市です。港近くには郊外の森から運ばれる木材を加工する製材所が並んでいます。漁港でもありましたから製材所と缶詰工場が仲良く並ぶ活気のある地方都市でした。

ＡＦＬはこのローカル都市にもおよそ千人を超える組合員を擁する大組織でした。このうちの八百人は日本人・朝鮮人排斥連盟のメンバーでもあったのです。彼らはアジアからの移民に職場を侵されていると憤っていました。缶詰工場では支那人移民が、製材所にはインドからやって来たシーク教徒が働き、白人労働者はアジア人移民が流入してくるので、いつまでも賃金が上がらないと嘆いていたのです。経営者層にとってアジア人労働者は、ストライキで脅しながら賃上げを迫るＡＦＬ組合員を牽制するには重宝な存在でした。

この日のレイバーデイには、日本人・朝鮮人排斥連盟シアトル支部長Ａ・Ｅ・ファウラーがやって来て、黄色人種を叩き出せとアジっていました。この町には日本人はわずかしか暮らしていませんでした。朝鮮人もほとんどいませんでした。しかしファウラーにとってはどうでもよいことでした。日本人・朝鮮人排斥連盟はしばらくして、その名称をアジア人排斥連盟に変えていることからもわかるように、実質的にすべてのアジア人移民を排除の対象にしていたのです。

ファウラーのアジ演説に興奮した排斥連盟のメンバーおよそ五百人が、手当たりしだいに町に住む南インドからやって来たシーク教徒を襲撃し始めたのは四日の夕刻からでした。シーク教徒の住む家を見つけると窓ガラスを壊し暴行を加えていきました。怯えたシーク教徒が逃げ込んだのは市役所の地下でした。そこは本来犯罪者を収容する場所だったのです。白人種のあまりの興奮ぶりに恐れをなしたシーク教徒百三十五人は、夜が明けると町からの脱出を決めています。この数はこの町に暮らすシーク教徒の半数に当たりました。ワシントン州の田舎町の事件は、たちまち東海岸のニューヨークなどの大都市でも報じられ、西海岸の反アジア人の危ない空気を伝えました。

カナダのバンクーバーにもこのニュースは伝わっています。この町はベリンガムから北にわずか八十キロメートルに位置する港町です。一八八七年にはカナダ太平洋汽船が横浜とバンクーバーを結んでいましたから、ここはアジアとの玄関口となっていました。ですからここに多くの日本人が暮らすのは当然のことでした。一九一一年の統計では八千人余りがバンクーバー周辺にいたことが記録されています。[*10] この頃には五千人余りの日本人が暮らしていたと推定されます。
イギリスと日本は日英同盟以来友好関係にありましたから、日本人移民を大英帝国の一部であるカナダ政府が邪険にするわけにはいきませんでした。一九〇七年に入ると、わずか半年で三千人もの日本人がやって来るほどでした。この頃、第二大陸横断鉄道（Grand Trunk Pacific Railways）の建設も進んでいました。建設現場では労働者がいくらでも欲しかった時代でした。日本人移民は鉄道建設現場やバンクーバー近郊にある炭鉱や金鉱山で歓迎されていたのです。バンクーバーを素通りしてアメリカに潜り込んでいく日本人も多く見られました。
バンクーバーの白人労働者も、押し寄せる日本人移民には嫌な感情を持っていました。この州の資本家層は、不足する労働力をハワイの日本人で補おうとしていました。ハワイの移民ブローカーがバンクーバーの経営者層と密接な関係を持っていたのです。七月にハワイからやって来たクメリック号は千百七十七人もの日本人を運んできていました。町の宿泊施設の収容能力を大きく超える数の移民たちは、日系人の間で手分けして、しばらく引き取らざるを得ないほどだったのです。[*11]
白人種にとって押し寄せる日本人は不気味な侵入者でした。しかし連邦政府は何の対応もしてくれません。イギリス本国と日本とは友好関係にあり、日本はすでに文明国なのです。ところが船から降りてくる日本人はとても先進国から来たとは思えない者もいました。バンクーバーの日本領事館は本省に対して、船から降りてくる者のなかにはグロテスクな格好の人間も見受けられ、そうした移民が低賃金の肉体労働に従事している、と不満げに報告しています。[*12]

九月七日は土曜日でした。この日の午後に、日本人・朝鮮人排斥連盟バンクーバー支部が黄色人種排斥の集会を開いていました。この支部は八月に設立されたばかりでした。バンクーバー支部の幹部に続いて演台に立ったのは、またしてもシアトル支部長のA・E・ファウラーでした。国境を越えてやって来たのです。彼はカナダ政府が移民規制をしないのであれば、市民自らが行動を起こさなければならないと訴えました。

集会が抗議のデモ行進に移ったのは午後七時過ぎでした。緯度の高いこの町ではまだまだ明るい時間でした。港近くで集まった数百人のデモ隊がキャンビー通りを南に向かい、高台にある市役所に詰めかけた時には、その数は数千人に膨れ上がっています。[*13]デモ隊に参加していた楽隊の演奏する『ルール・ブリタニア（Rule Britannia）』や『メープルリーフよ永遠に（the Maple Leaf forever）』の愛国歌に興奮した群衆は、市役所にあったカナダ代理総督の彫像を破壊しています。群衆の多くが白地に「カナダは白人の国（For a White Canada）」と書き込んだ小旗を振って気勢を上げました。[*14]

南の丘に立つ市役所に向かわないグループもありました。彼らはダウンタウンの東に位置する支那人と日本人の暮らす一角を目指したのです。この二つの人種の暮らす街は近接していますが混住はしていません。支那人街と日本人街ははっきりと分かれていました。

支那人街はひっそりと静まり返っていました。ダウンタウンの興奮はこの一角まで届いていました。支那人はしだいに日が沈んでいく中でもけっして灯りをつけようとしませんでした。

「われわれは灯りは消せ、窓から離れろ、家の真ん中に集まれと叫んでいた。白人連中が建物の表から来るか裏から来るか、わからなかったから、どちらから来ても逆の方向に逃げる用意をしていた[*15]」

恐怖に震えながらいつでも逃げ出す用意をしていた支那人にとって幸いなことに、支那人街での白人群衆の狼藉はわずか五分ほどで終わりました。群衆は隣のブロックにある日本人街にターゲットを移したのです。そこで白人たちは羊のように怯えていた支那人とはまったく違う行動を見せる日本人に驚くのです。

「日本人は棍棒、鉄棒、ナイフあるいは割れたガラス瓶を手にして待っていた。彼らは堪忍袋の緒を切らし、白人たちに向かっていった。（中略）投石だけで襲おうとしていた群衆は、日本人の反撃には抵抗できなかった。日本人は『バンザイ』を叫びながら向かってきた[*16]」（『デイリー・プロバンス』紙、一九〇七年九月九日付）

襲われた日本人街。バンクーバー、パウエル通り

日本人は白人に確かに立ち向かいました。それでも多くのビジネスが甚大な被害を被っています。夜が明けると投石でショーウィンドウを割られた店が無残な姿を現しました。反撃しなければ、おそらく火をつけられていたに違いありません。

日本人街が襲われた当日、一人の日本外務省高官がバンクーバー入りしていました[17]。一九一五年には外務大臣（第二次大隈内閣）となり、後に前述の「石井・ランシング協定」を結ぶことになる石井菊次郎です。アメリカ太平洋岸で拡大する反日本人運動の背後にある、日本人[18]移民問題の調査に訪れていたのです。彼自身が現場にいたわけではありませんが、回想のなかでこの事件を次のように振り返っています[19]。

「居留民男女挙《こぞ》って一団となり自衛するに決し、婦人はビールの空瓶に沙灰を詰め男子は夫《それ》を携へ或は棍棒を手にして日本人街の入り口に列を為し、町内一歩も群衆をいれしめざるの策を講じた」

「大和民族は仕合せにも叙上《じょじょう》勇気果敢性の持主である。我国が列強と伍して今日の地位を獲たるは叡文武なる天皇の御稜威《みいつ》（注：威光）の下に国民がその勇気果敢を発揮して遺憾なかりしに職由《しょくゆう》（注：根拠）するものである」

## 日本のメディアの反応とカナダ政府の対応

バンクーバーの事件は日本のメディアもいち早く取り上げています。

「耐え難い反日本人デモ[20]」（『時事新報』一九〇七年九月八日付）

「言葉では表せない屈辱[21]」（『報知新聞』一九〇七年九月十二日付）

ところがメディアの論調は急速に冷静なものに変化していきます。前年のサンフランシスコ日本人学童隔離事件の際の過激な物言いと好対照をなしていました。その理由はカナダ首相ウィルフリッド・ローリエ[22]が、時機を失することなく謝罪の言葉を述べたことにありました。日本のメディアはカナダが日本に対して気を使う外交を見せたのは日英同盟の成果であると考えています。「カリフォルニアの無法に手をこまねいているアメリカ政府[23]」とカナダは違うのです。

「イギリス帝国政府およびイギリス臣民の日本帝国に対する親愛と友情は誠に深いものがある。イギリス政府はバンクーバー暴動問題のフェアな解決に十分な影響力を発揮してくれると期待する」[*24]

メディアはバンクーバーの暴動が、アメリカからやって来た反日本人の煽動家によって火が点けられたものだとも伝えていました。[*25]カナダ政府は労働副大臣ウィリアム・マッケンジー・キング[*26]に調査委員会を組織させ、早々に日本人が被った被害の補償を決めています。キングの決定した補償額（九千百七十五ドル：現在価値およそ二十万ドル）は森川季四郎領事の要求した一万三千五百十九ドルには不足でした。[*27]しかし十分に納得できる額だったのです。

カナダ政府は日英同盟の重要性を十分に斟酌《しんしやく》していましたから、日本に対して低姿勢を貫いていました。ただ問題の本質が日本人移民の急激な増加であることは見抜いていました。この問題の解決にはやはり日本人移民の数を制限するしかないと考えています。カナダの白人政治家もこの問題を苦々しく思っていたことは間違いないのです。暴動の補償を早々に決めたキングは太平洋戦争時には首相となっていますが、日本人移民の強制収容を実施するほどの日本人嫌いになっていることからもそれが推察できるのです。

カナダ政府の日本人移民問題への対処の考え方はルーズベルト政権と同じでした。日本政府の意思として移民制限を実施させる[*28]のが最も良い方法だと考えたのです。その交渉に労働大臣ロドルフ・ルミューを日本に派遣しています（一九〇七年十月）。

ルミュー大臣は日本に対して以下の考えを伝えています[*29]。

一、バンクーバーの事件が日本政府および日本国民に重大な侮辱となったことを深く陳謝する。

二、日英通商航海条約（一八九四年締結）がカナダに適用される限り、日本国民はカナダに合法的に居住することができる。

三、カナダ政府は日本人の誇りを傷つけることなきよう必要な措置を早急にとる。

カナダのこうした態度の裏には、日本からの移民抑制を日本の自発的な方針として実施して欲しいとの思惑がありました。この思惑の存在は森川領事の林董《ただす》外務大臣宛報告でも明らかでした。

「カナダ国民はカナダは白人の国家と考えている。彼らはアジア人移民の流入を苦々しく考えている[*30]」

ルミュー大臣との交渉の結果、日本政府は自主規制を決定します（ルミュー協定）。この協定で単純労働従事者の移民は年間四百人以内に制限されることになるのです。一九〇八年一月に結ばれた日加間のこの協定は、アメリカへの移民自主規制の紳士協定に先立つものでした。

日本の知識人は、サンフランシスコの日本人学童隔離事件からルミュー大臣の来日による移民規制要求までの一連の事件の連鎖のなかで、白人種はけっして日本人を列強の仲間として迎え入れることはないのではないかとの疑いを強めていくことになります。すでに西洋の大国ロシアを破り、世界第三の海軍力を保持する日本にとって、白人種のこうした対応は実に腹立たしいものでした。日本人を嫌う勢力の中心にアメリカがいることをはっきりと理解し始めたのです。

桂太郎政権の良き理解者であり、桂・タフト協定の存在まで知っていた徳富蘇峰はこの時期のことを次のように回想しています*31。

「予の注意は、亜米利加に向かった。米国は（明治）三十七、八年戦争を界として、日本に対し、敢えて禍心を抱蔵するとはいわぬが、その態度を一変して来た。されば この大なる恐怖は、太平洋を越えて、早晩我を圧して来るべく、東亜大陸の政策上においては、日本の自由なる運動を阻礙《そがい》するものは、米国にしくはなしと考え、敢えて米国を敵視するではないけれども、自ら防御するだけの覚悟がなければならず」

「それには我が海軍の力を充実することが大切と考え、従来対露政策から、陸軍に重きを置いたるものが、今後は対米政策から、海軍に重きを置くは、必然のことであるから、その方面にいささか予も力を効《いた》した積りである」

## ドイツの日米離反外交

サンフランシスコ学童隔離事件が日米間の大きな問題となり、東京でもアメリカ批判が繰り返されているなか、東京のドイツ大使館書記官フリードリヒ・フォン・エッケルトはほくそ笑んでいました。日米の外交関係がサンフランシスコの一教育委員会の施策で、これほどにぎくしゃくするとはドイツも思ってもみませんでした。しかし東京の反アメリカの空気は確かな現実でした。エッケルトはこの模様を嬉々として本国に伝えています。

「サンフランシスコの事件は突然稲妻が走ったかのように米日間の溝を広げてくれた。日本人移民問題で両国間のギャップは今後ますます広がると思われる。この状況がわがドイツにとっていかに有利であるかについては言を俟《ま》たない。日本の軍事力はイギリスのパワーを補完している（the Japanese sword for Britain's interest）。米日の離反は、わが国とアメリカの関係を良好なものにするであろう」[*32]（一九〇六年十月三十一日付、エッケルトよりドイツ帝国首相ベルンハルト・フォン・ビューロー宛報告[*33]）

ドイツ皇帝ヴィルヘルム二世もこの状況に喜びを隠せませんでした。ドイツ駐ワシントン大使シュテルンブルクに対して、ルーズベルト大統領に対日不信感を植え付けることを命じ、外務大臣を通じて次のような訓令を伝えています。シュテルンブルク大使はルーズベルト大統領と個人的にも親しい付き合いのある外交官でした。

「米日が離反すれば確実に米英の関係にもネガティブなインパクトを与える。ただし、われわれの真意は絶対に悟られることなきよう細心の注意を払われたい」（一九〇六年十二月十二日付、ハインリッヒ・フォン・チルシュキー[*34]外務大臣より駐ワシントン大使ヘルマン・スペック・フォン・シュテルンブルク[*35]宛訓令[*36])

ドイツ皇帝ヴィルヘルム二世やドイツ外交関係者が日米のギクシャクを歓迎したのは、ドイツの対英外交と深い関係がありました。ヴィルヘルム二世の母親はイギリスのビクトリア女王の長女でした。ヴィッキーと呼ばれた母と、父フリードリヒ三世は恋愛の末に結ばれており、政略結婚ではありません。それだけにドイツ国内では、ドイツ宮廷にイギリスから王女を迎えることに批判的な勢力が溢れていました。癌に冒されたフリードリヒ三世に代わって政務をみた母と、皇太子ヴィルヘルムは、イギリスがドイツ内政に干渉することを恐れる勢力を、つねに気にしなければなりませんでした。

ヴィルヘルムは、父フリードリヒ三世が即位後わずか三ヵ月余りで逝去（一八八八年）すると、ドイツ皇帝ヴィルヘルム二世として帝位に就いています。ヴィルヘルムのイギリス王室の血は母の母国イギリスとの親交を深める方向には進みませんでした。むしろドイツ人の血を誇りとする政策をとり、世界の海を支配するイギリスに真っ向から立ち向かうことを決めるのです。イギリス寄りに見られるのを嫌ったのかもしれません。

ヴィルヘルム二世がまず取り組んだのは海軍力の増強でした。帝位就任から十年が経った一八九八年、アルフレート・フォン・ティルピッツ提督*37（海軍大臣）に対してドイツ海軍増強を命じています。当時、ドイツとイギリスを隔てる北海の覇権はイギリスの手中にありました。ヴィルヘルム二世はこの覇権への挑戦を決めたのです（ドイツ艦隊法）。一九〇〇年に制定された第二次艦隊法では、戦艦数を三十八に、重巡洋艦を二十に、軽巡洋艦は三十八にすることを決めています。戦艦の数は現有の二倍にするという大胆な計画でした。

ドイツの海軍増強の方針は、イギリスの防衛政策に大きな影響を与えることになります。イギリスは世界各地に軍港を確保し、強力な海軍を保有することで世界の覇権を保持していました。一八八九年に制定されたイギリスの海軍防衛法は、イギリスは、世界第二位と第三位の国の海軍を合計した能力以上の戦力を持つという思想のもとに制定されていました。海軍防衛法制定の当時は、ロシアとフランスの海軍を想定していました。ところがここにドイツが割り込んできたのです。

日英同盟の締結はロシアのアジア方面での南下政策と関連していることはよく理解されています。しかし英国には、ドイツ海軍との競合上、アジア方面で日本帝国海軍の力を借り、北海への自国軍船の展開を楽にしたいという思惑もあったのです。イギリスはドイツへの対抗として、日英同盟だけでなく、それまでつねに対立してきたフランスとも友好関係を結んでいます（英仏協商、一九〇四年）。ドイツの海軍増強計画で、イギリスは他国の軍事力を利用しながら対抗するという戦略に変更せざるを得なくなったのです。世界の外交バランスが大きくひずみながら変容を始めたのです。

二十世紀初頭のヴィルヘルム二世の指導した外交は、イギリスの嫌がることはなんでもやるという方針でした。米英の協力関係に何としてでも風穴を開ける。これはとくに重要な施策でした。

「ドイツの外交政策は日本の脅威（the Japanese peril）と、アメリカ海軍はつねに大西洋・太平洋の二つの大洋での両面作戦を強いられる現実（the American two-front dilemma）の二つの要素を勘案し、そして利用することであった[*38]」

「日本の支那および太平洋方面への進出とカリフォルニアでの日本人移民問題（Yellow Peril）をうまく利用すれば、ドイツはアメリカとの協力関係を築けるかもしれないと考えた。同時に一九〇二年の日英同盟以降に構築された日英の良好な関係にも亀裂を生じさせることができるのではないかと考えた。さらには（アメリカの気を惹くために）ドイツが日本と協力するというアメリカの嫌がるシナリオを仄《ほの》めかすことまでも考えたのである[*39]」

## 偉大なる白い艦隊　その一　アメリカ太平洋岸訪問

一九〇八年二月七日夜明け前、プンタ・アレーナス港の上空には黒煙がたなびき、白み始めた朝の空を低く覆っていました。黒い煙を吐いているのは、その船体を純白に塗装したアメリカ大西洋艦隊でした。アメリカの誇る最新鋭戦艦十六隻とその補助艦隊で構成される大艦隊は、セオドア・ルーズベルト大統領が三ヵ月前にバージニア州ハンプトンローズから送り出した「偉大なる白い艦隊」です。

プンタ・アレーナスはマゼラン海峡に面したチリ最南端の港です。「偉大なる白い艦隊」がこの港に現れたのは二月一日のことでした。一週間の日程で石炭や食料の補給と船員の休養を終えた艦隊は、この日に出港を決めたのです。三百八十七年前にマゼランが、この海峡が太平洋に通じていることを発見してから、海峡沿いにいくつかの港が生まれています。プンタ・アレーナスもそんな港の一つでした。

全長およそ五百七十キロメートル。幅は最も広い部分で三十八キロメートル、狭いところはわずか三キロメートルにしかならないマゼラン海峡は、マゼランの時代と変わらず海の難所でした。南極圏に近いこの海峡の冬の航海は米国の新鋭戦艦にとっても危険でした。冬に多発する濃霧や吹雪に見舞われ座礁するはめになってはたまりません。ハンプトンローズを北半球の十二月初めに出発したのも、南半球の夏が終わる前にはこの海峡を通過しておきたかったことが理由でした。

リオデジャネイロの港を出たのが一月二十一日。海峡に入ってからは夜間には碇を下ろし、明るい間だけの航海を続け、プンタ・アレーナス港にやって来たのです。ここまで来れば、あと一日の航海で日没までには太平洋に出ることが可能でした。艦隊を指揮するエヴァンス提督は外洋に出る前に、隊員に十分な休養をとらせたかったのです。

出港準備を終えた「偉大なる白い艦隊」は旗艦コネチカットを先頭に一列に縦隊を組んで進みます。その艦隊をチリ海軍の小型巡洋艦チャカブク（Chacabucu）が先導します。進行方向から吹きつける海風が、前を進む船の煙を後方に運び、操舵室からは両岸に迫る氷河も、聳《そび》える峰々も見ることはできませんでした。前を進む船の後尾を見失わないように慎重に舵を操るのが精一杯でした。「偉大なる白い艦隊」はこの海峡で事故を絶対に起こしてはなりませんでした。アメリカ大西洋艦隊は、有事になればやすやすとこの海峡を横断し、太平洋方面に展開できることを世界に見せつける必要があったのです。

ルーズベルト大統領がわずか一隻の戦艦だけを大西洋方面に残し、大艦隊を編成して太平洋に派遣することを決めたのは一九〇七年夏（六月二十七日）のことでした。アメリカ陸海軍合同会議は、純軍事的視点から太平洋方面へ大型艦隊を一度は派遣し、ロジスティックス上の問題点を調査したいと考えていました。前述のようにドイツの海軍力強化の方針を前にして、イギリス海軍は太平洋の対露・対独の押さえを日本海軍に委ねていますフィリピンの安全保障にとっては由々しき事態が出現しているのです。太平洋が「日本の湖」化しては困るのです。

フィリピンの安全保障は、桂・タフト協定という危なっかしい秘密協定によって守られているだけでした。そもそもこの合意の存在を知っている軍幹部がどれだけいたのかさえもわかりません。知らされていなかったと考えてもよさそうです。そうであれば軍幹部がフィリピン防衛に、どれほどの不安を持っていたか想像に難くありません。

海軍は有事にはすみやかに大艦隊をハワイ・フィリピン方面に展開できる準備を整えておきたかったのです。その能力を日本にも見せつけておく。それが重要でした。大艦隊展開の実験でロジスティックス上の問題の洗い出しもしておきたかったのです。海軍首脳はカリフォルニアの反日本人の政策が、日本のプライドを傷つけ、日米関係がかつてないほど悪化している現実を座視しているわけにはいかなかったのです。万一の暴発に備えておかねばなりませんでした。

しかし海軍首脳はこの実験の艦隊規模を決めかねていました。ドイツが見透かしていた「二つの大洋での両面作戦を強いられる現実」の前に、大西洋の防衛を危機に晒《さら》すことはできません。どれほどの戦力を大西洋に残すべきなのか結論が出せないでいたのです。

ルーズベルトも日本の対米感情の悪化を強く憂慮していました。ルート国務長官に

「日本問題を私以上に心配しているものはなかろう」と述べその心情を吐露していま す。仮に米日戦争となればマニラは防衛できないだろうと考えていました。[*40]

「ルーズベルトは保有するすべての戦艦で構成される大艦隊を太平洋に派遣することを考えた。それが世に知られる『偉大なる白い艦隊』である。アメリカの海軍力を誇示することで、日本国内の好戦的な勢力を黙らせることが目的であった（quieted the Japanese jingoes）。ただ（大艦隊の派遣が）日本への敵対的な威嚇行動となり戦争になるようなことがあってはならなかった」[*41]

日本の反米勢力を静かにさせることがルーズベルト大統領の喫緊の課題でした。彼は同時に他の重要な課題も解決しようと目論んでいました。強力なアメリカ海軍の雄姿を見せることで、日本の脅威を過度に煽っている西海岸の政治家連中を黙らせたかったのです。[*42]労働組合活動家によって沸騰した反日本人の空気を冷ます必要を感じていたのです。

ルーズベルト大統領にはもう一つの思惑がありました。イギリス海軍とドイツ海軍は建艦競争をすでに始めています。イギリスは十二インチ砲を主砲とする一万八千トン級の戦艦ドレッドノートを就航させています（一九〇六年末）。装甲性能、巡航速度ともに従来の型を一気に陳腐化する最新鋭戦艦の登場です。ドイツ海軍もこのクラスの大型戦艦導入を進めていました。ドレッドノート型戦艦の登場は世界の海軍力バランスを大きく変えようとしていたのです。

ルーズベルトはこうした状況にあっても、いっこうに予算を認めようとしないワシントン議会に苛立っていました。使える戦艦をすべて投入すれば大西洋方面の海軍防衛力はほぼゼロになるのです。そうなれば東海岸諸州選出の議員は不安になることは必定です。意図的に防衛力の真空地帯を作り、建艦予算が通りやすい空気を作り上げる。アメリカが抱える二正面作戦のジレンマを表面化させる。それが政治家ルーズベルトの隠された狙いでした。

大統領のいくつかの思惑が秘められた「偉大なる白い艦隊」は、巡洋艦チャカブクの先導で日暮れ前に無事太平洋に抜けることができました。ここまで来れば、あとは南米西海岸を一路カリフォルニアに向かって北上していくだけでした。

二月二十日　カヤオ（ペルー）
三月十二日　マグダレナ湾（メキシコ）
五月六日　サンフランシスコ（カリフォルニア）

ルーズベルトが対応に苦慮している反日本人活動家の巣窟サンフランシスコは「偉大なる白い艦隊」の最重要寄港地の一つでした。そこでは市民が艦隊の到着を心待ちにしていました。五月六日の艦隊入港日には、その雄姿を一目見ようと十八万六千もの市民が港に繰り出しています。

市は反日本人の急先鋒であるジェームズ・フェラン元市長を委員長とする歓迎委員会を設立し、市民や企業から艦隊歓迎の寄付金を募り、万全の準備を整えていました。幹部のホテル宿泊招待、歓迎パーティー、パレード。士官クラスは会員制の社交クラブ「海軍クラブハウス（Naval Club House）」に招かれています。音楽会や市内観光までが用意されたその歓迎のコストは一万九千ドル（現在価値およそ三十五万ドル）にも及びました。[*43]

艦隊のサンフランシスコ湾停留は二ヵ月の長期に及んでいます。石炭効率の悪い艦船の交代や補助艦の編成替え、あるいは艦船の修理が必要だったのです。しかしこの間も反日本人・反アジア人の興奮を抑える作業は続けています。反アジア人の暴動が起きたばかりのベリンガムの港の訪問まで計画されていました。ロサンゼルスにも寄港しなかった艦隊が、カナダ国境近くの小さな港町ベリンガムへはその姿を見せたのです。アメリカ西海岸全体に広がりを見せている反アジア人の空気をなんとしても払拭したい。ルーズベルト大統領の狙いを如実に示す艦隊の行動でした。

ベリンガムの港に七隻編成の艦隊が現れたのは五月二十三日のことでした。指揮をとっていたのは体調を崩したエヴァンス提督の代理を務めるスペリー提督でした。上陸した士官や水兵をおよそ十万の人々が迎えています。国境を越えて多くのカナダ人がバンクーバーからもやって来ていました。およそ九ヵ月前に反アジア人の暴動で荒れた市内で、艦隊乗組員は整然とパレードを見せたのです。このパレードが反アジア人の馬鹿騒ぎを少しでも和らげることを期待したのか、市内に暮らす日本人と支那人のグループは、花火を打ち上げてこれを迎えました。[*44]

「偉大なる白い艦隊」がサンフランシスコ港から次の寄港地ホノルルに向かったのは七月七日のことでした。

七月十六日　ホノルル（ハワイ）
八月九日　オークランド（ニュージーランド）
八月二十日　シドニー（オーストラリア）
八月二十九日　メルボルン（オーストラリア）
十月二日　マニラ（フィリピン）

行く先々で繰り広げられる歓迎の式典を通じて、公式な目的である世界平和実現のための親善航海の旅を続けてきた「偉大なる白い艦隊」。十月九日、いよいよ最重要寄港地、横浜の港に向かい、その碇を上げたのです。

## 偉大なる白い艦隊　その二　横浜訪問

「偉大なる白い艦隊」がマグダレナ湾（メキシコ）に碇を下ろした頃、高平小五郎駐米大使[*45]が、林董外務大臣[*46]宛に「白い艦隊」のサンフランシスコ出港（七月）以降の航海日程を報告しています（三月十四日）。艦隊の訪問地にはニュージーランドやオーストラリアが含まれていました。英国政府の正式招待に基づくものでした。しかしその日程表には日本訪問は予定されていませんでした。高平は日本政府も英国に倣《なら》って艦隊を正式招請するよう建言しています[*47]。

ルーズベルト大統領にとって日本訪問は最も重要な案件のはずでした。しかしまだこの時点になっても日本への訪問を決めていなかったのです。戦艦十六隻で構成される大艦隊を、相手政府の招待なしで訪問させることはできるものではありません。ルーズベルトは日本側から請われる形での訪問をじっと待っていたのです。

ルーズベルトはポーツマスでの日露交渉の舞台設定を、当時の高平駐米公使との間で作り上げています。二人の間にはきわめて強い信頼関係が存在していました。おそらく日本政府の正式招請を促すタイミングを、高平大使がアメリカ政府と調整を図りながら見計らっていたに違いないのです。

高平大使の意見具申を受けて日本政府は正式招待を決定（三月十八日）し、米国政府に伝えています。この招請を受身で待っていたかのように振る舞っていた米国政府は「大統領ハ日本国民ノ表明セル誠実ナル好意ニ深ク感スル所アリ米国ハ欣然此招請ニ応スヘキ」と回答し、艦隊の日本訪問を快諾しています。[*48]

ルーズベルトは高平に対して艦隊派遣の意義を率直に語っています。

「今回ノ招請ハ日米間ノ友好関係ニ付従来世人ノ抱キタル疑惑ヲ冷却スルニ於テ現ニ米國内到ル處顯著ナル効果ヲ奏シツツアル……次ニ大統領ハ移民問題ニ言及シ當國ノ人心全ク平調ニ復シテ貴邦移民ヲ歡迎スルノ傾向ヲ見ルニ至ル……此上勞働者ヲ當國ニ送ラサル様留意セラレムコトヲ希望ス……大統領ハ又曰ク……歐洲中或ル政府ハ日米間ニ重大ナル紛争ヲ生スルノ虞《おそれ》アルヲ感スルニ至リタルコト疑ヲ容レスト最後ニ大統領ハ日本ノ真摯忠實ナル友タルニ於テ何人ニモ譲ラサル旨名言《ママ》セリ」[*49]

ルーズベルトはヨーロッパのある国、つまりドイツが米日の紛争を期待していることに勘付いてもいるのです。米国政府が十月十七日から二十四日まで横浜に艦隊を訪問させることを正式に決定したのは四月二十四日のことでした。[*50] ワシントンの日本海軍駐在武官は東郷平八郎軍令部長に対し、アメリカ艦隊の横浜訪問の政治的思惑を報告し、その応接に万全を期すべきことを伝えています。

「艦隊來訪ノ擧ハ實ニ米國國民ノ我ニ對スル誤解ヲ解クニ於テ最上ノ好機タルヲ疑ハス。……艦隊乗員ヲシテ悉《ことごと》ク陶然トシテ我友情ニ醉ハシムルヲ得テ、一萬三千ノ兵士ヲシテ盡《ことごと》ク好感ヲ齎《もた》ラシ歸ラシムルヲ得ハ、米國國民ノ心裡私《ひそ》カニ我ヲ疑フノ念必スヤ氷然トシテ釋《と》ケ、兩國ノ國交益厚キヲ加フヘキコト又疑ヲ容レサル所ナリ」[51]

日本政府はルーズベルト大統領の思惑をほぼ完全に理解していました。大統領が「偉大なる白い艦隊」の派遣で日米間には何のわだかまりも存在せず、友好親善関係が存在することを内外に示そうとしていることを理解していました。日本にとってもポーツマス条約締結以降の反米感情の高まりと日本人移民差別への反発を抑え込むには格好の機会でした。

海軍は訪問する十六隻の米軍艦すべてに対して一対一で歓迎と接遇が可能になるよう「接伴艦隊」の編成を決めています。当時の日本海軍の戦艦保有数は十一隻でしたが、そのうち五隻は戦利艦でした。訓練が行き届き接遇の任務に耐える戦艦はわずか六隻でした。ですから残りの十隻は巡洋艦で対応することにしています。日本海軍は次のような編成で米艦隊を迎えました。[52] 米艦隊は四隻ごとの四隊編成です。それぞれの艦が、割りあてられた米国艦の士官や水兵の面倒を見るのです。

第一小隊　三笠(戦)、富士(戦)、朝日(戦)、相模(戦)
第二小隊　吾妻(巡)、八雲(巡)、日進(巡)、春日(巡)
第三小隊　香取(戦)、鹿島(戦)、筑波(巡)、生駒(巡)
第四小隊　宗谷(巡)、音羽(巡)、新高(巡)、対馬(巡)

（戦＝戦艦、巡＝巡洋艦）

海軍は、艦隊訪問を一ヵ月後に控えた九月三日には米国艦隊接待準備委員会を置き、十月七日にはその計画の詳細を確定していました。日本の準備は接伴艦隊の編成だけではありませんでした。確固たる日米友好こそが日本の繁栄の根本であることを固く信じている実業家渋沢栄一に対しても、両国間の相互理解を深めるプランの策定を要請していました。

渋沢は排日論の喧《かまびす》しい西海岸の実業家を日本に招待するプランを進めていました。彼はサンフランシスコ、ロサンジェルス、サンディエゴなどの商工会議所メンバー五十四人の来日を「白い艦隊」の訪問日程に合わせ、艦隊歓迎行事に招待することを決めたのです。

アメリカ側もこうした日本の歓迎ムードの高まりに応えるように、艦隊士官の妻や娘を日本に送り、長旅の艦隊幹部を慰労することを日本側に伝えています[*53]（九月五日）。日本側の歓迎の行事と家族との再会を異国日本で喜び合う海軍士官。こうした模様がメディアによってビジュアルでアメリカ世論に伝えられれば、米日親善ムードは再び高まるに違いないのです。

## 偉大なる白い艦隊　その三　明治天皇謁見

艦隊を指揮するスペリー提督はかつてグラント元大統領の日本訪問時（一八七九年）に随行しています。当時の日本は、グラント政権が送り込んだ優秀な学者や外交や金融の専門家が、日本の為政者のアドバイザーとして活躍していた時代でした。日本に対して傲慢な態度をとるヨーロッパ諸国。アメリカは日本に同情を寄せ、指導される日本もアメリカのアドバイスを頼りにしていました。

しかし日露戦争後の日本はもはやアメリカの指導からは独立し、極東の大国としての姿を見せ始めています。スペリー提督らの艦隊幹部も、この世界周航の旅の本当の目的地が日本であることを十分に理解していました。

マニラ湾を出港すると台湾沖で激しい風雨に襲われています。秋に多発する台風に巻き込まれたのです。この荒天で横浜入りが一日遅れました。嵐を抜け出した後も白い艦隊の指揮官の緊張は解けていません。スペリー提督には、日本海軍が彼らの来航を見計らったように大演習を実施する、との知らせが入っていたのです。

日本海軍の演習日程は白い艦隊横浜来航予定の十月十七日から十一月十八日となっていました。「その演習シナリオは、聯合艦隊を日本海軍の北軍と敵国海軍の南軍に擬して二分し、南軍は南シナ海を北上して奄美諸島を占領した後で九州沿岸に進出するのに対して、関門海峡の通過を禁止された北軍は、佐世保及び呉から各個に大隅海峡、豊後水道を南下し、九州東方で南軍を撃破するというものであった。演習シナリオは蓋然性の高い敵の可能行動を見積り策定されるものであるが、南軍の行動は米艦隊が日本来航時にとった航路とほぼ一致するもの[54]」だったのです。

日本海軍の艦隊行動が演習であることは知らされていたものの、その詳細まではわかっていません。スペリー提督らの脳裏には日露の戦いでは、日本が宣戦布告前に旅順奇襲攻撃を仕掛けた事実がよぎっています。演習と称して彼らを待ち受けているかもしれないのです。彼らの記録から「偉大なる白い艦隊」は演習を行っている日本の艦隊を実際に視認していることがわかっています。あっさりした記述ですが彼らの緊張感が伝わってきます。

「(日本の軍船を発見した) 旗艦コネチカットはその模様を注意深く観察した。(日本の艦隊は) 素晴らしい演習を続けていた[55]」

警戒を続けながら九州南方から東京湾を目指した白い艦隊が横浜港に入ったのは十月十八日早朝のことでした。

横浜港近くまでくると日本海軍が用意した接伴艦隊十六隻が、すべての戦艦にぴたりと寄り添うように伴走し「偉大なる白い艦隊」を迎えています。艦隊の周囲は、報道陣の取材の小船が取り巻いています。アメリカ海軍士官はここに至って初めて日本の歓迎ムードを感じ、安堵したに違いないのです。スペリー提督以下の士官は「東京湾に進入した途端に聯合艦隊によって浦賀水道を封鎖されるかもしれない」[*56]との疑いをも捨てきれずにいたのです。

スペリー提督から日本側に台風により横浜入港が一日遅れるとの知らせが入ったのは十六日夕刻のことでした。接待準備委員会はすべての行事を一日ずらすという作業に追われています。しかし「白い艦隊」来航後に繰り広げられた歓迎の行事は、難しい遅れの調整を感じさせない素晴らしいものでした。横浜来航初日から歓迎の宴が目白押しに用意されていました。

十八日

午後二時　横浜公園、ガーデンパーティー

午後九時半　神奈川県知事公邸、県知事周布《すふ》公平《こうへい》主催の歓迎会

十九日

十二時　新宿御苑、東郷平八郎主催のレセプション

二十日

三時から五時半　東洋汽船浅野総一郎主催の昼食会

その後、斎藤 実《まこと》海軍大臣主催のディナーパーティー

二十一日

十二時　有楽町三井集会所、三井主催の昼食会

その後皇居にて明治天皇皇后との謁見

二十二日　歌舞伎座招待

二十三日　メープル倶楽部、日米協会金子堅太郎主催のディナーパーティー

準備された行事の中で最も重要だったのはもちろん明治天皇謁見でした。この日の模様の詳細が海外のメディアによって伝えられています。[*57]

「アメリカ艦隊の士官を皇居に運ぶ馬車は歓声に包まれた。二重橋前の広場でその興奮は頂点に達した。数千人もの子供たちがそこで待っていた。これから天皇の住まわれる皇居に親善訪問する一行を歓迎したのだ」

「子供たちは星条旗の小旗を振り、馬車が近づくと頭を下げた。子供たちの歓声は馬車が皇居の門をくぐり抜けた後もいつまでも続いていた」

皇居の大広間に通されたスペリー提督と十六名の艦長の天皇への紹介は、駐日大使トーマス・J・オブライエン[*58]が担当しています。紹介のセレモニーが終わるとスペリー提督は、明治天皇にルーズベルト大統領からの親書を読み上げています。

「わが大西洋艦隊の世界演習の旅（practice cruise round the world）に際して艦隊を招待いただき、アメリカ艦隊司令官が陛下にお会いできる機会を作っていただいたことを感謝いたします。艦隊司令官が私の親書を直接陛下にお渡しし、米日両国のこれまでの長きにわたる友好を喜ぶ言葉を伝えられることは誠に光栄なことです。これ

までに培われた親善友好の絆が、今後とも末永く続くことを強く祈念するものです」

この大統領親書に対して明治天皇は感謝の言葉を述べた上で次のように答えています。

「日米両国の間に心からの信頼関係が存在することは喜びに耐えません。大統領が艦隊を派遣することで、わが臣民がどれほど貴国に愛着を持っているか貴臣下に示すことができました。これは大変喜ばしいことです。（中略）両国の長きにわたる親善、相互理解そして本物の友好関係（genuine friendship）。こういったものは私の治下で培われた大切な財産であります。こうした関係が今後とも続いていくことを強く望むものです。また貴艦隊の旅が成功裏に終了することを強く願っています」（注：報じられた英文記事を邦訳したもので、お言葉の原文ではない）

海外のメディアは、明治天皇のお言葉が心のこもったものであったこと、皇后陛下が列席したすべての米海軍士官と握手をされたことを好意的に伝えています。カリフォルニアの日本人移民排斥で悪化した日米関係の行方を固唾を呑んで見つめていた西洋列強でした。そうした国々に、米日の間に文書化されてはいないものの「友好協定（the entente between America and Japan）」が結ばれたようなものだと海外メディアは伝えたのです。

日本の歓迎は艦隊の幹部だけに限定されたものではありませんでした。下士官や水兵たちには、東京市内の英文観光案内書を準備し、江ノ島への無料往復乗車券も配布しています。すべての親善行事を終えた「偉大なる白い艦隊」が横浜の港を厦門《アモイ》に向けて出港したのは十月二十五日のことでした。

一人の下級士官が船上で、東京での思い出を次のように綴っています[*59]。

「東京の訪問は終わった。これまでの航海の中で最も楽しい寄港地であった。アメリカと日本が戦争するなんてそんな話はしないで欲しい。この国を訪問した者にとっては、それがまったくの戯言だとわかる。ミズーリ号に日本海軍の巡洋艦日進の士官が乗り込んできて、後甲板で写真を撮った。これが日米の海の士官が腕を組んで写真におさまった初めての瞬間だったろう」

ミズーリ号上での日米海軍士官の記念写真
(1908年10月24日)

「日曜日（二十五日）朝八時、われわれは碇を上げマニラと厦門に向けて出発した[*60]。われわれの艦を三隻の巡洋艦が伴走してくれた。わが艦隊を日本の艦隊が心から見送ってくれた。何もかもが完璧な歓迎ぶりだった。（日本は）私たちを喜ばせることはすべてやってくれたのではなかろうか」

## ドイツの失望：ルート・高平協定

一九〇七年の十月、アメリカが太平洋に大艦隊を派遣することを聞いたドイツ皇帝ヴィルヘルム二世は喜びを隠しきれませんでした。ドイツはアメリカの大艦隊の派遣で、米日関係がさらに悪化することを望んでいました。それがイギリスの軍事戦略に影響を与え、ドイツに有利に進むことを期待していたのです。

「（アメリカの大艦隊が）太平洋に向かうことで、イギリスと日本の思惑に大きな混乱を生じさせることになるだろう。イギリスは極東方面の安全は日本に任せきりだ。それが危なくなるのだ。彼らは強力な艦隊を極東に配置せざるを得なくなるだろう。そうなればわが国に対するイギリスの、ヨーロッパにおける海軍力は弱体化する」[*61]

しかし皇帝の期待はたちまち失望に変わってしまいます。メディアが伝える日本の歓迎ぶりは、ドイツの期待とは裏腹に米日の関係をきわめて友好的なものに進化させたようなのです。

ベルリンの政治家や外交関係者は必ず米日は戦うことになると信じ、そう主張していました。彼らは米国の大艦隊の日本派遣は、日本に対する軍事行動そのものであると本気で考えていました。[*62] しかしそれはドイツの「都合の良い期待（wishful thinking）」に過ぎなかったのです。ドイツの期待が完全な失望に変わったのは一九〇八年十一月末のことでした。アメリカと日本は太平洋方面のそれぞれの勢力範囲を確定し、それを相互に尊重する協定を結んだのです。

十一月三十日にエリフ・ルート国務長官と高平小五郎駐米大使の間で結ばれた協定（ルート・高平協定）は次の四項目を両政府の意思として示したものでした。

一、太平洋地域における自由で平和的な商業活動の推進
二、太平洋地域における相互の領土の尊重
三、支那市場における機会均等
四、支那の領土と独立の尊重

そして最後に右記合意を脅かすような事態が万一発生した場合は、両国政府は緊密に連絡をとり、必要な措置をとることを決めています。太平洋地域においては米日が覇権を分かち合い、共同でリーダーシップをとっていくことを内外に表明したのです。「偉大なる白い艦隊」はドイツの期待を完全に裏切りました。アメリカ艦隊の日本訪問は、米日の緊張関係を高めるどころか両国が提携関係を結ぶという結果を生んだのです。

ルート・高平協定は桂・タフト協定とは違い秘密協定ではありませんでした。ルーズベルト政権は上院に協定内容を知らせたのです。それに対して上院は黙認（acquiescence）という政治テクニックを使っています。[*63] 上院の三分の二の賛成を要する条約としないことで、国家としては、政権の交代でいつでもフリーハンドの立場に戻

れる立場を確保しようとする、見方によっては姑息ともいえる手法をとったのです。

この協定が結ばれた時点では、すでにルーズベルト大統領が支援した腹心のウィリアム・タフト陸軍長官が次期大統領選挙に勝利し、次の政権を担うことが決まっていました。この協定はルーズベルトが同政権の外交を締めくくる置き土産として、フィリピンの安全保障に高い関心を持つタフトに与えたものだったのです。

セオドア・ルーズベルト大統領は「偉大なる白い艦隊」をハンプトンローズから見送った一九〇七年十二月、議会に対して海軍予算増強を強く要請していました。新造戦艦の投入を年一隻に限っている現状を見直し、最新鋭のドレッドノート型戦艦を年に四隻建造すべきであると提案したのです。さらに、駆逐艦および魚雷艇も、戦艦の数に応じて増やした上で、太平洋地域に大型艦隊の運用を可能とする大型軍港施設を建設することをも提案しています。*64

しかしワシントン議会が彼の要求を認めることはありませんでした。大統領はドレッドノート型の新鋭戦艦と太平洋における大型軍港なしでは、フィリピン防衛は不可能であることがわかっていました。議会が必要な予算を認めない限り、日本海軍の太平洋地域での優位が続くのです。議会が海軍予算を増やさないことを予め見込んでいたからこそ「偉大なる白い艦隊」による外交が必要だったのです。太平洋を完全に「アメリカの湖」にするまで日本とは絶対にことを構えてはいけない。それがルーズベルトの強い意思でした。

大統領の任期が残り三ヵ月に迫った一九〇八年の暮れに、日本との間でそれを可能にする合意（ルート・高平協定）がなったことは、ルーズベルトの誇るべき外交成果でした。ルーズベルト政権内部でも日本との戦いは必ず起こる、と主張していた高官は少なくありませんでした。内務長官ジェームズ・ガーフィールド[*65]もそんな一人でした。

「日本との戦争はただちにとは言わないまでもパナマ運河完成前に必ず起こる[*66]」（一九〇六年六月七日閣議にての発言）

しかし日本の「偉大なる白い艦隊」に見せた歓迎振りとルート・高平協定で米日戦争の危機は消えたのです[*67]。正確に言うなら「少なくとも近未来に両国が戦う可能性はなくなった」のです。

### ◉原註

＊1　『日米開戦の人種的側面　アメリカの反省1944』五六頁。

＊2　Library of Congress, Biographical Note, Richmond Pearson Hobson Paper. http://memory.loc.gov/service/mss/eadxmlmss/eadpdfmss/2011/ms011016.pdf

＊3　Roger Daniels, *The Politics of Prejudice*, University of California Press, 1962, p71.

＊4　同右　p70.

＊5　同右　p140.

＊6　同右　p140.

＊7　Everis A. Hayes（一八五五—一九四二）カリフォルニア選出の下院議員（共和党）。任期は一九〇五年から一九一九年。*San Jose Daily Mercury Herald* 紙の発行人でもあった。

＊8　Asiatic Coolie Invasion, Virtual Museum of the City of San Francisco. http://www.sfmuseum.net/1906.2/invasion.html

＊9　同右。

＊10　Masako Iino, Japan's Reaction to the Vancouver Riot of 1907, *BC Studies*, Winter 1983-84, p34.

＊11　和泉真澄「百年後から見たバンクーバー暴動」（『立命館言語文化研究』20巻第1号、二〇〇八年）二二四頁。

＊12　Japan's Reaction to the Vancouver Riot of 1907, p33.

＊13　1907 Anti-Asian Riots, Museum of Vancouver. http://www.museumofvancouver.ca/sites/default/files/MOVedu%20Anti-Asian%20Riots%20Story.pdf

＊14　同右。

＊15　同右。

＊16　同右。

＊17　「百年後から見たバンクーバー暴動」二二八頁。

＊18　石井菊次郎『外交随想』（鹿島研究所出版会、一九六七年）

*19 同右、二九五頁、二九八—九九頁。および「百年後から見たバンクーバー暴動」二二九頁。

*20 Japan's Reaction to the Vancouver Riot of 1907, p40. 上記論文を邦文にしたもの。新聞記事の原文ではない。

*21 同右。

*22 Wilfrid Laurier（一八四一—一九一九）第七代カナダ首相。任期は一八九六年から一九一一年。

*23 Japan's Reaction to the Vancouver Riot of 1907, p40. 一九〇七年九月十二日付『時事新報』および『東京日日新聞』

*24 同右　p40. 一九〇七年九月十三日付『東京日日新聞』

*25 同右　p41.

*26 William Mackenzie King（一八七四—一九五〇）後のカナダ首相（第十代）。

*27 Japan's Reaction to the Vancouver Riot of 1907, p39.

*28 Rodolphe Lemieux（一八六六—一九三七）ローリエ首相の右腕。後のカナダ下院議長（一九二二—三〇）。

*29 Japan's Reaction to the Vancouver Riot of 1907, p40.

*30 同右　p43.

*31 『蘇峰自伝』二九五頁。

*32 Bernhard von Bulow（一八四九—一九二九）宰相任期は一九〇〇年から一九〇九年まで。

*33 Ute Mehnert, German Weltpolitik and the American Two-Front Dilemma, *the Journal of American History*, vol. 82 No. 4, March 1996, p1457.

*34 Heinrich von Tschirschky（一八五八—一九一六）ドイツ外交官。外務大臣任期は一九〇六

年から一九〇七年まで。

＊35 Hermann Speck von Sternburg（一八五二—一九〇八）ドイツ外交官。駐ワシントン大使の任期は一九〇三年から一九〇八年まで。

＊36 German Weltpolitik and the American Two-Front Dilemma, p1457.

＊37 Alfred Peter Friedrich von Tirpitz（一八四九—一九三〇）一八九七年から一九一六年まで海軍大臣。

＊38 German Weltpolitik and the American Two-Front Dilemma, p1452.

＊39 同右　pp1452-53.

＊40 Stephen Werheim, Reluctant Liberator, *Presidential Studies Quarterly*, 39 no.3, 2009, Center for the study of Presidency, p515.

＊41 同右　p515.

＊42 同右　p515.

＊43 San Francisco and the Great White Fleet.
http://www.americahurrah.com/GreatWhiteFleet/CityWelcome.htm

＊44 The Great White Fleet-Puget Sound.
http://www.navy.mil/gwf/pugetsound.htm

＊45 高平小五郎（一八五四—一九二六）外交官。男爵。駐米大使在任期間は一九〇八年一月から一九〇九年十一月。ポーツマス会議で駐米公使として小村寿太郎全権とともに対露交渉にあたる。

＊46 林董（一八五〇—一九一三）外交官、政治家。外務大臣在任期間は一九〇六年五月から一九〇八年七月。

＊47　川合裕「外国軍艦の日本訪問に関する一考察」（『戦史研究年報』第十四号、二〇一一年三月）七九頁。

＊48　同右、八〇頁。

＊49　同右、八〇頁。

＊50　同右、八一頁。

＊51　同右、八一頁。

＊52　同右、九二頁。

＊53　同右、八八頁。

＊54　同右、九一頁。

＊55　American Fleet in Japan. ニュージーランド『オークランド・スター』紙、一九〇八年十一月二十日付。

http://paperspast.natlib.govt.nz/cgi-bin/paperspast?a=d&d=AS19081120.2.69&l=mi&e=-------10-1----2%22l+a+ scott%22-

＊56　「外国軍艦の日本訪問に関する一考察」九一頁。

＊57　American Fleet in Japan. ニュージーランド『オークランド・スター』紙、一九〇八年十一月二十日付。

＊58　Thomas J. O'Brien（一八四二—一九三三）外交官。ミシガン州出身。ライト駐日大使の後任。

＊59　Ginger S. Harper, The Cruise of the Great White Fleet, A Documentary Film, Texas Tech Univ. Senior Thesis, 1991, p44.

http://repositories.tdl.org/ttu-ir/bitstream/handle/2346/23074/31295007612954.pdf?sequence=1

＊60 艦隊の一部はマニラに直接帰還している。

＊61 German Weltpolitik and the American Two-Front Dilemma, p1458.

＊62 同右　p1458.

＊63 Shall the Executive Agreement Replace the Treaty, p676.

＊64 Choi Jeong-soo, The Russo-Japanese War and the Root-Takahira Agreement, *International Journal of Korean History*, vol. 7, 2005, p142.

＊65 James R. Garfield（一八六五―一九五〇）法律家、政治家。父は第二十代大統領ジェームズ・ガーフィールド。一九〇七年から一九〇九年まで内務長官。

＊66 Zoltan I. Buzas, Race and International Politics, Doctor Thesis: Ohio State Univ. Political Science, 2012, p106.
http://etd.ohiolink.edu/view.cgi?acc_num = osu1341076646

＊67 同右　p107.

# 第5章　ブラック計画、オレンジ計画、そして「帝国国防方針」

## 米独サモア攻防戦争

十六世紀の太平洋の島々をめぐるヨーロッパ勢力の攻防は、富の源泉であった香料諸島を中心に展開しました。覇権を争ったスペインとポルトガルはサラゴサ条約でお互いの領土を確定させました。しかし西太平洋の香料諸島やフィリピン諸島以外の島々でも、ヨーロッパ諸国は太平洋に浮かぶ島々の利権を争っていました。

そうした島々では価値ある産物を手に入れる見込みはありませんでしたが、薪炭や食料の補給あるいは船員の休息地としての価値があったのです。十七世紀から十八世紀にかけて繰り広げられた領土獲得競争には、カソリック教の国フランスや新興のプロテスタント国のオランダ、ドイツ、そしてイギリスも加わり複雑な様相を呈していきました。そして十九世紀後半からアメリカもこの争いに加わるのです。十九世紀末に起こった、サモア諸島の支配をめぐってのドイツ、アメリカ、英国の角逐は、そうした争いの典型でした。

サモア諸島はハワイ諸島から南南西におよそ四千キロメートル強のところに位置しています。南緯十三度から十四度に広がる小島で構成されたサモアは、太平洋ではハワイ諸島に次ぐ陸地面積を持っています。三つの大きな島サバイイ島、ウポル島、ツツイラ島に人口が集中していました。サモアからフィリピンのマニラ湾までは八千キロメートル弱、ホノルルからマニラ湾までは八千五百キロメートル。どちらもマニラからはほぼ同距離にありました。ハワイが北太平洋のオアシスであるなら、サモアは南太平洋の休憩所だったのです。

サモアにもハワイ同様にキングが存在していました。ハワイはハワイ島の一部族長であったカメハメハがイギリスの支援を受け、ハワイ諸島の諸部族を統一しカメハメハ王朝を設立しました。比較的強い王権ができあがったハワイとは、サモアは少し様相が違っていました。有力部族の互選で能力の高い者を王に推挙するシステムになっていたのです。能力の高低で王を決めるのは危険なことでした。つねに王の椅子を狙う権謀術策が渦巻き、政情は不安定なままになるのです。能力の有無とは関係なく血筋で王権を継承させるという知恵はサモアにはありませんでした。

一八八一年にラウペパ（Laupepa）が有力氏族の推挙という形で王（マリエトア：偉大なる戦士）となっています。彼が王位につくことはドイツ、アメリカそして英国も同意していました。しかし彼に対して不満を持つ部族長も多く、彼らはつねに王権を奪取する機会を窺っていました。王権を狙う勢力も、守ろうとする勢力も西欧列強の力を借りてその目的を達成しようとしたのです。

ラウペパに対して、ドイツやアメリカの商人から武器を手に入れたタマセセ(Tamasese)が反旗を翻したのは一八八六年一月二十八日のことでした。タマセセの軍がラウペパから王権を奪取し、アピア（ウポル島北岸の港町）の政庁に自らの旗を掲げました。[*1] この叛乱をラウペパ側に立って抑え込んだのはドイツでした。ドイツ領事スツーベルがドイツ海軍の巡洋艦アロバトロスの陸戦隊を上陸させ、タマセセが揚げた旗を降ろさせ反乱軍を鎮圧しています。

その後も、不安定な政情が続くなかで一気に親ドイツ政権を作り上げようとしたのはやはりドイツでした。一八八七年八月、五隻の艦隊をアピアの港に派遣し、七百名の陸戦隊を上陸させた上で政庁を占拠し、ドイツ帝国の旗を掲げさせたのです（八月二十五日）。

しかし、この軍事行動で自らに有利な政権を確立するというドイツの思惑ははずれてしまいます。逆に反ドイツ勢力を刺激し、その動きが他の島々に伝播し、サモア諸島全域に内戦が拡大してしまうのです。十二月二十一日には巡洋艦オルガが、アピアの西に位置する港町ヴァイテレを艦砲射撃で焼き払っています。

サモアの内戦の激化と、ドイツの強引な外交を憂慮したイギリスとアメリカは、それぞれ軍船を送り込んでいます（一八八九年三月）。イギリスは「カリオペ」を、アメリカは「ニプシック」「ヴァンダリア」「トレントン」の三隻をアピアの港に派遣したのです。これにドイツの「アドラー」「イーベル」「オルガ」の三隻が加わり、いつ本格的な海戦が勃発してもおかしくない一触即発の状況が現出します。

三国の軍船が睨み合いを続けるなかで、自然の神がちょっとしたいたずらをしたのは三月十五日のことでした。アピアの港を激しい嵐が襲い、港に集まっていた軍船を破壊したのです。「イーベル」は座礁し八十人が溺死、「アドラー」も碇が用を成さず漂流の末座礁し二十人が溺死しています。「ヴァンダリア」は荒波にもまれた末に「オルガ」と衝突して沈没し、「オルガ」は衝突の衝撃で四十三人が命を落としています。

この事故はアメリカのメディアでも大きく報道されました。[*2] アメリカが西太平洋の覇権をめぐってドイツと激しくせめぎ合っていることが、アメリカ世論にも詳しく知らされることになるのです。南洋の嵐のもたらした惨禍で軍事的緊張が緩和された結果、三国はラウペパを王として追認することを決めています。しかしそれはサモア諸部族の不満を沈静化させるにはほど遠い政治決着でした。

一八九八年八月にラウペパ王が死亡すると、ドイツは有力部族長の一人マタアファを担ぎ出し王権を握らせました。イギリスとアメリカはこれに反発し、ラウペパの息子タヌを後継者にしようとします。アピアの町は、あの南洋の嵐が吹き荒れる前の緊張に再び包まれることになります。アメリカはドイツのやり方に憤っていたのか、巡洋艦「フィラデルフィア」を遣《や》りアピアの町に艦砲射撃を始めました（一八九九年三月十四日）。この砲撃の目的は、ドイツの支援で成立したマタアファ政権をいったん停止させ、英米独三国のあらたな合意による新政府を設立することでした。

砲撃を受けたマタアファの軍は、アメリカへの激しい報復心からアピア市内のチボリ・ホテルに運悪く宿泊していたアメリカ人水兵三人を惨殺しています。「フィラデルフィア」の水兵だけの戦力では心もとないアメリカ軍は、サモアの他の島からタヌ擁立を望む部族の応援を募り、アピアへの上陸作戦を敢行します（三月三十日）。上陸した部隊はアピアの市内からマタアファ勢力の排除には成功しますが、艦砲射撃の範囲の外に出た敵の勢力を掃討することはできませんでした。

内戦の泥沼化が明らかになった四月の後半から五月にかけて、三国は外交交渉によって事態の解決を図っています。三国の合意が成立したのは一八九九年十二月二日のことでした。ワシントンでアメリカ国務長官ジョン・ヘイ、ドイツ駐米大使セオドール・フォン・ホーレベン、英国駐米大使ジュリアン・ポウンセフォートの間で三国協定が締結され、サモア諸島の分割を決めたのです。西経百七十一度以東の島をアメリカが、以西の島をドイツが統治し、イギリスはそれを承認する見返りとして、トンガとソロモン諸島を統治することを両国に認めさせたのです。

アメリカとドイツの西太平洋の島々をめぐっての争いの典型的な事件がサモアの分割でした。プロシアはアメリカで保護貿易思想を吸収したリストの政策を採用して経済発展を遂げ、ドイツ民族をまとめ上げ、ドイツ帝国に変貌しました。彼らもアメリカン・システム[*3]の採用で近代国家に変貌したのです。同じ考え方で発展を遂げた二つの国が西太平洋で角突き合わせることになりました。

## ドイツの西太平洋進出

ドイツがサモアに進出したのは一八五七年のことでした。ハンブルクのゴーデフロイ・ソーン社がサモアに事務所を設けています。この十年後からコプラ油（椰子油）と綿花生産のためのプランテーション開発に乗り出しています。ゴーデフロイ・ソーン社はサモア諸島だけでなくギルバート諸島やニューヘブリデス諸島にもプランテーション開発を進め、一八七九年時点では、総面積四千三百三十七エーカー（千七百五十五ヘクタール）、従業員千二百十名という規模にまで発展していました。[*4]ゴーデフロイ・ソーン社はこの年に倒産していますが、この利権はＤＨＰＧ社[*5]に受け継がれています。

ドイツがサモアをどうしても手に入れたかったのは、この島の比較的豊富な労働力を安価で手に入れＤＨＰＧ社傘下のプランテーションで働かせたいという商業的思惑もあったのです。イギリスが新領土の統治費用を、東インド会社（インド）やハドソンベイ会社（カナダ）に負担させたのと同様に、ドイツもＤＨＰＧ社に統治費用を負担させていましたからドイツの国策会社とみなしてもよい存在でした。

ドイツ企業の西太平洋への展開は、ドイツのこの地域での領土拡張に拍車をかけています。植民地獲得競争が苛烈であったアフリカとは違い、西太平洋ではドイツの海軍力で十分にその目的を叶えることができました。一八八四年にはニューギニアの北東部（カイザー・ヴィルヘルムスランド）とビスマルク諸島[*6]をドイツ帝国に併合しています。この地域の産物を取り扱うドイツニューギニア会社がほぼ同時期に設立されています（一八八四年）。一八九八年にはドイツ政府そのものがこの地域を統治することを決め、総督をココポ[*7]に置いています。一九〇六年にはマーシャル群島もドイツニューギニアの管轄下に入り、ドイツの南洋帝国の首都はラバウルに決められるのです（一九一〇年）。

このようにドイツは西太平洋に領土拡張を進めていましたから、マニラ湾をめぐるスペインとアメリカの攻防にも重大な関心を寄せていました。日の沈み始めたスペイン帝国が太平洋海域から駆逐されることになれば、その空白地帯にドイツが勢力を伸ばしたいと考えるのは当然でした。「米西戦争が戦われるなかで、ドイツは（太平洋における）スペイン帝国の後継者になる」[*8]チャンスを窺っていたのです。

ドイツはその野心をはっきりと公言してもいました。まだキューバでの戦いが続いている一八九八年七月には、駐ベルリン米国大使アンドリュー・ホワイトとワシントンの国務長官ジョン・ヘイに対して、フィリピンに貯炭基地と軍港を建設したいことを伝えているのです。[*10]ドイツはデューイ提督のマニラ湾海戦の際に艦隊を自国民保護の名目で派遣しています。艦隊を率いたのはオットー・フォン・ディーデリヒス提督[*11]でした。マニラ湾回航の指令（一八九八年六月三日）は皇帝ヴィルヘルム二世からの直々の命令でした。[*12]ディーデリヒスは艦隊司令官就任前は、ドイツが清《しん》から租借した膠州湾《こうしゆうわん》の総督を委ねられ、アジア植民地政策の現場で先頭に立っていた人物でした。

自国民保護の名目にしては多すぎる艦隊数。その艦隊がいっこうにマニラ湾海域を離れようとしない。ディーデリヒス提督とデューイ提督との間で一触即発の緊張関係が何度も繰り返されています。アメリカのフィリピン購入が決まって以後もなかなか碇を上げなかった艦隊が、マニラ湾からようやくその姿を消したのは一八九九年二月のことでした。[*13]アメリカが当初予定していなかったフィリピン買収を決断した大きな要因の一つが、マニラ湾周辺で遊弋《ゆうよく》を続けるドイツ艦隊の存在だったのです。アメリカがフィリピンから撤退すればドイツがこの島々を占領するというロジックを、アメリカはこの島の買収の正当化に使いました。それはありもしない危機を煽ったのではありません。アメリカ海軍がドイツ海軍とマニラ湾で対峙している現実があったのです。

ドイツ艦隊はマニラ湾から消えました。しかしドイツは、スペインからマリアナ諸島、カロリン諸島、パラオ諸島を購入することに成功しています。すでにドイツはスペインからマーシャル群島を四百五十万ドル（現在価値約一億ドル）で買収していましたから、それに続く領土拡大でした。

「スペインの米西戦争での敗北を受けてドイツは、（スペインに代わる）ミクロネシアにおける盟主たらんと欲した。そこにはドイツ国家としての誇りとコプラ生産という現実的利益の二つの理由があった。ドイツは一八八六年にはマーシャル群島を手中にしていた。一八九八年には（アメリカに売却された）グアムを除いたマリアナ諸島、カロリン諸島、パラオ諸島をスペインから二千五百万ペセタで購入した。これは現在価値に換算すると八千百万ドルであった[*14]（二〇〇〇年換算）」

スペインとの間で購入契約が調印（一八九九年七月十八日）されると同時に、ヴィルヘルム二世はこれらの島々の行政権がドイツ領ニューギニア総督の管轄下にあることを宣言しています[*15]。

筆者は前著『日米衝突の根源』で、米西戦争後のアメリカのフィリピン購入で太平洋が「スペインの湖」から「アメリカの湖」に変貌したと述べました。しかしそれはいささか誤解を惹起する表現だったかもしれません。ドイツも独領ニューギニアを拠点として、太平洋を「ドイツの湖」化することを考えていたのです。そしてその計画は少なくとも西太平洋地域ではアメリカよりも早い進捗を見せていました。ドイツも「沈みゆく帝国スペイン」に代わって太平洋を支配する野望を持っていたのです。

ドイツが進めた西太平洋の領土拡大は着々と面を広げていくものでした。しかしアメリカの奪取したフィリピンは、ハワイからグアムを経由して引かれた細い線でつながるだけの危うい新領土でした。それは本書の目次の後（一二頁）に掲げた地図でも明らかなのです。

## ベネズエラ危機：米英融和と米独対立　その一　金鉱発見と国境紛争

十九世紀末から二十世紀初めにかけての、いわゆる帝国主義国家による植民地獲得競争の歴史を今日的なナイーブな視点で見つめると、アジア諸国や太平洋に浮かぶ島々に憐憫の情を寄せがちです。しかし弱小国がつねに受身で大国に翻弄されていたわけではありません。小さな国も大国のパワーバランスを上手に利用して、自国の政治に有利となる外交工作を進めていたのです。

フィリピン民族派が日本に支援を求めたことはすでに述べました。しかし彼らがスペイン支配からの脱出を求めて接触したのは日本だけではありませんでした。西太平洋にその支配を広げ始めたドイツに対しても同じような工作を進めていたのです。ドイツがマニラ湾に艦隊を派遣したのも、そうしたフィリピン側からの要請があったからだと考えて間違いないようです。ドイツ皇族を君主に迎えてドイツの保護国となる計画を進めていた勢力もあったらしいのです。[*16]

北海の制海権をめぐって英国との争いが激化しているなかで、アメリカを自らの陣営に惹きつけなければならないことはドイツ外交の基本でした。アメリカとの友好関係の構築をドイツ外交の最優先事項にしなければならなかったはずでした。しかし自らの植民地獲得の欲望と、大国たらんとするプライドが、そのあるべき外交の基本政策を歪め続けるのです。

米西戦争においてもドイツはアメリカの歓心を買おうと、当初は完全な中立の姿勢を見せていました。米西戦争当時、ドイツ外務大臣であったベルンハルト・フォン・ビューローは、駐独大使ホワイトに対し「厳格に中立の立場（the strictest neutrality）を貫く」と伝え[*17]（一八九八年五月五日）、アメリカを喜ばせているのです。

アメリカ国内で発行されていたドイツ語新聞（*Staats Zeitung*）は、ドイツ外務省高官の言葉を伝え親米ムードを煽っています。このドイツ語紙の報道は『ニューヨーク・タイムズ』紙が転載しています[*18]（一八九八年四月十日付）。

「われわれは、いかなる状況にあっても（アメリカとスペインとの紛争に）介入することはない。ドイツはアメリカと百年の長きにわたる友好の絆を誠実に維持したい」

スペインとの開戦前後にはこうした態度を示していたにもかかわらず、ドイツがフィリピン領土化の野心をあからさまにしたことで、アメリカのドイツに対する警戒心は否が応でも高まったのです。

アメリカとドイツの角逐は、サモアとフィリピンだけで繰り広げられたのではありません。同じようなせめぎ合いが、今度はカリブ海に面したベネズエラ沿岸でも発生するのです。ベネズエラ危機と呼ばれる事件です。その幕引きを通じてアメリカを宿年の仮想敵国としていたイギリスは、アメリカとの融和を外交の基本政策へと、はっきりと変換します。「英米親睦体制構築が最優先を外交方針」としたイギリスに対し、ドイツはプライドと領土拡張のエゴイズムに翻弄され、味方にしなければならなかった米国との関係を悪化させることになるのです。

ベネズエラ東部を流れるオリノコ川は、かつてこの流れを遡上すれば上流のどこかで分水嶺を西に流れる川、つまり太平洋に注ぐ川を発見できるかもしれないと考えられ、何度か探検が繰り返された川でした。河口域はカリブ海に面する北部南米大陸の河川水運の要所でもありました。オリノコ川河口の東に広がる一帯はイギリスが領土化し、英領ギアナを形成しています。ベネズエラとの国境は一八四〇年代にイギリスが一方的に引いたものでした。

この国境線の線引きを、ベネズエラが問題視したのは一八八〇年代のことでした。国境地域で金鉱が見つかったのです。地下資源の発見が国境紛争を惹起する事態は現代でもあちこちで持ち上がっているように、歴史上も世界各地で起こった現象でした。ベネズエラにとって不都合だったのは、金やその鉱脈に含まれるダイヤモンドがベネズエラ国境のすぐ東側、英領ギアナで発見されたことでした。

ギアナ（現ガイアナ）では現在でも年間五十五万カラット（二〇一〇年）から二百五十万カラット（二〇〇八年）の宝石品質の原石を生産するダイヤモンド大国です。[19] 金《きん》も年間八トンを産出し、世界三十位の生産量を誇っています（二〇〇九年）。これは日本の年間七トン（世界三十二位）を上回っているのです。[20] ギアナの面積は日本の本州程度の大きさです。

鉱物資源の発見された英領ギアナに対して、その国境の線引きの見直しを求めたのはベネズエラでしたが、軍事力の脆弱なベネズエラにとってイギリスとの直接交渉が何の成果ももたらさないことはよくわかっていることでした。ベネズエラが頼ったのはアメリカでした。前駐ベネズエラ公使であった米国人ウィリアム・L・スクラグス[21]をロビイストとして雇用し、アメリカの外交力と軍事力を利用しようとしたのです。

スクラグスのとった戦術はまずアメリカ世論を動かすことでした。アメリカにとってイギリスは積年の潜在敵国でした。その意識はアメリカ人の心から容易には消えることはありません。イギリス嫌いの世論を煽ることはそれほど難しい作業ではありませんでした。スクラグスはアメリカ世論に反英意識を刺激するパンフレットを作成し、ワシントン政界やメディアに訴えたのです。

「イギリスのベネズエラ侵略：試されるモンロー主義」(the British Aggression in Venezuela, or the Monroe Doctrine on trial)(一八九五年)と題されたパンフレットは、南アメリカのか弱き小国ベネズエラを、植民地を飽くことなく求める英国が苛めている、ベネズエラは助けを求めてアメリカを頼っている、というステレオタイプの主張を述べたものでした。[*22]

この時期のアメリカはクロバー・クリーブランド大統領の民主党政権でした。クリーブランド大統領には、かつて共和党人脈がハワイ革命(一八九三年)を利用してお膳立てを整えていたハワイ併合を見送った過去がありました。共和党は、民主党の弱腰外交を徹底的に非難していました。[*23] 一八九四年の下院選挙では民主党は大敗しています。二百十八あった議席を九十三にまで減らしたのです。一方共和党は百二十四議席から二百五十四議席に倍増させています。クリーブランド大統領は強気の外交を進めざるを得ない立場に追い込まれていました。

民主党にとってはベネズエラ国境紛争は党勢挽回の絶好のチャンスでした。「ベネズエラ問題を徹底的に政局に利用しよう。民主党にとって人気回復のまたとない事件である」[*24]

それが民主党の方針でした。

## ベネズエラ危機：米英融和と米独対立　その二　米英の舌戦

クリーブランド政権のイギリスに対する感情を歯に衣着せぬ言葉で表し、イギリスを詰《なじ》ったのは国務長官リチャード・オルニー[*25]でした。

「アメリカ大陸にある国々は南北を問わず友好関係にあり、言ってみれば同盟の関係にあるようなものである。地理的な近さ、自然に生まれる親しみの情、憲法の類似性からみてもそのことは自明である。南北アメリカの一国でもヨーロッパ勢力に従属させることは容認できない」[*26]

オルニー長官はイギリスに対して国際機関による仲裁調停に応じるべきだと主張し、それに応じなければアメリカは、軍事介入も辞さないという強い態度を表明したのです。十二月に予定されているクリーブランド大統領の年次教書発表前までにこの要求に対する回答を求めました。この強引な要求に対してソールズベリー英外務大臣は、回答を年次教書発表後まで意図的に引き延ばしています。その上で「尊大な態度の校長先生が（ワシントンにいる）出来の悪い生徒を叱るかのように、モンロー・ドクトリンの適用などもってのほかでベネズエラ問題にアメリカは何のかかわりもない」と

クリーブランド大統領とソールズベリー外務大臣との舌戦の諷刺画。
『ライフ』誌、1896 年

あしらったのです。[*27]

横柄なイギリスに対してワシントン議会は、クリーブランド政権を与野党問わず支援しています。ハワイ併合を見送ったクリーブランドを激しく詰ったセオドア・ルーズベルトでさえも今回は大統領を支持しています。当時ニューヨーク市公安委員長であったルーズベルトの言葉はアメリカ政界の反イギリス感情をはっきりと示すものでした。「戦争になるならそれはそれで仕方がない。奴らがわれわれの町を砲撃するならしたらいい。そうなったら、われわれはカナダを占領するまでだ[*28]」

こうした米英の角逐をほくそ笑んだのはアイルランド移民でした。英国への積年の恨みを晴らすチャンスでした。英国との戦争になれば志願すると、多くのアイルランド移民がクリーブランド政権の対英強硬姿勢を支持したのです。英国駐米大使ジュリアン・ポウンセフォート[*29]は「アメリカでは、わが国に敵意を持つ好戦主義者の言説ばかりが渦巻いている」として憂慮の念を本国に報告していました。[*30]

この米英の罵り合いを諌めたのはメディアでした。イエロージャーナリズムの最盛期にあって、メディアがこうした態度をとるのは珍しいことでした。米英のいがみ合いに株式市場がネガティブに反応し、イギリス資本も警戒を強め、アメリカからの投資引き揚げも始まっていました。そんななかでイエロージャーナリズムの中心人物ジョーゼフ・ピューリッツァーの『ニューヨーク・ワールド』紙がこの年のクリスマス特集のなかで「人種、言語そして文化を同じくするアメリカとイギリスが戦うことの非合理性」を訴えたのです。[*31]

北方ゲルマン人種の優秀性を語る優生学思想がアメリカの知識人の間に浸透していた時代でした。なかでも恐れられていた概念は「種の自殺」行為でした。最も優秀な種で構成される二つの国が争っていては、まさに「種の自殺」そのものになってしまうのです。

矛《ほこ》を収めたのは英国でした。一八九六年一月、アメリカとの「名誉ある妥協（an honorable settlement）」の道を探ることを決めたのです。[*32]

「英国はこの頃、南アフリカをめぐってドイツと揉めていた。英国にとって必要であったのは友好国であって敵対国ではなかった。米英両国は五人のメンバーからなる調停委員会を立ち上げた。結論が出たのは一八九九年十月のことであった。それぞれの主張の過激なところは退けられた。結局一八四〇年代に引かれた国境線に沿うもので落ち着いた」

両国のこの交渉にベネズエラは代表を参加させていません。ロビイストのスクラグスは「アメリカはベネズエラを勝手気ままに料理しているようなものだ[*33]」と不満をぶつけていました。アメリカのモンロー主義はすべてアメリカの都合で「南北アメリカに位置する友邦を好き勝手に料理する」という現実を、ベネズエラの国境紛争処理に見せたのです。

モンロー主義を利用して米英を戦わせるというベネズエラの思惑は、日の目を見ることはありませんでした。米英の外交能力は一枚も二枚も上手だったのです。

### ベネズエラ危機：米英融和と米独対立　その三　英独の最後通牒

ベネズエラ国境紛争に端を発した米英の対立は「同一種の自殺行為」は回避すべきであるとの考えのなかで解決されました。ところがベネズエラでまた新たなヨーロッパ勢力との紛争が、モンロー主義をめぐって勃発するのです。今度のアメリカの相手はドイツでした。

ベネズエラの政情はつねに不安定でした。頻発する内紛を前にして、シプリアーノ・カストロ大統領[34]は複数のヨーロッパの国からの借款で軍事費を調達していました。反政府組織の抑え込みが必要だったのです。彼自身も軍事力で権力を掌握した人物でした。一九〇二年には、ベネズエラがヨーロッパ諸国から借り入れた金額は六千二百万ボリバー（現在価値およそ三億一千万ドル）にのぼっていました。[35]

ベネズエラはこの借款をいっこうに返還しようとしませんでした。なかでもドイツは巨額の融資をしているにもかかわらず、ドイツ系企業の資産が破壊されたり、あるいはドイツ人が暴力を振るわれていたのです。ドイツが、同じように借款を供与しているイギリスを誘い、ベネズエラに対して貸付金の即時返還を求める最後通牒を送りつけたのは一九〇二年十二月七日のことでした。回答がない場合は港湾封鎖を実施する、と脅したうえで大使館を閉鎖し軍事行動に備えたのです。

英独両国はアメリカの機嫌を損ねることのないよう、ベネズエラに対する要求はあくまで貸付金回収が目的であり領土的野心のないことを事前（十一月）に通知していました。マッキンレー大統領の暗殺（一九〇一年九月）を受けて大統領に昇格していたセオドア・ルーズベルトは、南米にある国がヨーロッパの国に対して不正義な振舞いをするのであれば、叱られる程度のことは仕方がなかろうと考えていました。英独が貸付金の返済を迫るぐらいは当然だと考えていたのです。[36]

しかしアメリカ海軍首脳部はこの事態を深刻に捉えていました。マニラ湾やサモアで現実にドイツ海軍と角突き合わせてきただけに、「領土的野心はない」という言葉を額面どおりには受け取りませんでした。融和がなり始めたイギリスへの警戒心は緩かったものの、ドイツに対しては強い疑いの目を向けていました。大統領に注意を喚起したのはヘンリー・テイラー提督（准将）でした。彼はアメリカ海軍の政策決定の中枢にいる人物でした[*37]（Chief of the Bureau of Navigation）。

「ベネズエラは（英独の要求に対して支払い能力はなく）領土を割譲する以外の手段を持っていない。（領土を割譲しなくても）国家の収入を担保にせざるを得なくなり、その結果、ドイツに政治的に従属することになる。アメリカはベネズエラがこうした状況に陥ることは看過できない。われわれがとるべき態度は、ベネズエラから必要な担保をとった上で、借款を肩代わりするか、ドイツと一戦を交えるかの二つに一つである[*38]」

テイラー提督がドイツをこれほど警戒したのは、マニラ湾やサモアの事件の前例からだけではありませんでした。ドイツが一八九七年十一月に発生したドイツ人宣教師殺害事件を利用して、清国から山東《さんとう》省南部の膠州湾《こうしゅうわん》を租借（一八九八年）したやり方に準じた方法で、ベネズエラ沿岸部に軍港を確保しようとしているのではないかと疑ったのです。ドイツ艦隊の機動性を高める軍港をカリブ海沿岸に持たせることを、アメリカはけっして容認することはできませんでした。将来、建設が確実となっているパナマ運河の安全保障においても由々しき事態を引き起こすことになるのです。

提督のドイツへの警戒心はけっして大げさなものではありませんでした。経済発展に裏打ちされた国力の増大に強烈な自信を見せる拡張主義者、ドイツ帝国宰相ベルンハルト・フォン・ビューローは、アメリカの主張するモンロー・ドクトリンがドイツへの侮辱であると感じていました。

ティルピッツ提督もカリブ海沿岸やブラジルにドイツ海軍が自由に使える軍港を確保することは当然だと考えていました。ブラジルにはすでに三十万ものドイツ移民が暮らす現実がありました。提督はこうした考えをはっきりと公言していました。ドイツはさらに極秘裏に米国本土侵攻計画も練っていました。米国との間で紛争が発生した場合、まずアゾレス諸島に向けて艦隊を送り込む。そこからプエルトリコを攻撃占領した上でアメリカ東部海岸の都市に攻撃を加える。陸軍を上陸させニューヨークを占領する。[*39]

ルーズベルト大統領は海軍高官のアドバイスを素早く理解すると、盟友のデューイ提督を司令官に据えた大艦隊を編成し、カリブ海を遊弋《ゆうよく》させて有事に備えたのです。提督がプエルトリコの東方沖三十キロメートルのクレブラ島に四隻の戦艦を率いて現れたのは一九〇二年十一月二十一日のことでした。島の沖では四隻の巡洋艦と二隻の小型砲艦が提督の到着を待ちうけていました。

ベネズエラに対して英独の最後通牒が送りつけられた翌日（十二月八日）、ルーズベルト大統領はフォン・ホリベン駐米ドイツ大使を呼びつけ、英独はベネズエラに対する領土的野心がないことをはっきりと宣言するよう求めています。ルーズベルトは強硬でした。両国の回答までに与えた猶予期間はわずか十日でした。

ドイツにとって、アメリカの警告はモンロー・ドクトリンに対するアメリカのコミットメントを試す絶好の機会になりました。モンロー・ドクトリンは口先だけの介入なのか、それとも軍事行動も覚悟した国家意思なのか。ヴィルヘルム二世らのドイツ指導者にとっても覚悟を決めなくてはならない事態でした。

十二月九日にはベネズエラの公式回答を前に実質的な港湾封鎖が始まります。十一日にはイタリアも英独にならってベネズエラに最後通牒を送りつけ、十三日には英独の艦船がプエルトカベロにある要塞の砲撃を始めています。現実に始まった軍事行動に怯えたベネズエラはアメリカに仲裁を依頼しています。アメリカの不快感を十分に承知した上での軍事行動に、ルーズベルトは怒っていました。しかしドイツも強気でした。十四日に再びルーズベルト大統領と会見したホリベン大使は、皇帝はアメリカの要求には屈することはないと伝えています。ルーズベルトは回答期限を一日短縮することで、その不快感を表しています。

ベネズエラ沿岸で展開される軍事行動と、ワシントンでの外交交渉がヒートアップするなかでデューイ提督はその艦隊をベネズエラに向けて進めています（十二月十六日）。目的地はベネズエラからわずか百キロメートルほどの沖合いに浮かぶトリニダードでした。一九〇二年当時の海軍力は、アメリカとドイツではほとんど差がありませんでした。

艦船の総トン数はアメリカ五十万七千に対しドイツは四十五万八千でした。しかし実際に運用可能な艦船を考慮するとカリブ海域でアメリカ海軍が勝利できるかどうかは怪しかったのです。海軍大学では何度も対ドイツ戦の机上演習が繰り返され、そのたびにドイツ海軍有利の結果が出ていました。[*40] ルーズベルトの艦隊派遣は大きな賭けだったのです。

アメリカがいかにモンロー・ドクトリンを重要視しているかをドイツに理解させるには「強力な軍事力と、必要あらばそれを行使するという意思」を示す以外にないと大統領は覚悟を決めたのです。[*41] アメリカ世論も刻々と伝えられるメディアの報道を固唾を呑んで見守っていました。ドイツ皇帝ヴィルヘルム二世は「世界で最も危険な男」であることは、ホリベン大使との交渉を通じても理解していたルーズベルトは、ホワイトハウスに籠ってカリブ海の事態を注視していました。[*42]

ルーズベルトはドイツに対して必ずしも悪い感情は持っていませんでした。イギリスの近親性とは比べられないもののドイツ民族も同根です（Teutonic: チュートン語族）。ルーズベルトはビスマルクやモルトケの功績を讃えていました。皇帝とルーズベルトは多くの共通点もありました。年齢もわずか三ヵ月の差しかなく、両者ともに幼い頃からの肉体的なハンディキャップを克服してきました。ルーズベルトは慢性の喘息に、ヴィルヘルム二世は左手の障害に悩んでいたのです。[*43]

しかしルーズベルトは、まだ一度も顔を合わせたことのないヴィルヘルム二世に対して、彼の性格は自身のそれとは相当に異なることに気づくのです。

「皇帝は虚栄心の塊であった。乱暴であり、あまりにロマンティックであり、そして異民族嫌いだった。なかでもユダヤ人をとりわけ嫌っていた[*44]」

「皇帝の『わが民族、わが帝国、そしてわが神よ（ein Volk, ein Reich, ein Gott）』と叫ぶ声は病気の発作のようであった。その光景を目にしたものはみな気分が悪くなった[*45]」

ヴィルヘルム二世はルーズベルトへの親書の中で、自らがフレデリック大王[*46]の子孫だと称していましたし、現実にフレデリック大王に擬したコスチュームを身に纏《まと》うほどでした。ヴィルヘルム二世はファンタジーに生きる危ない指導者でもあったのです。

こうした性格の人物が指揮する軍隊の扱いは簡単ではないのです。

ベネズエラのアメリカへの仲裁斡旋依頼の内容は、国務長官ジョン・ヘイによって英独両国に伝えられています。イギリスがアメリカの仲裁を受諾したのは十二月十七日のことでした。ランズダウン外務大臣に対してポール・フォン・メッテルニヒ独駐英大使は、ドイツは絶対にアメリカの横槍に屈しないと伝え、英国もドイツに倣うよう要求していました。しかしランズダウンは、イギリスがドイツと共同歩調をとることに強い不快感を示したエドワード七世の考えを尊重したのです。良好に変化しつつある英米関係をベネズエラ問題で悪化させることは得策でないと考えたのです。[*47]

イギリスの妥協を受けて、ドイツ指導者はその態度を決めかねていました。そんななかでルーズベルト大統領にとって幸いなことに、ベルリンには彼の考えを代弁できる有力な人物がいたのです。

## ベネズエラ危機：米英融和と米独対立　その四　英独の譲歩

マッキンレー大統領の暗殺を受けての大統領就任からまだ三週間にも満たない一九〇一年十月一日、ルーズベルトは二人の人物に親書をしたためています。一人はイギリス外交官のセシル・スプリング・ライスです。[*48]当時エジプトの負債問題処理にカイロに赴任していました。ライスは、ルーズベルトがハリソン政権下で行政委員会委員を務めている時代に知り合った英国大使館に勤務する二等書記官でした。同年代の二人はしばしばイギリス大使館のテニスコートで汗を流し、世界情勢について語り合った仲でした。[*49]ポーツマスで日露交渉が行われている頃には、ライスはサンクトペテルブルクの英国大使館に勤務し、ルーズベルトの重要な情報源にもなった人物です。もう一人はカルカッタのドイツ領事であったヘルマン・スペック・フォン・シュテルンブルクです。ルーズベルトが、ワシントンのドイツ大使館に勤務する書記官であったシュテルンブルクと知り合ったのも行政委員会委員の時代でした。普仏戦争を戦った経験を持ちライフルを器用に操り、乗馬の名手でもあったシュテルンブルクとは「うまが合った」のです。オイスターベイの私邸にも、友人として何度も訪れていました。ルーズベルトが当初ヴィルヘルム二世に好感を寄せていたのは、皇帝を敬愛していたシュテルンブルクの影響もありました。

マッキンレー大統領暗殺の結果、予期せぬ大統領就任となったルーズベルトは彼の個人的な盟友関係が外交に生かせないかと考えたのです。彼がシュテルンブルクに宛てた親書から、いかに二人の関係が強いものであったかがわかるのです。

「君と奥さんの二人が私の残りの任期の三年半の間にワシントン勤務になってくれたらどれほどうれしいことか。僕は君のことを実に好ましく思っている（I am very fond of you)。二人をぜひホワイトハウスに招待したいと考えている」[*50]

ベネズエラ問題が白熱する時期にベルリンにいたシュテルンブルクはルーズベルトの真意を知る外交官として、彼の考えをビューロー宰相やリヒトホーフェン外務大臣に伝えていたのです。シュテルンブルクがドイツ指導層に伝えようとしたのは、ルーズベルトのモンロー・ドクトリン墨守に対する並々ならぬ決意でした。ルーズベルトの軍事行動も辞さないという表明がこけおどしではないことを上層部に伝えたのです[*51]。

同じ頃、ホリベン大使もルーズベルトの真意を探る努力をしています。大使は大統領に好かれていませんでしたから、大統領から直接に考えを探ることのできる人物ではありませんでした。ホリベン大使が頼ったのは、ルーズベルトを個人的によく知るニューヨーク総領事カール・ブンツでした。

マンハッタンのケンブリッジ・ホテルで二人は会っています。ブンツ総領事はルーズベルトの物言いはけっして言葉だけでの脅しではない、とホリベンに忠告しています。ドイツ海軍は世界規模で見れば力があるが、現在のカリブ海の状況ではデューイ提督のアメリカ艦隊に敗北するだろうし、ドイツの不名誉となることは確実であると伝えたのです[*52]。

ドイツがイギリスに続いてアメリカの仲裁を承諾すると伝えたのは十二月十九日のことでした。イギリスに二日遅れての決断でした。ヴィルヘルム二世にとっては苦渋の決断でした。この決定に続いてドイツ指導部はアメリカとの関係改善を目論み、ホリベンに代えてシュテルンブルクを駐米大使に抜擢することを決めています。『ニューヨーク・タイムズ』紙がこの人事を歓迎する記事を掲載したのは一九〇三年一月十七日のことでした。

「(この人事は)ドイツ皇帝がわが国との友好関係を維持しようとする意思の表れである。彼はそうした考えのあることをこれまでも何度か表明してきた」

「国際問題をルーズベルト大統領と同じような考えで捉えるような外交関係者が増えれば、ベネズエラ問題が今後新たな火種を生むようなことはないであろう。モンロー・ドクトリンはわれわれアメリカ人にとっては法文にはなっていないが、間違いなく法律そのものなのである(an unwritten law)。平和を維持する手段なのである。大統領はそのことを世界に向けて何度も発信してきている」

「新大使がアメリカの考えるモンロー・ドクトリンについてしっかりとした理解を示し、そのことを赴任前に表明したのは喜ばしいことである。ドイツが国家として、新大使と同じような考えを持ち、ドイツが南北アメリカ大陸には一切領土的関心はないと表明できるのであれば、二つの国の間に垂れ込める暗雲は晴れるであろう」

ドイツもイギリスと同じようにアメリカを自らの友好国としたかったことは間違いありません。しかしベネズエラ危機で見せたドイツの野心は、ドイツの極東や西太平洋で見せた振る舞いと同様にアメリカのリーダー層、とくに海軍上層部には強い警戒心を植えつけたのです。

## ブラック計画とオレンジ計画

ドイツがフィリピンに対してあれほどの露骨な領土的野心を見せなければ、アメリカがフィリピンの領土化に踏み込めたかどうか。フィリピンの領土化そのものは米西戦争の目的ではなかったことや、カーネギーに代表される反帝国主義者連盟の活動を考慮すると、アメリカはフィリピン買収までは実行しなかった可能性があったとの推論も十分に可能です。しかしアメリカはフィリピンを領土化してしまいました。

その結果アメリカ陸軍が歴史上初めて、本土から数千マイルもの遠隔地に軍隊を派遣しなくてはならなくなりました。米西戦争時のサンチアゴ・デ・クーバ攻略戦でも明らかになったように、陸軍と海軍は必ずしも有機的な連携はできていませんでした。アメリカ陸軍は常備兵力をこの戦争でやっと六万四千七百十九に増やすことに決めています。アメリカ陸軍の基本はインディアンの平定と沿岸防衛でした。常備兵力はきわめて少なく、必要な時に志願兵を募集することになっていました。こんなアメリカ陸軍が六万を超える規模の大部隊をフィリピンに派遣しなくてはならなくなったのです。

フィリピンの領土化とそれに伴う防衛は、海軍と陸軍の緊密な連携なしでは達成できないものになったのです。[*53] それにいち早く気づいたのはマッキンレー大統領が陸軍長官に任命したエリフ・ルートでした。彼はルーズベルト政権でも引き続きその職にありました。ルートは陸軍大学の設立を提唱したのです。陸軍大学が初めて学生を受け入れたのは一九〇四年十一月のことでした。日本陸軍が旅順《りょじゅん》要塞攻略に三回目の総攻撃をかけている頃でした。

「陸軍と海軍は協力して任務にあたる義務のあることをけっして忘れてはならない。両軍がいがみ合うことなく（without friction）、どうしたら互いに助け合いながら事に当たれるかを学ぶ時が来たのである」*54

これがルート長官の開校にあたっての訓辞でした。

陸軍大学の開設に加えて、ルート長官はもう一つ新たな組織を創設しています。一九〇三年七月に陸海軍合同会議（the Joint Army and Navy Board）を設けたのです。この組織は独自の研究スタッフを持ってはいません。陸軍、海軍それぞれから提出される計画を検討するだけの組織でした。それでもいがみ合うことの多い二つの組織を、有機的に連携させる最初の組織横断的機能を持ったのです。

陸海軍合同会議が対象にした仮想敵国はもちろんドイツでした。合同会議の議長はデューイ提督でした。彼は亡くなる一九一七年までこの職にありました。提督はマニラ湾でもベネズエラ危機でもアメリカ艦隊の司令官でした。ドイツ海軍のやり方を熟知している海軍のリーダーです。そしてまた徹底的なドイツ嫌いでした。マニラ湾では近海を遊弋するドイツ艦隊から湾内に送り込まれた防護巡洋艦「イレーネ」の扱いをめぐって、ドイツ艦隊司令官オットー・フォン・ディーデリヒスと激しくやりあっています。

「ディーデリヒスが（マニラ湾にいる）デューイを訪問したのは六月のことであった。ディーデリヒスは、アメリカが巡洋艦『イレーネ』に対して（その行動を）干渉する権限はないと抗議した。デューイはその言葉に激高した（lost his temper）。ドイツ人通訳に向かって『マニラ湾を仕切るのは俺だ。ディーデリヒスが戦争も辞さないというならこちらも望むところだ。こっちは準備はできている』と吐き捨てるように言ったのだった[*55]」

陸軍大学の入っていたルーズベルト・ホール（ワシントンDC）

ドイツに対して憤りを持つのは軍関係者だけではありませんでした。ルーズベルト大統領の盟友ヘンリー・ロッジ上院議員もドイツを強く警戒していました。ロッジはルーズベルトのハーバード大学時代からの親友であり、ルーズベルトをワシントンの中央政界にデビューさせた恩人でもある有力政治家です。彼は一九〇一年に出版されたドイツのアメリカ攻撃計画に憤慨していました。

アメリカ陸軍の兵士でまともに訓練を受けて戦えるのはせいぜい一万人と考えるドイツの将校フレイヘル・フォン・エーデルスハイムは、アメリカ東部沿岸都市の砲撃をメインに据えたアメリカ攻撃計画を発表したのです。ロッジ議員の選挙区ボストンへの砲撃が記されたドイツのアメリカ侵攻計画を、彼はけっして許すことはできませんでした。ルーズベルト大統領に怒りをぶつけています。

「やつら（ドイツ）がわが国を侵略する可能性は十分にある。ドイツ皇帝の性格は野蛮で、何をしでかしてもおかしくない[*56]（wild enough to do anything）」

合同会議議長となったデューイ提督は、海軍のヘンリー・テイラー提督と陸軍のタスカー・ブリス将軍[*57]に対して、今後の研究方針の要綱をまとめるように指示しています。陸軍大学学長にも任命されていたブリス将軍は、今後三十年間にわたるアメリカの戦争についての基本的な考え方を二十一ページのレポートにまとめデューイ提督に提出しています。これがアメリカの潜在敵国ごとに策定することになる戦争計画（カラー・プラン）の原型になるのです。

彼の示した考え方で重要な点はアメリカの外交方針の根本はモンロー・ドクトリンであることを明確にした上で、アメリカが戦うことになるケースは、このモンロー・ドクトリンを侵す国が現れた場合であることを改めて明確にしたことでした。モンロー・ドクトリンは、従前は南北アメリカ大陸におけるアメリカの安全保障を脅かすヨーロッパ勢力の進出を阻止することが基本でした。しかしブリス将軍の示したプランでは、新領土フィリピンの安全保障に対してもモンロー・ドクトリンを適用するよう主張しています。[*58]

彼の分析では、ヨーロッパ勢力のアメリカ本土侵攻は、ヨーロッパ諸国間のライバル関係を考えると、侵攻などしていては他の敵国につけこまれるであろうから、ヨーロッパ列強一ヵ国による本土侵攻の可能性はほとんどないが、南北アメリカ大陸のアメリカの勢力圏近辺あるいはフィリピンをめぐって衝突する可能性はあるとしています。彼は次のような四つの事態が起こる可能性を考えていました。[*59]

一、南米大陸にある国に内乱が発生し、反政府勢力をヨーロッパの国が支援する。それに対してアメリカが介入するケース

二、ヨーロッパの二ヵ国が連携して対米戦争を仕掛けるケース

三、イギリス、カナダの連合で対米戦争を仕掛けるケース

四、メキシコの外債問題を利用して、ヨーロッパ諸国がメキシコに侵攻し、その紛争にアメリカが介入するケース

こうした複数のシナリオの中で最も危険な国はドイツでした。対ドイツ戦争プランが長期の研究を経てブラック計画として正式な計画になるのは一九一三年のことでした。[*60]

ブリス将軍の時代のシナリオでは、まだ日本が仮想敵国になることはありませんでした。このシナリオに日本を仮想敵国とした検討を開始したのは海軍でした。アメリカ海軍が日本を戦争計画の重要なファクターとして考えるようになったのは一九〇六年の初めからでした。[*61] 対馬沖海戦（一九〇五年五月）のあまりに爽やかな勝利がアメリカ海軍の危機感を高めたのです。フィリピンを防衛するのはきわめて難しいことを知る米海軍関係者には衝撃的な日本の勝利でした。

フィリピンは「海軍が艦隊派遣する場合の距離があまりに遠かった[*62]」のです。対日本戦争計画がオレンジ計画としてまとまるのは研究の開始から八年経った一九一四年のことでした。一九〇八年に実施された「偉大なる白い艦隊」のマニラ、横浜派遣はオレンジ計画策定のためのデータ収集の意味合いもあったのです。

一九〇九年の研究では、日本の上陸予想地点であるフィリピンのルソン島東部（太平洋側から上陸してマニラ湾を背後から侵攻）から日本本土までの距離は、わずか六日であることがはっきりと示されています。米西戦争以前は海軍や陸軍の幹部の日本についての知識は乏しいものでした。しかしそうした幹部も極東方面への接触の機会がしだいに増えるにしたがって、日本に対する知識を増やしていったのです。

ブリス将軍もそうした幹部の一人でした。彼は、先に記したタフト陸軍長官とアリス・ルーズベルトの日本行きにも同行しています。太平洋横断の長旅を、将軍は日本の歴史や風俗を記した本を読んで過ごしています。[*63]将軍の明治天皇との謁見の思い出は彼の伝記の中で次のように記されています。

「彼の序列はタフト長官、グリスコム公使に次いで三番目だった。『私（ブリス）は（明治天皇に向かって）自分の高い鼻が膝につくかと思うほど深々と頭を下げた』と語っている。……天皇は彼に多くの質問を投げかけた。（彼はそれが自慢であったから）『使節の中では軍を代表するものとしては私が最も高位にあった。軍を掌握している人間がこの世の中では一番大事にされるということだ』（妻エレノア・ブリスへの手紙、一九〇五年十月二十七日付）と妻に語っている」[*64]

ブリス将軍は一九〇六年一月には、フィリピン・ミンダナオ島のモロ族が居住する地方の軍政を任されています。西欧文明と隔絶したこの地でおよそ三年を過ごしています。イスラム教義の下でいくつかの部族が戦いを繰り広げながら生きているこの島の西南端の首都ザンボアンガでの経験は、アメリカが自ら背負いこんだ未開人啓蒙事業の難しさをひしひしと感じさせるものでした。

「このあたりの部族長は、全員が殺し屋であり、奴隷売買の商人だと考えてよい。われわれの責務は彼らの生活に秩序をもたらすことである。（殺人や奴隷売買は）法によって罰せられることを教えなければならない」[*65]

アメリカはとんでもなく遠隔の未開の島を領土にしてしまったことを、ブリスは自らの経験を通して理解していくことになるのです。日本の危険性を訴えたホブソン議員もそうでした。アメリカ軍関係者は必ずといっていいほど日本を見て帰ります。極東にある、あまりに異なる二つの国。気の遠くなるほどのエネルギーをその啓蒙につぎ込まなければならない新領土フィリピンは、見事なまでに発展を続ける日本と好対照をなしながら隣り合っていたのです。

そして何よりも陸海軍合同会議議長のデューイ提督は、フィリピン民族派のアギナルドらに姦計を弄してその独立運動をつぶした張本人でもありました。独立派が日本を頼っている事実を自らの体験の中で知り尽くしていた人物が、対日戦争計画策定組織の中枢にいたのです。

### 第二次日英同盟交渉

十九世紀末から二十世紀初頭、イギリスは世界各地でアメリカと角突き合わせることがあっても、本格的な対立とはならないよう外交政策を変化させてきました。サモアでもベネズエラでもそうした態度を見せました。ドイツ皇帝ヴィルヘルム二世の進める海軍増強と植民地拡大政策の推進で、アメリカと敵対する余裕は、もはやイギリスにはありませんでした。むしろアメリカとは融和的方針で臨むことが必要になっていました。

ドイツの軍事力強化を受けて、イギリスにとって日本の軍事力の相対的価値はしだいに増していたのです。強化され続けているドイツ海軍に対抗するには、世界各地に展開させている艦隊を徐々に本国周辺に戻さざるを得ない状況が現出していたのです。当然に極東に配置している主力艦も検討の対象でした。

またイギリス植民地のなかでも、本国に巨額の富を生むインド帝国は「植民地の宝石（the Jewel in the Crown）」でした。陸軍力に不安のあるイギリスは、インドの背後から迫る可能性のあるロシアへの対抗に、日本の軍事力を援用したいと考えるのです。日本の海軍力、陸軍力をイギリスの狙いどおり動かしてもらうには、日本が重視している日英同盟（一九〇二年締結）を利用するのが好都合でした。日本の小村寿太郎外務大臣が日英同盟（第一次）記念祝賀会（一九〇五年二月十五日）で行った演説はイギリスを喜ばせています。

「此の同盟が平時に於ても又戦時に於ても至大の価値を有すべしとの吾々の当時の信念は、既往三箇年の経験に依りて充分に確認せられたり。此の同盟が将来引続き鞏固《きようこ》を加へんことは、両締約国竝《ならび》に全世界の利益の為め希うて已まず[*66]」

英国ランズダウン外相が林董公使に「『締盟国ノ一方カ何等一国ヨリ謂ハレナク攻撃セラル丶場合ニ他方ハ之ヲ援助スヘキ旨協約ノ条文ヲ以テ規定セン』ことを希望するとして、攻守同盟への更新の意図を示した」のは一九〇五年五月十七日のことでした。[*67] 対馬沖の海戦が始まる十日前のことでした。この提案は日英同盟の性格の防守同盟から攻守同盟への質的な変換を求めるものでした。

日英同盟の強化に積極的な林公使は次のような利点を具申しています。


第一、日本ハ現下戦争ノ終局ニ於ケル講和談判ニ際シ、列強ノ殆ト全部ヨリ後援ヲ受クルヲ得ヘシ。

第二、黄禍説ヲ皷吹シ、以テ日本ニ対抗スル欧州同盟ヲ作ランカ為メ、目下重ニ露独両国人ニ於テ計画中ナル奸譎《かんけつ》ノ陰謀ハ、確ニ之ヲ打破スルヲ得可シ。

第三、同盟ノ結果トシテ、日本人ト「アングロ・サキソン」人種（英米人）トノ間ニ増進ス可キ同情ハ、日本労働者ヲ異人種タルノ故ヲ以テ、英国殖民地又ハ米国ヨリ排斥セントスルノ口実ヲ漸々消滅セシムルノ効果アラム。


林公使の挙げた日英同盟強化の根拠の第三の理由は注目に値します。日英同盟強化によってアメリカで吹き荒れる反日本人の空気を抑え込もうと考えていたのです。東洋のヤンキーと呼ばれる日本人が、アングロサクソン種と同盟を結ぶことで人種問題の解決を目指したのです。また第二の理由でも明らかなように、ドイツが人種問題を利用した外交を展開していることを十分に承知した内容になっているのです。

しかしアメリカやイギリス植民地カナダで吹き荒れる反日本人運動を煽っていたのはアングロサクソン人種ではありませんでした。アングロサクソン人種から蔑まれていたケルト民族（アイルランド人移民）こそが反日本人の主役だったのです。日本政府は同盟の強化を五月二十四日の閣議で決定しています。日本の意図とはまったく逆に、アイルランド人移民は、憎きイギリスと同盟を結ぶ日本に対して、よりいっそうの敵意を剝き出しにすることになります。歴史の皮肉そのものといってよいかもしれません。人種問題の緩和を目指した同盟がかえってそれを激化させることになったのです。

対馬沖海戦での日本海軍の一方的勝利はイギリスの政策遂行にまことに好都合でした。ロシア海軍の極東における脅威はほぼ無になりました。極東の安全保障は日本海軍に任せる環境が整ったのです。ランズダウン外相は次のような考えを日本に伝えています。

「露国艦隊全滅シタルニ付、英政府ハ極東海軍ニ戦闘艦ヲ留置スル必要ナキノミナラス、之ヲ召還シ、欧州艦隊ト合併セシムルニ於テハ、講和談判、若《も》クハ其他ノ原因ヨリ葛藤生スル場合ニ於テ、一層効益アルヘシト思考ス。尤モ、装甲巡洋艦五隻ハ極東ニ残シ置ク考ナリ」*68

日本はこの考え方には不満でした。西太平洋においては日英両海軍併せたパワーが

「他国の極東海軍に比し、つねに優勢」[69]であることを望んだのです。この要求にイギリスは難色を示しています。ドイツ海軍の増強で、イギリスは極東に海軍力を置く余力のなくなっていることはもちろんですが、何よりもアメリカを刺激することを恐れたのです。実質的に西太平洋海域で日本やイギリスの権益を脅かすほどの海軍力を持てる国はアメリカしかありませんでした。

「日本が提示した（中略）『東洋ニ於テ最大海軍力ヲ有スル別国』とは米国以外にはありえ」[70]ませんでした。「英国がこれを受諾すれば、日本と共に東亜において米国を標準として、海軍力を維持することにな」[71]ってしまうのです。

どうしても海軍力を本国周辺に集中させたい、そして同時にアメリカを刺激することは避けたいイギリスは、次のように述べ、西太平洋海域に強力な海軍を持つことの必要性に疑義を唱えたのです。

「蓋《けだ》シ米国ハ『フィリッピン』ニ於テ強大ナル海軍力ヲ維持スト雖《いえど》モ、日英両国ト紛争ヲ生スルコトアルヘシトモ思ハレズ。実際ニ於テ、米国ハ日英ニ対スル暗黙ノ同盟国ニシテ、我両国ガ警戒ヲ要ス可キ諸国ノ内ニ数ヘザルコトヲ得ルナリ」[72]（ランズダウン外相、六月十日。傍点筆者）

インドへの陸軍派遣と日本海軍による西太平洋海域の安全保障の肩代わりを狙うイギリスとの交渉は、条約にそのどちらも明記しないことで決着しています。「『他ノ一方ニ兵力的援助ヲ与フヘキ条件、及該援助ノ実行方法ハ、両締盟国陸海軍当局者ニ於テ協定スヘク』と記載して、後の軍事協約に委ね[*73]」たのです。

両国の交渉がまとまり、第二次日英同盟がなったのは一九〇五年八月十二日のことでした。ロンドンで調印されたこの同盟協約は、その第八条で十年間を期限としています。桂・タフト協定（七月二十六日）から三週間も経っていない時期の調印でした。イギリスは日米間にある、互いを警戒する感情を理解していたのです。おそらくアメリカは日英同盟改定にまつわる交渉の詳細を完全に把握していたでしょう。両国に合意ができることを待っていたのです。

アメリカも、日本が西太平洋海域で最強の海軍力を保持したいと考えていたことを理解していたはずです。だからこそルーズベルト大統領は陸軍長官タフトだけではなく愛娘アリスまで派遣し、新しい日英同盟のサイレントパートナーとなろうとしたのです。日本にフィリピンへの野心のないことを表明させ、朝鮮方面に日本の関心を向けることはアメリカにとっては、きわめて重要だったのです。

しかし先に述べたように桂・タフト協定は秘密協定でした。アメリカと英国の上層部はその存在を知っていました。桂首相の、アメリカに日英同盟のサイレントパートナーになって欲しいとの要望にアメリカが快諾したことを知っていました。しかし一般人の知ることのできる事実は公になっている改定された日英同盟だけなのです。その第二条は以下のように記されています。

第二条　兩締盟國ノ一方カ挑發スルコトナクシテ一國若ハ數國ヨリ攻撃ヲ受ケタルニ因リ又ハ一國若ハ數國ノ侵略的行動ニ因リ該締盟國ニ於テ本協約前文ニ記述セル其ノ領土權又ハ特殊利益ヲ防護セムカ爲交戰スルニ至リタルトキハ前記ノ攻撃又ハ侵略的行動カ何レノ地ニ於テ發生スルヲ問ハス他ノ一方ノ締盟國ハ直ニ來リテ其ノ同盟國ニ援助ヲ與ヘ協同戰鬪ニ當リ講和モ亦雙方合意ノ上ニ於テ之ヲ爲スヘシ*74

アメリカ西海岸で反日本人活動を指揮する政治家や労働組合活動家は、日本とアメリカが日英同盟のサイレントパートナーになったことは知る由もありませんでした。アイルランド系の反日本人運動のリーダーにとっては、憎むべき二つの国がパートナー化する危ない政治環境ができあがったとしか理解することはできなかったのです。

**明治四十年帝国国防方針（一九〇七年）**

イギリスの「米国は日英同盟の準加盟国である」との主張と、それを追認する桂・タフト協定。その流れのなかで日英同盟は日露戦争の最中に改定されました。こうした一連の外交交渉のなかで、西太平洋における唯一の強力な海軍を保持することになったアメリカに対する日本の警戒感は一時的に緩和しました。その結果、日本の安全保障の関心は大陸に転じることになるはずでした。

日英の具体的な軍の運用については、日英同盟の条文そのものにはありません。両国が後日詳細を詰める作業に任されていました。日本の陸海軍はイギリスとの間で、積み残された軍運用方針の詳細を詰める作業に入ることになります。準同盟国であるアメリカ海軍に情報提供を求めたのは当然でした。イギリス海軍と同じレベルの情報共有を期待したのです。

「一九〇六年二月の時点で、陸軍参謀本部の田中義一中佐と海軍軍令部の財部彪《たからべたけし》中佐が意見交換した結果、強力な海軍力を背景にして、大陸攻勢作戦に転ずる『明治三十九年日本帝国陸軍作戦計画要領』が策定された。つまり、海軍側が陸軍側に、大陸攻勢への前提となる優勢な日本海軍の海軍力保持を保障したのである[*75]」

日本海軍がアメリカ海軍駐日駐在武官フランク・マーブルに情報提供の要望を伝えたのは、この年の七月のことでした[*76]。翌年の国防方針の策定に陸海軍とも情報収集に忙しい時期でした。情報共有を求めた海軍関係者が桂・タフト協定の存在を知らされていたかどうか。おそらく知っていたのでしょう。徳富蘇峰でさえ知っていたことを、国の安全保障の根幹となる国防計画の責任者が知らなかったとは考えにくいのです。

日本海軍の予想に反してアメリカ海軍はこの情報共有の要請を断ってきます（一九

〇七年一月）。日米関係が移民問題で悪化していることがその拒絶の理由でした。[77]「英国からは暗黙の同盟国といわれたものの具体的に協調関係を構築しようと働きかけても拒絶する米国自身が、日本陸海軍をして、米国を想定敵国として[78]」見做さざるを得なくなったのです。

アメリカにとって桂・タフト協定は日本の軍事力を北に向けさせることが狙いでした。この協定と第二次日英同盟の締結を受けて、日本はその流れのなかで国防の基本政策を作り上げようとしました。大陸に目を向けるとはいっても優勢な海軍力の保持が前提となります。大陸（満州）方面に日本の権益を広げようとする場合、そこに利害関係をアメリカは持っています。アメリカとの関係をいかに構築するか。そのありようが日本陸海軍の作戦立案に大きな影響を持つのは当然のことでした。

しかし情報共有を拒絶された以上、日本の方針は方向修正せざるを得なくなるのです。

「そこで、一九〇七年四月に制定された『初度制定帝国国防方針』では『米国ハ我友邦トシテ之ヲ保維スヘキモノト雖モ、地理、経済、人種及宗教等ノ関係ヨリ観察スレハ他日劇甚《ママ》ナル衝突ヲ惹起スルコトナキヲ保セス』という理由から、ロシアに次ぐ想定敵国として米国が挙げられたのである[79]」

明治四十年の帝国国防方針は、軍関係予算確保のための方便としてまとめられたと評価することはもちろん可能とはいえ、アメリカが日本を仮想敵国としたオレンジ計画策定に着手した時期と機を一にして日本がアメリカを仮想敵国としたのは、二つの動きがシンクロナイズしていることを示したものでした。

一九一一年二月七日未明、一人の米海軍将校がニューポートの海軍大学施設内でピストル自殺を遂げています。自殺したのは、日本海軍からの情報提供要請を断ったアメリカ海軍元駐日駐在武官フランク・マーブルでした。マーブル中佐は秋山真之《さねゆき》中佐と親しい関係を結んでいました。秋山がアメリカ駐在時代にアメリカ海軍の配慮で海軍大学で学ぶ機会を得たことが親交のきっかけとされています。東京築地にあった海軍大学での、旅順攻略戦や対馬沖海戦の総括机上再現戦に秋山はマーブルを招待していると指摘して、両者の間には相当に強い友情関係が存在していたと分析する史書もあるほどです[*80]。

マーブルは「偉大なる白い艦隊」の第一戦隊に所属する戦艦ヴァーモントの乗員として日本訪問にも参加しています。しかし彼はこの航海で、開いていたハッチから落下し大怪我をしています。その結果、海軍大学教官というスタッフ部門に配置転換されていました（一九一〇年十一月三日）。彼は教官として秋山から得た情報を含めた教材で講義を進めていたのです[*81]。

「マーブルは事故によって身体的な自由を失っていた。そのため彼はもはや艦船に乗務する海軍でのキャリアは終わったと感じていたらしい。……普段から夜遅くまで研究に没頭することがつねであったマーブル中佐は（その夜はひどく）気落ちしたらしく、自らの命を絶ったようだ」（『ニューヨーク・タイムズ』紙、一九一一年二月二十日付）マーブル中佐の自殺は、高まりつつある日米の対立を暗に象徴する事件だったのかもしれません。

◉**原註**

＊1　The Samoan War 1889–1899, *Powerhouse Museum Curatorial Research series*, 2009, p3. http://www.powerhousemuseum.com/pdf/OPAC/264952.pdf

＊2　"Six War Vessels Sunk"『ニューヨーク・タイムズ』一八八九年三月三十日付。

＊3　アメリカン・システムの詳細については『日米衝突の根源』4章「南北戦争」中の「アメリカン・システムとは何か」の項を参照されたい。一一八頁（文庫版一四六頁）。

＊4　German Colonies in the Pacific, National Library of Australia. http://www.nla.gov.au/selected-library-collections/german-colonies-in-the-pacific

＊5　Deutsche Handels und Plantagen Gesellschaft der Südesee Inseln zu Hamburg.

＊6　Bismarck Archipelago ニューギニア北東部の海域に広がる群島。

＊7　ビスマルク諸島のニューブリテン島北東端の港。ラバウルに近い。

＊8　Jennifer L. Cutsforth, Quest for Empire: The United States Versus Germany (1891–1910),

Illinois Wesleyan Univ. History Dept. Honors Project Paper28, 1995, p2.

＊9　Andrew White（一八三二―一九一八）元コーネル大学学長。駐ドイツ大使の任期は一八九七年から一九〇二年まで。

＊10　Quest for Empire, p3.

＊11　Otto von Diederichs（一八四三―一九一八）ドイツ帝国海軍提督。海軍参謀長。

＊12　左記参照。
http://www.jstor.org/discover/10.2307/4086082?uid = 3738328&uid = 2&uid = 4&sid = 21101268836301

＊13　Quest for Empire, p9.

＊14　北マリアナ諸島法務省ホームページ。「北マリアナ諸島の歴史」第二章。
Dirk HR Spennemann, Law and Courts in the Northern Marianas during the German Colonial Period (1899–1914), p7.

＊15　同右　p7.

＊16　Quest for Empire, pp10–11.

＊17　同右　p10.

＊18　同右　p10.

＊19　United States Geological Survey Mineral Resources Program.
http://www.indexmundi.com/en/commodities/minerals/diamond/diamond_(industrial)/diamond_(industrial)_t5.html

＊20　同右。
http://www.indexmundi.com/minerals/?product = gold & graph = production

*21 William L. Scruggs（一八三六—一九一二）法律家、外交官。ジャーナリストでもあった。

*22 Thomas G. Paterson, J. Garry Clifford, Shane J. Maddock, Deborah Kisatsky, Kenneth J. Hagan, *American Foreign Relations*, vol. 2: since 1895, Wadsworth, 2010, p5.

*23 クリーブランド政権がハワイ併合を見送ったことで、共和党の海外拡張を主張する勢力の怒りを買った経緯については『日米衝突の根源』の13章「ハワイ攻防戦」を参照されたい。

*24 原文は以下のとおり。Turn this Venezuela question up or down, North or South, East or West, and it's a "winner". *American Foreign Relations*, vol. 2: since 1895, p5.

*25 Richard Olney（一八三五—一九一七）国務長官の任期は一八九五年から九七年まで。

*26 *American Foreign Relations*, vol. 2: since 1895, p6.

*27 同右　p7.

*28 同右　p7.

*29 Julian Pauncefote（一八二八—一九〇二）法律家、外交官。駐米大使の任期は一八九三年から一九〇二年まで。

*30 *American Foreign Relations*, vol. 2: since 1895, p7.

*31 同右　p8.

*32 同右　p8.

*33 同右　p8.

*34 Cipriano Castro（一八五八—一九二四）ベネズエラ大統領。任期は一八九九年から一九〇八年まで。

*35 Edmund Morris, A Matter of Extreme Urgency, *Naval War College Review*, Spring 2002, p74.

＊36　同右　p75. 原文は以下のとおり。
If any South American country misbehaves toward any European Country, let the European country spank it.

＊37　同右　p75.
＊38　同右　p75.
＊39　同右　p76.
＊40　同右　p77.
＊41　同右　p78.
＊42　同右　p79.
＊43　ルーズベルトは一八五八年十月生まれ、ヴィルヘルム二世は一八五九年一月生まれ。
＊44　A Matter of Extreme Urgency, p80.
＊45　同右　p80.
＊46　フリードリヒ二世（一七一二―八六）プロイセンの啓蒙専制君主。
＊47　A Matter of Extreme Urgency, p83.
＊48　Cecil Arthur Spring-Rice（一八五九―一九一八）イギリス外交官。一九一二年には駐米大使。
＊49　Nelson Manfred Blake, Ambassadors to the Court of Theodore Roosevelt, *American Heritage*, Feb. 1956.
http://www.americanheritage.com/content/ambassadors-court-theodore-roosevelt

＊50　同右。
＊51　A Matter of Extreme Urgency, p81.
＊52　同右　p83.

＊53　Adolf Carlson, *Joint U. S. Army-Navy War Planning on the Eve of the First World War: Its Origins and Its Legacy,* U. S. Army War College, 1998, p10.
＊54　同右　p11.
＊55　同右　p12.
＊56　同右　p13.
＊57　Tasker H. Bliss（一八五三―一九三〇）
＊58　*Joint U. S. Army-Navy War Planning on the Eve of the First World War,* p14.
＊59　同右　p14.
＊60　同右　p15.
＊61　同右　p15.
＊62　同右　p15.
＊63　Frederick Palmer, *Bliss-Peacemaker,* Dod-Mead & Co., 1934, p82.
＊64　同右　p83.
＊65　同右　p89.
＊66　黒野耐「第二次日英同盟と国防方針（『防衛研究所紀要』第５巻第３号、二〇〇三年三月）六九頁。
＊67　同右、六九頁。
＊68　同右、七二頁。
＊69　同右、七二頁。
＊70　同右、七二頁。
＊71　同右、七二頁。

＊72　同右、七三頁。
＊73　同右、七四頁。
＊74　東京大学東洋文化研究所、田中明彦研究室データベース。
http://www.ioc.u-tokyo.ac.jp/~worldjpn/documents/texts/pw/19050812.T1J.html
＊75　高橋文雄「明治40年帝国国防方針制定期の地政学的戦略眼」（『防衛研究所紀要』第6巻第3号、二〇〇四年三月）八三頁。
＊76　同右、八四頁。
＊77　同右、八四頁。
＊78　同右、八四頁。
＊79　同右、八四頁。
＊80　Lisle A. Rose, *Power at Sea*, Vol. 1, 1890-1918, Univ. of Missouri Press, 2007, p153.
＊81　同右　p153.

# 第6章　迷走するドイツ外交

## 「黄禍論」外交（Yellow Peril Policy）の始まり

「ドイツはその外交方針策定にあたって二つの要素をつねに考慮してきた。一つは『日本禍』であり、もう一つが『アメリカが抱える二正面作戦のジレンマ』である。カリフォルニア州における日本人移民排斥問題で表面化している『黄禍《こうか》（日本禍）』は、一九〇二年から始まった日英同盟に楔《くさび》を打ち込み、アメリカとドイツが友好関係を結ぶ可能性をもたらした。そうしなければ（友好関係を結ばなければ）、ドイツは日本と同盟を結ぶかもしれないとアメリカを脅すうまい手もあると考えた[*1]」

ヨーロッパ大陸勢力の雄となって現れたドイツ帝国にとって、イギリスは海洋への出口をがっちりと押さえ込んでいる意地の悪い国でした。ドイツが世界の海洋に進出するためには、その前庭のような北海での制海権の確保は不可避でした。しかし北海は世界一の海軍力を持つイギリスによってコントロールされ、ドイツの自由な行動を妨げていたのです。

ドイツと英国のライバル関係は変えることはできない。これがドイツ指導者層の基本的な考えでした。ドイツの政治家は、イギリスの大陸国との外交政策は、つねにヨーロッパ大陸で最も強い国、あるいは強くなりそうな国を叩くという傾向があることを見出していたのです。スペインの強い時代にはスペインを弱体化させ、ナポレオンが台頭するとフランスを叩き、ロシアが強大化し西に関心を示すとそれを押さえ込んでいます。プロシアがドイツ民族を統一し、ドイツ帝国がヨーロッパで最も進んだ工業国に変貌を遂げる時代にあって、ドイツはイギリスにとって最も危険な「ヨーロッパの最強国」になったのです。英国は必ずドイツを潰しにくるのです。ドイツ帝国宰相ベルンハルト・フォン・ビューローは自著のなかで次のように述べています。

「一八六六年から一八七〇年にかけて、プロシアはドイツ帝国となり大陸での最強国となった。かつてフランスがヨーロッパ最強であった。しかし太陽王（Roi Soleil）のルイ十四世や二人のナポレオン（注：ナポレオン一世と三世）がフランスを指導した時代は終わり、ヨーロッパ最強国の地位はフランスからドイツに移った。英国はその伝統から必ずヨーロッパ最強国と敵対する政策をとる。つまりわがドイツ帝国とは対立せざるを得ない」[*2]

ドイツは「イギリスとの敵対が不可避」を前提とした外交政策を立案するのです。その延長線上で、大西洋の向こう側で台頭するアメリカとどう付き合うかを決めなくてはならなかったのです。イギリスとアメリカが同盟関係に入ることはドイツにとっての最悪のシナリオでした。

ヴィルヘルム二世の治世が本格化する十九世紀末には、英米はいがみ合っていました。両国の提携は考えられない時代でした。ですからドイツが嫌悪するアメリカの手前勝手な外交方針「モンロー・ドクトリン」には激しく抵抗できたのです。しかしベネズエラやサモアでの対立解消の過程でしだいに二つの国は距離を縮めてしまいました。

その上、ドイツが最も恐れていたイギリスとアメリカの本格的な提携が、アメリカが日英同盟のサイレントパートナーとなることで現実のものになってしまったのです。ドイツの恐れる英米の同盟関係の構築に日本が鎹《かすがい》となったのです。ドイツがこの関係の不安定化を外交目標としたのは当然でした。

ドイツにとってカリフォルニアの人種問題（日本人排斥運動）は、その目的達成のためには実に都合のよいツールでした。ドイツには黄禍を白人種に訴えて人種問題を外交に利用する伝統がすでにできあがっていました。それは対ロシア外交で使われ、十分な成功を収めていたのです。

ドイツの国防にとって、海への出口を邪魔するイギリスと同じように、大陸の東部で、つまり大陸の裏口からヨーロッパ大陸の様子を窺うロシアも危ない存在でした。

ロシアの関心をつねにその東、つまりアジア方面に向けることはドイツの国防上重要なことでした。こう考えるドイツにとって、イギリス連邦のカナダが太平洋岸の良港バンクーバーにつながる大陸横断鉄道（Canadian Pacific Railway：ＣＰＲ）を完成（一八八六年）させたのは喜ばしいことでした。

極東で有事があった場合、この鉄道を利用することでイギリスはロシアよりも早く極東地域へ物資を輸送することが可能になったのです。ＣＰＲの西海岸到達に刺激されたロシアがシベリア鉄道建設を決め、皇太子ニコライがウラジオストックで予定される起工式典参加の旅に発ったのは一八九〇年十一月のことでした。

ロシア皇太子ニコライが移動距離五万キロメートルを超える長旅をしてまで、自らこれに出席するのを決めたことは、ロシアの関心がアジア方面にシフトしていることを示すものでした。ドイツにとっては歓迎すべき環境ができあがったのです。ニコライがウラジオストックへの途次に訪問した日本で警備の警官に斬りつけられ、危うく命を失いかける事件も発生しています（大津事件、一八九一年五月十一日）。ドイツにとっては都合のよい暗殺未遂事件でした。

黄禍論を使った外交が初めて現実に功を奏したのは、日清戦争後に日本が獲得した遼東《りょうとう》半島を放棄させた事件でした（三国干渉）。歴史家はドイツには三つの目的があったと理解しています。[*3]

一、アジア大陸への日本の進出を阻止すること
二、日本に遼東半島の返却をさせた見返りとして、中国から商業および軍事の基地と経済特権（鉄道建設、鉱山開発）とを獲得すること
三、ロシアの関心をヨーロッパからそらすこと
北海の制海権をめぐる独英のせめぎ合いを念頭におけば、三つ目の動機こそが最も重要であったことがわかります。これはドイツ本国の安全保障に直結する問題なのです。

ドイツ皇帝ヴィルヘルム二世とロシア皇帝ニコライ二世は従兄弟の関係にあり、頻繁に私的な手紙のやりとりをしています。三国干渉を実施した直後の手紙のなかで、ヴィルヘルム二世はロシアの態度を褒めちぎっています。その上で「ロシアがアジアの平和の問題に専念できるように、ドイツはロシアの後方を守って、ヨーロッパの平和を維持することを約束した[*4]」のです。

さらに「ロシアのこれからの大きな課題はアジア大陸を啓発し、大いなる黄色人種からヨーロッパを守ることであることは明白」だと述べています。この直後にしたためられた手紙のなかで「あなたがロシアの偉大なる将来――すなわちアジアを啓発し、十字架とヨーロッパの古いキリスト教文化をモンゴル民族と仏教の進出から守ること――を早く把握したことに対して、ヨーロッパは感謝しなければなりません[*5]」と述べ

ヴィルヘルム二世がロシア皇帝ニコライ二世に送った「黄禍」のイメージ図。「ヨーロッパの諸国民よ、汝らの神聖な財産を守れ」と題されている

てニコライ二世の自尊心をくすぐったのでした。

これに続いて一八九五年九月二十六日付の手紙に、後に有名になる「黄禍」の絵（上）を同封しました。[*6] もちろんこの絵はありません。彼のアイデアを画家ヘルマン・ヴィルヘルム二世自身が描いたものではありません。彼のアイデアを画家ヘルマン・クナックフース[*7]に具象化させたものでした。「黄禍」が具象化され、ロシアの眼を東方に向かわせるには有効なツールでした。

大天使ミカエルがヨーロッパ各国に向かって、東方から黒雲に乗って現れる仏陀に注意を払うよう説いています。呼びかける相手はロシアに限定されていません。フランスにもイギリスに対しても黄色い民の危険性を喚起しているのです。仏陀はアジアの未開性（野蛮性）と異教崇拝のシンボルでした。ヨーロッパ諸国民の上空に十字架が描かれ、キリスト教文明国の団結を暗に訴えています。この絵のビジュアル的インパクトが絶大であることを確信したヴィルヘルム二世は、ドイツの有力汽船会社二社（ハンブルク・アメリカ社と北ドイツ・ロイド社）のすべての船舶にこの絵の掲示を指示しました。[*8]

## ドイツの極東進出

ドイツはロシアの極東進出を本国の安全保障の観点から後押ししていました。ドイツ自身の極東進出つまり支那進出には必ずしも積極的とは言えませんでした。それでも老朽艦で編成された巡洋艦隊を組織し（一八九四年）、支那沿岸部に軍港の確保を狙っていました。そのなかの一隻が、後日マニラ湾でデューイ提督と一悶着起こすことになる防護巡洋艦「イレーネ」でした。

三国干渉から二年後の一八九七年十一月四日、ドイツ人宣教師二人が山東省南部で殺害される事件が発生します。山東省沿岸は以前からドイツ海軍が軍港に適した港を探していた地域でした。しかしこのあたりもロシアが狙いをつけていましたから、ヴィルヘルム二世は積極的な行動を自粛していました。

「ドイツ外務省高官も山東省はドイツの植民地とするには望ましい地域だと考えていた。しかしロシアがそれに反発することを危惧して具体的な行動は抑制していた。ところが宣教師殺害の事件はドイツ皇帝に格好の口実を与えることになった。皇帝はただちにこの地域の占領を命じたのである」[*9]

西洋列強諸国の支那進出にはつねにキリスト教宣教師の活動が関係していました。むしろ宣教活動は支那進出の歴史そのものである、と言い切ってしまってもいいかもしれません。ヨーロッパ列強の対清国への戦いの端緒となったアヘン戦争では、ロンドン伝道会のロバート・モリソンがマカオで指導した宣教師が、イギリスの外交官と見做してもいいほどの活躍をしていました。モリソンは聖書の漢訳事業や漢語に堪能な宣教師を育てた布教活動の先駆者でした。

彼の門下生の中でも、とくにプロシア出身のカール・ギュツラフ[*10]はイギリス海軍の水先案内人や清国官僚との通訳となって活躍したのです。十九世紀半ばの対支那外交の現場では、漢語に堪能な外交の専門家はいませんでした。ですから早い時期から聖書の翻訳や説教のために漢語を学んでいた宣教師が重宝されていたのです。

時代が下ると漢語を操れる外交の専門家が増えていきます。それに伴って宣教師が国家間外交に関与することはなくなっていきました。しかし彼らの初期の活躍で清国は開国し、その結果として、彼らが本来の布教活動に専念できる場所を増やしたことは間違いない事実でした。

宣教師が外交官として活躍する時代は去りましたが、彼らの布教の情熱はいっこうに衰えることはありませんでした。条約上外国人の居住を許された開港都市を離れ、地方の村落にも果敢に潜入し布教活動を進めていたのです。宣教師は家族を連れ、周囲には外国人のまったくいない町や村に入り込んでいきました。

彼らのこうした活動は西欧諸国の外交官にとっては頭痛の種でした。

「一八六〇年の天津条約が結ばれるとプロテスタント宣教師は中国の内陸部一帯に広がっていった。天津条約第九条では、内陸部での活動は商用や旅行者の一時的なものに限られていた。米国国務省も英国外務省も『内陸部における短期滞在の特権は、そうした地域での外国人の不動産賃貸や購入を認めるものではない』という考えで一致していた」[*11]

「それにもかかわらずプロテスタント宣教師は、条約を内陸部の布教活動の正当化に使った。その結果として外交関係者が処理しなくてはならない揉め事を増やしたのである」[*12]

宣教師は布教の中心となる不動産の取得に自らの名前を使うようなことはしません。教化された支那人教徒の名前を使い、地方官吏にはそれを黙認するよう工作したのです。「一八六〇年から一九〇〇年にかけての宣教師活動をめぐるいざこざのほとんどが不動産にかかわるもの」[*13]でした。

外交交渉の最前線にいる外交官にとっては頭の痛い宣教師の内陸部での布教活動も、

冷酷な外交の場面では時に有用な場面を作り出します。十一月四日のドイツ人宣教師殺害事件はヴィルヘルム二世にとってまたとない支那進出の口実を提供したのです。

宣教師殺害事件からわずか十日後には山東半島東南岸にある膠州湾を占領し、翌九八年三月六日には清国との間で膠州湾租借条約を結び、同地周辺を九十九年間ドイツ統治下に置くことに成功するのです。

この事件についてドイツ指導者がどのように考えていたかは当時宰相であったビューローの国民議会での演説[*14]で知ることができます。

「われわれは清国の体面を傷つけようなどとは思っていない。わが国民が明らかに不正義を被ったにもかかわらず、膠州湾の占領にあたっては細心の注意を払った。われわれは清国とはこれまでと同様の友好関係が続くことを望んでいる。その実現には両国が互いを尊重することが肝要である。わが国の宣教師を虐殺（massacre）した事件が起こった以上、わがドイツは介入せざるを得なかった。敬虔な彼らは平和裏に布教の場を求めていただけだったのだ」

「ドイツ人宣教師、商人、ドイツ製品、船舶そしてドイツ国家の尊厳は他の列強のそれと同様に尊重されなければならない。（中略）われわれはこれまでと同様に、わが国の権利を極東においても西インド諸島においても守り抜かなければならない。そのやり方は強引なものではない。しかし女々しいものでもないのである」

ビューロー宰相の国会でのこの演説は、歓声と拍手に包まれたと記録されています。

ヴィルヘルム二世は膠州湾の占領でロシアの機嫌を損ねないように注意しています。一八九八年一月四日付のロシア皇帝への手紙で、その権益を遼東半島まで南下させているロシアに対して「東洋において真理と光の福音を宣言するため、ドイツとロシアを象徴する黄海《こうかい》の海岸で見張り番の哨兵をあらわす絵を、あなたのために描きました」[*15]と綴り、清国への進出はあくまでロシアとの提携のもとで行う、との意思を伝えたのです。

この二ヵ月後にロシアが旅順《りよじゅん》を占領すると「旅順での成功に終わった行動を心からお喜び申し上げます。私たち二人は、ポー海（渤海《ぼっかい》）の入り口にいるよい見張り番の哨兵として、特に黄色の民族たちからきっと尊敬されるでありましょう」とニコライ二世に媚《こび》を売るようなメッセージを送っています[*16]（一八九八年三月二十八日付）。

これほどヴィルヘルム二世が膠州湾の占領に気を使ったのにはそれなりの理由がありました。日本に対抗するためにロシアを味方に引き入れたい清国が、鉄道敷設権や領土的配慮をロシアに示したという噂が立っていたのです。その噂のなかには、山東省の権益もロシアに渡されたのではないかとの情報もありました。ロシアと清国が結んだ秘密条約（露清密約）が徐々にリークされていたのです。

露清密約はニコライ二世の戴冠式に出席した李鴻章《りこうしょう》を、賄賂と接待で籠絡したロシアが清国と結んだ秘密条約です（一八九六年六月三日調印）。その内容は秘密でしたがメディアがたちまち暴露したのです（『字林西報 *North China Daily News*』一八九六年十月二十八日付）。

その記事ではロシア、清国が支那領土とロシア極東領土を防衛するための同盟を結んだことや、支那領土内にシベリア鉄道の線路が敷設されること、あるいは鉄道守備隊の配備も許されたことなどが報じられていたのです。同時に膠州湾を十五年の期限付きでロシアが租借したという情報も伝わってきていました。[*17]

露清密約の存在が公にされるのは一九二二年のことですから、条約内容は非公式の情報収集で推し量るしかありませんでした。ドイツはロシアの膠州湾租借の情報を気にしていたのです。しかしその心配は杞憂に終わったようでした。

ロシアとドイツは、ヴィルヘルム二世がその手紙でも述べているように、渤海湾を東西でサンドウィッチするように囲い込んだのです。北京や天津への海からの玄関口をドイツとロシアがコントロールできる状況ができあがりました。ロシアの関心を極東に貼り付けておきながら、かつ支那市場への橋頭堡をロシアの機嫌を損ねることなく確保する。ヴィルヘルム二世はこれを成功させたのです。

この状況に危機感を募らせた英国は、山東半島北岸の港湾、威海衛《いかいえい》を清国から租借します。一八九八年七月一日に北京で調印された威海衛租借協定[*18]では、その租借期限は「旅順港がロシアに占領されている限り」（for so long a period as Port Arthur shall remain in the occupation of Russia）という表現になっています。英国はドイツとロシアに挟み込まれた渤海湾をこじ開けるかのように、威海衛をとり、軍港とするのです。独露への強烈な対抗意識を感じさせる外交の展開でした。

**義和団の乱（北清事変）その一　反西洋人意識の高まり**

ドイツの膠州湾の租借は、支那人の西洋人に対する激しい反発をさらに悪化させる触媒のような出来事でした。この頃は西洋諸国で社会進化論（Social Darwinism）の考え方が浸透していた時代でした。この思想はキリスト教宣教師の間でも広く受容されていました。未開文化のなかで埋没する人々を啓蒙しなければならないという主張が彼らの間でも勢いを増していたのです。多くの宣教師が、世界を思想的にキリスト教ドグマで征服することが神から与えられた使命と固く信じたのです。中世の十字軍にも似た情熱でした*19（in crusader-like fashion）。

外国人の居留が認められていない農村部まで家族を連れて入り込んだ宣教師たちが最も忌み嫌ったのは、農民たちに広がる先祖崇拝の思想でした。しかしこの先祖を敬う態度こそが支那の文化の根幹でした。先祖崇拝を否定するキリスト教を広める宣教師は、支那の農民にとっては悪魔（Foreign Devils）そのものでした。キリスト教に改宗した農民たちは地域共同体活動への参加を拒否し、長年当然のように負担してきた地域の分担金の拠出までも拒否するようになるのです。

清朝地方官吏の腐敗で社会システムは不安定化し、支那北部は旱魃《かんばつ》に襲われています（一八九九年）。これは前年に起こった渤海湾に流れ込む黄河の氾濫に続く災害でした。多くの若い男たちは強いフラストレーションを抱えたまま、何もすることがない状況に陥るのです。義和団（Boxers）はこうしたなかで結成された互助的な組織でした。組織に入れば食べる心配だけはなくなったのです。この組織が真っ先にターゲットにしたのは、腐敗した地方官吏ではなく、西洋人宣教師やキリスト教に改宗した同胞でした。カソリックもプロテスタントも義和団にとってはどうでもよいことでした。どちらの宗派も襲撃の対象でした。

先祖崇拝を否定し、時に横柄なまでに支那人農民を見下す態度を見せる宣教師への反感から、彼らはキリスト教関係者を次々に襲い始めたのです。歴史家ジョセフ・エシャーリックは一八九九年五月から翌年の一月までに山東省で発生した事件を細かく分析しています。[*20]

義和団の反キリスト教徒、反西洋人の数々の事件を目の当たりにして、これを西洋諸国の支那進出への嫌がらせに利用しようとしたのが山東省総督でした。非正規軍として積極的に義和団のメンバーをリクルートするのです。

**義和団による事件リスト** (*21)

| | 対キリスト教関係者 | 非キリスト教徒 |
|---|---|---|
| 器物損壊 | 27 | 0 |
| 盗み | 240 | 19 |
| 穀物盗難 | 78 | 5 |
| 財物強要 | 82 | 13 |
| 誘拐 | 13 | 4 |
| 放火 | 121 | 11 |
| 殺人 | 5 | 3 |
| 計 | 566 | 55 |

つまりこの叛乱は清朝に対する不平の捌け口としての側面を秘めながらも、全体としては清朝そのものが迫りくる西洋列強への対抗措置として義和団を利用した事件と考えたほうが自然なのです。[*22]

義和団は英語ではBoxersと呼ばれています。彼らの起源ははっきりしませんが、ボクサーのようなスタイルで健康体操（Calisthenics）に集まる集団だったといわれています。このグループは山東省西部の冠県《かんけん》周辺で活動していました。確かに彼らは反西洋人的活動をしていたものの、この地域に限定されたものでした。

ほとんど関心を持たれなかった義和団が一気に世間の注目を集めるきっかけになったのは、一八九九年三月に山東省を管轄する直隷《ちよくれい》総督裕禄《ゆうろく》が、彼らの反西洋人の動きを黙認してからでした。彼は反西洋人の急先鋒であり、とりわけ宣教師グループに対して激しい敵意を見せていた人物でした。政府のお墨付きを得た義和団の活動は一気に過激に、そして広範囲なものに変化していくのです。[*23]

## 義和団の乱（北清事変）その二　ドイツ公使暗殺

激しさを増す義和団の反西洋人の活動は、しだいに首都北京に及んでいきました。一九〇〇年六月五日には天津と北京を結ぶ鉄道が破壊され、北京は山東方面からのアクセスを遮断されてしまいます。十日には義和団の最初の一団が、北京市内の各国公使館の集まる一画である東交民巷《とうこうみんこう》近くに現れ、日本公使館書記官の杉山彬《あきら》を殺害する事件を起こしています（十一日）。杉山は義和団ではなく清国の正規軍である董福祥《とうふくしょう》の部隊に襲われていますから、清国そのものが反西洋人の戦いを始めたことは明白でした。二十日には義和団の少年メンバー殺害の復讐として、ドイツ公使ケットレルも殺されます。

「六月二十日朝八時ドイツ公使フォン・ケットレル男爵は、コルデス書記官を連れ清国政府との交渉のため総理衙門《そうりがもん》に向かった。オーストリア公使館前に設置された清国警備所まで来ると、兵士がエスコートすると申し出たので、男爵は護衛を帰し書記官と二人で出かけることにした。総理衙門の建物に近づくと、兵士たちは男爵に背後から銃弾を浴びせた。彼は前のめりに倒れ息絶えた[*24]」

「（前を行く男爵の殺害を見た）コルデスも重傷を負ったが、這いずって東交民巷まで帰ることができ、一命を取り留めている。この卑劣な行為が各国外交関係者に知れ渡ると、北京市内の外国人は保護を求めて英国公使館に集まってきた。この日の午後四時に東交民巷は包囲された。八月十四日に解放されるまでのおよそ二ヵ月間にわたる籠城の始まりであった[*25]」

公使を殺害されたことを知ったヴィルヘルム二世の憤りには凄まじいものがありました。包囲された東交民巷解放のために八ヵ国（英国、アメリカ、ドイツ、フランス、ロシア、オーストリア、日本、イタリア）が連合軍を派遣することになるのですが、ドイツ公使殺害が発端となっている以上、連合軍の指揮はドイツに任されるべきだと主張し、それを強引に認めさせました。

ヴィルヘルム二世は北京に向かう遠征部隊に訓示を述べています。

「異教の文化は、どんなに立派で優れていようと、全て滅びるのだ。（中略）軍紀と規律の模範、克己心と自制心の模範を見せてくれたまえ。装備のいい軍隊が相手だが、諸君は復讐するのだ。ただ一人の大使《ママ》の死に対して、ではなく、数多くのドイツ人とヨーロッパ人の死に対して。諸君が進軍すれば、敵は敗走するしかない。情け容赦は無用である。皆殺しにしてくれたまえ。敵の捕虜をどうしようと諸君の勝手だから[*26]」

（七月二十七日）

「敵は暴力とずるさ、放火と殺害によって、ヨーロッパの貿易とヨーロッパの精神の進出を妨げ、キリスト教の倫理と信仰の大成果を阻止しようとしている。しかし、神の呼びかけがもう一度聞こえてくる[*27]」

司令官に任命されたアルフレート・ヴァルダーゼー元帥はドイツ本国から派遣されていますから、元帥の北京到着は遅れています。彼が北京防衛の東の拠点である大沽《ターク》に現れるのは九月二十一日になっていました。連合軍の北京解放（八月十四日）からすでに一月以上が経過していたのです。

北京の治安悪化は杉山書記官やケットレル公使殺害以前から始まっていました。市内に居住する同胞の安全を憂慮した各国が、取り急ぎ四百五十の兵士を派遣したのは五月三十一日のことです。しかし治安は悪化の一途をたどり、憂慮したイギリス公使クロード・マクドナルドが大沽近くで遊弋していたイギリス艦隊司令官エドワード・セイモア提督に救援を要請しています。杉山とケットレルが殺害されたのは、セイモア提督の準備した部隊が北京に向けて進軍（六月十日）していた最中でした。部隊は準備不足と義和団の妨害で北京まで三十マイル（およそ五十キロメートル）のところで立ち往生していました。

セイモア提督の北京救援軍は連合国による混成軍でした。その構成はイギリスとドイツの兵士を中心として次のような構成になっていました。[*28]

英国＝九百十六
ドイツ＝五百四十
ロシア＝三百十二

フランス＝百五十八
アメリカ＝百十二
日本＝五十四
イタリア＝四十
オーストリア＝二十五
　計＝二千百五十七

混成軍の弱点である指揮命令系統の曖昧さに加え、セイモア提督は北京への移動をあまりに安易に考えていました。天津から北京に通ずる鉄道を利用したのです。六月十日午前九時に天津を出発した部隊は各地で義和団に襲撃されています。線路は各地で分断されていましたから、補修を続けながらの緩慢な移動でした。

セイモア提督が進軍を断念したのは、北京まで三十マイル（およそ五十キロメートル）にある安平《あんぺい》駅近くでした。しかしその退却も進軍時と同じように、各地で敵に襲われる危険なものでした。渤海湾に注ぐ海河《かいが》にかかる鉄橋もすでに破壊されていたため、途中からは乾季で水量の細った海河沿いに小船を利用しての撤退になったのです。

天津北西部の北倉《ほくそう》まで戻ってきた部隊はこの村で激しい銃撃戦の末、敵を撃退したものの多くの犠牲を出してしまいます（六月二十一日）。弾薬・食料も底をつき部隊の命運もこれまでと思われた時、天の采配であるかのように守備の薄い清国軍の軍用倉庫を発見するのです。この建物を占領すると、セイモア提督は籠城戦を決めています（六月二十二日）。後は弾薬・食料が尽きるまでに救援の連合軍が現れるのを待つしかありませんでした。

関係各国の現地指揮官は、セイモアの部隊の安否を気にかけていました。しかし救援の部隊を簡単に出すわけにはいきません。北京との中間にある天津を攻略しなければ、どうにもならなかったのです。セイモア提督の失敗は、清国正規軍や義和団が跋《ばっ》扈《こ》する天津を征圧しないまま北京への進軍を急ぎすぎたことでした。

天津攻略には、北京から天津を抜け、渤海湾に注ぐ海河河口に築かれた大沽口砲台を破壊しなくてはなりませんでした。六月十七日、連合国の八隻の砲艦が艦砲射撃を始め、地上部隊が砲台を占拠します。砲台の占拠を戦争行為と見做した清国政府は連合国に対して宣戦布告することになります（六月二十一日）。これによって非政府組織である義和団に対する連合国の戦いは、対清国戦争へと変質したのです。

清国の宣戦布告を受けて連合国は兵力を一万四千にまで増やしています。包囲された北京の東交民巷を解放するには四万から六万の軍隊が必要と見込まれていました。しかし、この時点で集められる兵力はこれが精一杯の数だったのです。連合軍は大沽口砲台征圧後ただちに天津に向かい、北京と同じように封鎖されていた天津の外国人疎開地を解放します（六月二十三日）。英国陸戦隊五百、ロシア兵九百で構成された勢力で、立ち往生していたセイモアの部隊が救援されたのは六月二十六日のことでした。この時点でセイモアの部隊は戦死者六十二、負傷者二百二十八を出していました。セイモアの部隊は何の成果も出せず、十七日間の戦いを終えたのです[*29]。

連合軍は当面の目的を達成したものの、天津を本格的に攻略するにはさらに三週間の準備が必要でした。天津市内には固い城壁に守られた天津城があります。そこには清国正規軍、義和団併せておよそ二万の兵力が籠もっています。これを完全に鎮圧しない限り安心して北京に向かうことはできなかったのです。

七月十三日早朝に開始された天津総攻撃には英国、フランス、ドイツ、ロシア、日本、アメリカの六ヵ国、併せて八千の兵力が用意されています。名目上の総指揮官はロシア海軍アレクセイエフ中将でした。連合軍の総攻撃は天津を取り巻く城壁の北東方面からはロシア、ドイツ、フランスの連合軍が襲い、日本、英国、アメリカで構成される主力部隊が南側にある城門を攻略する作戦でした。

アレクセイエフはロシア極東地区の軍政長官でした。彼には要塞を陥落させた経験はありません。

「七月十二日、アレクセイエフは各国の指揮官を招集して、天津城攻撃のプランを協議した。（中略）彼は海軍提督であり軍政長官ではあったが、要塞攻撃の経験はなかった。攻撃部隊で最も多くの兵員を動員したのは日本であり、日本軍の総司令官で山口

（注：素臣《もとおみ》）中将が（連合軍の）指揮をとるべきだった。しかしロシアは日本人の指揮下に入るのを断固として拒否した」[*30]

## 義和団の乱（北清事変）その三　天津城攻防戦

天津城南門攻撃に向かう部隊が集合を始めたのは、まだ夜も明けぬ七月十三日午前三時のことでした。天津城に近づくためにはその外周を囲う土塀を乗り越えなければなりません。かつて太平天国の乱に備えた防壁でした。午前六時頃には日本軍とイギリス歩兵部隊（the Royal Welsh Fusilier）がこれを突破しています。その後にアメリカ海兵隊、イギリス海軍部隊、アメリカ第九連隊が続いています。

土塀を越えると城の南門に通じる道は狭い土手道が一本あるだけでした。周囲は低地で堀が巡らされているなかを走っている道でした。前進する日英の部隊に激しい銃撃が城内から浴びせられます。義和団の兵士は城外西方にも展開し、北に向かって進む連合軍の左手からも銃撃してきたのです。反撃するために縦列を組んでいた部隊のうちイギリス歩兵部隊、アメリカ海兵隊は左翼に回り、日本軍はそのまま中央に残りました。

左翼には道は通じていません。田んぼや沼沢の中を弾除けになる低地や遮蔽物を探しながらの前進でした。土塀から天津城まではおよそ一マイル（一・六キロメートル）

です。しかし城壁まで八百ヤード（およそ七百二十メートル）のところでまったく動けなくなります。

「うだるような暑さだった。土塀と天津城の間には水田、塩田あるいは墓地がごちゃまぜになっていた。そこに支那兵は、近くの水路から下水を流し込んでいた」[*31]

天津城の壁は高さ九メートル、幅は五メートルもあり、清国軍はそこに最新型のクルップ社製四・七インチ砲を備えていました。彼らは西洋式の訓練を受けた部隊でした。[*32]そこからの砲弾に加え、城外に出ている義和団兵からの攻撃が激しさを増すと、左翼を進む部隊は一歩も進めなくなったのです。

縦列部隊の後方に控えていたアメリカ第九連隊はたちまち前線に出なくてはなりませんでした。南門攻撃の司令官となっていたドーワード准将からは明確な指令がないままに、当初は左翼の支援に回り、次にしだいに劣勢になった右翼の攻撃に向かうことになりました。この第九連隊も前進も後退もできない状況に陥ってしまいました。この模様は次のように報告されています。

「第二大隊指揮官のジェームズ・レーガン少佐は負傷していた。（中略）九時前には第一大隊を指揮するリー少佐に、連隊長のリスカム大佐が瀕死の重傷を負ったことが報告された。リーが隊の指揮をとることになったが、彼にできることはほとんどなかった。前進も後退も同じように危険で地面に這いつくばるしかなかった。なかには銃弾を避けるために脇の下まで水に浸かったままで立ち往生している者もいた」[*33]
すべての軍隊が硬直状態に陥ったこの日の午後、指揮官会議が開かれています。そこで採用されたのは福島少将の意見でした。両翼に布陣する英軍と米軍は、日が暮れしだい、闇に隠れて後退し、中央を攻める日本軍とフランス軍の援護に回る。翌日あらためて中央突破を図るというものでした。

日本軍工作部隊はその夜も繰り返し南門の破壊工作を試みています。しかし爆薬を仕掛けるたびに支那兵が飛び出してきて導火線を切ってしまい、爆破工作は困難をきわめました。危険を顧みず日本の工作隊員が短い導火線の爆薬を使い、門の破壊を成功させたのは翌十四日早朝三時のことでした。死を賭した破壊工作の成功の後に連合軍が城内に入ると、そこはもぬけの殻でした。清国兵も義和団兵士も南門の爆破を受けてみな城を捨てて逃げ出していたのです。福島少将が作戦の成功を確信したのは午前九時を過ぎた頃でした。

天津城攻撃での連合軍の犠牲者は七百五十に及んでいます。[*34]中央突破を担当した日本軍が最も多い四百名近い犠牲者を出し、他の部隊もそれぞれ百名前後の死者を出したのです。

多大な犠牲を払った天津城攻防戦ですが、それは北京に籠城する連合国の外交官や同胞を救出するための過程に過ぎませんでした。すぐにでも救出に向かうことが必要であることは連合国軍の指揮官にはわかっていました。しかしセイモア部隊の過ちを繰り返さないためには入念な準備と連携のとれた作戦立案が不可欠でした。北京攻略には兵力が不足していましたから増援部隊の到着を待つ必要もあったのです。

アメリカ陸軍は北京攻略に向けて大物を米本土から送り込んでいます。五十八歳のアドナ・シャフィー少将です。南北戦争、対インディアン戦争、米西戦争を経験し、キューバ軍政長官レオナード・ウッドの参謀長を務めたばかりでした。増援部隊とともにサンフランシスコを出港した将軍が、三週間の船旅を経て長崎に到着したのは七月二十四日のことでした。将軍の乗る防護巡洋艦「ニューアーク」に駐日公使と長崎県知事が乗船し、最新の情報を伝えています。[*35]

天津にシャフィーが到着したのは七月三十日の昼でした。この頃にはすでに各国の増援部隊が到着し、兵站《へいたん》の準備もほぼ完了していました。八月三日の宵に開催された各国指揮官会議で部隊の陣容が確認され翌日の出発が決定されています。総指揮官には外交交渉の結果、ドイツのヴァルダーゼー元帥が決定していましたが、彼はまだ天津には到着していません。暫定的な総司令官に互選されたのは英国陸軍のアルフレッド・ゲイズリー（Alfred Gaselee）少将でした。ゲイズリー少将の選任は各国の思惑が入り乱れた結果でした。

「ロシアは初めからイギリス人、日本人あるいはアメリカ人の指揮下には入らないと決めていた。フランスはセイモア提督部隊の失敗を理由にイギリス人の指揮下に入るのを嫌った。日本人将校が指揮することが合理的な判断だと考える者もいた。日本は北京攻略に最大規模の軍隊を派遣しており、かつ最も強力な部隊であると見做されていた。また指揮官である山口中将の階級は各国指揮官のなかでも最高位であった[*36]」

連合軍の規模はおよそ一万八千。日本は最大規模の八千の部隊を派遣していました。それでも山口中将が指揮官に選ばれることはありませんでした。このときの各国の派遣兵力は次のとおりです[*37]。

日本＝八千
ロシア＝四千八百
英国＝三千
米国＝二千百
フランス＝五百

進軍のコースは鉄道を避け、海河の両岸を進んで北京の東に位置する通州《つうしゅう》まで北上し、そこから西に進んで北京を攻略することに決定しています。

## 義和団の乱（北清事変）その四　北京解放

八月四日午後に進軍を開始した連合軍は、セイモア軍が籠城していた軍用倉庫付近で二手に分かれています。海河の右岸（南岸）を日英米の軍が、左岸（北岸）をロシアの軍が進んでいます。所々に敵が潜み、そのたびに交戦状態に陥っています。北倉、馬頭《まとう》、通州などでの激しい抵抗を退け、東から北京を望む位置にまで到達したのは八月十二日のことでした。

北京に進軍した連合軍の最大の敵は、清国正規兵や義和団の兵士ではなかったようです。北京周辺はこの頃、猛暑に襲われていたのです。

「陰を作るものは何もなかった。一滴の雨も降らず、風はそよとも吹かなかった。騎馬隊や砲兵隊の後にはもうもうと土煙が舞い、われわれの顔にまとわりついてきた。熱い空気が肺を焦がした。およそ半数の兵士が予定の行軍から脱落し、彼らがようやく追いついてきたのは日が落ちて少し涼しくなってからであった。連日その繰り返しであった。喉はからからになり、舌が腫れあがってきた。水は飲むなとの命令が下りていたが、それを守れる者はほとんどなかった*38」

兵士は疲労していましたが、連合軍を指揮するゲイズリー少将は焦っていました。北京の東交民巷に籠城する外交使節や民間人の安否が心配でならなかったのです。少将の手元にはまだ無事であるという暗号によって記されたメッセージが届いていました（八月八日）。支那人に変装させたメッセンジャーに、連合軍がもう北京まで数日のところに迫っていることを籠城する者へ伝えています。しかし北京攻撃を目前にした清国軍や義和団が虐殺も含めた行動にいつ走ってもおかしくなかったのです。
十三日の司令官会議で一刻も早い攻撃を考えていた指揮官が多かったなかで、それに反対したのはロシア軍指揮官でした。兵士の疲労回復を優先したいと主張したのです。結局、翌十四日は各国とも偵察活動を重視し、その情報に基づいた準備を進めることで合意しています。その間兵士の休養ができるという判断でした。各国の同時総攻撃は十五日と決められていきます。しかしその合意が守られることはありませんでした。

連合軍が攻撃する北京城の各門の攻撃は次のように決められています。最も北側にある東直門《とうちょくもん》をロシアが、その南にある朝陽門《ちょうようもん》は日本が攻め、アメリカ軍（含フランス軍）はその南にある東便門《とうべんもん》を、最も南に位置する広渠門《こうきょもん》はイギリスが攻撃することで合意されました。ロシアはアメリカの攻撃目標である東便門付近にも偵察を出していました。

「ロシアは偵察活動で東便門周辺の守備が一番手薄であることを確認していた。この門はアメリカ軍が攻撃することになっていた。リネヴィッチ将軍の部下ヴァセリエフスキーに対する指示はさらに偵察を続行し、可能であればその門を攻略せよというものであった。しかしヴァセリエフスキーは（命令を勘違いしたのか）一気にこの門への攻撃を開始し（a full-scale attack）、門衛所を攻略し、守備兵を退散させ、門を爆破し突破口を作ったのだった」[*39]

激しい雨が降りしきる夜、他国を出し抜こうというロシア軍の小ずるさを機に戦いが始まったのです。ロシア軍は東便門を突破したものの、門内では予想外の激しい抵抗にあって、たちまち立ち往生してしまいます。ロシア軍の砲撃に続いて東交民巷付近からも激しい銃撃戦が始まっています。攻撃の準備を進めていた他国の軍隊は、ロシアが連合国と何の連携もとらずに戦いを始めたことを悟ると、あわててそれぞれ定められた目標に攻撃を始めました。

最初に防衛線を突破したのはイギリス軍でした。ゲイズリー少将指揮下のインド人部隊がまずイギリス公使館に到達し、外交関係者や匿《かくま》われていた支那人キリスト教徒の解放に成功します。続いてアメリカ軍が東交民巷に入り同胞の無事を確認していきます。シャフィー将軍はロシアの攻撃が始まったと同時に清国軍が東交民巷に攻撃をかけ、虐殺が始まっているだろうと覚悟していました。[*40]ですから同胞の無事を心から喜んだのです。ロシア軍が東交民巷に現れたのはその一時間後でした。

朝陽門を担当した日本軍は最も激しい反撃にあっています。門を破壊しようとする工作隊に執拗な狙撃が加えられたのです。門の突破ができたのは十四日の午後九時頃、東交民巷に入れたのは深夜近くになっています。北京城内にある紫禁城に入っていた清国の実質的支配者西太后《せいたいごう》は、十五日早朝、農民の姿に変装して北京を脱出していきました。外交使節を人質にとるという西洋諸国の外交常識では考えられない事件は、こうしてそのクライマックスを終えたのでした。

アメリカ軍を指揮したシャフィー将軍はこの戦いへ参加したことで多くの教訓を得ています。彼は一九〇六年には陸軍参謀総長まで進み、カラープラン策定にかかわる重要人物になっています。シャフィーはこの戦いでアメリカ陸軍の規模がヨーロッパや日本に比べてあまりに脆弱なことを身をもって知らされました。

彼が指揮した部隊はフィリピン派遣軍から転用された部隊と、それだけでは足らずアメリカ本土から送られた増援部隊で構成されていました。アメリカが初めて経験する連合軍への参加で、アメリカ陸軍は兵士の数も士官の数も質も圧倒的に劣っていることを思い知らされるのです。

この事件の二年前の数字が残っています。この年はアメリカが米西戦争を始めた年です。アメリカ陸軍の士官数は二千百四十三。この士官が二万六千四十の兵を指揮していました。しかしこの当時のヨーロッパ勢力の陸軍力は、アメリカをはるかに超える規模でした。ロシアはおよそ百万、フランスは六十万、ドイツは五十八万、オーストリアは三十五万、イギリスは十七万の規模を誇り、日本も二十万の兵力を擁していたのです。[*41]

桁が一桁も二桁も違うヨーロッパや日本の陸軍の力は、ロジスティックス能力や士官の資質にはっきりと表れていました。日本の指揮官であった福島少将は数ヵ国語を操り、連合国各国との意思疎通が直接はかれる能力を持っていました。シャフィーは度重なる連合軍指揮官との会議のなかで、福島の能力を肌で感じることになります。英語、フランス語、ドイツ語、ロシア語を操り、漢語さえも理解する福島の資質は日本陸軍の高い能力の象徴だったのです。

北京救出に二千を超える規模の軍隊を送ったにもかかわらず、シャフィー将軍は自国の軍隊のレベルの低さを戦いのプロとしてはっきりと感じ取りました。エリフ・ルート陸軍長官に伝えた言葉に彼の落胆が表れています。

「わが陸軍兵士は世界の軍隊のなかで最もだらしがない (the most slouchy soldiers in the world)」(一九〇一年四月十六日付)[*42]

義和団の乱平定作戦への参加でアメリカ陸軍の脆弱さを思い知らされたシャフィー将軍の訴えが、ルート長官の陸軍大学設立の強い動機になっていたことは間違いないことでした。

指揮官としてアメリカ陸軍強化の必要性を感じ取ったシャフィー将軍でしたが、士官としてこの戦いに参加した者は少し違った感慨を持っていました。ジョセフ・ディックマン大尉は次のように語っています。

「今次の戦いに参加してわかったことは、ヨーロッパ人は信用できないということだ。

ただイギリス人だけは信用できる。われわれアメリカ人の高潔さ（generosity）や一本気な性格（straight forwardness）では、ヨーロッパ人の二枚舌や小ずるさにはとても太刀打ちできない。われわれは海外勢力との付き合いの経験に欠けている」[*43]

大尉は続けて次のように述べています。

「アメリカ軍と日本軍の兵士の間には強い友情のような感情が芽生えていた。士官レベルの関係も実になごやかなものであった（the pleasantest kind）。それでもわれわれが、けっして忘れてはならないのは、彼らはやっぱり東洋人であるという事実である。すべてのアジア人は信用ならない。彼らには用心しなくてはならない」[*44]

シャフィー将軍のあまりに脆弱な米陸軍力への不安、そしてディックマン大尉のイギリス以外のヨーロッパ勢力への軽蔑と、日本軍への信頼と人種的警戒感。これこそが二十世紀を迎えたアメリカのその後の外交を象徴するものでした。

北京が落ち着いてからやって来たヴァルダーゼー元帥のドイツ軍には、外交官を殺された恨みを晴らす場面は残っていませんでした。それでも残党の活動が疑われる村々に懲罰的遠征を行っています。

「（ドイツ軍は義和団のメンバーと疑った）四人を百七十五人ほど処刑している。またドイツ兵に対して敵対する態度を見せた者は、それが非戦闘員でも殺害した」[*45]

## アメリカの門戸開放通牒と支那への温情主義的外交の始まり

反西洋人テロを標榜する義和団の活動に終止符を打ち、治安回復が山東省に実現することで最も経済的な利益を享受できたのは、北京外交官解放の戦いに兵をほとんど出すことのなかったドイツでした。事件前から清国と結んでいた条約で認められていた利権を強化することができたのです。

膠州湾租借条約（一八九八年三月六日）では膠州湾周辺地域の租借だけではなく、山東省全体にわたる広範な利権がドイツに供与されていました。山東鉄道延長にかかわる鉄道敷設権、石炭採掘権あるいは鉄鉱石採掘権といったものがドイツの利権となっていたのです。

それに加えて、「山東省に於いて人、資本、或は材料に就いて、外国の助力を必要とする総ての場合において清国政府は、先ずこの種の事項に関係あるドイツ工業家及び商人に対して、諸事業諸材料の供給に従事せんことを申し出[*46]」なければならないとされていたのです。

山東省は後れてきた帝国ドイツが、がむしゃらに獲得したアフリカ各地の植民地とはまったく違いました。ドイツの産業にとって有望な市場でもあったのです。当時の山東省の人口は三千七百万から三千八百万と推計されています。当時の清国の人口がおよそ四億でしたから、山東省一省に同国の人口の十分の一が集中していたのです。

茨城県水戸市に相当する緯度に広がる山東省は、支那大陸では最も日本に近い気候といわれ、夏の最高気温は三十度前後、冬の最低気温もマイナス十度前後程度までにしか下がらない土地でした。植民地経営には自国民が相当数移住することが成功の重要なファクターでした。スペインのフィリピン経営の失敗の根本は、熱帯のフィリピンに暮らしたいと思う自国民が少なかったことにありました。しかし中緯度に位置する山東省はドイツの植民地経営にとって絶好の条件を揃えていたのです。ドイツは膠州湾租借地を外務省植民地局の管轄とせず「海軍省直轄として議会の手続きを経ることなし」[*47]に国家予算を惜しげもなく注ぎ込み、その中心地となる寒村青島《チンタオ》を「東洋のベルリン」[*48]に変貌させるのです。

ロシアもドイツの動きに連動して大連《だいれん》、旅順の租借権を獲得していました。ドイツの膠州湾租借条約締結からわずか三週間後の一八九八年三月二十七日に「旅順口及大連湾貸借に関する露清特別条約」を締結しているのです。

サモアやベネズエラでは徹底的にドイツの進出を牽制しているアメリカも、この北支方面でのドイツとロシアの積極的な清国蚕食《さんしょく》の動きにはなす術《すべ》もありませんでした。陸軍力のないアメリカにとってはいたしかたないことでしたが、それでもこの二つの国のアジア外交に不快感だけは示しておく必要がありました。

当時の国務長官ジョン・ヘイは長官就任前は駐英大使として米英関係改善に尽力し

た人物です。アメリカ同様、独露の動きを警戒するイギリスと太いパイプを持つ政治家でした。米西戦争では、イギリスに理解を求めることでイギリスの介入を未然に防いでいました。そのヘイが支那市場を西洋列強が囲い込むことがないよう、各国に自制を求める文書（第一次門戸開放通牒）を送りつけたのです。

イギリスに送られた文書（一八九九年九月六日付）は次のように始まっています。この書き出しから、アメリカの意図をはっきりと汲み取ることができるのです。

「貴大英帝国は『支那によって認められた特権を、他の商業上のライバル国を排除する手段にすることはない、それがわが国の伝統である』とはっきりと宣言されました。『支那におけるイギリスに与えられた自由な交易はどの国も同様に享受される』と主張されたわけです」

「まずドイツが、次にロシアが、支那との正式な協定によってではあるが、支那国内にいわゆる権益圏（spheres of influence）を作り上げています。両国はその圏内で鉄道敷設権と鉱山採掘権に代表される特殊権益を享受しようとしています。そうしたなかにあっても、大英帝国はいわゆる『門戸開放（Open Door Policy）』を希求し、特殊権益内においても各国の交易活動が等しく可能になるべきだと主張しておられます」

「『門戸開放』政策は貴国だけではなくわが国の経済界においても強く望まれている

考え方なのです。（中略）わが米国政府は特殊権益圏を保持するいかなる国によっても、わが国民の経済活動が差別されることがないことを切に望むものです。（後略）」

この文意と同様の書面はドイツ、ロシア、フランス、イタリアそして日本にも送付されました。イギリスはアメリカと同様、ドイツとロシアの支那における特殊権益圏の創造と競合国の排除の動きを警戒していました。とくにドイツの「青島の小ベルリン化」は危険な兆候でした。イギリスとアメリカの敵対関係から友好関係への転換に大きな功績を残してきたジョン・ヘイ国務長官が、イギリスと「共謀」して、ドイツとロシアを牽制した文書が「門戸開放通牒」だったのです。

陸軍力のほとんどないアメリカが発したこの通牒は、アメリカの願いを表明したに過ぎないものでした。ただでさえ少ないその陸軍力は、フィリピン独立派の征圧にほとんど使い切っていました。ドイツやロシアのように、あるいは台湾を領土化した日本のように、アメリカも支那に領土を欲しいと考えていました。ヘイ国務長官も一時そのような考えを持ったこともあったのです。[*49]

義和団の乱の始まりで、支那の領土蚕食がエスカレートするだろうことは、どの国の政治家にとっても予想のつくことでした。膠州湾租借条約で山東省全体を影響下に置こうとするドイツにシンクロナイズするように、ロシアは義和団の乱を口実にして満州を占領していくのです。義和団の乱がその激しさを増した一八九九年には、ロシア陸軍大臣アレキセイ・クロパトキンは「満州をわれわれの次のブハラにしなければならない」[*50]と述べています。ブハラはロシアが一八六八年に占領したウズベキスタンの主要都市です。満州を占領し、さらには領土化するという強い意思を表明したのです。

義和団の騒乱はロシアにとっては軍を進める絶好の口実でした。アメリカがそうした動きに対してわずかな抵抗を見せたのが「門戸開放通牒」だったのです。そこでは特殊権益圏における門戸開放を要求していました。しかしロシアの狙いは、そのような生ぬるい、権益圏形成を目指すものではなく、領土化そのものを狙うものだったのです。

ヘイ国務長官が二回目の「門戸開放通牒」を発したのは一九〇〇年七月三日のことでした。それは各国に清国領土を尊重するよう促した文書でした。天津城の攻撃を控えた騒乱の真っ只中で、アメリカは、ロシアやドイツのさらなる領土化の動きを牽制しようとしたのです。

ロシアは陸軍弱小国アメリカの牽制を嘲笑うかのように満州を侵食していきます。七月末から八月にかけて国境を越えたロシア軍はチチハル（八月二十六日）、長春《ちょうしゅん》（九月二十一日）、吉林《きつりん》（同二十三日）と占領し、さらに遼陽《りょうよう》（同二十六日）、瀋陽《しんよう》（十月一日）と南下し、満州全体を支配下に置いたのです。[*51]

ドイツとロシアの支那大陸侵食はアメリカにとって羨ましいものでもありました。しかしアメリカの軍事力では、アメリカ自身が領土獲得の動きを起こすことはできません。脆弱な陸軍はフィリピン民族派の征圧に手一杯でした。手も足も出ないアメリカ。そのフラストレーションは少しばかり歪められた形となって現れてくるのです。

未開人を啓蒙するアメリカ西漸運動の最終地がフィリピンであったことはすでに述べたとおりです。支那大陸までその運動を広げる力のないアメリカの政治家の心中に、アメリカの軍事力ではどうにもならない支那に対しては温かく見守って、その「文明開化」を支えてやるべきだ、という「歪んだ温情主義」が芽生えるのです。凶暴なヨーロッパ勢力の防波堤にアメリカが、なってやらなければいけないのです。それはかつて幕末の初代駐日領事タウンゼント・ハリスやグラント大統領が日本に見せた態度を彷彿とさせるものでした。

「歴史家ウォーレン・コーエン（Warren Cohen）は一九〇〇年から一九五〇年の半世紀をアメリカの（支那に対する）温情主義の時代と定義している。アメリカは支那を（西洋列強の強引な外交政策から）守る父親のような立場をとると決めたのである。支那の文明開化のモデルとなるのがアメリカでなければならず、支那はアメリカから多くを学ぶ必要があると考えるようになった。門戸開放通牒がその手始めとなる動きだったのである[*52]」

一九〇一年九月七日、清国政府は北京を連合国の軍隊に占拠されたなかで北京議定書に調印します。そこでは巨額な賠償金支払いが命じられています。四億五千万テールル（現在価値およそ九千億円）は各国に分配され、アメリカはその七パーセント強を得ています。アメリカはこの一部を奨学金の原資として、支那の若者をアメリカ国内の高等教育機関で学ばせています（一九〇九年開始）。一九一一年には米国留学前の予備学習機関を設立しています。これが現在の北京清華《せいか》大学の前身となりました。

一九〇〇年がアメリカの支那への温情主義的外交（パターナリズム）の始まりであったことを示すもう一つの有名なエピソードが伝わっています。第三十一代大統領となったハーバート・フーヴァー（Herbert Hoover）は、義和団事件の真っ只中に天津に暮らしていました。彼は鉱山技師としてこの街に赴任していたのです。フーヴァーは銃撃戦が繰り広げられる天津市内で爆弾によって母親を失った幼女を救い出しています（一九〇〇年六月）。そのおよそ二十年後、商務長官となっていた彼はあるパーティーで支那人女性と遭遇します。彼女は出席していた中国公使の妻でした。「その品のよい女性は英語を流暢に操った。彼女はフーヴァーに『私を覚えていらっしゃいますか』と尋ねた。記憶にない女性のこの言葉にフーヴァーが訝しく思っていると、彼女は微笑みながら『私は天津であなたに助けられたのです』と言ったのだった」[*53]

真偽のほどが確かめられないこのエピソードも、アメリカの支那に対するパターナリズムの象徴として長く語り続けられたのです。軍事力を行使せず、支那の「文明開化」を金や人を使って支援するアメリカの対支那外交の原型は、義和団事件から始まったのでした。

## ドイツの植民地開発

ヘイ国務長官が列強に嫌がらせのように送りつけた門戸開放通牒の真の対象国は、ロシアとドイツでした。ロシアの満州占領の野望は、英米の協力の下、日本の軍事力を利用した日露戦争で抑え込むことができました。ロシアの南進を義和団事件以前の勢力圏まで押し戻すことに成功したのです。

しかしドイツに対しては有効な手立てを打つことができなかったのです。膠州湾租借地の発展はすさまじいものがありました。ドイツは租借地域の中心となる青島をインフラストラクチャーの土台から徹底的に洋風化し、「小ベルリン」建設に邁進しました。鄙《ひな》びた漁村に過ぎなかった青島の中心部から支那人住民を排除し（移住させ）、不潔な民間住宅は伝染病予防のためにことごとく焼き払い、ドイツ風の建築物で町を覆い尽くしたのです。*54

勾配のきつい青島の道路は拡張工事とともにその勾配を緩和させ、上下水道も整備していきます。ドイツ支配の象徴的建物である総督府は地下室のある地上三階建てで、百五十を超える部屋数を誇ります。周囲の丘には兵営を次々に建設していきました。ドイツ租借以前には地肌を無残に晒《さら》していた山々でしたが、総督府は植林を実施（一八九九年）し、一九一二年までには千二百四十ヘクタールの山肌を緑の木々で覆ったのです。教育に関しても自国民の教育機関だけでなく支那人子弟のための学校まで作っています。

インフラストラクチャー整備のなかで最も力を入れたのは港湾施設でした。商業的にも軍事的にも重要施設となる港は、キール軍港を築港した経験を持つ技師ゲオルグ・フランチウス（Georg Franzius）が設計しています。一八九九年には工事を開始し一九〇七年に完成しています。湾内には二つの防波堤を築いています。北防波堤は四・六キロメートル、南防波堤は一・一キロメートルという長大なものでした。

建設された三つの埠頭のうち第一と第二埠頭を合わせると、六千トン級の船舶を最大十二隻まで繋留することができました。第三埠頭には貯炭所や海軍工廠を付設しています。それぞれの埠頭には鉄道の引き込み線が敷設され内陸輸送との連結がなされていました。[*55]

こうした総督府直轄事業とは別に、民間資本で運営される山東鉄道（一八九九年設立）や山東鉱山会社（同年設立）も設立され、山東省全体をカバーする事業が官民で展開されていったのです。

金融分野でもドイツ系銀行の活動は活発でした。ドイツ系銀行は列強の銀行との競争で他の支那市場では劣勢が続いていました。しかし義和団の乱が鎮圧され山東省方面の治安が落ち着きをみせると、ドイツ系企業の発展に足並みを揃えるように業務を拡大しています。徳華銀行（the Deutsch-Asiatische Bank ドイツ・アジア銀行）は青島、天津、北京、さらには漢口《かんこう》、香港、広東《カントン》にまで支店網を広げています。

徳華銀行北京支店発行の5両（ティール）銀行券。1907年

銀行業にとって支那は魅力のある市場でした。ドイツ系銀行はベルギー系（二社）、英国系（三社）、フランス系（二社）、オランダ系、ポルトガル系、ロシア系（二社）、米系（三社）などと、各地の開港都市で激しく競争していました。銀行業にとって最も魅力的な業務は銀行券の発行でした。ドイツ系銀行と競合するこうした銀行のいくつかは、すでに発券業務を行っていました。

銀を貨幣の中心としていた支那マーケットでは、

銀との兌換を保証する兌換紙幣の発行になります。しかし、銀行はその発行する銀行券の総額に相当する貴金属（銀）を全額持っているわけではありません。必ずそれを超える額の銀行券を発行するのです。それが市中で信用力を持てば兌換されることなく流通を始めていきます。

兌換できる貴金属保有量を超えて発行される銀行券のもたらす巨額な貨幣発行益こそが、銀行にとって最も魅力があるものでした。治安が安定すれば兌換を求める取り付け騒ぎ（銀行が最も嫌うシナリオ）の可能性もなくなります。発行する銀行券の信用力が高まれば、兌換に備える銀の量をより減らすことが可能になるのです。つまり低い準備率でより大量の銀行券の発行ができるようになるのです。手持ちの資金以上に銀行券を発券し融資する行為は、言ってみれば持ってもいない資金を貸し付けてそこから利子を得ることです。

ドイツの膠州湾租借地への強力なてこ入れで、山東省全体そしてその周辺までも安定した市場に変わり始めていました。徳華銀行はこの環境の好転を見逃しはしませんでした。一九〇七年、ドイツ系銀行として初めて兌換紙幣の発行を開始するのです。ターレル券およびドル券の二種が発券されています。どちらもドイツ本国ライプチヒの印刷所で刷られた高品質な紙幣でした。偽造を難しくしたのです（前頁参照）。銀行にとって偽札は取り付け騒ぎに匹敵する憎むべき大敵です。

徳華銀行による発券業務への進出は、ドイツの山東省市場、そしてその周辺に広がる市場支配の象徴でした。最初に徳華銀行券を発行したのが同銀行の北京支店であったことがその広がりの大きさを示しています。[*56] 発券による新たな信用創造はドイツ系企業への融資にも弾みをつけました。

## アメリカ型保護貿易のジレンマとアメリカの妬み

アメリカはドイツの山東省周辺の植民地化を苦々しく思っていました。ただでさえ脆弱な陸軍力を、フィリピンの「啓蒙事業」という泥沼に投入せざるを得なくなってしまったアメリカのあせりが産んだ感情でした。

それにしてもアメリカはなぜ支那市場にこだわったのでしょうか。一九〇〇年のアメリカの清国との貿易高はわずか千五百万ドルにすぎません。当時のアメリカの総輸出額が一・五ビリオンドルですから、わずか一パーセントの小さな市場だったのです。[*57] 日本への輸出額に比べても半分ほどでした。アメリカがとるに足らない支那市場を重視したのには理由がありました。

十九世紀前半の支那市場はアメリカにとっては金のなる木でした。ボストンを中心としたアメリカ北東部諸州の商業資本家は、次々と支那交易に新造船を送り込みました。初めはアパラチア山脈に自生するアメリカ産朝鮮人参を、次にハワイ産の香木で

**アメリカの品目別輸出額と比率**　単位：100万USドル

| 1895年 | | 1900年 | | 1913年 | |
|---|---|---|---|---|---|
| コットン | 204.9(25.8%) | 穀物 | 262.7(19.2%) | コットン | 546.5(22.5%) |
| 肉、乳製品 | 135.2(16.8%) | コットン | 241.8(17.6%) | **鉄製品、鉄鋼** | **304.6(12.5%)** |
| 穀物 | 114.6(14.4%) | 肉、乳製品 | 184.5(13.5%) | 穀物 | 211.1 (8.7%) |
| 石油製品 | 46.7 (5.9%) | **鉄製品、鉄鋼** | **121.9 (9.0%)** | 肉、乳製品 | 153.9 (6.3%) |
| 肉牛等生体輸出 | 35.7 (4.5%) | 石油製品 | 75.6 (5.5%) | 銅・銅製品 | 140.2 (5.8%) |
| **鉄製品、鉄鋼** | **32.0 (4.0%)** | 銅・銅製品 | 58.9 (4.3%) | 石油製品 | 129.7 (5.3%) |
| 葉タバコ、煙草 | 29.8 (3.8%) | 木材 | 50.6 (3.7%) | 木材 | 115.7 (4.8%) |

ある白檀を、そしてアメリカ北西部沿岸から毛皮を持ち込みました。アヘン戦争前後にはイギリスのアヘン商社の陰に隠れて、大量のアヘン密売にも手を染めて巨額な利益を得ていました[*58]。しかし、そうした時代は遠い過去のものになっていました。

アメリカの輸出品は元来コットンをはじめとした農産物でした。それが二十世紀に入ると工業製品の比率が急増するのです。上表「アメリカの品目別輸出額と比率[*59]」のように、とくに鉄製品の増加には目覚しいものがありました。

南北戦争はアメリカが自由貿易から徹底した保護貿易に舵を取った戦争でした。イギリスの自由貿易帝国主義への挑戦でした[*60]。共和党リンカーン大統領が南北戦争に勝利して以来、十九世紀から二十世紀初頭のアメリカの政治は、連邦政府主導で国家的なインフラストラクチャーを整備した時代でした。国内に育ち始めた幼稚産業を高関税で保護し、イギリス製品との競争から守ったのです。

その象徴が鉄道建設と海運業の整備に代表される交通イ

ンフラストラクチャーでした。その実現のために国内製造業を徹底的に保護したのです（アメリカン・システム）[*61]。十九世紀末から、その成果が目に見えて表れてきました。鉄製品、鉄鋼の輸出の伸びはすさまじく一八九五年から一九一三年の二十年足らずでおよそ十倍（金額ベース）に躍進しています。

リンカーン政権の経済政策の理論的支柱であったヘンリー・カレイ[*62]の、高率関税で幼稚産業を徹底的に保護育成し、アメリカを工業国にすべきという主張は正しかったのです。その結果、右記の数字が示すように二十世紀初頭には、アメリカは農業国から工業国に変貌を遂げ始めていました。輸出競争力のある工業製品の登場で、アメリカはしだいに外国にその市場を求めることになっていきます。

工業製品のマーケットは支那のような未発展市場にはなく、先進ヨーロッパ諸国に存在しています。そうしたマーケットに輸出されるアメリカ製品は、本国アメリカで売られている価格以下の値で販売されました。アメリカ国内市場に出回るヨーロッパ製品は高い関税（五十パーセント前後）で高価格になっていましたから、アメリカ企業は十分すぎるほどの利益を保証する価格での国内販売ができていました。しかし輸出価格設定にあたっては、国際価格に近づけた値付けをしなくてはなりませんでした。その結果、輸出価格が国内販売価格より安くなってしまったのです。

「（保護関税で守られてきた）アメリカ製品はその国内価格以下で海外に販売されて

いた。こうした現象は当時も今も『ダンピング』という用語で表現される。……アメリカ製品のダンピングは諸外国の競争勢力の激しい反発を招いていたし、アメリカ国内の自由貿易主義者をも怒らせていた」[*63]

アメリカの十九世紀後半の政治は南北戦争以降、共和党が担っていたことはすでに述べました。一時、民主党のクリーブランド大統領が登場しています。民主党は自由貿易を主張する党でしたから、クリーブランド政権では関税率を引き下げる方針に転換していきます。しかし、この民主党大統領の登場は党勢の伸張の結果というよりも、むしろクリーブランドの個人的人気によるものでしたから、民主党政権は長くは続きませんでした。共和党のマッキンレー大統領が政権を奪い返すとたちまち高関税政策に戻しています。一八九七年に成立した法律（Dingley Actディングレイ法）で平均関税率五十七パーセントに上昇させたのです。

ヨーロッパ諸国のなかでも、ドイツはアメリカの第二の貿易相手国でした。そのドイツも保護貿易の国でしたが、アメリカの過度の保護貿易政策には反発していました。ディングレイ法に対抗してアメリカからの主要輸入品目である農産物に高関税をかけることも検討していました。他のヨーロッパ諸国も同じようにアメリカ製品への対抗措置を考えていました。

しかし食料品である農産物への高関税は自らを苦しめることになります。なかなか実行できるものではありませんでした。またアメリカにとって幸いだったのは、対ドイツ輸出額のおよそ三倍もあったアメリカ最大の貿易相手国イギリスが、アメリカの保護貿易政策に寛容な態度をとっていたことでした。

「ヨーロッパ諸国がアメリカに報復措置をとるだろうとの見方はあったが、アメリカはそれを気にもしなかった。イギリスがアメリカ製品の最大の輸入国であり、またイギリスだけはアメリカに報復関税をかけようとする動きを見せなかったからだ[*64]」

ところがこうした状況のなかで共和党の保護貿易主義者にとって少しずつ気になることが出てきたのです。「イギリスが、帝国領土からの産品には関税率を優遇し、アメリカ製品を差別する政策の検討を始める不吉な動き[*65]」を見せ始めたのです。このイギリスの動きとヨーロッパ大陸諸国のアメリカ高関税政策への不満は、自由貿易主義を主張する民主党に格好の攻撃材料を与えることになりました。

リンカーン政権以来、保護貿易主義を標榜し、アメリカを工業国に変貌させた共和党は、その方針を変更させることなど毛頭考えてはいませんでした。保護貿易主義の正しさを確信していました。しかし民主党に攻撃の材料を提供することは避けなければなりません。それにはヨーロッパ諸国への工業製品の輸出を増やすことなく、市場を拡大することが賢明なやり方だと考えたのです。

「わが国はこれまでどおりの保護貿易で国内産業を守り続ければよいのである。海外市場は南アメリカや支那などの（工業の未発達な）国に求めればよい。そうした国々への輸出に対しては、ヨーロッパ諸国が邪魔だてすることはできないのである」[*66]

これこそがアメリカ共和党政権が、わずか一パーセントの輸出額しかない支那市場を重視した理由だったのです。確かに豊富な人口の存在も魅力的でした。しかしヘイ国務長官の発した支那市場の門戸開放通牒の本質は、アメリカ共和党の進めた高関税政策との関連のなかで理解すべきなのです。

門戸開放通牒を受けたヨーロッパ勢力は冷淡でした。自国市場を完全に閉ざしておきながら、支那市場だけはオープンにしておけ、というアメリカの御都合主義を笑ったのです。アメリカはドイツが山東省市場を囲い込むことを恐れていました。大市場になる可能性のある山東省市場でドイツが、アメリカが実施しているような自国産業に徹底的に有利な関税政策をとることになったら、アメリカ製品は将来性の高い支那市場から締め出しをくらうのです。門戸開放通牒はアメリカのあせりの象徴でした。マーケットとしては何のうまみもないフィリピンの「啓蒙」作業が自らの足枷になってしまったアメリカにとって、着々と支那市場の基盤を作り上げているドイツは羨望の的だったのです。

## ドイツの対米融和の試みとルーズベルトの仕掛けた罠

ドイツが、ルーズベルト大統領の親友ヘルマン・スペック・フォン・シュテルンブルクを駐米大使に任命（一九〇三年）したことはすでに述べました。ベネズエラ危機をめぐって悪化したアメリカの対独感情を好転させようとの思惑を秘めた人事でした。シュテルンブルク大使はアメリカの歓心を買うことに腐心します。彼が利用したのは国務長官ジョン・ヘイの発した門戸開放通牒でした。

「一九〇四年二月の初め、シュテルンブルク駐米大使は、門戸開放の考え方をもう一度明確にしておきたいというアメリカの考え方に同意することを決めた。それを受けてジョン・ヘイ国務長官は他の列強に、清国の中立性とその領土について尊重すべきことを改めて強調したのだった[*67]」

シュテルンブルク大使がヘイ国務長官に伝えた文章（一九〇四年二月九日付）が残っています。アメリカの歓心を買おうとするドイツの思惑が透けて見える、歯の浮くような文面です。

「わがドイツ帝国外務大臣は、貴国の、支那に居住する外国人の安全や同国における秩序の維持、あるいは自由な商業活動の保証、そして何よりもまた人道への関心に対して、強い賛同の意を表します。ドイツ政府はその実現に向けて貴政府と歩調を合わせていく用意があります[*68]」

義和団事件では、自国の外交官を暗殺されたことに激しい憤りを見せ、野蛮な支那人種を徹底的に抑え込め、とドイツ軍に訓示したヴィルヘルム二世の言葉には、清国に対する敬意も配慮もまったく存在しませんでした。ところがわずか四年足らずでドイツはその態度を変えたのです。「ドイツの対支那外交に対する態度の急変は、アメリカとの融和を重視し、同盟関係を構築したいというドイツ外交の狙い[*69]」をよく示しているのです。

アメリカの歓心を買いたい英独両国の外交的駆け引きは日露戦争勃発後も続いています。日清戦争後の三国干渉では中心的役割を果たし、日本を牽制する側に立ったドイツは盟友ロシアのはかばかしくない戦況に同情を寄せてはいても積極的な動きは見せませんでした。

ドイツは、日英同盟を鎹《かすがい》としてアメリカがそのサイレントパートナーと見なされるまでに進化していることには、まだ気づいてはいませんでした。日本を心情的に支援しているらしいアメリカの不興を買わないこと。それがドイツ外交の狙いでした。ドイツは「日露戦争では終始アメリカとは波風を立てない[*70]」方針で臨んだのです。

日本が恐れた、ロシアの友好国ドイツの日露戦争への介入は日英同盟によって回避されたことはよく理解されています。しかしドイツがこの戦争に傍観の態度をとったのは日英同盟の存在だけが理由ではなかったのです。イギリスとの衝突はいつか起こると考えるドイツの政治家の、アメリカの気分を害したくないという強い外交的動機の存在もまた見逃してはならないのです。

セオドア・ルーズベルトはこうしたドイツの下心を見抜いていました。彼はそれを冷酷なまでに利用します。ルーズベルト大統領は、ドイツが、日露の戦いの間隙をついてさらなる領土拡大の野心を見せることを恐れていました。

「(ルーズベルトは) ドイツの領土拡張の動きを止めるためには、ドイツとアメリカの協調が重要であると、アメリカも考えているように見せかけたのである。大統領は私的な場面では、ドイツ皇帝ヴィルヘルム二世はその性格は直情的 (impulsive) で、国家間外交にはまったく無能な人物 (altogether inept at diplomacy) であると話していたが、ヴィルヘルムの心をくすぐるような言葉を伝えていた[*71]」

「(門戸開放通牒をもう一度明らかにしておいたらどうかというドイツの提案に対して) シャルルマーニュ・タワー駐独大使を通じて、大統領はドイツ皇帝がイニシアチブを取ってくれたことに対して強く感謝している旨を伝えさせている[*72]」

ドイツはアメリカの歓心を買う工作と同時に米英離反工作も積極的に仕掛けています。イギリスが揚子江沿岸部の市場を完全に囲い込み、他国の通商を排除する計画を持っていると注進し、それを防ぐにはアメリカはドイツと共同で対処すべきだと提案したのです (一九〇四年十一月)。ルーズベルトは米独がそのような外交方針 (対英強硬策) をとることは議会が許さないだろうとやんわりと断っています[*73]。

ルーズベルトはもう一つしたたかなメッセージをドイツに発しています。大統領は、日露の戦いの和平交渉の条件（落とし所）について、密かにあるアイデアを伝えたのです。それは、朝鮮を日本の支配下に置くことの了承と、満州を清国の自治国としその総督職はドイツの指名する人物（German-nominated viceroy）を置いたらどうかというものでした。[*74]

「シュテルンブルク大使も皇帝も、アメリカがこうした考えを（あらかじめ）ドイツに伝えてきたのは、アメリカがドイツに対して十分な信頼を寄せていて、確かな敬意を払っているものだと理解[*75]」したのです。

ルーズベルトは、ドイツがアメリカの、日本の朝鮮支配容認に反発する可能性を見越していました。アメリカがドイツに対して十分な外交的配慮を見せていることを、あらかじめ示しながら朝鮮問題をほのめかし、後日予想されるドイツの反発を封じ込めたのです。アメリカ外交にとっては日本の関心をフィリピンに向けないことが肝要でした。日本には北に関心を持たせなければならないのです。その障害となるドイツの動きは封じ込めておきたかったルーズベルトの巧妙な戦略でした。

支那市場をめぐる門戸開放通牒や日露戦争の落とし所を探る動きを通じて、ドイツはまんまとルーズベルトの描く戦略に乗ってしまいました。アメリカとの間に十分な信頼と友好関係が築かれたと勘違いしてしまうのです。ドイツはアメリカをインフォーマルな同盟国にすることに成功したと思い込むのです。この勘違いこそが、ルーズベルトが巧妙に仕掛けた罠だったのです。

## ドイツの誤算：アルヘシラス会議

日本がロシアとの戦いに総力を挙げている頃、ドイツはモロッコをめぐってフランスと争っていました。イギリスは、ドイツ囲い込み戦略（大陸の最も強力な国家を叩く戦略）に沿って英仏協商（一九〇四年四月）を締結し、フランスとの同盟関係を結んでいました。

フランスは三国干渉でもわかるように、長年にわたってロシア外交のよき理解者でした。日露戦争ではロシアバルチック艦隊の石炭補給のためにフランスの港を使用させましたが、より直接的なロシア支援がなかったのは英仏協商の結果でした。[*76] フランスはすでにイギリスの陣営に属していたのです。

ドイツ皇帝ヴィルヘルム二世が、地中海の喉元とも言えるモロッコ東部のタンジール港に突然現れたのは一九〇五年三月三十一日のことでした。地中海への入り口となるジブラルタル海峡は古来その支配をめぐって抗争が続いていたところです。イギリスはこの海峡の北側から小さく南に延びる半島の先端（ジブラルタル）を占有し睨みを利かせていました。モロッコ東部の港タンジールはこの海峡に南岸から睨みを利かすことのできる重要な軍港でした。

　モロッコはフランスへの多額の借款の返済に関税収入をあてていました。一九〇四年末にはフランス官憲が同国の関税徴収業務を肩代わりしています。またタンジールの警察組織までもフランスがスペインとともにコントロールしていました[*77]。国家間借款を利用して外交を進めるヨーロッパ列強の典型的な外交（帝国主義的外交）を、フランスはこの地でも進めていたのです。

　ドイツはフランスのこのやり方を快く思っていませんでした。ドイツはモロッコにおけるフランスの影響力の排除に、友好関係が成立したと見たアメリカの外交力を利用しようと考えるのです。ドイツが考えたのは、アメリカが支那市場に対して執拗なまでに要求した門戸開放の方針でした。アメリカの主張は論理的に考えれば、地球の他の地においても適用されるはずでした。

「一九〇五年三月六日、シュテルンブルク大使はルーズベルト大統領に対して、アメリカは、フランスのモロッコ政府を吸収（takeover）する狙いを押さえ込む用意があると、モロッコの君主（スルタン）に伝えておくべきではないかと促した[*78]」のです。

　シュテルンブルク大使は、このままフランスのやり方を放置したらモロッコの市場は囲い込まれ、アメリカの主張する門戸開放の理念が崩れることになる、とルーズベルトに迫ったのです[*79]。シュテルンブルクは、アメリカの支那市場に対しての門戸開放の主張は、ドイツそのものへの不快の表明であることに気づいていませんでした。人口も多く将来性があり、そして首都北京の喉元にある山東省を支配しつつあるドイツへの牽制の方便に過ぎないことを理解していませんでした。

「シュテルンブルクの意見に対してルーズベルトはそっけなかった。フランスが強く反発するだろうとして彼の意見を退けた」のです[*80]。それでもドイツはアメリカの本心を見抜けませんでした。

ヴィルヘルム二世はタンジールに入港すると同地のフランス外交官に対して、ドイツはいかなる犠牲を払ってでもモロッコ内に保持するドイツ利権を守り抜くと伝えたのです。モロッコのスルタンに対しては、モロッコの独立を維持するためには国際会議を開催することが必要であると強い圧力をかけました。

ヴィルヘルム二世がこう提案したのは、会議が開催されればアメリカはドイツを支援するはずであるとの思い込みがありました。同時に、ロシアはフランスに加担しないと見越していたのです。ロシアは、極東ではドイツと歩調を合わせていましたが、従来フランスの友好国でした。しかしそのロシアは日本に叩きのめされている最中《さなか》でした。ロシアにはフランスを支援する余力などないとヴィルヘルム二世は判断したのです[*81]。

フランスもイギリスも、会議の開催には反対でした。しかしドイツは国際会議開催を執拗に要求し続けたのです。もしフランスがこの要求に応じなければ戦争をも辞さずとまで述べ、イギリスは、そうなったら条約上フランスの側に立たざるを得ないと覚悟していました。日露戦争終結の仲介に腐心しているルーズベルトに新しい問題をドイツが突き付けたのです。ルーズベルトがジャン・ジュール・ジュスラン駐米フランス大使に会い、ドイツの会議開催要求に応じるよう促したのは一九〇五年六月十四日のことでした。[*82]

ルーズベルトはジュスラン大使に、開催される会議ではアメリカはフランス側に立つことを密かに伝えていました。もちろんドイツはこの密約を知りません。この約束がなされたおよそ二週間後の六月二十七日、アメリカはドイツの立場を理解していると判断したシュテルンブルク大使は、会議においてアメリカがどのような仲裁の判断をしようともそれに従うと約束します。[*83]シュテルンブルクは大統領の親友です。ルーズベルトを信じきっていたのです。

この言葉をルーズベルトは待っていました。ただちにドイツの意向をジュスラン大使に伝えています。国際会議開催を渋っていたフランスが会議開催に同意したのはこのすぐ後のことでした。[*84]ドイツの要求に対して徹底的に反意を示して会議開催を強く反対していたデルカッセ仏外相は辞任しています。

会議地として選ばれたのはスペインの港町アルヘシラスでした。アルヘシラスはアルへシラス湾の対岸にジブラルタルを見る軍港です。アメリカがすべての筋書きを整えてモロッコ問題の仲裁会議に臨んだのは一九〇六年一月十六日のことでした。

会議は十三ヵ国[*85]による多国間協議でした。ドイツはアメリカの支援があることを信じきっていただけに、会議では強硬姿勢を貫いています。ドイツの主張は、アメリカが支那市場で掲げているオープンドア（門戸開放）政策の理念をベースにしているのですから、アメリカが裏切るはずはないのです。

ところがアメリカはドイツに味方しませんでした。ドイツの側に立つものはわずか一国オーストリア・ハンガリー帝国だけだったのです。ドイツがフランスの影響力を排除する上で重視していたのは、フランスが保持しているモロッコ警察組織の監督権でした。モロッコの主要港における警察は、フランスとスペインが指揮していました。イスラム教の法理で警察組織が動いては西洋諸国は困ります。モロッコの港町は、地理的に最も近く同国内に利権を多く持つフランスとスペインが担当することは当時の常識では容認されることでした。

ドイツはこの現状を変えようと次のようなアイデアを提示しています[*86]。
一、より多くの国を参加させての新警察組織の再編成
二、ヨーロッパの小国（たとえばオランダやスイス）による警察組織の管理
三、モロッコ君主（スルタン）に権限を戻し、ボランティア組織によって警察を再

編成する
　フランスはこの提案をどれ一つとして考慮することなく断固として拒否しています。他の参加国もオーストリア・ハンガリー帝国以外はすべてフランス側に立ったのです。一見それほど重要でなさそうなモロッコの警察権の問題。今日的視点ではそれほど違和感を感じさせないドイツの提案。しかし「帝国主義的外交」の時代にあっては、各地に利権を持つ列強が独自の外交交渉を通じて「特別な勢力圏（sphere of influence)」を形成するのが当たり前だったのです。モロッコの警察権はフランスとスペインが獲得した「帝国主義的外交」の成果でした。ドイツの主張を認めてしまえば、世界各地に列強が保持する植民地に対しても同じような主張が可能になってしまうのです。

　ドイツは期待していたアメリカの支持も得られませんでした。アメリカは支那市場では「特別な勢力圏」を排除しようと門戸開放通牒を出していたにもかかわらず、モロッコではドイツの主張に与《くみ》しなかったのです。門戸開放などという理念は二十世紀初頭の外交常識ではなく、支那市場だけでアメリカが御都合主義的に唱えた空念仏のようなものだったのです。

「アメリカ代表のヘンリー・ホワイトはイタリア代表とともにフランスとスペインが警察権を保持することを支持した[*87]」

他の列強にとっても警察権をモロッコにいったん戻すというようなことは絶対に承服できるものではありません。そのような提案まで出してくるドイツに対して不快感を強めました。アメリカ代表のヘンリー・ホワイトさえも、ドイツがそうした考えを表明したことは驚きでした。ホワイトはルーズベルト大統領にきわめて近い外交官でした。親友とも言えるほどの間柄でした。ホワイトがフランス側に立ったことは、ルーズベルト大統領自身がドイツを支持しないと言明したに等しかったのです。

アメリカの理解を期待していたドイツにとってさらに衝撃だったのは、ドイツがこれ以上警察権の問題に拘泥するのであれば、アメリカの仲裁意見にドイツは従うと約束していた事実を暴露すると脅したのです（三月七日）。対日戦争で苦しむロシアも二月の初めにはフランス側に立つことを表明していました。ドイツの主張を理解してくれる列強はオーストリア・ハンガリー帝国ただ一国です。ほとんど現状を追認しただけのアルヘシラス議定書が調印されたのは一九〇六年四月七日のことでした。

アルヘシラス会議は、ドイツに対してほぼすべての列強が不快感を持っていることをドイツ指導者に知らしめた事件でした。イギリスとの衝突は不可避であると考えていたドイツにとって、期待していたアメリカの協力が得られなかったことが致命的でした。フランスはこの会議での交渉を通じて、イギリスとの関係をいっそう深めていきました。ドイツは悲しいほどに孤立していったのです。

こうした状況に陥ったドイツ外交にとって、カリフォルニアで激化し始めた反日本人運動はドイツ外交の劣勢を挽回する絶好のチャンスでした。すでに述べたように、日本とアメリカの対立は、アメリカとイギリスの関係にも悪影響を与えるはずなのです。一九〇八年のアメリカ大西洋艦隊の横浜訪問は、ドイツが期待する日米離反のきっかけになるはずでした。しかしその期待もルート・高平協定の締結で淡い夢と終わってしまいます。この協定で日米英の協調はますます強固なものになりました。ルート・高平協定はドイツ外交の失敗の証《あかし》でもあったのです。

## ◉原註

＊1　German Weltpolitik and the American Two-Front Dilemma, pp1453-4.
＊2　Bernhard von Bülow, *Imperial Germany*, Cassell and Company, 1914, p22.
＊3　リチャード・ジップル「ヴィルヘルム二世の対東アジア外交におけるヨーロッパ観についての一考察」（『南山大学ヨーロッパ研究センター報』第7号、二〇〇一年）五〇頁。
＊4　同右　p51.
＊5　同右　p52.
＊6　同右　p52.
＊7　Hermann Knackfuß（一八四八―一九一五）ドイツ・ヴィッセン（Wissen）生まれの画家。

*8：Harumi Shidehara Furuya, Nazi Racism Toward the Japanese, NOAG 157-158（1995）, University of Hamburg, 1995, p18.

*9　Wilhelmine Germany and the First World War（1890-1918）.
http://germanhistorydocs. ghi-dc.org/sub_image.cfm?image_id=2186

*10　Karl Friedrich Augustus Gützlaff（一八〇三—五一）カール・ギュツラフのアヘン戦争での活躍は拙著『日本開国——アメリカがペリー艦隊を派遣した本当の理由』（二〇〇九年、草思社）の「イギリスの正義、宣教師の正義」七一—八一頁（文庫版八五—九六頁）に詳しい。

*11　Ian Welch, Missionaries, Murder and Diplomacy in Late 19th. Century China: A Case study, Project Canterbury, 2006, p7.

*12　同右　p7.

*13　同右　p8.

*14　Stenographische Berichte über die Verhandlungen des Reichstags [Stenographic Reports of Reichstag Proceedings], IX LP, 5th Session, Vol. 1, Berlin, 1898, p 60.
邦訳は左記の英文によった。
http://germanhistorydocs.ghi-dc.org/pdf/eng/607_Buelow_Place%20in%20the%20Sun_111.pdf

*15　「ヴィルヘルム二世の対東アジア外交におけるヨーロッパ観についての一考察」五二頁。

*16　同右、五二—五三頁。

*17　Igor V. Lukoianov, The First Russo-Chinese Allied Treaty of 1896, *International Journal of Korean History*, vol. 11, Dec. 2007, pp166-7.

*18　Convention for the lease of Weihaiweu, 1898. 批准は十月五日。

＊19 Alan C. Lowe, Foreign Devils and Boxers, Master Thesis Univ. of Albuquerque, 2000, p31.

＊20 Joseph W. Esherick, *Origins of the Boxer Uprising*, University of California Press, 1988.

＊21 The Boxer Rebellion in China 1898-1900, Case Study による「まとめ」に拠った。
http://cliojournal.wikispaces.com/file/view/Boxer + Rebellion + Case + Study.pdf

＊22 同右　p5. 義和団が反清朝の性格を持っていたかについては、歴史家の依拠する資料によって異なる。最近では当初から清朝政府側に立った反西洋人運動であったと考える歴史家が増えている。

＊23 Foreign Devils and Boxers, p45.

＊24 Robert Coventry Forsyth, *The China Martyrs of 1900*, Fleming H. Revel Co., 1904, p102.

＊25 同右　p102.

＊26 川島隆「ドイツ語圏の黄禍論に表れた『男性の危機』」(『京都大学大学院文学研究科21世紀COEプログラム「グローバル化時代の多元的人文学の拠点形成」第二回報告書』二〇〇四年)二〇九頁。

＊27 「ヴィルヘルム二世の対東アジア外交におけるヨーロッパ観についての一考察」五九頁。

＊28 Robert R. Leonhard, The China Relief Expedition, The Johns Hopkins University. 論文発表年度不明。
http://www.jhuapl.edu/ourwork/nsa/papers/China%20ReliefSm.pdf

＊29 The China Relief Expedition, p19.

＊30 Foreign Devils and Boxers, p84.

＊31 Col R. D. Heinl, Jr., Hell in China, *Marine Corps Gazette*, November 1959.
http://www.mca-marines.org/gazette/hell-china

＊32 同右。
＊33 The China Relief Expedition, p31.
＊34 同右 p34.
＊35 同右 p35.
＊36 同右 p38.
＊37 同右 p38.
＊38 Hell in China.
＊39 The China Relief Expedition, p48.
＊40 同右 p49.
＊41 Foreign Devils and Boxers, p63.
＊42 同右 p54.
＊43 Peter Dennis, Jeffrey Grey, Battles Near and Far, the 2004 Chief of Army Military History Conference Report, p86.
＊44 同右 p86.
＊45 Jack Beatty, *The Lost History of 1914*, Walker & Co., 2012, pp12-13.
＊46 瀬戸武彦「青島をめぐるドイツと日本（3）ドイツによる青島経営」（『高知大学学術研究報告』第49巻、二〇〇〇年）六一頁。
＊47 ドイツ植民地省設置は一九〇七年。
＊48 「青島をめぐるドイツと日本（3）ドイツによる青島経営」六二頁。
＊49 Secretary of State John Hay and the Open Door in China. 米国国務省ホームページ。 http://history.state.gov/milestones/1899-1913/HayandChina

＊50 「小村寿太郎とその時代　Chapter6: Russia's Occupation of Manchuria」（『岡崎研究所レポート』）一頁。
http://www.okazaki-inst.jp/Komura%20Chapter%206%20final%20submitted%20on%20July%2027.pdf

＊51 同右。

＊52 A Tale of Ten Cities: The Boxer Movement, the Open Door notes and the Formation of American Paternalism toward China, American Studies Programme: The University of Hong Kong, 2011. 香港大学ホームページ。
http://www.amstudy.hku.hk/news/treatyports2011/files/qingliu.pdf

＊53 同右。

＊54 「青島をめぐるドイツと日本（3）ドイツによる青島経営」

＊55 同右。

＊56 徳華銀行の銀行券発行の経緯についての記述は左記論文によった。
John E. Sandrock, A Monetary History of the Former German Colony of Kiaochou.
http://www.thecurrencycollector.com/pdfs/A_Monetary_History_of_the_Former_German_Colony_of_Kiaochou.pdf

＊57 Seybert, Statistical Annals, 93; US China International Trade Commission.
http://dataweb.usitc.gov/scripts/user_set.asp

＊58 十九世紀におけるアメリカの支那市場への進出の経緯については拙著『日本開国』に詳しい。

＊59 Douglas A. Irwin, *Explaining America's Surge in Manufactured Exports 1880-1913*, Thesis-Dept. of Economics: Dartmouth College, 2001, p28.

＊60　南北戦争の本質は奴隷解放ではなく、保護貿易主義（北部諸州）対自由貿易主義（南部諸州）であることは拙著『日米衝突の根源』第4章「南北戦争」に詳しい。

＊61　「アメリカン・システム」については同じく拙著『日米衝突の根源』第4章「南北戦争」中の「アメリカン・システムとは何か」の項に詳しい。

＊62　ヘンリー・カレイについては拙著『日米衝突の根源』第4章「南北戦争」中の「保護貿易主義者、カレイとリスト」の項に詳しい。

＊63　Benjamin O. Fordham, Protectionist Empire: Trade, Tariffs, and United States Foreign Policy, 1890-1914, p16.
http://government. arts. cornell. edu/assets/psac/sp11/Fordham_PSAC_Mar11. pdf

＊64　同右　p17.

＊65　同右　p17.

＊66　同右　p17.

＊67　Quest for Empire, p11.

＊68　同右　p14.

＊69　同右　p12.

＊70　同右　p13.

＊71　同右　pp15-16.

＊72　同右　pp15-16.

＊73　同右　p16.

＊74　同右　p14.

＊75　同右　p14.

*76 「英仏協商は激変するヨーロッパ内部の事情によって結ばれたものである。極東には本来何の関係もないものであったが、この協約によってフランスのロシア支援の可能性はほぼなくなったのである」Anglo-Japanese Alliance Discussion Paper, London School of Economics and Political Science, April 2002, p23.
http://sticerd.lse.ac.uk/dps/is/IS432.pdf
それでもロシアは石炭燃料補給にフランスの港（仏領マダガスカル・ノシベあるいは仏印カムラン湾）を使用した。
http://toto.lib.unca.edu/sr_papers/history_sr/srhistory_2009/williams_stanley.pdf

*77 Quest for Empire, p19.

*78 同右　p19.

*79 同右　p19.

*80 同右　p19.

*81 Gilbert Murray, *The Foreign Policy of Sir Edward Grey 1906-1915*, Oxford University Press, 1915, p60.

*82 Quest for Empire, p19.

*83 同右　p20.

*84 同右　p20.

*85 イギリス、オーストリア・ハンガリー帝国、ベルギー、フランス、ドイツ、イタリア、モロッコ、オランダ、ポルトガル、ロシア、スペイン、スウェーデン、アメリカ。

*86 Heather Jones, Algeciras Revisited: European Crisis and Conference Doplomacy, European University Institute Woking Paper, 2009, p9.

*87　同右　p9.

# 第7章　アメリカの戦争準備　パナマ運河

## ルーズベルト外交の基本

マッキンレー大統領は一九〇〇年の選挙戦に、米西戦争の国民的ヒーローであるセオドア・ルーズベルトをランニングメイト（副大統領候補）に指名し再選を果たしました。しかしマッキンレーは大統領職に就いてわずか半年で暗殺されてしまいます（一九〇一年九月）。ルーズベルトは暗殺後に大統領となり、一九〇四年の選挙選で再選されています。アメリカの二十世紀初頭のおよそ八年間の外交は、セオドア・ルーズベルトによって指揮されたものでした。ですからこの時代のアメリカ外交を読み解くには、ルーズベルトの外交思想を読み解く作業が必要です。ところが多くの日本人にとって、彼の展開した外交は一貫性がないのではないかと疑わせるものになっています。

ルーズベルトはオランダ系ＷＡＳＰ（ニューヨーク・ニッカーボッカー）の名家に生まれています。ハーバード大学を卒業後、ニューヨーク州議会議員を出発点として政治の世界に身を置きました。彼は政治家としてでなく歴史家としての高い資質を持っていました。彼の著作のいくつかは今でも研究者必読になっています。また彼の思想は当時流行していた優生学の考え方にも強い影響を受けていました。

ルーズベルトの生い立ちや学生生活、あるいはその後の政治活動については拙著『日米衝突の根源』で詳述しましたので、ここでは繰り返しません。しかし、本書で明らかにしようとする二十世紀初頭のアメリカ外交の本質、そしてその重要部分を織り成す対日本外交を理解するには、ルーズベルト個人の外交についての基本的な考え方を考察しておくことは重要な作業です。

私たち日本人はアメリカ大統領の個性を見るとき、どうしても親日的なのか、あるいはそうでないのかという視点を先行させてしまいがちです。ところがセオドア・ルーズベルトの思想やキャラクターを、親日なのか反日なのかの切り口で捉えようとすると、そこから導き出されるのは親日でもあり反日でもあった、というほとんど意味のない結論にたどり着いてしまうのです。

セオドア・ルーズベルトが、高度な日本文化の存在をはっきりと認識し、深い理解を示していたことは疑いのない事実でした。それを示す逸話には事欠きません。「セオドア・ルーズベルト大統領が新渡戸《にとべ》（稲造《いなぞう》）の『武士道』にひどく感銘し、友人にもその書を読むように自ら何冊か買ってプレゼントしたことはよく知られている。

この書に動かされたからこそ、日露戦争の仲介を買って出ることを決めたとまで言われている。そしてポーツマス条約を締結に導いたことでノーベル平和賞まで授与されたのであった」[*1]

ルーズベルトは柔道にも強い関心を示しています。

「日本のワシントン駐在武官、竹下勇[*2]の紹介でホワイトハウスを訪れた（講道館の）山下義韶《よしつぐ》[*3]と知り合った（一九〇四年）。（柔道を気に入った）ルーズベルトは自らの日々のフィットネス運動に柔道を加えている」[*4]

ルーズベルトは、右記にあるワシントン駐在武官（海軍）竹下勇とは親密な交誼を結んでいましたから、彼の日本理解は相当に深いものであったことには疑いの余地はありません。しかし日本が日露の戦いに勝利すると、彼の日本に対する態度はたちまち厳しいものに変化していきます。日露戦争後に激化したカリフォルニア州を中心とした太平洋岸での反日本人運動を危惧しながら次のように述べています。

「彼ら（カリフォルニア州の政治家）は対日戦争を引き起こす不安材料になっている。ただちにそうした事態になるとは思わないが、将来については不安である。日本人は誇り高く、感受性も強い。戦争を恐れない性格で、（日露戦争の）勝利の栄光に酔っている。彼らは太平洋のパワーゲームに参加しようとしている。日本の危険性はわれわれが感じている以上に高いのかもしれない。だからこそ私はずっと海軍増強を訴えてきたのだ。……仮に戦争となり、われわれの艦隊が旅順港《りょじゅん》のロシア艦隊のような運命をたどることになれば、日本は簡単に二十五万人規模の兵力を太平洋岸に上陸させることができる。そうなれば、それを駆逐するのに数年の歳月がかかり、それに加えて、とんでもないコストがかかるだろう。日本人（The Japs）はロシアに勝ってから自惚れている（very cocky）。しかしこちらが大艦隊を持ってさえいれば、奴らだってそう簡単には手出しはできない」[*5]（ユージン・ヘイル上院議員に宛てた、一九〇六年十月二十七日付のルーズベルト私信）

日本の文化を深く理解していた人物が、日露戦争後になると対日本（人）観をこれほどまでも変えてしまったのです。こうした態度の激変に多くの日本人は戸惑いを覚えてしまうのです。日本（文化）を理解する人物は親日的であるはずだというナイーブな思い込みがそうさせてしまっているのかも知れません。

ルーズベルト大統領の外交思想をより冷静に読み解いていくと、彼の日本観（対日本外交）は、ある強固な外交思想のなかで確かな一貫性を持っていたことがわかるのです。

「ルーズベルトの外交方針を理解する鍵は、彼が世界をはっきりと二分していた事実である。彼は地球を文明国（civilized）と野蛮国（barbarous）に分けていたのである。その上でルーズベルトは文明国が野蛮国に対しての影響力を何らかの形で拡大することが重要で、そうしない限り世界平和の実現は難しいと考えていた[*6]」

「文明国間の外交においては徹底的にパワーバランスを重視した[*7]」

ルーズベルトのこの世界観に基づく外交方針を理解すると、彼が日本をどのように考えていたかがより明確になるのです。むしろ彼のこうした外交理念は対日本外交に典型的に現れたと言ってもよいほどです。

ルーズベルトは確かに当時は科学的な学問として認知されていた優生学思想の影響を受けていましたし、優生学者の友人も少なくありませんでした。それでも民族そのものの優劣、つまり人種の優劣はその形態的特徴により先天的に決定している、と主張するマジソン・グラントのような優生学者の考えには影響されてはいません。おそらく歴史学者としての眼が、友人でもあったグラントが示した頭部の形状分析で人種の優劣を測れる（「頭部インデックス[*8]」）というような主張を受け入れさせなかったのでしょう。

「ルーズベルトの外交についての考え方は日本人に対する態度でよくわかる。ルーズベルトは、日本のその経済力と軍事力の発展を見て惜しみない（ungrudging）敬意を払っている。『ルーズベルトは、日本人はわれわれとはまったく異なる人種であるという（優生学者の）考えには与《くみ》しない』と日露戦争の最中《さなか》に英国の友人に述べている[*9]」

「（彼は日本を文明国と考えたから）日本に対して東アジアを啓蒙（civilizing）し、同時に警備する（policing）責任を負わせたのである。少なくとも黄海《こうかい》周辺地域については日本にそうした役割を期待した。日本がこの海域周辺に関心を持つのは、アメリカがカリブ海周辺に重大な関心を寄せるのと同じことなのである」[*10]

ルーズベルトは大使抜擢前の友人シュテルンブルクに対しても「日本が朝鮮をとる（支配す）べきだ。日本はロシアの南下に対しての備えにもなる。何よりも日本はそのように期待される立場を自ら勝ち取ったことが重要だ」[*11]と述べているのです（一九〇〇年）。ルーズベルトは、朝鮮は非文明国であると確信していました。彼の自叙伝でも「朝鮮は自治能力、あるいは自国を防衛する能力にまったく欠けている（utterly impotent）国である」[*12]と言明しています。一九〇四年になると、この考えを英国にもドイツにも伝えています。次のようにも付言もしています。

「支那に対しても、日本はこの（非文明）国を啓蒙する役割を負うべきだ」[*13]。

ここまではルーズベルトの考える「文明国は非文明国を啓蒙すべきである」という主張を色濃く出した外交方針でした。しかし日本の日露戦争の勝利を受けて、彼の対日本外交は自国の安全保障を中心に置く、列強国（文明国）間のパワーバランスをより重視した外交にシフトしていきます。

「ルーズベルトは、日本の行動は（列強間のパワーバランスのなかで）監視され抑制されなければならないと考えるようになった。だからこそ（そのための方策として）非公式の立場で日英同盟のサイレントパートナーとなることを決め、朝鮮における日本の覇権を容認し、満州における日本の重大な関心事の存在（paramount interest）を認めたのである。それは日本から、アメリカのフィリピンにおける立場を脅かさないという（パワーバランス外交に基づいた）交換条件をつけたものであった。ルーズベルトが日本と結んだ桂・タフト協定は米議会にも秘密であり、アメリカ国民は知る由もなかった。外交史家タイラー・デネットがその存在を明らかにしたのは一九二五《ママ》年（注：一九二四年が正しい）のことであった[*14]」

ルーズベルトの外交における二つの重要な方針（文明国は非文明国を啓蒙する義務があり、文明国間の外交はつねにパワーバランスのなかで制御されたものでなくてはならない）はルーズベルトの確固たる正義感の上に立脚していました。「強国に対しても堂々とわれわれの権利を主張し、そして同時に、弱い国に対しても強い国に対しても十分な礼節と正義感を持って接する[*15]」。それが彼の信条でした。その信念が対日本外交で象徴的に表れていたのです。

一九〇五年以降、日露戦争によって文明国間のパワーバランスに激変が起きたなかで、東アジアをめぐる勢力図が形成されていくことになります。しかしアメリカの政治は既存のパワーバランスをそのまま受身で考えるような弱々しいものではありません。パワーバランスの枠組みそのものを自国に有利なものに積極的に変えていく。それがアメリカの国家戦略でした。アメリカの国柄と言ってもよいかもしれません。

アメリカの弱点はドイツが見透かしていたように、つねに二つの大洋に軍事力を配備しなくてはならないことでした。しかし二つの大洋が一つになればその弱点は消えるのです。だからこそアメリカはパナマ運河開削事業に邁進していくのです。パナマ運河が完成すれば列強間のパワーバランスはアメリカ優位に大きくシフトするのです。

## パナマ運河　その一　アメリカ海軍将官会議

アメリカ海軍将官会議（the General Board of Navy）がオレンジ計画策定に向けての研究を開始したのは一九〇六年のことでした。その研究では日本との戦争が現実になれば大西洋艦隊を太平洋に展開させなければならないことは当然でしたが、それにはあまりに時間がかかりすぎました。

「パナマ運河は完成していない。したがって、大西洋艦隊が前線に到着するまでには三ヵ月を要する。三ヵ月あれば日本はフィリピンを陥落させ、おそらくハワイの攻略も可能である。さらに頭の痛い問題があった。それはアメリカ大西洋艦隊は極東にベースとなる（海軍基地となる）軍港を持っていないことであった[*16]」

ルーズベルトが秘密裏に桂・タフト協定を結び、高平・ルート協定で念を押すように日本との融和政策を進めたのは、パワーバランスをアメリカ優位に大きくシフトさせる運河の完成までは、けっして日本の関心を南（フィリピン）に向けさせてはならないという外交方針に基づいていました。当時のアメリカは「両大洋作戦のジレンマの足枷のなかで安全保障を考えたとき、日本の理解を得ておく以外に方法はなかった」*17のです。パナマ運河の開通こそがアメリカがこのジレンマから自らを解放できる唯一の方策でした。

パナマの重要性にルーズベルトは早くから気づいていました。二つの大洋を結ぶ運河の建設はイギリスと共同で当たることを決めていた条約（クレイトン・ブルワー条約、一八五〇年）を破棄させ、アメリカ単独での開発をイギリスに容認させたのは一九〇一年のことでした（ヘイ・ポンセフォート条約）。米英関係の好転がその背景にありました。

続けて、一九〇三年にはコロンビアの領土であったパナマの独立運動を支援し、コロンビアが反乱鎮圧の軍船をパナマに遣《や》ることを阻止しています。翌年にはパナマの臨時代表であったフランス人フィリップ・ビュノー・ヴァリアと条約を結び、アメリカのパナマ運河建設の権利を得たのです。

ルーズベルトが、パナマ運河を完成させることがアメリカの安全保障にとってきわめて重要であると考えていたことは、彼の自伝の中でもはっきりと述べられています。

「私が大統領の職にあって成し遂げた最大の功績はパナマ運河（をアメリカのものにしたこと）である」[*18]と断言しているのです。ルーズベルトは一九〇六年にノーベル平和賞を受賞しています。日露戦争終結にあたっての彼の功績が評価されたのです。しかし彼自身にとって、最も重要であったのはアメリカの安全保障でした。パナマ運河を確保した功績に比べれば、ノーベル平和賞など取るに足らないものだったのです。

## パナマ運河　その二　ドレイク海峡

バルボアが南海（太平洋）を望見（一五一三年）し、マゼランが大西洋と太平洋を結ぶ海峡を発見（一五二〇年）してからおよそ六十年が過ぎた一五七八年九月六日、イギリス艦隊がマゼラン海峡を通過し太平洋に入っています。イギリスの港プリモスを出港（一五七七年十二月十三日）した時には五隻で編成されていた艦隊は、大西洋からマゼラン海峡に入るまでに二隻を失い、海峡通過の間にまた一隻を見失ってしまいました。太平洋に入った時点で残った船は指揮官フランシス・ドレイク[*19]の乗る旗艦「ゴールデン・ハインド」号（三百トン）と「エリザベス」号（八十トン）の二隻だけとなり、名ばかりの艦隊になっていました。

新大陸を支配するスペインが積み出す銀を満載したスペイン船を狙う私掠《しりゃく》船団として企画されたドレイク艦隊が、ようやくのことで太平洋に入ることができたのは九月三十日のことでした。南半球ではこの時期にようやく冬が終わりを迎えるとはいえ、緯度の高いこの海域は荒い天候が続いていました。できるだけ早く北上しようとする艦隊を北からの激しい風が襲っています。

二隻の船は、激しい北風に吹き飛ばされるように南へ南へと流されて行きました。風に押され続けることおよそ三百マイル（四百八十キロメートル）。そこから南にはもう陸地は見えませんでした。

「空は真っ暗となり、地球がそのはらわたをさらけ出すような嵐が続いた。あまりの激しい風の中で帆を張ることもできず船は流され続けた。これまで誰も来たことのない緯度にまでやって来てしまった。われわれの持っている地図では、このあたりにはオーストラリア大陸が見えるはずであった。しかしそこには何もなかった。風と海と氷だけの薄暗い空間が広がっていた[*20]」

「嵐も五十三日目にしてようやく収まった。（僚船はすでに嵐で沈み）たった一隻となった『ゴールデン・ハインド』号はホーン岬にまで流されていた。……ドレイクにはここまでに味わった悲惨な航海を恨むような暇はなかった。むしろ逆であった。マゼランの栄光を一気に奪ってしまうほどの発見を成したことを実感したのである。近くに広がる小島の間に碇を下ろした。地理学者も知らない島々がそこにあった。そしてその南には太平洋と大西洋が一つになってぶつかりあう洪水のような波が踊ってい

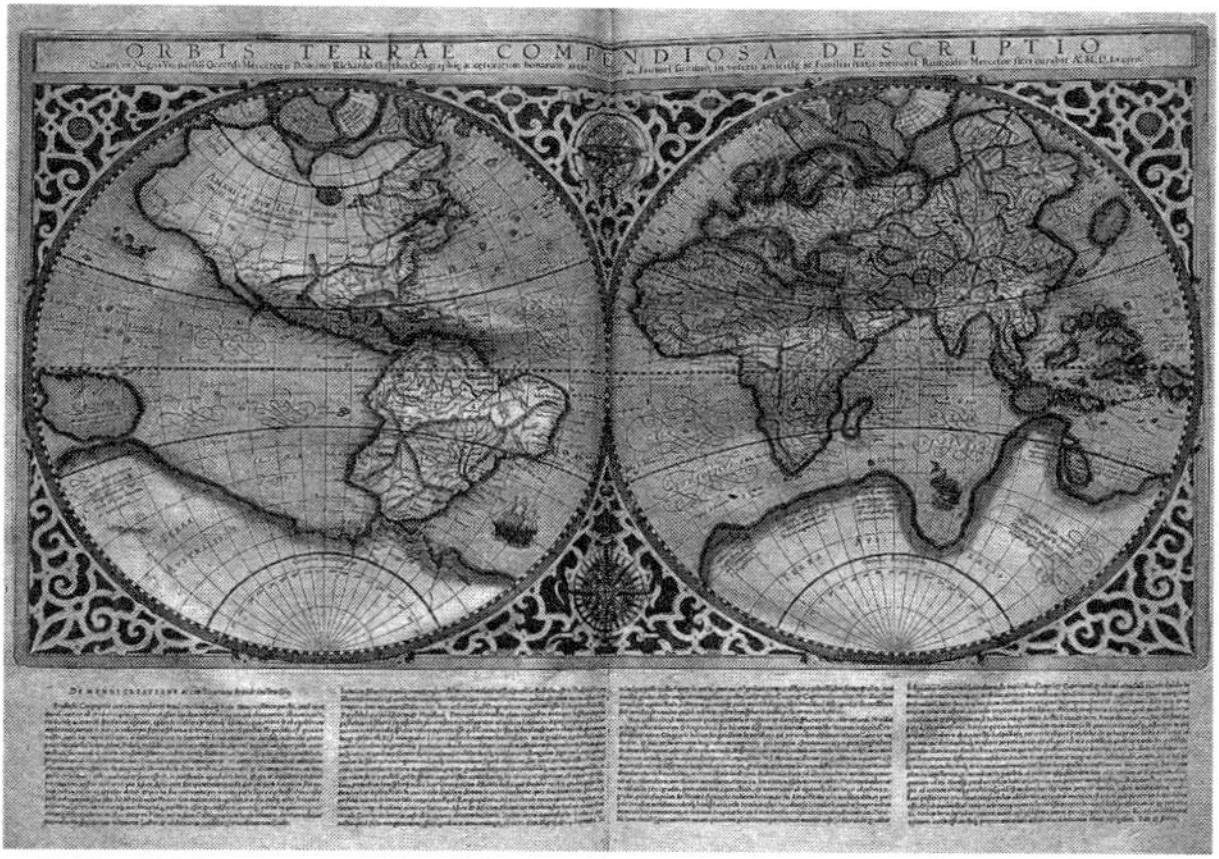

16世紀の地図。南アメリカと南極大陸は近接して描かれている

た。彼は興奮に包まれながら最も南に位置する島に上陸した。ドレイクはたった一人でその島の南端まで歩いた。彼はそこに体をかがめ、両腕を大きく広げたのだった。当時の人間が知り得た最も南の地にやって来た。（人類が初めて踏みしめた）その地を両腕でしっかりと抱きしめたのだった[*21]」

ドレイクの眼前に広がる海は、このおよそ六十年前にバルボアが見た赤道付近の穏やかな海（太平洋）とは似ても似つかぬ荒々しい海でした。ドレイクの見つめた海は現在の地図では南米大陸と南極大陸を分かつ海峡として記され、ドレイク海峡と命名されています。その広さはおよそ六百五十キロメートル。二十一世紀の大型船でさえも激しい揺れなしでは通過できない海の難所になっています。

ドレイク海峡の発見は、アメリカ大陸を南北に分かつ、わずか百キロメートルほどのパナマ地峡の重要性をヨーロッパ人に改めて知らしめた事件でした。南北の両大陸のわずかなくびれを海抜よりも少しばかり高く作った自然のいたずらで、ヨーロッパ人の東アジアへの西回りの航海は、つねに座礁の危険を孕《はら》むマゼラン海峡かドレイク海峡を越えなければならないことが確かめられたのです。

わずか百キロメートルの南北アメリカの結節点にパナマ地峡を残し、二つの大陸が繋がったままにしたのは造物主のいたずらでした。パナマ地峡がヨーロッパ人の船による西漸をきっぱりと拒んでいたのです。そのため航海するものは赤道圏から南極圏までの迂回を余儀なくされました。わずか百キロメートル西に進むために、一万二千キロメートルの遠回りが必要だったのです。

ドレイクは大陸最南端の地で神に静かに祈りを捧げると、南米西海岸をゆっくりと北上していきました。ドレイク艦隊の目的はもともと南米の銀を満載したスペイン商船を襲うことにありました。チリ中部の港町バルパライソで停泊中のスペイン船から貴金属やワインを略奪すると（一五七八年十二月五日）、この港にしばらく留まり、傷ついた「ゴールデン・ハインド」号の修繕をほどこしています。翌年の四月半ばには中央アメリカ付近まで達し、北半球に入るとそのまま北米大陸西岸に沿って北上しています。

六月には北緯四十九度付近の海岸（現在のカナダ、ブリティッシュ・コロンビア州にあるバンクーバー島東岸の港町コモックス〈Comox〉付近）まで北上しています。そこでそれ以上の北上を断念し、南に引き返しています。

ドレイクにはスペイン船を襲う使命のほかにもう一つの大事な目的がありました。大西洋を北西部から西に向かい、太平洋に抜ける航路の探索でした。北米大陸の北端を左手に望みながら太平洋に抜けるルート（大西洋北西ルート North West Passage）を探していたのです。大西洋側からの探検ではいっこうに見つけることのできないルートの入り口を太平洋側にあるだろう出口側から探るのです。しかしどこまで北上しても船の右手（東）に見えるのは陸地ばかりでした。北米大陸の北には二つの大洋を結ぶ航路はない。それがドレイクの結論でした。

## パナマ運河　その三　スコットランドの試み

ドレイクは太平洋を横断すると、フィリピン、東インド諸島、インド洋を経て無事プリモスに帰港しています（一五八〇年九月二十六日）。たった一隻での帰還でしたが、途中襲ったスペイン船から強奪した銀をはじめとする財宝で、艦隊編成のスポンサーには十分すぎるほどの利益（投資額の四十七倍[*22]）を生んでいます。投資家の一人と言われるエリザベス女王はドレイクにナイトの称号を与える（一五八一年四月四日）ほどに喜んだのでした。

ドレイクの航海で、南米西海岸から出荷される銀をはじめとする諸産物をスペイン本国に運ぶには、パナマ地峡かメキシコを通る陸運が不可欠であることが実証されました。スペインが無事にカリブ海側に運んだ銀などの産物は待ち受けていたスペイン船によって本国に送られました。そのスペイン船をハイエナのようにイギリスの私掠船（海賊）が待ち受けたのでした。

カリブ海はスペインの新大陸で生み出す富をイギリスが掠め取ろうとする戦いの海に化していきました。スペインの富は新大陸の貴金属だけではありません。マニラからのガレオン船が運ぶ支那からの絹製品や磁器もそうした富の重要な品目でした。両国の激しい富の争奪戦は南北両大陸の隘路《あいろ》であるパナマ地峡の重要性を否が応でも高めていきました。

イングランド銀行の創設者の一人となったスコットランドの銀行家ウィリアム・パターソン[*23]もそれに気づいた人物の一人でした。

「パナマ地峡は二つの大洋を繋ぐドアのようなものであり、この世界の支配を可能にする鍵を握っている場所である。この地の覇権を握る者がこの世界の交易を支配するのである[*24]」

パターソンはパナマ地域の植民地化をスコットランド政府に説いています。この計画に消極的な政府を尻目に、彼は自らその植民地化計画を指揮し、カリブ海側の海岸に植民に向かったのでした。およそ千二百人が現在のダリエン湾の一角の小さな港（カレドニアベイ）に入植したのは一六九八年十一月のことでした。その地は故郷スコットランドにちなんで、ニューエジンバラあるいはニューセントアンドリュースと名づけられています。しかしスコットランドとはあまりに違う風土でした。熱帯の得体の知れない病原菌がはびこり、病が次々と入植者を襲いました。周囲には敵対的な原住インディアン部族とスペインの敵意が溢れていました。

この頃、スコットランドはまだイングランドとの統一ができていませんでした。ですから英東インド会社さえも、そして蘭東インド会社もこの入植計画を警戒していました。孤立無援のなかでパターソンは帯同した家族を病死させてしまっています。パターソンの入植は失敗に終わったのです。

「この植民がスコットランドとイングランド合併（一七〇七年）後に実施されていたら、事態は変わっていたかも知れない。政府の理解と援助を期待できたはずである。そうなっていれば、パナマはイギリス帝国の一部になっていてもおかしくない。パナマ地峡にイギリスが運河を建設していた可能性も高かったのである。パターソンは自らこの地峡を探査し、ここに運河を建設することは可能であると述べていた[*25]」

フンボルトペンギンやフンボルト海流にその名を残すドイツの探検家アレクサンダー・フォン・フンボルト[26]がパナマ地峡やニカラグアを調査したのは一八〇四年のことでした。パターソンのプロジェクトからおよそ百年が経過していました。ヨーロッパ上流階級とのコネクションに恵まれていたフンボルトは、スペイン政府の正式な許可を得ていました。スペインの現地官憲に歓迎されることはあっても、けっして邪魔をさせない環境を整えてこの地峡にやって来たのです。

彼は二つの大洋を繋ぐ運河建設に適すだろう九つのルートを調査しています。そのなかでも多くの湖の広がるニカラグア・ルートが最も有望であるとその報告書で結論づけています。[27] 彼は、メキシコ（ニュー・スペイン）について語った書（一八一一年）のなかでこの地峡の歴史的意義を次のように述べています。[28]

「二つの大洋が運河によって連結すれば（北米大陸北西部の）ヌトカ・サウンド（注：カナダのブリティッシュ・コロンビア州バンクーバー島と大陸部の海峡、毛皮の産地）や支那で産する品々をヨーロッパや北米東海岸に運ぶルートを二千リーグ（およそ一万キロメートル）も短縮させることができる。そうなれば東アジアの政治状況に激しい変化を生むだろうことは疑いの余地がない。（東洋諸国にとって）パナマ地峡こそが大西洋から押し寄せる（西洋文明の）荒波に対する防波堤となっている。このパナマのくびれが海峡ではなかったからこそ、支那も日本も独立を保持できているとも言える

のである」[29]（傍点筆者）

十九世紀初頭の探検家フンボルトは、この地峡にいつか開通するであろう運河が引き起こす政治的地殻変動の激しさを見抜いていたのです。

## パナマ運河　その四　フェルディナン・ド・レセップス

フンボルトのパナマ地峡探検からおよそ七十年が経った一八七九年十二月三十日の午後三時、フランス船「ラファイエット」号がカリブ海に面したパナマの港コロン（旧アスピンウォール）に入港しています。この地方では雨季が終わったばかりで、空には雲ひとつない青空の広がる熱帯の午後でした。「ラファイエット」号はある名の知れた人物をこの港に運んできていました。彼の名はフェルディナン・ド・レセップス。この十年前にスエズ運河を開通させた実業家でした。運河開通の一八六九年は彼の人生で最も充実していた年でした。地中海と紅海を結ぶ全長六十マイルの運河を開通させ、その完成と時を合わせるように四十三歳も年下のルイーズ・エレーネを二人目の妻として迎えたのです。レセップスが六十四歳の時でした。

レセップスはこのパナマへの船旅に若い妻ルイーズ・エレーネを当然のように帯同していました。彼はスエズ運河開通から十年目に新たな挑戦を始めていたのです。平坦な砂漠地帯を開削して完成させたスエズ運河とは比較にならないほど険しい熱帯の丘陵を切り開かなければならないパナマ運河開削プロジェクトを立ち上げたのです。七十歳をとうに過ぎたとはいえ彼の五体には新事業にかける情熱が溢れていました。

レセップスはこの年、パリで運河開削の新会社を設立しています。スエズ運河を成功に導いた実績にもかかわらず、この会社に投資しようとする者はわずかでした。予定していた四億フランの募集に対してわずか三千万フランしか集めることができませんでした。*30 目標額の一割にも満たない資金しか集められなかったのは、パナマ地峡周辺に広がる熱帯雨林とそこに蔓延する風土病への懸念が大きな原因でした。スエズの工事のようにはとてもいかないだろうとの見方が多く、投資家は警戒したのです。

運河がもたらすだろう便益は誰にも理解されていました。レセップスは湖を利用した海抜レベルの水面を作り出す運河建設の工法を選択していました。しかし熱帯雨林を切り開き、丘陵を爆破しながら平坦な海の街道を作ることはあまりにリスクが高いと思われたのです。

普通の起業家であれば予定額の一割にも満たない資金調達ではプロジェクトそのものを断念するはずでした。しかしレセップスは諦めなかったのです。わざわざ若い妻と二人の間にできた三人の子供までをパナマに連れてきたのは、ここがけっして怪しい病原菌があちこちに潜む危ない土地ではないことをアピールする狙いがありました。あわせて数人の土木技術者も連れてきていました。彼らにもう一度現地を調査させ、工事に万全を期したのです。

レセップスは土木技術の専門家ではありません。彼はむしろ投資家に大きな夢を見せる才能に恵まれた人物でした。彼が語れば、どんなに難しそうなプロジェクトでも簡単に成就できそうな気分になるのです。投資家を酔わせる天賦の才能でした。七十歳をとうに超えた人物が四十以上も年の離れた女性と作った三人の子供を連れてきたのも、いつまでも涸れない情熱とタフな肉体が健在なことを示すための演出でした。起業家に欠かせないカリスマ性の補強が必要だったのです。

レセップスの一行が、コロンで待ち構えていたコロンビア政府の役人やプロジェクト関係者を招き、「ラファイエット」号の上でパーティーを催したのは午後四時頃のことでした。その模様をジャーナリストでありアメリカ外交官でもあったトレイシー・ロビンソンは次のように伝えています。

「レセップスは歓迎の言葉に実に愛想のよい笑顔で応えていた。彼は完璧なスペイン語を操っていた。七十歳をとうに過ぎているのにもかかわらず、その小さな身体からエネルギーを発散させていた。彼の所作はフランス紳士そのものであった。彼は言ってみれば、すべての者を魅了して引き付ける磁石を持ったような人間であった（a magnetic presence）。彼がしゃべることは何もかもが正しく聞こえた[*31]」

レセップスがプロジェクトの成功を確信するスピーチが続く船室には、パナマ運河の開通を待ち望む世界の期待を象徴するかのように万国の旗が飾り付けられていました。しかしそこにアメリカの星条旗を見ることはできませんでした。[*32]

太平洋岸にあるパナマシティに移動したレセップス一行は同じようなパーティーをいくつも重ね、現地の実業家やコロンビアの役人との懇親を深めていきました。年が明けた一八八〇年一月十日、一行は最も面倒な工事の予想されるパナマ地峡の分水嶺近くの丘に現れています。一行はこの丘の一角の岩山がダイナマイトの爆発で激しく崩落するのを見つめながらシャンペンを飲み干していたのです。[*33] 予定した資金の一割にも満たない事業資金しか集められなかったにもかかわらず、工事開始のセレモニーを大胆にも執り行ったのは起業家レセップスの策略でした。派手な演出で遅々として進まない投機資金の募集に弾みをつけたかったのです。

レセップスには数字の裏づけもありました。彼の予想する建設コストはおよそ八億四千三百万フラン（一億七千万ドル）でした。運河の通行料をトン当たり十五フランと設定すれば、この投資額に対して十パーセントの利回りが期待できたのです。当時のスエズ運河の通行料はトン当たり八フランでした。そのおよそ二倍の通行料ですが、それはけっして高いものではありませんでした。パナマ地峡を走るパナマ鉄道を利用した場合のコストはトン当たり八十フランもかかっていたのです。船から荷を降ろし鉄道に移し替え、さらに荷を待つ船に荷積みするのですからコストが嵩むのは仕方のないことだったのです。トン当たり十五フランになれば荷主は大幅なコスト削減が可能になるのです。[*34]

レセップスはこの工事に不可欠となるパナマ鉄道の支配権を握る交渉も進めていました。工事にはどうしても必要となる鉄道の輸送力も運河が開通すればその価値が激減するのです。鉄道の株主も運河開通は時の流れであることを自覚していました。鉄道の価値が最も高まる運河建設時にその経営権を譲ることには経済的合理性がありました。

パナマ鉄道社長トレノー・パーク[*35]はその経営権を譲ることを承諾していました。市場価格の二倍で株を引き取る交渉が進んでいたのです。一株当たり二百ドルのオファーは一万五千株を所有していたパークにとっては十分な提示額でした。[*36]レセップスにとって、パークをこのプロジェクトを応援する側につけることは重要でした。パークはカリフォルニアのゴールドラッシュ時代に富を築き、共和党創設時からのメンバーです。アメリカ政界を牛耳る共和党政権に影響力のある人物だったのです。

一八八〇年二月十五日にすべての日程を終えたレセップス一行はパナマを発つと、次の目的地ニューヨークに向かっています。一行がニューヨークに現れたのは二月二十四日のことでした。レセップスはこの旅の途中に、事業の目論見書を修正しています。建設コストを六億六千万フランに引き下げているのです。この金額には想定外の出費に備える予備資金はほとんど含まれていませんでした。何もかもが机上の計画どおりに運んだ場合の数字でした。この建設資金の半分をアメリカで調達しようとレセップスは考えていたのです。[*37]

## パナマ運河　その五　アメリカの反発

アメリカ大統領ラザフォード・ヘイズ[*38]はレセップスのパナマ運河開削事業の進捗を苦々しく観察していました。フランスがパナマ地峡に運河を建設することは、新大陸へのヨーロッパ勢力の影響を許さないと固く決めたモンロー・ドクトリンへのあからさまな挑戦でした。第五代大統領ジェームス・モンローが発した警告（モンロー宣言、一八二三年）をないがしろにするフランスの挑戦でした。

大統領は、レセップスが大西洋をパナマに向かっている一八七九年十二月、議会に向けた一般教書で「二つの大洋を結ぶ運河建設はアメリカ主導で行われるべきである[*39]」と述べています。当時のアメリカにとってフランスは、アメリカの安全保障を脅かす危険な国と映っていたのです。

およそ百年前にイギリスからの独立戦争を支援したフランスとは違うのです。南北戦争ではイギリスに与《くみ》して南北分断を図り、戦争のドサクサに乗じてナポレオン三世はメキシコに傀儡《かいらい》政権を樹立させました。北米大陸に再進出の橋頭堡《きょうとうほ》を作り上げたのです。傀儡政権はすでに倒れ、ナポレオン三世も普仏戦争（一八七〇年）でプロシアに惨めに敗れた後、失脚し、もはやこの世にはいません。しかし隙あらば南北アメリカのどこかにつけ込んでくるフランスの性格は変わらないのです。ましてヘイズ大統領は南北戦争を戦った北軍の兵士でした。フランスの介入がいつあってもおかしくない戦争を自ら経験していたのです。

レセップスはアメリカ政府の強い不快感を十分すぎるほど承知していました。アメリカの投資家の募集は難しいことを知っていました。パナマでの派手なセレモニーはアメリカ国内からも投資資金を得るための演出でした。ニューヨークにやって来たのも投資説明会を兼ねたパーティーに出席するためでした。アメリカで思うような資金を集められていないのは、このヘイズ政権のフランスに対する冷ややかな態度にあることは明らかでした。

ヘイズ大統領は運河建設事業にあたってはアメリカの保護監視下で実施されるべきだと主張し、パナマに二隻の軍船の派遣を命じるとともに、議会に対してパナマに近いカリブ海沿岸に貯炭所建設が必要だと主張しました。議会に二十万ドルの予算計上を促しています[*40]（一八八〇年一月八日）。上院に対しては、レセップスのプロジェクトがアメリカの安全保障を著しく損なう恐れがあるとの懸念を正式に表明しました[*41]（二月十日）。

レセップスはニューヨークに入ると、投資家を集めたパーティーで、このプロジェクトはあくまでも民間プロジェクトであることを繰り返し、アメリカ政府の冷たい態度を心配する投資家マインドを好転させようとします。「フランス政府は関与していない」「会社の本社をアメリカに置いても構わない」[*42]。持ち前の聴衆を魅了するキャラクターで懸命な説得を続けたのです。フランス政府も、ウィリアム・エヴァーツ国務長官に対して「レセップス氏の事業は完全に民間主導であり、政府の援助を受けるといった政治色はない」と公式に伝えていました。

レセップスがアメリカ議会下院の小委員会に召喚され、質問攻めにあったのは三月八日のことでした。ヘイズ大統領は議会に対して改めて「運河建設はアメリカのコントロール下で遂行されるべき」だとの政権の方針を繰り返しています。

ワシントンでの冷ややかな対応を受けてフランスに帰国したレセップスは、ヘイズ政権の頑なな姿勢を和らげようと、いくつかの提案をしていました。前年の秋に世界周遊の旅を終え横浜から帰国したばかりのグラント前大統領を議長とする諮問委員会を設置する案まで出しています。グラントに就任を拒否されると、リチャード・トンプソン海軍長官に白羽の矢を立てています。現職の政権幹部、それも海軍のトップに対して、職に留まったまま、顧問となることをアメリカ国内の投資グループを通じて要請したのです。

トンプソン長官はその提案を受け入れています（一八八〇年十二月）。彼に提示された顧問料は年二万五千ドル（現在価値五千万円）でした。長官の給与が八千ドルでしたからその三倍もの高額を提示したのです。しかも現職閣僚の立場を変えなくても構わないという条件でした。体《てい》のよい賄賂と受け取られかねないレセップスのやり方に、ヘイズ大統領は怒りを隠せずトンプソンを解任しています。[*43]

一八八一年一月三十一日、およそ五千人の株主を集めてパナマ運河会社（La Compagnie Universelle du Canal Interoceanique）の設立総会が開催されています。レセップスはアメリカ政府の不快の念の表明であった軍船の派遣を、逆に投資家を募る材料にするほどの人物でした。アメリカの艦船が建設作業の防衛をしてくれるという物言いで投資家を安心させたのです。一株当たり五百フランの株券は当時のフランス一般国民の年収に匹敵する高額なものでした。それでもおよそ百二十万株を十万人強の株主に売り捌くことができたのです。[*44]

パナマ運河会社がレセップスを社長として正式に設立されたのは三月三日のことでした。会社設立とほぼ同時に開削工事が始められています。レセップスは、工事は一八八八年には終了すると豪語していました。彼の強気の言葉に投資家は熱狂しました。[*45]

会社設立と工事開始のニュースはすぐにアメリカに伝えられています。『ニューヨーク・トリビューン』紙はヘイズ政権の危惧と怒りを代弁する記事を掲載しています。

「(パナマ運河をフランスが建設することは)わが国の安全保障上大きな問題である。……(これを看過することは)わが国が長きにわたって堅持してきたモンロー・ドクトリンを放棄するのに等しい。カリブ海に強力な艦隊を持つ国がわずか数週間でその艦隊を(西海岸に)派遣できるのである。わが国の西海岸はサンディエゴからシトカ(北西部沿岸)まで敵対勢力の餌食になる可能性が高くなったということである。……たとえば、運河開通後にスペインと有事があれば、スペインは一ダースほどの戦艦をカリフォルニアに簡単に送り出せ、沿岸を砲撃することが可能になるのである」[46]

ヘイズ政権にとって、メディアに指摘されるまでもなく、パナマ運河がヨーロッパ勢力のコントロール下に入れば西海岸の防衛に重大な影響を与えることはわかりきったことでした。しかし当時のアメリカの国力と海軍力ではこのプロジェクトを阻止することはできませんでした。ヘイズ政権が現実にできることは不快感の表明だけだったのです。アメリカはまだ軍事力の脆弱な(powerless)な国だったのです。[47]

## パナマ運河　その六　レセップスの失敗

一八九三年一月十日、パリで世間の注視を集める裁判が始まっています。被告はフエルディナン・ド・レセップスとその息子シャルルに、パナマ運河会社の幹部二名、[48]そしてエッフェル塔の建築で世に知られる建築家ギュスターヴ・エッフェルでした。

十二年前に華々しく設立されたパナマ運河会社はすでになく、清算が始まっていました。

レセップスは運河建設事業をスエズ運河の時と同じように総合建設請負会社（ゼネコン）の大手クーブル＆エルサン（Couvreux and Hersent：C＆H）に委託しています。しかしこの会社が工事を請け負ったのは一八八一年三月から八二年末まででした。難しい工事の連続でC＆H社が撤退すると、工事は区間ごとに個別の請負会社と契約し、全工事をスエズ運河会社が総合的に監督するスタイルに変更しています。[*49]

一八八一年初めに始まった工事はたちまち多くの困難に直面しています。まず熱帯雨林の密生するパナマ地峡特有の気候が災いしました。激しい雨ばかりが降り続く雨季には、川は溢れ工事現場はぬかるみ、遅延の連続でした。工事にたずさわる労働者をマラリアや黄熱病が襲います。病は現場の肉体労働者だけではなく、リーダー役となる土木技術者の命も容赦なく奪っていきました。

プロジェクトの最大の問題はレセップスが海抜レベルの運河建設を選択したことにありました。途中に水門を設置して人工湖を作り上げ、船を浮かべたセクションだけの水面を上下に調整しながら船を航行させる方法（ロック式）をとらなかったのです。当初からロック式を多くの技術者が支持していました。しかしレセップスがそれを受け入れず、海抜式（sea level canal）で押し切ったのです。スエズ運河がその方式ですから過去の成功例に拘泥したのです。

パナマ地峡は平坦な砂漠地帯が続くスエズとは大きく違っていました。海抜式にするためには水路を海抜以下に深く掘らなければなりません。「クレブラの切り通し(the Culebra Cut)工事」では海抜八十七メートルにもなる地点からの開削工事が必要でした。コストはいかなる制御もきかないほどに膨れ上がっていったのです。ロック式に考えを切り替えざるを得なかったレセップスがエッフェルに水門の設計を委託したのは、工事開始からすでに六年が経った一八八七年暮れのことでした[*50]。一八八八年の開通を豪語していたレセップスの構想は大きく崩れていたのです。

集めた資金はたちまちに底をつきました。工事に欠かすことのできないパナマ鉄道の買収額は二千五百万ドルでした。この額は会社の持つ資金の三分の一に当たる巨額なものでした[*51]。難工事の連続で手持ちの資金をたちまち枯渇させたパナマ運河会社は社債の発行を繰り返し、資金繰りをなんとか乗り切っていました。しかし第八回目の債券募集が行われた一八八八年三月には予定額の四分の一しか集められなかったのです[*52]。有名人であるエッフェルに水門設計を委託したのは投資家の安心感を得るためでした。しかし市場はそれには反応しなかったのです。工事の遅れは投資家マインドを冷やしきっていました。

巨額な負債を抱えてパナマ運河会社が倒産したのは一八八九年二月四日のことでし

た。工事に注ぎ込まれた総額は二億八千万ドル（現在価値六十五億ドル）。十九世紀最大の倒産劇でした。これだけの規模のプロジェクトが崩壊すれば政府がその尻拭いをしてもおかしくはありません。しかしフランス政府が救いの手を差し伸べることはありませんでした。そうしたくてもできなかったのです。

アメリカはこのプロジェクトに当初から不快の念を示したヘイズ大統領からクリーブランド政権を経て、ハリソン大統領[*53]の時代に入っていました。時代は移ってもアメリカのモンロー・ドクトリンへの固執の姿勢には何の変化もありませんでした。純粋な民間事業であることが、アメリカ政府がこのプロジェクトに横槍を入れなかった理由でした。倒産したからとはいえ、フランス政府がこの事業を救援し、国家プロジェクトにすることはけっして容認できるものではありません。ハリソン大統領は「フランス政府の介入には断固反対の意思を伝えた」のです[*54]。孤立無援に陥ったプロジェクトはこうしてその終焉を迎えました。

一八九三年一月に始まったレセップス親子やエッフェルを被告とする裁判は巨額の投資資金を失った投資家や債権者の鬱憤を晴らすセレモニーでした。レセップスは嘘で固めた甘言で投資家を騙した。エッフェルは会社が倒産することを知りながら巨額の手付金を受けとっていた。これが罪状でした。詐欺を疑われたのです。判決は二月九日に下っています。禁固五年、罰金三千フラン。これがレセップス親子に下された宣告でした。判決を聞きながらシャルルは顔を両手で覆い、流れ落ちる涙を隠していました。

そこにはすでに八十八歳になっていた父の姿はありませんでした。裁判に耐えられる体ではなくなっていたのです。裁判が行われていることも知らず病院に収容されていました。[*55]

エッフェルにも同様に有罪の判決が下っています。二年の禁固に二万五千フランの罰金でした。始めてもいない仕事に多額の手付金を得ていたことが裁判官の心象を悪くしていたのです。下された判決のほとんどが上訴審で覆されましたが、彼らは汚名を引きずったまま生きていかなければなりませんでした。建設工事で命を落とした関係者の数の正確な数字はありません。二万という数字も出ています。[*56] その数が一つ増えたのは、フェルディナン・ド・レセップスが亡くなった一八九四年十二月のことでした。

「レセップス家にはまったく財産がなくなっていた。葬儀の費用もなかった。費用を工面したのはスエズ運河会社の取締役会であった[*57]」

パナマ運河会社は負債を清算し（一八八九年）、パナマに残された資産は新パナマ運河会社に引き継がれていきました（一八九四年）。運河開削の工事はわずかその三分の一を終えていたに過ぎませんでした。[*58]

## パナマ運河　その七　パナマ革命

レセップスのプロジェクト失敗にアメリカ政府は安堵していたに違いありません。アメリカが本当の意味で、一つのまとまった国家になるためには、北米大陸の東と西を数週間で結ぶパナマ運河はどうしても必要でした。そして同時にその運河はアメリカによってコントロールされたものでなければアメリカの安全は保障されるものではないのです。

一八九〇年代に入ると『海上権力史論』を記したアルフレッド・マハン、海外拡張を強く主張する上院議員ヘンリー・ロッジ、二人と親交の篤いセオドア・ルーズベルトらがアメリカ主導の運河建設を強く訴えています。この主張の正しさが世論に届いたのはスペインとの戦いがきっかけでした。

キューバ沖で予想されるスペイン艦隊との決戦にどうしても必要であった最新鋭戦艦「オレゴン」は米西戦争開戦前には、サンフランシスコ海域に配備されていました。「オレゴン」はサンフランシスコの造船所（Union Iron Works）で建造され、太平洋艦隊に配属されていたのです。スペインとの戦いが不可避の情勢を受けてサンフランシスコを出港した「オレゴン」がフロリダに到着したのは、出港からすでに二ヵ月以上が経った五月二十四日のことでした。アメリカの宣戦布告（一八九八年四月二十五日）からも一月《ひと》も過ぎていたのです。

「パナマ運河建設への世論の関心が高まったきっかけは米西戦争であった。戦争勃発当時サンフランシスコにいた戦艦『オレゴン』はキューバに向かっていた。マゼラン海峡を通りキューバを目指す『オレゴン』の動静は逐一メディアによって報じられた。運河ができていればその航海は四千マイルであったが、（マゼラン海峡経由では）さらに八千マイルの航海を余儀なくされたのだった。それは日数に直せば二十日以上のロスであった。この事件によって運河が必要か否かの議論から、運河開削ルートを早急に決め、工事をいつから始めるべきかの議論に移ったのだった[*59]」

マッキンレー大統領の暗殺を受けて大統領に上がったルーズベルトは、アメリカ主導の運河建設の最大の障害であったイギリスとの条約（クレイトン・ブルワー条約）を破棄させることに成功します（一九〇一年十一月）。この条約は英米いずれかの国による運河の排他的建設と利用を禁じたものでした。およそ五十年前に結ばれたこの条約はアメリカの自由な行動を拘束し続けていたのです。

半世紀前には圧倒的な海軍力を持ち、アメリカ外交に強い影響力を持っていたイギリスもヨーロッパ大陸のドイツやロシアの台頭でアメリカとの融和が欠かせなくなっていました。ましてや南アフリカの戦い（ボーア戦争、一八九九―一九〇二）でイギリスの国力は著しく削がれていた時期です。アメリカ単独で運河開削事業を遂行するという強い意思に抵抗する力はもはやありませんでした。

単独事業を容認する新しい条約（ヘイ・ポンセフォート条約）をイギリスとの間で成立させると、ルーズベルト政権はパナマを領有するコロンビアとの交渉に入っています。この交渉はスムーズに進んでいます。一九〇二年秋には条約原案が成立し、両国議会の批准を待つばかりになったのです。全長五十三マイル、幅六キロメートルにわたる運河建設権限のアメリカへの譲渡は、コロンビア政府への一千万ドルの支払いと年間二十五万ドルの貸借料が条件でした。もちろん運河建設のルートはレセップス・プロジェクトに沿ったものでしたから、その残余資産を引き継いでいる新パナマ運河会社との資産買取交渉はアメリカ政府が別個に行う必要がありました。

ところが、イギリスとの条約改定もコロンビア政府との交渉も順調に進めてきたルーズベルト政権にとって想定外の事態が起きてしまうのです。コロンビア議会がいっこうに条約を批准しようとせず、一九〇三年八月十二日には、条約案そのものを拒否した上に千五百万ドルの追加要求を決めてしまうのです。[*60] ルーズベルトはコロンビアの態度に激高しています。

「ボゴタ（コロンビアの首都）にいる姑息な野郎ども（jackrabbits in Bogota）に文明のハイウェイとなる運河の建設を止めるようなことをさせてはならない[*61]」

「議会がこの条約を批准しないのであれば、パナマ州はコロンビアから独立するであろう[*62]」

コロンビア上院の批准拒否を受けたルーズベルト大統領には四つの選択肢がありました。第一はコロンビアへの外交工作を継続し、コロンビア議会の軟化を期待する。第二はパナマ・ルートと同時に検討されていたニカラグア湖を利用したルート（ニカラグア・ルート）に変更する。第三は今後の対策については米国議会に委ねる。そして四つ目はコロンビアの要求に屈せずパナマ・ルートを確保する方法でした[*63]。ルーズベルトは第四の方策を選択しました。

一九〇三年十月の半ば、マヌエル・グエレーロ[*64]がニューヨークの港を南に向かって旅立っていきました。この初代パナマ共和国大統領になる人物を追うようにして、同じ港をアメリカ海軍砲艦「ナッシュビル」（千三百七十一トン）が出港していきました。

ワシントンからパナマの港町コロンの沖合いを遊弋《ゆうよく》する「ナッシュビル」に、「革命は始まったか？」」の問い合わせの電信が入ったのは十一月三日のことでした。「まだである」」と返信されたその三時間後、コロンの町で叛乱が始まったのでした。その先頭に立ったのは私設消防隊のメンバーでした。新パナマ運河会社が彼らを雇って騒がせたのです。

新パナマ運河会社の資産を管理していたフランス人フィリップ・ビュノー・ヴァリアも、ルーズベルト大統領と同じようにコロンビア上院の条約批准否決に憤っていました。アメリカとは同社が持つ資産を四千万ドルで譲渡することで合意ができていたのです。ヴァリアはコロンビアの下心を見抜いていました。彼らは新パナマ運河会社が持つ資産が一九〇四年十月三十一日をもって消滅するのを待っていたのです。そうなればコロンビア政府はアメリカの購入代金をまるまる受け取れます。

挫折したプロジェクトの債権者に少しでも投資資金を返済するためには、そして同時に自らのエージェント手数料を確保するためには、新パナマ運河会社の債権が失効するまでに財産を処分してしまわなければなりませんでした。

パナマ革命のシナリオはアメリカ政府との打ち合わせ事項でした。アメリカは叛乱発生と同時にナッシュビル号艦上に待機していた兵士をコロンに上陸させています。そして同船は近くの海域にそのまま留まり、コロンビア本土から陸軍が派遣されることを阻止したのです。叛乱軍はコロンビア陸軍の応援がないことはわかっていました。私設消防隊を尖兵とした小規模の叛乱でも革命に十分であることは、あらかじめわかっていたのです。

フィリップ・ビュノー・ヴァリア

ヴァリアは、暫定大統領とすると決められていたグエレーロに新国家設立にあたって必要となる新しい国旗、独立宣言文書、憲法草案、ヴァリアとの交信用暗号表といったものを持たせていました。国旗はヴァリアの妻の手作りでした。グエレーロには報酬十万ドル（現在価値二千五百万ドル）が支払われることになっていました。その約定書もグエレーロは大切に持っていたのです。革命政権が、ヴァリアを駐米大使に任命することも決められていました。革命プランで最も重要な点は、独立宣言後のアメリカとの交渉でした。すべてのシナリオを書き上げたヴァリア以外に適任者はいなかったのです。

コロンビア側要人に媚薬を嗅がせることも怠ってはいません。ある提督には現在価値二千万ドル相当の金と二箱のシャンペンを、陸軍の将軍に叛乱鎮圧に向かわないと約束させるのに六万五千ドル（現在価値千六百万ドル）を摑ませています。[*65]

すべてが計画どおりでした。十一月三日はグエレーロにヴァリアが決起までに与えた猶予期間が終わる最終日でした。叛乱の三日後にはアメリカは革命政権を承認し、十一月十八日にはヴァリア新駐米大使は新政府との間でパナマ運河建設にかかわる条約を締結しました。新しい条約はコロンビアが批准を拒んだ内容に準じています。しかしアメリカにとって少しばかり都合のよい条件への変更もなされています。[*66]運河地帯の幅が六マイルから十マイルに拡張され、アメリカが保有することになる権利は

「西暦二〇〇〇年まで」から「永代（in perpetuity）」に書き替えられたのです。これがいわゆる世に言うパナマ革命でした。新パナマ運河への四千万ドルの支払いを委託されたのはアメリカで最も力のある金融会社J・P・モルガンでした。[*67]

パナマ革命へのアメリカ政府の関与はアメリカ議会の厳しい批判に晒《さら》されましたが、ルーズベルトはそれを強く否定しています。彼は自ら下した決断の正しさを確信していました。自叙伝のなかでこう述べています。[*68]

「私に対する批判は誤解によるものである。批判する連中の精神はひ弱なのかも知れないし、彼らには高邁な道徳観が欠けているのかも知れない。私があああした行動をとることに躊躇していたら、それこそがわが合衆国に対する裏切り行為なのである。同時にパナマ国民への裏切りでもあり、（パナマ運河の早期建設を望んでいる）全世界に対する裏切りでもあるのだ」

## パナマ運河とドイツ外交

ドイツがアメリカ主導によるパナマ運河建設を苦々しく考えていたことは想像に難くありません。アメリカの弱点は二つの大洋を抱えた二正面作戦をつねに強いられることでした。しかしアメリカが運河を完成させてしまえば、その弱点は消えることになるのです。コロンビア議会がアメリカとの条約を批准しなかったことが、アメリカの憤りを呼び込んでしまいました。コロンビアの動機は、新パナマ運河会社が旧パナマ運河会社から引き継いで保有していた四千万ドル相当の資産を横取りすることでした。その悪知恵を吹き込んだのはドイツだとみなされました。ヴァリアは後日、パナマ革命の内幕を明かした書物（*The Great Adventure of Panama* 一九二〇年）のなかでそのことを明かしています。

レセップス時代の残余資産の引き継ぎについて、コロンビア政府と新パナマ運河会社の間に結ばれた契約（一九〇〇年）では、新会社は毎年百万ドルを支払えば一九〇六年までは引き続き資産買取の会社を探すことができたのです。一九〇四年十月三十一日に迫っていた失効の期日も百万ドルの支払いで一年間の再延長が可能でした。それにもかかわらず延長を容認しないことを可能にする法理論を持ち出し、コロンビア議会に悪知恵を授けたのがドイツでした。[*69]

一九〇〇年、コロンビアは騒乱の最中《さなか》にありました。コロンビア憲法では、非常時にあっては大統領府が議会の承認を得ることなく外交に当たれることになっていました。コロンビア政府と新パナマ運河会社の契約は、言ってみれば非常事態のなかで結ばれたものでした。コロンビア議会はこれを逆手にとり、この協定は事後において議会が破棄することも承認することもできるという立場をとりました。一九〇四年十月三十一日の失効期日は法解釈のトリックの結果だったのです。[*70] ドイツが裏で糸を引いたシナリオも、ルーズベルト大統領の断固とした革命への介入の決断と、間髪をおかない新パナマ運河会社の資産買取決定で破綻してしまいました。

しかしパナマ運河建設は大型土木事業です。短期間に完成するものではありません。パナマ運河の完成まで、パナマ運河の二つの大洋からのアクセス付近に軍事施設を確保しておきたいとドイツが考えても不思議ではありませんでした。

ガラパゴスはパナマからは南西に千五百キロメートルの距離にあり、大小百二十余りの小島で構成される諸島です。言ってみればパナマの裏鬼門（南西）に位置しています。表鬼門にあたる北東にはキューバやプエルトリコが位置します。アメリカは表鬼門はがっちりとガードしています。キューバ（パナマ・ハバナ間は千六百キロメートル）の東南端のグアンタナモ湾には軍港を置き、プエルトリコ（パナマ・プエルトリコ間は千九百キロメートル）のサンファンにも良港を確保しています。どちらも米西戦争で確保した軍事施設です。

アメリカは、パナマの表鬼門は十分な備えがあったものの裏鬼門への準備はできていませんでした。ドイツは裏鬼門にあたるガラパゴスを狙ったのです。

「パナマの軍事的コントロールをめぐるドイツの最後の画策がなされたのは一九〇八年のことであった。エクアドル政府からガラパゴス諸島を購入しようとしたのである。この島を支配すればパナマに太平洋側から入ろうとする船舶に睨みを利かすことができた。しかしこの計画も失敗に終わった。エリフ・ルート国務長官の勇断でこれを阻止したのである」[*71]

パナマ運河開削工事がアメリカによって始まったのは一九〇四年のことでした。完成をみた一九一四年はヨーロッパ大陸で第一次世界大戦の火蓋が切られた年でした。この工事にアメリカが要した費用の総計は三億五千万ドル（現在価値六十億ドル）にのぼっています。民間事業ではとうてい遂行できるような規模ではありません。工事で命を落とした者は五千六百を超えています。レセップス時代の工事の死者と合わせるとゆうに三万を超えたのです。

一九一九年七月二十五日、アメリカ太平洋艦隊に所属する戦艦「テキサス」がこの運河を利用しています。ハンプトンローズ港の出港が七月十九日、サンディエゴ港到着は八月六日。わずか二週間半の行程でした。アメリカは二正面作戦のジレンマから解放されたのです。この日を待ち望んでいたセオドア・ルーズベルトがこのニュースを聞くことはありませんでした。このちょうど七ヵ月前（一月六日）にこの世を去っていたのです。

## ◉原註

＊1　Secretary Powell, An American Samurai?, *Foreign Service Journal*, March 2003, p46.

＊2　竹下勇（一八七〇―一九四六）海軍大学卒業。日露戦争当時ワシントン駐在武官。ルーズベルトとは個人的にも親しい関係を構築した。海軍大将。

＊3　山下義韶（一八六五―一九三五）柔道家。講道館四天王の一人。アメリカに招待され柔道の普及に貢献。アメリカ海軍兵学校でも指導した。

＊4　マサチューセッツ大学ブログ。
http://www.library.umass.edu/spcoll/ead/muph006.html

＊5　Daniel Ruddy, *Theodore Roosevelt's History of the United States*, Harper Collins, 2010, p300.

＊6　Theodore Roosevelt-Stretching presidential power.
http://www.presidentprofiles.com/Grant-Eisenhower/Theodore-Roosevelt-Stretching-presidential-power.html

＊7　同右。

＊8　グラントの示した「頭部インデックス」については『日米衝突の根源』第14章「米西戦争中の「優生学者マジソン・グラントの危惧」の項を参照されたい。

＊9　Theodore Roosevelt-Stretching presidential power.
http://www.presidentprofiles.com/Grant-Eisenhower/Theodore-Roosevelt-Stretching-presidential-power.html

＊10　同右。

＊11　同右。

＊12　Theodore Roosevelt, *An Autobiography*, The Macmillan Company, 1913, p545.

＊13 Theodore Roosevelt-Stretching presidential power.

＊14 同右。

＊15 *An Autobiography*, p543.

＊16 German Weltpolitik and the American Two-Front Dilemma, p1460.

＊17 同右　p1460.

＊18 *An Autobiography*, p553.

＊19 Francis Drake（一五四〇―九六）エリザベス女王時代の探検家。

＊20 Julian Corbett, *Sir Francis Drake*, London Macmillan and Co., 1890, p77.

＊21 同右　p78.

＊22 The Famous Voyage: The Circumnavigation of the World, 1577-1580. 米国議会図書館ホームページ。
http://www.loc.gov/rr/rarebook/catalog/drake/drake-4-famousvoy.html

＊23 William Paterson（一六五八―一七一九）スコットランド出身の銀行家。

＊24 J. Saxon Mills, *The Panama Canal*, Thomas Nelson & Sons, 1913, p28.

＊25 同右　pp29-30.

＊26 Friedrich Wilhelm Heinrich Alexander von Humboldt（一七六九―一八五九）

＊27 Humboldt State University HP.
http://users.humboldt.edu/ogayle/TAH/PCanal_Chrono.html

＊28 Alexander von Humboldt, *Political Essay on the Kingdom of New Spain*, Longman, Hurst, Rees, Orme, and Brown; and H. Colburn: and W. Blackwood, and Brown and Crombie, Edinburgh, 1811, p211. 電子版は左記。

http://www.avhumboldt.net/avhdata/Political%20Essay%20on%20the%20Kingdom%20of%20New%20Spain/Vol1/Complete/Vol1_complete.pdf

*29 同右。

*30 Matthew Parker, *Panama Fever*, Anchor Books, 2007, p70.

*31 同右 p74.

*32 同右 p74.

*33 同右 p77.

*34 同右 p79.

*35 Trenor W. Park（一八二三―八二）鉄道経営者。銀行家。

*36 *Panama Fever*, pp80-81.

*37 同右 p81.

*38 Rutherford Birchard Hayes（一八二二―九三）第十九代大統領。任期は一八七七年から八一年まで。

*39 Robert C. Kennedy, Our Yankee Notion, *Harper's Weekly* HP. http://www.harpweek.com/09cartoon/BrowseByDateCartoon.asp?Month=April & Date=10

*40 同右。

*41 同右。

*42 *Panama Fever*, p82.

*43 Our Yankee Notion.

*44 *Panama Fever*, p86.

*45 同右 p87.

＊46 同右　p88.

＊47 同右　p88.

＊48 Alexandre Gustave Eiffel（一八三二—一九二三）鉄鋼建築で今に残る多くの構造物を設計した。自由の女神像（ニューヨーク）も彼の設計である。

＊49 Panama Canal History-The French Canal Construction. http://www.pancanal.com/eng/history/history/french.html

＊50 Association Lesseps HP, Panama Canal History. http://www.associationlesseps.org/en/panama_historique.html

＊51 Panama Canal History-The French Canal Construction.

＊52 *Panama Fever,* p184.

＊53 Benjamin Harrison（一八三三—一九〇一）第二十三代大統領。共和党。

＊54 *Panama Fever,* p189.

＊55 Association Lesseps HP, Panama Canal History.

＊56 Digital History Unit 8 American Foreign Policy 1898-1920, p15. http://www.digitalhistory2.uh.edu/teachers/lesson_plans/pdfs/unit8.pdf

＊57 *Panama Fever,* p193.

＊58 Digital History Unit 8, p15.

＊59 同右　p16.

＊60 Donald J. Mabry, Acquiring the Panama Canal 1903, Historicaltextarchive HP. http://historicaltextarchive.com/sections.php?action = read&artid = 396

＊61 同右　p17.

＊62 同右　p17.

＊63 *Panama Fever*, pp226-27.

＊64 Manuel Amador Guerrero（一八三三―一九〇九）

＊65 Digital History Unit 8, p17.

＊66 同右　p17.

＊67 同右　p18.

＊68 *An Autobiography*, p566.

＊69 Philippe Bunau-Varilla, *The Great Adventure of Panama*, Doubleday Page & Co., 1920, pp174-75.

＊70 同右　p176.

＊71 同右　p265.

# 第8章　大戦前夜：ドイツ情報工作とタフト外交

## ドイツのデマゴギー：「日本のパナマ侵攻計画」

ドイツ皇帝ヴィルヘルム二世にとって、必ず戦うことになる国はイギリスでした。いつか来るその日に備えた外交の主眼は、ドイツの側についてくれる同盟国をいかに増やすかにありました。それができない場合には、少なくともイギリスの側に立たない国を増やすことが重要でした。日本は日英同盟を鎹《かすがい》にしてイギリスの側に立っています。アメリカの立場はまだ微妙に感じられました。桂・タフト協定ですでに日英同盟のサイレントパートナーになっていることを知らないドイツにとって、アメリカは外交工作を仕掛けなければならない重要な大国でした。

それにもかかわらず、ドイツの海外拡張政策は世界各地でアメリカの権益との衝突を招きました。サモア、ベネズエラでの衝突はその典型的な事例でした。アメリカのパナマ運河建設にも横槍を入れましたが、それも失敗しています。アメリカとの良好な関係を築かなければならない時期に、アメリカと対立するという、ちぐはぐな外交を展開したのです。

一方、宿敵のイギリスは長年にわたって保持してきたイギリスの海外利権を徐々に削ることでアメリカとの接近を図りました。アメリカのパナマ運河単独建設を禁じたクレイトン・ブルワー条約改訂に応じたのもそうした方針に沿ったものでした。日英同盟を通じてアメリカを間接的同盟関係に組み入れたのも同様の考えに基づくものでした。イギリスには対米交渉にあたって手持ちのカードが豊富にありました。早くから世界の覇者として君臨した大国イギリスの外交には余裕があったのです。後れてきた大国ドイツにはそうした外交ののりしろ部分はほとんどありませんでした。

ドイツはアルヘシラス会議で頼れる国はオーストリア・ハンガリー帝国しかないことを痛感させられました。そのオーストリア・ハンガリー帝国は、国内に民族問題を抱え安心できるパートナーではありません。ドイツ、オーストリアと同盟を結んでいるイタリアは会議ではフランスを支持し、またオーストリアとは領土問題を抱えていて、必ずしも信頼できるパートナーではありません。ドイツはこの危なっかしい二つの国だけが頼りでした。ヴィルヘルム二世はその不安をシャルルマーニュ・タワー米駐ベルリン大使に伝えています。

「皇帝は、ドイツが弱々しい国オーストリアと移り気な（fickle）イタリアだけが同盟国であると認めていた。敵対する国の同盟に対抗するにはまったく頼りにならなかった。タワー大使は皇帝との会見（一九〇八年一月）で、皇帝がその状況をひどく恐れていることを見て取っている。イギリスの謀略で祖国ドイツの首が絞まっていくことに怯えていた[*1]」

　イギリスに対抗するために、アメリカをイギリスから可能な限り離反させる。そのためにはイギリスの重要なパートナーとなった日本とアメリカとの間を引き裂くことで、米英の間に隙間風を吹かせられるはずだ。それがドイツの考えた作戦でした。アメリカ西海岸の反日本人運動を利用した計画については4章で述べたように失敗に終わっています。しかし今度はアメリカが最も神経質になるメキシコや中南米の政治状況を利用することにしたのです。

　日本がアメリカの裏庭とも言える場所で悪巧みを企んでいる、とルーズベルト政権に囁くのです。アメリカが工事を続けているパナマ運河に日本が何か仕掛けようとしている。そんな偽《にせ》情報を流し始めたのです。タワー大使との会見（一九〇八年一月二十七日）で皇帝が洩らした情報はその典型でした。

「メキシコの情勢を探らせていた男が帰国して、私に次のような報告を上げている。メキシコには日本人が溢れているらしい。その数は大量で、一般の労働者あるいは農業作業者として入り込んできている。彼らは軍服のようなものを身に着けていたとのことだ。日々の仕事が終わると手に手に棍棒のようなものを持って軍事教練をしていたようだ。彼らは間違いなく（偽装した）兵士である。この情報は大統領の耳にだけ入れて欲しい。わが国がこうした情報を探っていることはあまり知られたくない。メキシコに潜入した日本人の数はおよそ一万。これと同様の情報がペルーやチリのドイツ外交部からもたらされている。そう大統領に伝えて欲しい」[*2]

　タワー大使と皇帝の会見があった一九〇八年一月と言えば、あの「偉大なる白い艦隊」は日本訪問の途上です。ヨーロッパ諸国は艦隊派遣で、日米は衝突すると本気で考えていた時期でした。皇帝は大使に対して次のようにも述べていました。タワー大使は皇帝に好意を持つ外交官でした。[*3]彼を利用したのです。

「日本と貴国との戦争ということになれば、日本はパナマ運河をカリブ海および太平洋の両面から攻撃することは間違いない。（中略）日本は太平洋の支配権を確実なものにした上で支那の領土を奪取する計画である」[*4]

　このベルリンからの報告の半年前の夏（一九〇七年七月十四日）、シュテルンブルク駐米大使もメキシコに多数の日本兵が入り込んでいるとルーズベルトに伝えていました。[*5]大統領は「そんな情報は信じられない、メキシコからわが国を襲ったとしても、そんな試みは必ず失敗に終わる」とシュテルンブルクに回答していたのです[*6]（七月十六日）。

　しかしルーズベルト政権が、太平洋岸における反日本人運動を、日本が軍事行動を起こしてもしかたがない、と考えるほどに危惧していたことは間違いのない事実でした。それほどにカリフォルニアをはじめとした太平洋岸諸州のやり方は当時の正義感に照らしても許容できないものだったのです。このままでは日露交渉仲介の労と引き換えに合意された秘密協定（桂・タフト協定）で確保したフィリピンの安全保障までも風前の灯であると強い危機感を持ったのです。

一九〇七年六月二十二日には、日本がフィリピンを攻撃した場合に備えてのフィリピン防衛計画書がタフト陸軍長官からルーズベルトに届けられています。その計画書でカバーされている地域はフィリピンだけではありません。フィリピンでの戦いが太平洋全域での戦闘になることは必定でした。ですから計画書にはグアム、ハワイそして米本土太平洋岸にいたるまでの広範囲にわたる詳細な防衛方針が示されていました。[*7]ルーズベルトはフィリピン防衛の責任者レオナード・ウッド将軍に対して暗号電で、日本の攻撃に備えるよう発令しています[*8]（一九〇七年七月六日）。ウッドは米西戦争時にはラフ・ライダー部隊のリーダーでしたから、ルーズベルトにとっては元上官にあたる人物です。

フィリピンはルーズベルトが海軍次官時代にマハンらと入念な打ち合わせを重ねた上で、米西戦争開始と同時に攻撃を仕掛け、スペインから奪取した新領土です。しかしこの島に侵攻したのはあくまでハワイの太平洋における地政学的重要性をアメリカ議会に知らしめることが目的でした。ハワイ併合の軍事的合理性を見せつけ、併合を正当化させるための方便でした。ハワイなくしては太平洋の覇者になることができないことを示すための、戦略的なフィリピン侵攻だったのです。

フィリピンそのものの価値はほとんどありませんでした。フィリピンが支那市場への足がかりになるという理屈は、ルーズベルトよりも海外拡張に積極的であったヘンリー・ロッジ上院議員や支那市場を重要視するチャイナハンズ勢力の、言ってみれば後付けの議論でした。ルーズベルトはフィリピンを領土としたことは、日本との対立の導火線になる危険性を孕《はら》んでいることを、カリフォルニアの反日本人運動を通じてはっきりと再認識したのです。

「フィリピンはわが国にとってのアキレス腱である。日本との関係をきわめて危ないものにしている。（中略）できるだけ早い時期に完全なる独立をさせるべきである。（中略）そうすることで日本がこの国を狙うという誘惑は減じるであろうし、われわれの仕事も楽になる。（中略）個人的には何らかの国際的な合意を取り付けた上で独立させたほうがよいと考えている。万一フィリピンが混乱するようなことがあれば、その時にはわが国は再度介入する覚悟があることを示しておけばよい」[*9]（一九〇七年八月二十一日、タフト陸軍長官宛書簡）

米日関係はこれほどまでにルーズベルト政権内部では緊迫していたのです。ドイツは日本に対するアメリカの恐れを利用した米日離反を画策し、偽情報をルーズベルトに吹き込んだのでした。ドイツは米日が戦って欲しいと本気で願っていました。太平洋方面では日本の海軍力にかなわないと考えているルーズベルト政権をけしかけていたのです。そのドイツの強い思いを『ニューヨーク・タイムズ』の記事が伝えています。

「ベルリン発七月十二日、フォン・レーヴェントロー伯爵（Count von Reventlow）は元ドイツ海軍士官であり、ドイツでも海軍問題に詳しい有力なジャーナリストである。彼は最近アメリカ海軍に対する低い評価に反論する論評を発表している。その中で、アメリカ海軍士官はみな年寄りで、（戦う）気力に欠け、漫然と海軍の現状に満足している、という批判には与《くみ》しないと述べた。（米日）戦争が始まればそうした老いた士官は消えていくであろう。そうなれば若き士官たちの精気がよみがえる。徴兵制がないことから数千人規模で兵員が不足している現状は確かにある。……しかしこれもたいした問題ではない。民間には人材が溢れている。商船に乗っている船乗りも多い。いざ開戦となれば、彼らを一気にリクルートできるのである。レーヴェントロー伯爵はこう主張した上で、（偉大なる白い艦隊を指揮する）エヴァンス准将を褒め称えることも忘れなかった」（『ニューヨーク・タイムズ』紙、一九〇七年七月十三日付）

世界各地でアメリカ海軍との睨み合いを繰り返してきたドイツの、あきれるほどの阿諛《あゆ》の言葉でした。

## 日米親善の取り組み　その一　山本権兵衛のニューヨーク訪問

アメリカ太平洋岸における日本人排斥運動が日本人の憤りを呼んだのは疑いのないことでした。日本各地でアメリカを非難する抗議活動が行われたのは事実です。しかしほとんどの日本人にとって、それがアメリカとの戦争を覚悟させるほどの重大事ではありませんでした。それでもアメリカのメディアに躍る米日戦争必至の論調は気になるものでした。ドイツがそうした論調にメディアを導こうとしていることも気がかりでした。

ドイツがさかんに米日戦争を煽っている頃、伏見宮貞愛《さだなる》親王がイギリスを訪問していました。先に述べたように、第二次日英同盟では軍事協定関連の詳細は後日詰めることが決められていました。その作業に、陸海軍の最高首脳を帯同してイギリスを訪れていたのです。その帰途に交渉団のメンバーであった山本権兵衛大将がニューヨークにやって来ていました（七月十日）。ルーズベルト大統領や米海軍首脳とも懇談し、「偉大なる白い艦隊」の指揮官となるエヴァンス准将との懇親の機会を持っています。

山本はメディアに対して次のように語っています。

「日米両国の修好条約は古く……或は風波の起つことありとするも……両国の平和の

基礎は微動だもせざるべし、故に自分は両国の関係は、一にも平和、二にも平和、何処までも平和を以て進むべきことを確信するものなり……国際関係の円満なる発達は……世の木鐸《ぼくたく》たる新聞記者諸君の筆鋒に負う所、甚だ大なるを思ふ、冀《こいねがわ》くは諸君此意を諒せられんことを」[*10]

この一行に帯同していた神戸新聞社主の松方幸次郎（父は松方正義）も、メディアに対して次のように語っています[*11]（『ワシントン・タイムズ』紙、一九〇七年七月十三日付）。

「われわれ日本人は日米が戦争するなどという話がなぜ出ているか理解に苦しむものである。日本には貴国と戦争しようと考えている者はいない。興奮して戦争だと大騒ぎしている連中の数は、わが国民五千万のうちせいぜい一万人くらいのものだろう」

「サンフランシスコの問題は蚋《ぶよ》に刺された程度のもので、両国関係に重大な影響を与えるものではない。われわれは国家の尊厳が侮蔑されるようなことでもあれば武器をとる。しかし（サンフランシスコの問題は）国家の尊厳にかかわるようなことではない」

「ロシアと戦争になったのはロシアが領土拡張を狙ってきたからである。アメリカはそんなことはしていない。アメリカとはいかなる国も戦争をするはずがない。アメリカと戦争ができるような国はないのである」

アメリカの、日本への過敏なまでの恐れは日本人にはほとんど理解できないものはでした。なぜアメリカがこれほどナーバスになったのか。その鍵は繰り返し書いてきたようにフィリピンの存在でした。この島はどのような準備をしようとも日本との戦いになれば守ることはできない新領土でした。民族派の独立運動は沈静化させたものの、独立の気運は休火山のように、いつか来る次の爆発のためのエネルギーを溜めているに過ぎませんでした。資源も乏しく、島のインフラストラクチャーの整備や島民の教育など、持ち出しばかりが続く問題だらけの島。それがフィリピンでした。

そのフィリピンがアメリカのレゾンデートルであった西漸運動の総仕上げの舞台となってしまったのは皮肉なことでした。フィリピンの啓蒙事業がどれほど難しい作業であっても絶対に成功させる必要がありました。アメリカ本土の原住インディアンの土地を奪い、西へ進んだのも「未開の」彼らを啓蒙することが彼ら自身の幸福に繋がるという強い信念があったからでした。そのためには多少の虐殺があっても仕方がないことでした。フィリピンは西の果てにある取るに足らない島嶼《とうしょ》であったとしても、アメリカ西漸運動のフィナーレを飾るべき重要な土地だったのです。

ですからフィリピンの安全保障は何としても確保しなくてはなりませんでした。しかし軍事的視点からの分析では、どうやっても日本の攻撃から防衛することは不可能だったのです。日本はフィリピンにはほとんど関心を持っていなかったとはいえ、アメリカのリーダーにとってはフィリピンは日本との外交交渉に人質にとられたような存在でした。

日本のリーダーは、日本が「フィリピンという人質」をとっているらしいことには気づいていました。桂・タフト協定でフィリピンとのバーターで朝鮮進出の容認をアメリカから得たのですから気づかないはずはありません。しかしその人質の価値の高さについては誤解がありました。フィリピンがアメリカ西漸運動のフィナーレを飾る土地であるなどと理解することはとうてい不可能なことでした。

絶対に日本と事を構えてはならないと考えているルーズベルト政権にとっては、カリフォルニアの反日本人の政治運動は、あまりに危険すぎたのです。その危機感の重みを日本の政治家は感ずることができませんでした。カリフォルニアの事件は「蚋《ぶよ》に刺された程度」のものでした。彼我の温度差はあまりに大きかったのです。

### 日米親善の取り組み　その二　二つの博覧会

日本がルーズベルト政権の危機感に少しばかり鈍感であったのには、もう一つ理由がありました。北米大陸の太平洋岸全域に広がっていた反日本人の動きは、あくまでも労働組合主導の運動でした。賃金の低下を恐れる組合指導者が、人種問題を「創造的に」利用した政治運動でした。こうした運動からいったん距離をおき、この時代のアメリカ経済界の動きに目を向けると、まったく異なる米日関係の姿が浮かび上がってくるのです。アメリカ西海岸の経済界は日本との通商関係の強化に積極的でした。反日本人の労働組合運動とは対極をなす姿がそこにありました。その姿勢は、当時開催された二つの博覧会の日本に対するアプローチを振り返ると鮮明に浮かび上がってきます。

一九〇四年にセントルイスで博覧会が開かれ、そこではフィリピン人の原始的な生活の展示があったことはすでに述べました。この翌年にはもう一つの博覧会がオレゴン州太平洋岸の港町ポートランドで開催されています。セントルイス博覧会はフランスからのルイジアナ買収（一八〇三年）から百年を記念して開催されたものでした。アメリカの領土拡大のシンボルとしてのルイジアナ買収を祝うものでした。アメリカ西海岸の小都市ポートランドで開催された博覧会の趣旨は、第三代大統領トーマス・ジェファーソン（任期一八〇一―〇九）が実施したアメリカ大陸西部探検の成功を記念するものでした。

この探検のリーダーであった二人の陸軍士官メリウェザー・ルイスとウィリアム・クラークの名を冠したルイス・クラーク探検隊がロッキー山脈を越え、さらにコロンビア川を下り、やっとのことで太平洋を発見したのが百年前の一八〇五年だったのです。ですからこの博覧会の正式名称はルイス&クラーク百年記念博覧会（Lewis and Clark Centennial Exposition）となっています。

ポートランド博覧会の公式シール（1905年）。ルイス＆クラーク探検隊を太平洋まで案内したのはインディアン女性サカガウィアである。この図案では彼女が星条旗のショールをかけ、ルイスとクラークの間に位置している。見つめるのは太平洋に沈む太陽である。このイメージには多くの含意がある。標語は「オレゴンは西を目指す」とでも訳すことができる「Where rolls the Oregon」である

現在のオレゴン州とワシントン州境を流れるコロンビア川は、今でこそ上流に複数のダムが建設されているため穏やかな流れですが、当時のコロンビア川はロッキーの山並みから大量の土砂を流し出し、初冬から春にかけての雨季には濁流渦巻く恐ろしい川でした。ポートランドはこの川の河口近くの南岸にある港町です。当時はこの地方の帰属をめぐって米英二ヵ国が争っていました。一八四六年のオレゴン協定

により両国の共同管理からアメリカ領土にすることが正式に決まるまでは、白人はほとんど住まず、原住インディアンの諸部族だけが暮らす無主の土地でした。

探検隊がセントルイス近くに築いた砦キャンプウッドを出発したのは一八〇四年五月十四日。ミズーリ川を遡行しロッキー山脈を越えコロンビア川を下り、一行が太平洋を見たのは翌年の十一月七日のことです。アメリカ人として初めて北米大陸を横断し、太平洋を望見した喜びをクラークは次のように記しています。短い言葉ですが、この探検のおよそ三百年前に太平洋を見たバルボアの喜びを彷彿とさせるものでした。

「ついに海が見えた。何と喜ばしいことか〈Ocian〈Ocean〉in view! O! The joy!〉」

ポートランド博覧会の会期は一九〇五年六月一日から十月十四日までで、およそ二百五十万人が会場を訪れています。当時の博覧会の公式シール（紋章）のデザインが残されています（右頁）。太平洋に沈む太陽を見つめるルイスとクラーク。中央の女性がその肩に手をかけ二人を祝福しています。女性は星条旗をショールにしています。この女性は女神ではありません。実際の探検で二人の道案内を買って出たインディアン女性サカガウィアを表しているのです。サカガウィアは二〇〇〇年に発行された一ドルコインに刻印されるほどですから、アメリカ人にとっては今でもよく知られている人物です。

彼女は啓蒙された未開民族（原住インディアン）の象徴でした。啓蒙されたことは彼女が肩にかけている星条旗で示されています。啓蒙された未開人がアメリカの発展を助けているのです。太平洋の水平線に沈む太陽を見つめる三人の姿はアメリカ西漸がこの地で終わらないことを示します。アメリカの未来が海の向こうのアジアにあることを示していたのです。フィリピンの未開人たちもいつの日にかサカガウィアのようになって欲しい。そうした寓意も入っていそうなシンボルです。

「鹿皮の衣服に身を包み、火薬を入れた小袋とライフルを持つルイスとクラークが太平洋に向かって歓喜の声を上げ、二人の間の女性は星条旗を肩に巻いている。アメリカの持つ自信と満ち溢れるエネルギーと信頼感、そしてさらなる冒険心の存在を表象している」[*12]

博覧会のチケットには「わが（アメリカ）帝国は西に向かう（Westward the course of Empire takes its way）」と印刷されていました。二十世紀初頭は、アメリカが国内需要を上回る生産力をつけた時代でした。アメリカはアジアにその市場を明確に求め始めたのです。ポートランド博覧会はアジアとの交易の起爆剤として企画されたものでした。

日本も当然に参加を求められています。日本は博覧会を企画したオレゴン州経済界にとって重要なゲストでした。ロシアとの戦いのなかで日本が参加を決めたのは、この二年前の大阪で開催された第五回内国勧業博覧会（一九〇三年）にオレゴン州が参加してくれたことへのお礼の意味もありました。大事なゲストを迎えるにあたってオレゴンのメディアは気を使っています。ドイツが煽っている反日本の感情を嘲笑うかのような記事を載せています。

ポートランド博覧会の日本館

オレゴンの有力紙『オレゴニアン』は米国駐メキシコ大使エドウィン・コンガー(Edwin H. Conger）の言葉を次のように報じています[*13]（一九〇五年八月二十一日付）。『オレゴニアン』は親共和党の新聞でした。

「日本はロシアとの戦争が終了しだい支那に触手を伸ばそうとしているというような報道がある（注：『オレゴニアン』紙の競合紙で民主党支持の『オレゴン・ジャーナル』が伝えるドイツ発の報道を指す）が、それはまったく根拠のないものである(a big bugaboo)。黄禍《こうか》論といったことも囁かれているが、それもその類のデマである。そんなものは存在しない」

コンガー大使はメキシコ赴任前は清《しん》国公使（一八九八―一九〇五）を務めていました。義和団の乱では北京で五十五日間の籠城を余儀なくされた外交官です。当時の日本の外交官や救出に当たった日本軍の活躍を知る人物でした。『オレゴニアン』紙はドイツの煽る黄禍論を一笑に付した上で、当時アメリカ遠征で各地の大学と試合を繰り広げていた早稲田大学野球部の活躍を伝えていました。

「アメリカが恐れなければならないのは日本という国家ではない、怖いのは『日本の野球』である」(『オレゴニアン』紙、一九〇五年六月五日付)*14

早稲田大学野球部は日露戦争の最中にもかかわらず、アメリカとの親善も兼ねて大隈重信によって送り出されています。二十六試合(七勝十九敗)を河野安通志投手一人で投げさせるという猛烈なものでしたが、アメリカの親日感情の醸成に一役買っていたのです。*15

日本を貿易相手国と強く意識したポートランドの博覧会に続いて、今度はシアトルで博覧会が開かれています(会期は一九〇九年六月一日から十月十六日)。シアトルはアジア貿易の北西太平洋岸の拠点港としての地位をポートランドと激しく争っていました。博覧会の趣旨は十二年前にアラスカで金が発見されたことを祝うものでしたが、アジア市場、とくに日本を意識した博覧会であることは明らかでした。外国からの参加はわずか三ヵ国でしたが、その一ヵ国はもちろん日本でした(他はカナダとスウェーデン)。

ロシア海軍の脅威を太平洋から一掃した日本海軍が、北太平洋の制海権を握ったことをアメリカ経済界は、はっきりと認識していました。とくにアメリカ西海岸諸州の経済界はそのことに敏感でした。

「日本の海軍力は支那にいたる海上交通路をコントロールしていた。ポートランドやシアトルのエリート層にとって、（日本との友好関係を維持することで）その海路を安全なものにできるかどうかは死活問題であった[*16]」

ポートランド博覧会事務局は、ポーツマスでの日露交渉を終えて帰国する小村寿太郎外務大臣を招待して花をそえようとしましたが、それは実現しませんでした。しかしシアトル博覧会は日本海軍の二隻の巡洋艦を招聘することに成功したのです。

## 日米親善の取り組み　その三　巡洋艦「阿蘇」「宗谷」のシアトル博覧会訪問

博覧会の招待を受けたのは「阿蘇」（七千七百二十六トン）、「宗谷」（六千六百四トン）の二隻の巡洋艦で構成される練習艦隊でした。両艦とも日本海軍がロシアから鹵獲《ろかく》した艦船でした。阿蘇は「バヤーン」、宗谷は「ヴァリャーグ」。これがロシア海軍時代の艦名でした。日本海軍はこの二隻を練習艦として使用していたのです。

練習艦隊を率いるのは伊地知《いじち》彦次郎提督（少将）でした。伊地知提督は日露戦争では連合艦隊旗艦「三笠」の艦長でした。東郷平八郎提督の丁字戦法の指令に、ロシア艦隊にその腹を見せながら取舵《とりかじ》をきった艦長でした。見かけは、たった二隻の、それもすでに陳腐化した巡洋艦で構成された練習艦隊のシアトル訪問でした。しかし日本海軍の対馬沖海戦の勝利と北太平洋制海権の奪取を暗喩するものでもあったのです。

この年の前年には「偉大なる白い艦隊」を横浜市民が熱狂的に歓迎しました。シアトル市民もこの日本からの来賓「小さな練習艦隊」をそれに劣らぬ熱狂で迎えました。伊地知艦隊はハワイ、サンフランシスコを経由して五月二十四日にシアトルに到着しています。シアトルの南にあるタコマ（Tacoma）の港に入った時も、シアトルの港（エリオット湾）に入った時も、アメリカ海軍艦船が十三発の礼砲で迎えています。伊地知艦隊の接伴を命じられていたのは「テネシー」（一万四千五百トン）、「ワシントン」（一万五千七百トン）、「カリフォルニア」（一万三千七百トン）の三隻の大型装甲巡洋艦でした。「テネシー」「ワシントン」は三年前に、「カリフォルニア」は二年前に就航したばかりの新型艦でした。

この三隻の巡洋艦が、伊地知の率いる練習艦隊が港に入るたびに十三発の礼砲を放ったのです。その礼砲には同じ数の礼砲が伊地知艦隊から返ってきましたから、港はいくたびも海戦が始まるかのような騒ぎに包まれています。アメリカ海軍側から返礼はもう不要ですとの連絡が来るほどでした。[*17] 博覧会の開会は六月一日でした。伊地知提督はシアトル日本領事館と協力しながら、シアトルの政界、経済界の要人との懇親

「阿蘇」艦上で要人を迎える伊地知彦次郎提督。伊地知の腕をとっているのはおそらくアイダホ州知事ジェームズ・ブレイディー（James H. Brady）。任期は1909年から1911年

を深めるパーティーをエリオット湾に碇泊している艦上で開催しました。接遇には伊地知提督が自らあたっています。[*18]

伊地知艦隊が開会前からシアトルに寄港していたのには理由がありました。開会式に招待されていただけではありません。開会直後の六月四日には「日本海軍の日」（Japanese Navy Day）が予定されていたのです。日本をテーマにした企画は入場者を増やすにはもってこいでした。四年前のポートランド博覧会では八月五日に「日本の日（Japan day）」が開催されていますが、

会期中三番目に多い入場者を呼び込んでいました。[19]

六月一日の開会式には伊地知艦隊の隊員は、アメリカ海軍水兵のマーチに合わせて行進し、幹部は開会セレモニーに参加しています。四日の「日本海軍の日」は、よりリラックスした雰囲気で伊地知艦隊隊員は迎えられています。この日の午前中にはアメリカ太平洋艦隊の野球チームの試合観戦、午後には陸軍と海軍の陸上競技会観戦が組まれていました。昼食は日本館の一部である台湾茶館（the Formosa Tea House）で準備され、伊地知艦隊の三十八名で構成される軍楽隊は、林業館とオレゴン館の間の広場で見事な演奏を見せたのでした。

お祭りムードはこの日だけで終わりません。翌五日の土曜日は「子供デイ」が企画されていました。伊地知艦隊の隊員はこの日も活躍しています。およそ百人の水兵が、音楽隊の演奏でアメリカのフォークソングを歌っています。招待された子供たちは君が代斉唱でそれに応えました。[20]この博覧会場ではアルコールは販売されていません。日本海軍の高いモラルを見習うべきだという禁酒運動家の主張が取り入れられたのです。日本の対馬沖海戦勝利の理由の一つに、ウォッカを飲み過ぎたロシア兵のモラルの低下が指摘されていました。

「日本の水兵はよく訓練され、装備も充実し、誠実で、知性が高く、迷信を信じるようなところもなかった。愛国心に富み、酒に溺れることもなかった。日本の水兵と正反対であったのがウォッカばかり飲んでいたロシア水兵である。この二つの海軍が戦えばどちらが勝利するかは自明のことであった」[*21]（『オレゴン・ジャーナル』紙、一九〇五年五月三十日付）

シアトル博覧会での親睦活動を無事終了し、米日友好ムードで溢れるこの街を伊地知艦隊が後にしたのは六月十二日のことでした。

反日本人のグループにとっては、シアトルの政財界が博覧会を利用して音頭を取っていた米日友好のムードは苦々しいものでした。日本人・朝鮮人排斥連盟シアトル支部長Ａ・Ｅ・ファウラーもその一人でした。

「Ａ・Ｅ・ファウラーはエリオット湾に停泊している日本の巡洋艦を爆破すると喚《わめ》いて」いました。彼は裁判所から「精神が病んだ人物（insane）」と認定されていた危険人物に違いありませんでしたが、彼の叫ぶ「日本人を打ち殺せ（Fire the Jap）」のスローガンは執拗に西海岸で繰り返されていくことになります。[*22]博覧会には伊地知艦隊の訪問に熱狂する日本人移民の姿がありました。ファウラーにとってはけっして許すことのできない光景でした。

もう一つ米日関係の危うい将来を暗示する事件がありました。アメリカ北西部の政財界が日本との友好関係を願ったのは、日本の海軍力への恐れが底流にあったことはすでに述べました。日本はそのことを知っていたようです。ですからシアトル訪問の艦隊が旧式巡洋艦で編成された練習艦隊であることに意味がありました。しかしそうした気遣いを台無しにするような記事が、伊地知艦隊のシアトル出港から三ヵ月経った九月の末にシアトルのローカル紙に登場します。

記事のタイトルは「日本、世界最大の軍艦を発注、世界を恐怖に陥れる」(『シアトル・スター』紙、一九〇九年九月二十四日付)となっています。新型の大型艦は三万六千トンの巨大巡洋艦であると報じられています。[*23]

「いったい日本は何を考えているのだろうか。戦艦は他国の艦隊を威嚇するのに都合がよい。しかし巡洋艦というのは商業海運を破壊するものである。わが国が東洋に持つ領土フィリピン、ハワイあるいはわが国の西海岸の攻撃に使おうとしているのだろうか。新型巡洋艦で日本は何をしようと考えているのだろうか」

根拠薄弱なこの記事は新型巡洋艦の仕様を、当時のアメリカ海軍戦艦「デラウェア」と比較しながら伝えています。二月に完成し、まだ就役すらしていない二万トン強の最新鋭艦が「デラウェア」です。日本が「デラウェア」を圧倒する巨艦を発注したという記事は、伊地知艦隊が醸成した親日ムードを著しく減退させるには十分な効果がありました。

## 日米親善の取り組み　その四　渋沢栄一の訪米

シアトル博覧会の前年（一九〇八年）の秋、つまり「偉大なる白い艦隊」が横浜にその威容を現す二日前の十月十六日、王子にある小高い丘、飛鳥山の頂《いただき》に建つ渋沢栄一邸（現東京都北区飛鳥山公園内）は日米の要人の集まりで賑わっていました。艦隊の到着に合わせて渋沢らがアメリカから招待した実業団のメンバー（家族も含めた総数五十一名）が訪れていたのです。この日は前日から降り続いていた雨も上がり、アメリカからの賓客は秋晴れのなかで上野公園の見物を済ませ、渋沢邸にやって来たのです。[*24]
「渋沢邸には美しい花飾りが施された。百人を超す招待客がテーブルに座り、小村外相自らがメニューを考えたといわれる仏料理で一行をもてなした。さらに芸妓たちの手踊りが演じられ、賓客は明るく楽しい演出に長い船旅の疲れをしばし忘れた。（中略）小村寿太郎外務大臣などの政府要人も多数来訪した」
「白い艦隊」の接待は政府主導で進めましたが、同時に民間経済界が進めた企画がアメリカのビジネスリーダーの招聘でした。この民間交流のプロジェクトは日本経済界の重鎮であった渋沢栄一らが音頭を取って実施したものでした。中野武営《ぶえい》（第二代東京商業会議所会頭。初代会頭は渋沢栄一）、大阪の第五回内国博覧会を成功させた鴻池の土居通夫（大阪商業会議所会頭）、大谷嘉兵衛（製茶貿易商。横浜商業会議所も呼びかけ人のメンバーでした。[*25]またアメリカ西海岸の反日本人運動を「蚋《ぶよ》に刺された程度のもの」と評した松方幸次郎もメンバーに加わっていました。彼も心配だったのです。

この翌年アメリカからの招待もあり、日本側の実業界のリーダーが訪米の途についています。団長に推挙されたのはすでに六十九歳となっていた渋沢でした。高齢で東京商業会議所会頭の役職から退いていましたが、西海岸の反日本人運動に端を発した日米間の対立は気がかりで仕方がなかったのです。旅の経過が一九一四年に英文で発表されています。[*26] 彼の残した文章は当時の日本人リーダーたちの心境を代表するものと言えそうです。少々長くなりますが重要な箇所を翻訳しておきます。

「セオドア・ルーズベルト大統領の（ポーツマスでの和平交渉における）努力で日露の関係は正常化した。日本人はこれに感謝した。しかしアメリカの態度はその後一気に冷たくなった。（中略）サンフランシスコで学童隔離問題が起こり、日米関係は悪化した。この件については日本には責任はない。アメリカの一部の者が日本人を嫌いになったのである[*27]」

「もしアメリカに住む日本人が西洋風俗やマナーといったものに無知で、アメリカの人々に不快な思いをさせているようなことが日本人排斥の原因であるなら、われわれが何とか教育し嫌われないようにする。しかし排斥の原因が宗教や人種の違いによるものだとしたら、悪いのはアメリカ人のほうである。私はアメリカがそのような態度をとることはないと信じる。そのような態度はアメリカという国の建国の理念に反するからである。（中略）私は東京を訪れたアメリカからのゲストにこの思いを伝えたし、彼らも私の考えに完全に同意してくれた」[28]（傍点筆者）

「アメリカ側からも訪米するよう要請があった。……私はすでに（多くの役職をおりていて）歳も取っていたが、訪米団のリーダーに選ばれた。東京を一九〇九年八月十九日に出発し帰国したのは十二月十七日のことであった[29]」

「われわれ一行はどこでも最高のもてなしを受けた（with the utmost cordiality）。ミネアポリスではタフト大統領に謁見することができた。私はこのミッションの目的を大統領に伝えることができた。大統領は日本に対して敬愛の気持ちを表してくれた。……私はアメリカのどの町でも、われわれの気持ちを伝えるようにした。各地の商工会議所のメンバーにも市長にも、州知事にも同じ話をした。ワシントンで会うことができたノックス国務長官には、とくにはっきりと伝えた。私は帰国後、自分の眼で確かめたアメリカの状況を、日本政府や国民につぶさに報告したのである[30]」

渋沢は高齢のせいか途中体調を崩すことがありました。アメリカの対日貿易は赤字でしたから各地の商工会議所から輸入を増やすよう圧力を受けました。しかし彼は臆することなく「お互いの事業を理解すれば必ず相互に利益が上がる[31]」と反論し続けたのです。

渋沢は日米関係が最も輝いた時代を知っています。グラント政権が、ヨーロッパ勢力の傲慢な対日政策に苦しむ日本に同情を寄せた時代を知っています。グラント大統領退任後の日本訪問の際に、民間人の代表として彼を歓迎したのは渋沢でした。日米関係が、日本の努力ではどうにもならない人種の違いを根拠にした日本人差別で台無しになるようなことは絶対にあってはならない。その思いで全米を旅したのです。

渋沢の一行が全米各地で懇親を深めるなか、もう一つの日米親善事業が進められていました。

「一九〇九年（明治四十二年）の春、タフト大統領夫人をはじめとする米国の婦人グループは、ワシントンを流れるポトマック川のほとりに公園を整備するにあたり、日本から桜を買い入れて植樹する計画を立てていました。この計画を伝え聞いた水野幸吉在ニューヨーク総領事や高平小五郎駐米大使は、植樹される桜を日本から寄贈すれば、長らく日米友好の記念になると考え、日本の首都である東京市の名義で桜を寄贈することを、外務本省に意見具申し[*32]」ていたのです。

尾崎行雄東京市長の理解を得て寄贈された三千本の桜は今でも毎春美しい花を咲かせ、舞い散る花弁はポトマック川の水面に無数の花筏を浮かべています。

## チャイナハンズとタフト外交の失敗　その一　ウィラード・ストレイト

セオドア・ルーズベルトは、一九〇八年の大統領選挙では共和党候補の座を争いませんでした。彼のアジア外交推進の右腕として活躍した陸軍大臣ウィリアム・タフトを後継にしたのです。タフトはルーズベルトのお気に入りでした。フィリピン民政長官時代はフィリピンのインフラストラクチャーの整備とフィリピン人の啓蒙に尽力しました。日本の南進を封じ込める難しい対日外交を担ってきたのもタフトでした。タフトの家系は十七世紀半ばにアメリカにやって来たWASPでした。オランダ系WASPであったルーズベルトの家系と遜色のない出自でした。[*33]

ルーズベルトやアメリカ陸海軍は日本の軍事力を冷徹に分析していました。彼我の海軍力の差についてはとくに注意を払っていました。ルーズベルトが主導したアメリカ単独で開削するパナマ運河が完成しない限り、もしものフィリピン攻撃には耐えられないことがわかっていました。日本を軍事的に威嚇しながらも、日本とはけっして事を構えない外交を進めたのです。しかしなぜかタフト新大統領はルーズベルト外交を踏襲しなかったのです。外交史家ジョージ・ヘリングはその大著『植民地からスーパーパワーへの道』のなかで次のように述べています。[*34]

「タフトはいわゆるダラー外交（注：ダラー外交は軍事力ではなく民間資本の活用で外交目的を達成しようとする考え方）といわれる方針をとった。彼はその方針を東アジアにも適用するのだが、前任者のやり方とは大きく違うものであった。ルーズベルトは支那には同情のような感情をまったく持っていなかったし、門戸開放政策を、ほとんど実質のない、意味のないものだと考えていた。彼の（東アジア外交での）懸案はフィリピンをいかに日本から（の万一の攻撃に対して）守り抜くかにあった」

「しかしタフト政権は元奉天《ほうてん》総領事であったウィラード・ストレイトの影響を強く受けた。ストレイトは徹底的に支那びいきであった。タフトも（国務長官の）ノックスも支那市場、ことに満州の市場をアメリカの重要なマーケットとして、あるいは投資先として考えるようになった。したがって、支那が安定した独立国となりアメリカに友好的な国になることを望んだ」（傍点筆者）

「（タフトは）日本を強く疑っていた。彼は『ジャップは要するにジャップである。他国の犠牲など気にも留めず自国の地位の向上だけを考えている国である』[35]と述べている。タフト政権は（日本を牽制するために）民間資本を使うことを考えた。（アメリカ資本が投入されることで）支那の独立強化に繋がると考えたのである。彼らは（清国の）北京の高官も、満州にいた地方官僚も、この考えを歓迎していることに気づいた。（支那の高官は）ロシアと日本の進出に対するカウンターバランス勢力としてアメリカの利用を考えたのである」

タフト政権では支那に特別な感情、いや愛情にも似た思いを寄せる幹部が採用されたのです。その筆頭が国務次官補ハンティントン・ウィルソンと、右記に記述のある極東部長ウィラード・ストレイトでした。タフトに強く影響を与えたとヘリング教授の言うウィラード・ストレイトとはどのような人物でしょうか。彼の経歴を探れば日本を嫌い、支那に好意的なアメリカ外交関係者の一群、いわゆるチャイナハンズと呼ばれるグループの反日本の感情の生成由来をいくばくかでも理解できるはずなのです。

現在のコーネル大学のキャンパスの中央にウィラード・ストレイトを記念するウィラード・ストレイト記念ホールが立っていることからもわかるように、彼はコーネル大学を一九〇一年に二十歳で卒業しています。専門は建築学でした。彼はその専門分野に職を求めることをせず、英国人ロバート・ハートが長官として指揮をとる清国の海関《かいかん》に職を得て南京に渡ります。清国海関は清国の関税徴収、港湾警察および外国郵便を扱う重要な部局でした。海関には西洋人も多く採用されていました。ストレイトが職を得たのは、コンガー米駐北京公使がアメリカ人の若者の採用を増やすようハートに要請した結果でした。

彼は南京で語学教育を受けるうちに、自らに語学の特別な才能があることに気づきます。ある漢語のテストでは九百点満点中八百五十八点つまり九十五パーセントの正答率で二位の七百八十点を圧倒しています。ストレイトの才能に目をつけたハート長官は彼を首都北京に呼び寄せています。[*36] ストレイトは北京でのおよそ二年間の生活で、海関幹部はもちろんのこと、清朝高官との交友関係をも構築しました。また義和団の乱での立て籠もりで名を馳せたコンガー公使からも可愛がられる存在になったのです。

北京で上流階級との交流が可能なポジションについたことには違いないのですが、海関の仕事そのものは面倒で、それでいて単調な官僚業務の連続でした。仕事に飽きを感じた青年ストレイトにとってあらたな冒険のチャンスを作ったのは日露の戦いでした。一九〇四年二月から火蓋が切られた両国の戦いは、西欧諸国やアメリカのジャーナリズムにとっては最高のイベントでした。世界のメディアが日本に敏腕記者を送り込んでいます。二十四歳になっていたストレイトはこのチャンスを見逃しませんでした。アソシエーテッド・プレスの戦時特派員として採用されたのです。彼は「鱒《ます》が水面を飛ぶ蝶をジャンプして捕獲するかのように[*37]」マンネリの生活から脱出する機会を摑んだのです。

ストレイトが北京を発ち、天津、煙台《えんたい》、神戸を経由し東京に入ったのは一九〇四年三月十日のことでした。そこにはすでに世界各地から名を馳せたジャーナリストが集結していました。彼らは帝国ホテルに集まり、日本政府から戦場行きの許可がおりるのを辛抱強く待っていました[*38]。

## チャイナハンズとタフト外交の失敗　その二　日露戦争と朝鮮王朝

日露の戦いの模様を最前線から伝えようとした特派員のなかには多くの著名な記者が混じっていました。アメリカからはルーズベルトのキューバでの戦いに同行し、彼の私的報道官のようにラフ・ライダーズの活躍を報じたリチャード・デイヴィスや、後に歴史家としても名を馳せることになる『アウトルック』誌のジョージ・ケナンがいました。イギリスからは『デイリー・テレグラフ』『デイリー・メール』『イラストレーテッド・ロンドン・ニュース』が、フランスからは『フィガロ』、イタリアからは『イル・セルコー』、ドイツからは『フランクフルター・ツァイトゥング』などが特派員を送り込んでいました。[*39]

日本政府には、日清戦争時にフリーのジャーナリスト、ジェームズ・クリールマンが戦場からの出鱈目なレポートを『ニューヨーク・ワールド』紙に発表（いわゆる「旅順虐殺報道[*40]」）したために、それが外交問題に発展しかかった苦い経験がありました。この時は、ようやくこぎつけた日米航海通商条約（陸奥条約）がワシントン上院の怒りで破棄される可能性まで出たのです。しかし東京の米国公使館のエドウィン・ダン公使の調査で虚偽報道であることが報告され、事無きを得ています。実にいまいましい経験でした。[*41]外国人従軍記者を野放図にしたくない日本政府は彼らの対応に苦慮していました。行動指針をつくり、いかにして日本に不利な報道をさせないかに腐心していたのです。また軍事機密情報が漏れることも警戒していましたから、外国人記者を「せいぜいご馳走したり娯楽場へ案内[*42]」したりして時間を稼いでいたのです。ストレイトが東京に現れたのは、まさに外国人記者がいつ戦場近くに移動ができるのかと苛立ちを強めていた時でした。日本政府が彼らの接待の場にしていたのが帝国ホテルだったのです。

いっこうに戦地に出発する期日を明らかにしない日本政府に対して、従軍記者たちは本国政府を通じて日本政府に圧力をかけさせています。日本政府が開戦時に拿捕《だほ》したロシア汽船マンチュリア号を利用し、外国人記者を朝鮮に向かわせたのは六月十二日になってのことでした。[*43] しかしマンチュリア号にはストレイトの姿はありませんでした。彼は日本政府手配の艦船を待ってはいません。東京に着くとすぐに朝鮮に向かい、早くも三月十六日には漢城《かんじょう》（後の京城《けいじょう》、現ソウル）に入っています。どのような経緯で朝鮮に入ったのか、彼の伝記には何も書かれていません。[*44]

漢城では人脈づくりに腐心し、米駐漢城公使のホーレス・アレン（Horace Newton Allen）との接触に成功しています。アレンは朝鮮に初めてやって来たプロテスタント宣教師の立場から外交官の地位を得た人物です。米朝修好通商条約（一八八二年調印）の二年後に朝鮮にやって来て、一八八七年には朝鮮が初めてアメリカに送り込む外交団に同行し、その後公使に任命されています。この経歴からも明らかなように、アレンは朝鮮王朝に同情的な外交官でした。ストレイトの五月四日の日記には日本人との交流の模様が記されています。「日本料理屋でハギワラとクロダと食事をした。芸者たちの踊りを見たが別に感心するようなものではなかった[*45]」。

ストレイトは七月三十日に東京に戻り、以後六ヵ月を日本で過ごしています。彼はこの間も積極的に人脈構築に努めています。ロイド・グリスコム米駐日公使、日本外務省顧問でグリスコム公使に情報を適宜流していたヘンリー・デニソン、前述のジャーナリストでルーズベルト大統領の知己リチャード・デイヴィスとその妻セシル。こうした人物と懇意になっていったのです。彼らはみなワシントン（国務省）に強いパイプを持っていました。

ストレイトは奉天会戦後に同地に向かっています。一九〇五年三月末には会戦の指揮官大山巌をインタビューし、お得意のスケッチで大山の似顔絵を残しています。四月三日には黒木為楨《ためもと》大将のインタビューにも成功しています。「将軍は私が奉天に来ていることを聞いて、喜んで会いたいと言ってきた」と日記には記録されています。[*46] 彼はすでに日本側にもよく知られた存在になっていたのです。

奉天の前線の取材を終えると北京に向かっています。ここでジャーナリズムの世界から外交の世界に転身するきっかけとなるチャンスが巡ってきたのです。彼の北京滞在中に朝鮮の新公使に任命されたエドウィン・モーガンから電信で、在漢城公使館の副領事兼個人秘書のポジションがオファーされたのです。綺羅、星のごとし輝くスーパースターばかりのジャーナリズムの世界では限界を感じていた彼にとって、次のステップへの最高の切符でした。オファーを了承するとすぐ東京に向かい、新公使を日本で待ち受けることにしました。

一九〇五年六月末、新公使モーガン、ストレイトそしてハーバード大学ロースクールを卒業したばかりのアーサー・ディキシーの三人が漢城に入っています。ストレイトとディキシーは赴任後しばらくして赤痢に罹患してしまいます。清潔そうな泉から湧き出る生水を飲んで発症したのです。ハーバードで法律を学び、外交の世界に夢を持って極東にやって来たディキシーは、この病から回復することはありませんでした。ストレイトは幸いに一命を取り留めています。

友人を亡くし、自らも重篤な症状を経験したストレイトが通常の業務に戻ると、彼の将来を、そして日本の将来をも変えてしまうような、重要な人物との出会いが連続して起きます。

日本での明治天皇謁見などの日程をこなし、清国の西太后《せいたいごう》をはじめとした清朝高官との懇親を終えたルーズベルトの愛娘アリスが漢城にやって来たのです。一九〇五年九月十九日、米戦艦「オハイオ」で仁川《じんせん》に上陸し、そこから朝鮮旗、星条旗そして日の丸に飾られた特別列車で漢城に入ったのです。漢城駅は星条旗と大韓帝国旗（注：現在の大韓民国旗とほとんど同じ）で賑やかに飾りつけられ、朝鮮王朝高官はもちろんのこと、各国の外交関係者、そして一般市民も多数集まり、アメリカの「プリンセス」の来訪を喜んでいます。[*47]

二十日　　皇帝高宗《こうそう》謁見
二十一日　アメリカ公使館主催ガーデンパーティー
二十二日　皇帝主催の午餐会
二十三日　皇帝主催のガーデンパーティー

などが続き、一行は二十九日に鉄道で釜山《プサン》に旅立っていきました。

朝鮮王朝がアリスに対してとてつもない気遣いをしていたことは、ストレイトが友人に宛てた手紙（十月三日付）で知ることができます。

「午餐会では皇帝自らがアリスの腕を取ってテーブルに案内した。皇太子もそのテーブルについていた。（中略）アリスが皇帝に腕を取られているのだが、むしろ皇帝がアリスに腕を取られているかのようだった。見方によっては素晴らしいと言えないこともないが、この光景は奇異であった。（中略）われわれは銀の食器であったがアリスの食器は金製であった[*48]」

ウィラード・ストレイト

　ストレイトは数少ない公使館員の一員として、親身になってアリスの朝鮮滞在中の世話をしています。現職大統領の最愛の娘と懇意になる最高のチャンスを生かしたのです。アリスがストレイトを気に入ったことは間違いありません。この時ストレイトはまだ二十五歳の若者です。ハンサムなインテリです。アリスとの歳の差はわずか四歳でした。アリスは外遊の同行者であるニコラス・ロングワース（共和党下院議員）と恋に陥り、後に結婚することになります。しかしロングワースとは十四歳もの年齢差がありましたから、同世代のストレイトと気さくな会話を楽しんだのです。この出会いはストレイトの将来にとって実に大きな財産になりました。

ストレイトはアリスの面倒を見ながらも冷静な外交官の視点で、滅びゆく朝鮮王朝の悲哀を観察していました。彼は次のような詩を残しています。[*49] ルイス・キャロルの『不思議な国のアリス』を意識したアマチュアの詩です（以下の詩は筆者訳）。二十世紀のアリスがやって来たのは「不思議な国」（Wonderland）ではなく「征服される国」（Plunderland）でした。

アリスが征服される国にやって来た
王子（皇太子）はユリのような彼女の手をとった
王様（皇帝）はパイプをゆっくりくゆらした
これで祖国が救えるぞ、ジャップのやつらの鼻を明かし、一泡ふかしてみせようぞ

彼女の親父と仲良くやればけっしてそれは夢ではない

しかし現実甘くない
皇帝もはや力なし
日本人が富を求めてやって来た、商売だけにやって来た
涙を流して考える　いったいこれからどうしよう
これから身ぐるみはがされる　借金とりがやって来る
賄賂に使う金もない
金庫にゃ何にも残ってない
アリスがお国にやって来た

## チャイナハンズとタフト外交の失敗　その三　ストレイトとハリマン

ストレイトはもちろん東京で桂・タフト協定が結ばれていることなど知りはしません。フィリピンと朝鮮がアメリカ自身の安全保障のためにバーターされたことなど知る由もありません。彼はフィリピンに行ったこともありません。フィリピンでのアメリカの蛮行など知りはしません。彼の残した詩は若き青年の無垢な感情をそのまま詠《うた》ったものでした。

ストレイトは、詩作では青臭い感情を表して朝鮮王朝に同情を見せているかのようですが、この王朝のだらしなさは、はっきりと見抜いていました。

「朝鮮はことあるたびに二枚舌を用いた。彼らは東アジアで最悪の策士である(They are the cleverest intriguer in the East)。皇帝は十年にもわたって他国同士にいがみ合いをさせてきた。ロシアと日本に交互におべっかを使ってきたのである」[*50]

「日露の戦いで日本が勝ったたびに東京に特使を送りミカドに祝福の言葉を伝え、その一方で上海にいるロシアのエージェントと緊密に連絡を取っていた」[*51]

日本がポーツマスでロシアとの講和条約を成立させた時も朝鮮の態度は同じでした。「講和の成功を祝う特使をミカドに送る一方で、アメリカだけでなくヨーロッパにも半ダース以上の特使を送り込み、日本がひどいことをやっていると訴えて」[*52]いたのです。

そうした朝鮮外交を軽蔑しながらも、ストレイトにはアメリカ外交官として負い目を感じることが一つだけありました。それは米朝修好通商条約の第一条の文言でした。これは日米修好通商条約第二条に相当し、「列強と朝鮮が外交上揉め事が起きた場合アメリカが仲介に入る」ことを約束する規定でした。ストレイトは日本の朝鮮への進出に対して、アメリカが朝鮮の側に立って交渉していないことに道義的な責任を感じていたのです。[*53]朝鮮王朝はそれを期待していました。それでもストレイトが、朝鮮の陥った状況に対して、ヨーロッパ諸国の外交官と同じように冷ややかに見ていたことは疑いようはありませんでした。

無事にアリスの朝鮮訪問を終わらせることができたストレイトに、早くも次の要人のアテンドが待っていました。南満州鉄道の、日本との共同経営計画を進めるE・H・ハリマンが漢城にやって来たのです（九月三十日）。彼は共同開発計画を支持する日本の政財界の大歓迎を東京で受けたばかりでした。その計画についての覚書詳細の詰めは東京のグリスコム公使にまかせて、朝鮮半島の鉄道網の視察にやって来たのです。

彼はすでにアメリカ国内の鉄道網だけでなく、太平洋の海運も支配していました。将来、ニューヨークからサンクトペテルブルクを結ぶ航路を開設し、それをシベリア鉄道と連結させる。そして南満州鉄道を利用し、旅順港あるいは朝鮮半島の鉄道網を使って釜山港までの鉄道網と繋げる。そこまで完成させれば、彼のコントロールするパシフィック・メール蒸気船会社との連結で世界を周回する輸送網が完成するのです。世界をひとまわりする交通網を、一つのマネージメントのもとで管理する。彼が夢見た壮大なビジョンでした。

東京でのハリマン歓迎の声は漢城にも届いていました。ハリマンの漢城入りは土曜日でした。日曜日には目賀田《めがた》種太郎《たねたろう》が歓迎のガーデンパーティーを準備しています。*54

目賀田は勝海舟の娘逸子を娶っていて貴族院議員にも勅選されていた有力者でした。朝鮮王朝の財政顧問として漢城に赴任していたのです。ハリマンは高宗とも謁見しています。しかしビジネスマンのハリマンの旅はのんびりしたものではありません。必要な作業を終えると、四日には早くも釜山に向けて旅立っていきました。

ハリマンとその家族はアメリカ公使館に宿泊しています。ストレイトはアメリカの交通インフラを牛耳る鉄道王と親しく交わる機会を得たのです。当時のハリマンは南満州鉄道開発は日本と共同であたることを前提に考えていました。ですから、まさかストレイトを自らの事業のためにリクルートする日が来ようとは夢にも思ってもいませんでした。

いずれにせよ駆け出しの若き外交官ストレイトは、ほんのわずかな期間に、世界を代表する複数のジャーナリストの知己を得、アリスを通じてワシントン政界と、ハリマンを通じてニューヨーク経済界とコネクションを作り上げてしまったのです。人脈構築に最高のステージとなった副領事職でしたが、この年の十一月にはこのポジションがなくなることが決まります。アメリカの漢城公使館そのものが閉鎖になるのです。

日本は桂・タフト協定でアメリカの理解を得、ポーツマス条約でロシアの承認を得、朝鮮の保護国化を一気呵成に進めたのです。同盟国イギリスがこれに反対するはずもありません。日本から伊藤博文がやって来て（漢城着、十一月十日）朝鮮王朝との交渉を進め、十八日未明に両国の間に協約（第二次日韓協約）が成立しました。日本側は朝鮮の二枚舌外交に悩まされてきました。この協定で朝鮮王朝の独自外交を禁止し、朝鮮にかかわる外交は日本外務省が東京で仕切ることを決めたのです。外国にいる朝鮮人の保護についても日本の在外公使・領事館が担当することが決まっています。

ストレイトはこの当時の模様を次のように日記に残しています。

「二日前に皇帝は（ルーズベルト）大統領に届けたい親書があると言ってきた。モーガン公使は受け取りを拒否している。伊藤公はすでに朝鮮にやって来ている。皇帝が伊藤に対して、伊藤の要求は何でも聞く、とおべっかを使っていることは間違いないと思えた。二枚舌は皇帝のお得意の作戦なのだ。わが国と日本に喧嘩をけしかけて後は高見の見物というわけだ[*55]」（十一月十四日付）

「私はわが国の仲介を求める彼らに『モーガン公使は本国国務省との協議なしでは何もできない。（中略）伊藤公がやって来た以上、もはや手遅れである。あなた方がとれるオプションは三つしかない。徹底的に抵抗してその結果を甘んじて受けるか、諸外国に訴える権利だけは留保して日本の要求を受け入れるか、あるいは日本の要求を基本的に受け入れた上で、交渉を通じて可能な限りの好条件を引き出すかである。モーガン公使はおそらく三番目の考え方がベストと考えているはずだ』と伝えた[*56]」（十一

月十七日付）

十八日に調印された協約で朝鮮が外交権を失った以上、諸外国は漢城に外交官を置く意味を失いました。その閉鎖が決められ、彼らの仕事は在東京の公使館や領事館に引き継がせることになっています。なかでもアメリカの動きは敏速でした。早くも二十五日には国務省本省から引き揚げを命じる電信が届いています。[*57]

真っ先に漢城から撤退を決めたアメリカに続いて、他国も次々に引き揚げを決めていきます。「沈む船から逃げ出すネズミのように」[*58]西洋列強の外交官は朝鮮をあとにしていったのです。ストレイトは「朝鮮王朝に存続する価値はない」[*59]と確信しています。それでもアメリカは口先だけの介入はしておくべきではなかったかと悩んでいます。米朝修好通商条約の約束をまだ気にしていたのです。

駐漢城公使館の閉鎖にともない、公使のモーガンには駐ハバナ公使のポストがオファーされています。ストレイトは極東の地を離れたくありませんでした。何とかこの地に留まり、キャリアアップを図りたいと考えていました。清国海関長官のロバート・ハートに再雇用を打診していますが何の返事もありませんでした。ハバナ行きを勧めるモーガンに同行することを決めたストレイトが横浜を旅立ったのは一九〇六年一月の半ばでした。[*60]将来に大きな不安を抱えたストレイトは、まさかこの年の十月には極東の地に再び舞い戻ることになるとは思いもよらないことでした。

## チャイナハンズとタフト外交の失敗　その四　奉天総領事

一九〇六年のバレンタインデイ（二月十四日）はルーズベルト大統領にとって最良の日であったかも知れません。二十二年前（一八八四年）のバレンタインデイには最愛の妻アリスと母マーサを相前後して失いました。妻は初産に耐えられず、母はチフスに感染して亡くなったのです。かけがえのない二人の女性を失ったルーズベルトに唯一残された宝が、妻アリスが残した女の子でした。その娘に妻と同じ名前をつけています。あれから二十二年が経ち、彼はホワイトハウスの住人になっています。そしてこの日、愛娘アリスが三日後にホワイトハウスで結婚式を挙げることを発表したのです。

アリスは、ルーズベルトが日本に送り込んだタフト陸軍長官に同行した下院議員ニコラス・ロングワース（共和党）と恋に落ちたのです。一九〇二年の選挙で当選したロングワースはシンシナティー（オハイオ州）のドイツ系名家の出身です。ワインの製造で巨富を築いた家系でした。広大な邸宅で育ち、夏にはニューポート（ロードアイランド州）の別荘で中西部の酷暑を避けて育ちました。父と同様にハーバード大学で法律を学び、ルーズベルトと同様にエリート学生だけの親睦組織ポーセリアン・クラブのメンバーでもありました。ヨーロッパにもたびたび訪れ、フランス語に堪能で、古典に対する造詣も深いインテリでした。ロングワースは下院外交問題委員会のメンバーでした。ハワイ、フィリピン問題に強い関心を寄せていたことから、タフトの旅のメンバーに加わっていたのです[*61]。極東の旅を通じてロマンスが芽生え、帰国後の年が明けた二月にはもう結婚が決まったのです。

皇室の存在しないアメリカ国民にとって、大統領やその家族は擬似ロイヤルファミリーでした。二月十四日の「プリンセス・アリス」の結婚発表は国民へのバレンタインプレゼントでした。二月十七日（土曜日）のホワイトハウスでの挙式のニュースは国民を熱狂させています。メディアは連日この話題を取り上げ、着々と工事を進めるパナマ運河の報道が端《はし》に追いやられてしまうほどでした。

「誰もが婚礼の招待状を手に入れようと大変な騒ぎであった。（中略）なんとか招待状を手に入れた者も喜んでばかりいられなかった。どんな服を着ていけばいいか。勲章の類を胸につけるのか。悩ましいことばかりであった。ワシントンの花市場も大混乱であった。町の花屋からは蘭の花が消えてしまった[*62]」

ホワイトハウスで結婚式を挙げる女性はアリスが初めてではありません。美貌で知られたグラント大統領の一人娘ネリー（Nellie）もその一人です（一八七四年）。今回は彼女も招待客の一人でした[*63]。

ホワイトハウスでの愛娘の結婚を発表したバレンタインデイの二日前、アリスは二十二回目の誕生日を迎えています。ルーズベルトはホワイトハウスでこれを祝っています。私的なゲストを招待した晩餐会に続いて、音楽家を招いての演奏会も催されています。ここにはウィラード・ストレイトの姿もありました。[*64] 結婚式に招待される人物よりも大統領の私的な晩餐会に招待される者のほうが、大統領とより親密な関係であることは疑うべくもありません。駐漢城公使館の一介の副領事に過ぎなかった駆け出しの外交官が、みるまに大統領のインナーサークルのメンバーにまで駆け上がったのです。

アリスとニコラス・ロングワースの
結婚を祝うポストカード

　しかし二月十七日の婚礼の儀式にストレイトの姿はありませんでした。彼は次の赴任先のハバナに向かったのです。新任地へ急いだのには理由がありました。彼にはアリスとニックのハネムーンの受け入れ準備が待っていたのです。「当時アメリカ政府はハバナに公使館を所有しておらず、『ロイヤル・プリンセス』を迎え入れるには、急いでそれを準備しなくてはならなかった[*55]」のです。

　ストレイトは、公使のモーガンが驚くほど手際よく適当な邸を見つけ出し、新郎新婦のハネムーンの滞在所に相応しい家具までも備え付けました。カップルは三週間のハネムーンをキューバで過ごすことになっていました。ストレイトは二人がやって来るまでにすべての準備を終えていたのです。キューバをハネムーン先に選んだのは新郎ニックの希望でした。彼は義父となったセオドア・ルーズベルト大統領がラフ・ライダーズを率いて上陸したダイキリの港からケトルヒルの戦いまでのルートを、自分の目で確かめたかったのです。[*66] ハバナでしばしの休養を終えるとスペイン・アメリカ鉄鉱石会社のマネージャーの案内でサンチアゴ・デ・クーバに向かっています。[*67] もちろんストレイトも同行しています。

「ダイキリで馬を用意した一行は、かの有名な『ラフ・ライダー・ロード（Rough Rider Trail）』を旅した。その道はセオドアが戦う男の勇気を見せつけた場所であった。しかしアリスはそれほどの感激を見せなかった」[*68]

たとえ偉大な父が命を賭してWASPの戦う精神の回復のために戦った戦場であっても、プリンセスにはただ緩やかな丘ばかりが続く退屈な光景だったのです。感激するニックとは好対照をなしていました。ここからサンチアゴ・デ・クーバに戻る二人が、かなりヒートアップした口論になったことが記録されています。[*69] 同行していたストレイトはアリスにつねに親愛の情を示していました。ニックは移り気なところがあり、しかも酒に目がありませんでした。[*70]

セオドア・ルーズベルトがストレイトを奉天総領事に任命したのはこの年の夏のことでした。七月も終わりかけた頃、ストレイトはアリスに手紙をしたためています。奉天赴任前にニューヨークで一度会いたいと伝えたのです。[*71] ストレイトがこの職をどうやって射止めたのかよくわかっていません。[*72] しかし彼の上司であったモーガン公使は、この任命にセオドア・ルーズベルト大統領自身がかかわっていると感じています。

娘アリスとの良好な関係だけでなく、大統領とも親密になっていたことはストレイトがサガモアヒルの私邸に招待され、何事か二人が話し合っていることからも想像はついたのです。[*73] ストレイトは一九〇六年一月半ばから支那に戻るまでの間、日記を残していません。[*74] いずれにせよ、日本にあまり好感を抱かない一人の若き外交官が、アメリカのアジア外交の最前線に旅立つことになったのです。

## チャイナハンズとタフト外交の失敗　その五　ストレイトと満州総督

一九〇六年八月二十八日、ストレイトはニューヨークから赴任地奉天に旅立っていきました。本来であれば、鉄路でサンフランシスコに向かい太平洋航路を利用するはずでした。しかし彼は太平洋航路ではなく大西洋航路をとってロンドンに向かったのです。そこからサンクトペテルブルク、モスクワに向かいシベリア鉄道を利用しています。ハルビンを経て奉天に到着したのは十月三日のことでした。彼はなぜ東回りで赴任地に向かったのでしょうか。

これはルーズベルトの指示によるものだったと推察されます。ルーズベルトはロシア、満州および北部支那における政治、軍事および経済の状況について、現地の視察を通じたレポートが欲しかったのです。[*75] だからこそ五週間にも及ぶ東回りルートを取らせたのです。ストレイトにはもう一つ重要な任務が与えられていました。それはシベリア鉄道と南満州鉄道の実態調査でした。これはハリマンの意向を受けてのものでした。

「公使のモーガンは、ストレイトの奉天総領事の人事にハリマンが関与していることは間違いないと考えていた。ハリマンにとって満州にはストレイトのような人物が必要であった[*76]」

ストレイトはシベリア鉄道から南満州鉄道への中継点で四十マイル（六十四キロメートル）の馬車移動を余儀なくされたことを報告しています。[*77] この報告こそが、ハリマンがシベリア鉄道の輸送能力の現状と合わせて確認しておきたかった事実でした。世界物流を円滑にするためにはシベリア鉄道と南満州鉄道は有機的に一体運用されなければならない。それが彼の持論でした。現状のままでは、とてもそれは実現不可能であることを確認できたのです。ハリマンは「桂・ハリマン覚書」が日本側の心変わりで反故《ほご》にされたことに憤っていました。それでも彼はシベリア鉄道と南満州鉄道の一体化構想を諦めてはいなかったのです。

南満州鉄道の日本による単独開発は経済合理性を伴っていません。巨額な投資資金の調達は日露戦争後の日本にとって大きな負担になることはわかっていました。ハリマンの構想を日本の政財界が歓迎したのは、アメリカとの共同開発であれば資金調達もスムーズに行くことが予想されたからでした。しかし小村外務大臣の強硬な反対で「桂・ハリマン覚書」は破棄されました。ハリマンは日露戦争の資金調達で協力したユダヤ資本家ジェイコブ・シフと親密な関係にあることはよく知られていました。ハリマンの構想に反対することで、アメリカでの資金調達が絶望的になることは簡単にわかることでした。それでも小村が日本の単独開発に拘泥したのは、そのことに対してアメリカ側の事前承認があったのではないかという疑問が湧いてきます。

「彼（ルーズベルト）は小村に対して日本政府単独での南満州鉄道開発の暗黙の了解を与えていたことは間違いなかろう[*78]」

ルーズベルトはおそらく自らのこの判断が正しかったかどうか確認したかったのかもしれません。彼は通常の組織を通じての外交よりも、個人的な、インフォーマルな繋がりを重視する性癖がありました。満州事情の収集にはもってこいの人物としてストレイトを利用したのでしょう。

ストレイトは、満州の地が日露戦争によるロシア勢力の撤退で、ヘゲモニーの真空地帯になっていることをよくわかっていました。彼はこの満州にアメリカのビジネスを呼び込むことで、日本にもロシアにもヘゲモニーを握らせないことができると考えるようになっていたのです。ストレイトはルーズベルトが彼に託した斥候役の振り付けに満足できる人物ではなくなっていたのです。その動機形成がどのような思惑でなされたのかは不明です。少なくとも彼なりの正義感と日本嫌いの感情がその形成に影響を与えていたのでしょう。奉天に赴任した彼はアメリカン・ビジネスの呼び込み作業に傾注していきます。一日のうち十六時間は働いていたと伝えられる[*79]ほどのワークホリックがその目的達成に邁進したのです。

この当時、満州でビジネス展開を進めているアメリカ企業はほとんどありませんでした。せいぜいスタンダード石油と煙草会社であるBAT（British American Tobacco）が細々とした商売を始めているだけでした。[*80]ですから、アメリカの従来の考え方は、ビジネスチャンスの取得においてアメリカ企業が差別的な扱いを受けなければそれでよしとしていました。それがアメリカの外交方針（門戸開放政策）でした。

駐北京公使のウィリアム・ロックヒルも彼自身がそのシナリオを書き上げた責任者であるだけに、それで十分だと考えていました。[*81]ロックヒルは自らが指折りの支那通であるという自負を持つ外交官でもありました。ストレイトのやり方は、せっかく作り上げた日本や他の列強との微妙なパワーバランスを台無しにする可能性があると心配していたのです。

しかしロックヒル公使は、しだいにストレイトの持つワシントン本省との強い繋がりの存在を思い知らされることになるのです。本省がストレイトのやり方を評価していることが伝わってきたのです。ストレイトは北京の上司との対抗上、国務省本省からの支援を得ることに注力したのはもちろんでしたが、もう一つの手を打っていました。清朝高官との人脈を作り上げることで自らの権威を高めようとしたのです。[*82]満州は清朝の祖国でした。そこは皇帝直轄の軍人総督に支配させてきました。満州は満州人の土地として漢人には閉ざされていたのです。しかし満州の覇権をめぐる争いが活発化するに従いその方針を改めたのです。

「一九〇七年、徐世昌《じょせいしょう》[*83]が満州の初代総督に任命された。これは重要な動きであり、満州人と漢人の間に存在する障壁を打破する必要性を宮廷が認識していたことを示す[*84]」注目される政策の変更でした。

ここでいう満州総督（Viceroy）は正式には東三省総督と呼ばれ、遼寧《りょうねい》省・吉林《きつりん》省・黒竜江《こくりゅうこう》省の軍政および民政を統括する新しい役職でした。各省の総督（巡撫《じゅんぶ》Governor）は東三省総督の指揮監督下に入ることになります。このポジションはこの年の六月に新設されたばかりでした。ストレイトがアメリカン・ビジネスをこの地域で活性化しようとした時期に重なったのです。ストレイトにとって、北京宮廷と直結する組織の誕生はプロジェクトの遂行にとってまたとないチャンスでした。

「アメリカの利益を満州で確保し、同時に支那の独立を保持させるための方策は、アメリカ資本が満州に相当な投資をする方法以外にないと（ストレイトは）考えていた。彼はこの地域に米国製品を輸出すればよいという考えには与《くみ》しなかった。それではあまりにも額が少なかった。彼はアメリカの投資家が支那での大型プロジェクトに融資をすべきだと考えた。その融資で支那は鉄道、鉱山開発を進めることができ、アメリカは彼らの必要とする製品を大量に供給することが可能になるのである」[*85]

奉天（現在の瀋陽《しんよう》）は遼寧省の首府でしたから巡撫が派遣されています。巡撫には唐紹儀《とうしょうぎ》[*86]が任命されました。東三省総督の徐も、唐も、実力者袁世凱《えんせいがい》に近い人物でした。奉天巡撫に唐が選ばれたことは、清朝政府が、満州のヘゲモニーを狙う日本と、それを頑なに保持しようとするロシアに、アメリカ外交を利用して割って入る狙いが如実に現れた人事でした。

唐はアメリカで教育を受けた人物でした。ロバート・モリソン学校[*87]で学び、エール大学に進んだ容閎《ようこう》が始めた、支那の有為な若者をアメリカで教育させるミッション（the Chinese Educational Mission）のメンバーに選ばれています。唐はわずか十二歳でアメリカに向かい[*88]（一八七四年）、最終的にはエール大学やコロンビア大学で学んでいます。理想的なアメリカ通が奉天にやって来てストレイトの外交交渉のカウンターパートとなったのでした。これは偶然ではないでしょう。ストレイトが唐とのコンタクトをあらかじめ持っていたか、唐のような人物を奉天に赴任させるよう彼が工作したと推察されるのです。

ストレイトの考えるアメリカ外交の推進に、すべての舞台と役者が揃ったのが一九〇七年の奉天だったのです。

## チャイナハンズとタフト外交の失敗　その六　新民屯-法庫門鉄道

役者が揃った舞台では進行がスムーズでした。八月七日にはストレイトのプランが合意された喜びが日記に綴られています。

「唐が素案を承諾した。覚書は（北京に）送付された。素晴らしい効果が期待できる。この案が現実になれば、われわれが満州開発の主役となる。それによってアメリカの支那に対する影響力は格段に高まるだろう」[*89]

ストレイトが唐との間に結んだ覚書とは、南満州鉄道に平行して走る新線の建設プロジェクトでした。ハリマンは、単線のシベリア鉄道は複線化工事や補修に多額の資金を必要としていることを確信していました。彼はシベリア鉄道をロシアから買収することは可能だとの考えを持ち続けていました。シベリア鉄道と南満州鉄道との一体経営の夢は断たれました。しかしあらたにシベリア鉄道と渤海湾《ぼっかいわん》に面した港を繋ぐ新線を作ればよいだけなのです。ストレイトが、清国と日本の間で南満州鉄道と並行する新線の建設はしないと約束した密約があったことを知っていたかどうかは確認できません。しかしそうした密約は一方の心変わりで簡単に破棄できるのです。

覚書で計画された新線は新民屯《しんみんとん》と法庫門《ほうこもん》を繋ぐ路線でした（新民屯-法庫門鉄道）。この新線は将来チチハル（長春《ちょうしゅん》）から瑷琿《あいぐん》への延長も計画されていました[90]。計画合意を知らせる手紙をストレイトがハリマンにしたためたのが八月七日でした。ハリマンはこの知らせを喜ぶはずでした。しかしストレイトにとって予想もしない事態がニューヨークで発生してしまいます。彼の知らせがニューヨークに届くとほぼ同時に、凄まじい不況がニューヨークを襲ったのです。パニック・オブ・1907（一九〇七年恐慌）のきっかけは、十月十六日に発生したユナイテッド銅山株の暴落でした。二日前には一株六十二ドルをつけていた同社株が十五ドルに暴落したのです[91]。

ユナイテッド株の買占めを図っていた鉱山王F・A・ハインツの買収資金がショートしたのです。翌日には彼の経営していたブート貯蓄銀行（モンタナ州）が破綻し、彼が頭取であったマーカンタイル・ナショナル銀行（ニューヨーク州）にも取り付け騒ぎが広がります。この買占めに資金提供していた銀行やハインツの事業と関係の深い銀行（ニッカーボッカー信託銀行）の窓口には預金引き出しの長い行列ができています[92]。

アメリカには中央銀行がない時代です。こうした事態に対しては民間組織での対処が期待されていました。まずニューヨーク小切手決済委員会（New York Clearing House）所属のメンバー行が支援を約束しています。しかしほかにも複数の問題金融機関の存在が明るみに出るとその足並みが乱れ、救済が難しくなりました。この事態を解決したのがJ・P・モルガンでした。すでに七十歳の高齢でしたが、彼の支配する機関の資金力を融通し取り付け騒ぎに対応できる現金を用意したのです。このパニック騒ぎが落ち着きを見せたのは十一月中旬のことでした。

ストレイトの報告を手放しで喜ぶはずであったハリマンはこのパニック騒ぎへの対処で忙しく、満州事案に時間を割くことができなかったのです。[*93] ハリマンの回答を待つ唐は、プロジェクトをアメリカだけに提案していたわけではありませんでした。イギリス企業（Pauling & Co.）や投資アドバイザーのJ・O・P・ブランドにも誘いをかけていました。ハリマンがパニックの処理に追われている間に、こちらのグループとの話が決まってしまいました。その調印がなされた十一月八日、ストレイトは次のようにこれを書きとめています。[*94]

「アメリカ企業にこの仕事のすべてを任せたかった。しかしこのプロジェクトはイギリスのほうがうまくやるに違いない」

ストレイトは当然予想される日本からの抗議に対して、イギリスであればうまく対処してくれるはずだと考えたのです。[*95] J・O・P・ブランドはジャーディン・マセソンと香港上海銀行が設立した英国支那会社（British and Chinese Corp.）の責任者でしたから、英国政府との太いパイプがありました。ジャーディン・マセソンはこの頃はアヘン商社から脱皮し、揚子江流域に鉄道や海運事業を手広く展開していました。清国での鉄道事業の経験は豊富だったのです。

しかしこの事業計画に日本は激しく反発しています（十二月末）。ストレイトはイギリス外務省が自国の企業のサポートに入るはずだと確信していました。ところが現実にはそうはなりませんでした。イギリス政府にとって、民間企業の北支那方面への進出など日英同盟と比べたらほとんど価値のないものだったのです。

日本嫌いのストレイトの奉天赴任と、それに伴うアメリカ企業による南満州鉄道の経営に打撃を与える新線の建設事案。それをドイツが情報として摑んでいたかどうかは確認できません。しかし、もしそれが現実のものになっていれば、ドイツ外交にとってはまたとないチャンスになったはずでした。アメリカと日本がこの問題で角逐すれば、日本人排斥運動とならんで日米離反、ひいては英米離反の芽が大きく伸びるはずでした。

しかし一九〇七年不況が時を選んだかのように吹き荒れ、ハリマンをニューヨークに釘づけにしてしまいました。満州で静かに芽吹き始めた日米不和の兆候は摘まれてしまったのです。イギリス企業のプロジェクトをイギリス政府が支援しなかった事実は、両国の絆がきわめて強いことを改めて示していたのです。

満州のヘゲモニー争いはドイツ外交にとって、もう一つの災いを生んでしまっています。満州への他国の進出を嫌うロシアと日本が急接近してしまったのです。この年の七月三十日に結ばれた日露協約の秘密協定部分で両国の利益線をはっきりと規定したのです。ロシア・朝鮮国境ラインから、長春・ハルビン中間線を通り満州を横断する線を引き、相互に特殊利益の存在する領域の分割を明確にしたのです。日英同盟とそのサイレントパートナーであるアメリカ。日露協約による日本とロシア。この年の六月に締結されていた日仏協約。東アジアではドイツは着実に阻害されていったのです。

囲い込まれたドイツが期待したのは日本に向かう「偉大なる白い艦隊」が日本との間で問題を起こしてくれることでした。しかしその願いも空しく、艦隊は日本で大歓迎を受け、その後に続く高平・ルート協定で日米は強い信頼関係にあるパートナーとの表明がなされてしまうのです。ドイツの孤独はますます深まっていきました。

## チャイナハンズとタフト外交の失敗　その七　唐紹儀の落胆

タフトは一九〇七年に陸軍長官として再び日本にやって来ています。一九〇五年のミッションでは桂・タフト協定によって両国関係の一応の安定を構築しました。一九〇七年の訪問は西海岸の反日本人運動への対応についてワシントン政府の考え方を伝え、日本側に移民数の抑制を要請することが目的でした。九月二十八日に東京に入り、三十日には帝国ホテルで晩餐会が催されています。彼はその席で、「素晴らしい米日関係の半世紀の歴史に突然暗い雲が湧いている。両国の親善関係が若干ガタついてはいる。しかしこれは一時的なものである」[*96]と述べた上で、アメリカ西海岸の反日本人運動は「売らんかなの姿勢の新聞メディアが煽り、それに現政権に揺さぶりをかけたい政治勢力が乗っかっただけのもの」[*97]であると語っています。

タフトは東京での日程を終えてそのまま米国に帰国したわけではありませんでした。上海に向かい、そこでの講演で、いかにアメリカが支那に対して親愛の情を持っているかを訴えています。[*98]彼の旅はまだ終わりません。上海から米海軍給水船「レインボー」でウラジオストックに向かったのです。ストレイトが同地でタフト長官に合流したのは十一月十八日のことでした。彼らはウラジオストックから東清鉄道を利用してハルビンに向かっています。この間に二人の間で何が話し合われたかはストレイトが残した記録で詳しく知ることができます。

鉄道新線プロジェクトが頓挫したことに対する唐紹儀の謝罪の言葉をストレイトが伝えると、タフトは上海での歓迎ぶりに感動した、と返しています。またタフトは支那との友好関係構築の時期が来ているとも語っています。二人の会話のトピックはしだいに満州問題に移っていきます。[*99] 彼らは満州の荒野を走る列車のなかで、清国との友好関係の構築には、満州でヘゲモニーを争う日本とロシアを牽制することが必要であると語り合ったのでした。ストレイトの日記にはタフト長官自身もそのような考えを当初から持っていたかのように書かれています。しかしおそらくストレイトが自身の考えを熱心に伝え、それに長官が理解を示したというのが事実に近いのかも知れません。

奉天総領事として満州方面の状況をつぶさに視察し続けたストレイトに、国務省から帰国命令が届いたのは一九〇八年七月末のことでした。満州にアメリカ資本を投下し、アメリカの存在感を示す計画を是とする合意がハリマンと国務省の間で整ったようなのです。そのためには満州の現地事情に詳しいストレイトをワシントンに戻す必要がありました。ストレイトのワシントン本省への帰国のニュースは清国高官にとっても朗報でした。帰国命令のあった二週間後には盛大な送別会を開いています。そこには徐世昌、唐紹儀をはじめとした清国側高官に加え、ヘール・メッゲル（Herr Mezger）ドイツ公使の姿もありました。清国側の出席者のほとんどが洋装で臨んでいます。彼らの大半がアメリカで教育を受けた者たちでした。[*100]

ストレイトがワシントンに戻ったのは九月のことでした。彼は清国満州高官とアメリカ人投資家グループとの間で取り交わされた投資計画素案の覚書を持参していました。具体的な内容には踏み込んでいませんが、ハリマンが投資計画のリード役になることは関係者の暗黙の了解事項でした。[101] ハリマンはストレイトが持ち帰った覚書を、彼を支える金融資本家とともに入念に検討しています。クーン＆ローブ商会もその一つでした。日露戦争では積極的に日本の戦争債をアメリカ国内で消化するのに協力した会社が、この時期にはアメリカの満州への投資案件に積極的になっていたのです。

十一月二日、投資グループのリーダー格ジェイコブ・シフがストレイトに対して、覚書に沿った融資を積極的に進めることを決定したと伝えています。ストレイトはこの頃は国務省で臨時極東部長の要職にまで出世していました。[102] この決定を受けるとストレイトは、投資グループは清国側と詳細を詰める準備ができた、と唐紹儀に伝えたのでした。唐はただちにニューヨークに旅立っています。

唐が寄港地ホノルルまでやって来ると、思いがけないニュースが待っていました。皇帝（光緒帝《こうしょてい》）と西太后が相次いで世を去ったとの報告があったのです。皇帝は十一月十四日に、西太后はその翌日に亡くなったのです。この二人の死が、唐の後ろ盾である袁世凱の立場を危うくすることは間違いありませんでした。光緒帝はその後継に一九〇六年生まれの甥溥儀《ふぎ》を指名しています。幼い王を支える摂政王にはその父、つまり光緒帝の弟の醇親王《じゅんしんのう》があたることが決まりました。親王は袁世凱を嫌っていたのです。

唐がワシントンに到着したのは十一月三十日の正午でした。ルート国務長官は唐に、ある書面を見せています。「ルート・高平協定」の原案でした。原案というよりもこの日の午後に調印されることが決まっていた最終案でした。この内容に唐は深く落胆しています。日米両国がそれぞれのアジアに持つ権益の現状を相互に認め合うことを決めているのです。ルーズベルトはタフト陸軍長官の満州投資案件への強い思い以上に、日本との関係を重視することを決めたのです。

「偉大なる白い艦隊」は日本との友好親善を全うしました。その上、光緒帝と西太后の死で、満州投資案件の受け入れ側である清国の情勢が急激に流動化している以上、日本との関係を優先することが当然の結論だったのです。ストレイトは大統領との個人的な関係を通じて、この協定に異議を唱えていただろうことは想像に難くありません。しかしルート・高平協定はこの日の午後四時に調印されるのです[*103]。唐のプロジェクトの出鼻をくじく高平公使の進めた外交交渉の勝利でした。

「ルート・高平協定」の調印でハリマンの新線建設プロジェクトはまたしても頓挫してしまいました。しかし彼はけっして夢を諦める男ではありませんでした。

## チャイナハンズとタフト外交の失敗　その八　ハリマンの死と伊藤博文暗殺

「ルート・高平協定」の交渉が続いていた一九〇八年十一月、グレゴリー・ウィレンキン（Gregory Wilenkin）からクーン&ローブ商会のジェイコブ・シフにある情報がもたらされていました。ウィレンキンは一八六四年生まれのユダヤ系ロシア人です。サンクトペテルブルク大学で法律を、さらにオックスフォード大学とケンブリッジ大学では組織論を学んでいます。一八九五年にサンクトペテルブルクに戻ると、当時蔵相であったセルゲイ・ウィッテに請われて大蔵省に入省し、ロンドンに派遣されています。資金調達エージェントとして九年間勤めた後に、駐ワシントン大使館付となり（一九〇四年五月）、ニューヨーク金融資本家とのパイプを作り上げていました。ロシア政府首脳に影響力のある人物でした。*104

同じユダヤ系であるシフに告げられた情報とは、ロシアが東清鉄道の売却を検討しているというニュースでした。ハリマンが見抜いていたように、やはりロシアにとって東清鉄道のグレードアップおよび維持にはコストがかかりすぎたのです。南満州鉄道を日本がコントロールすることで東清鉄道は渤海湾《ぼっかい》の不凍港へのアクセスを失っています。ウラジオストックを利用した海運だけでは東清鉄道の価値は大きく減衰していました。しかしハリマンやシフらは渤海湾にいたる新線建設構想を持っています。ですから彼らにとっての東清鉄道の価値は十分に高かったのです。

ハリマンやシフはアメリカ国内の鉄道経営を熟知していました。鉄道経営に最も打撃となるのは競合会社による並行新線の建設でした。アメリカの長い歴史のなかでそうした現象は何度も起き、不可避的に発生する運賃値下げ競争で経営破綻した鉄道会社は多いのです。ハリマンらは日本の管理下にある南満州鉄道の買収交渉を再開し、なんとしても東清鉄道との連結運用を実現したいと考えていました。新線を作り競争するよりも、既存の鉄道を利用するほうが効率的であるのは明らかなことでした。シフはさっそく親交のある渋沢栄一にコンタクトをとっています。

「シフは自ら渋沢男爵に手紙をしたためている。男爵は政府内部の人間ではないが（政府高官とのパイプが太く）秘密交渉のできる人物であった。ロシアは彼のグループに東清鉄道を売却してもよいと考えている、ついては、南満州鉄道の売却を日本政府に前向きに検討してもらえないかと問い合わせたのだった」[*105]

しかし渋沢からの回答はネガティブなものでした。

「シフは間違いなく（渋沢を通じて）高橋（是清《これきよ》）男爵にもこの件を打診していた。高橋は横浜正金銀行の頭取であった。一九〇九年一月、シフのところに男爵（注：渋沢か高橋か不明）から電信による回答があった。日本政府は売却をまったく考えていない、本件については諦めるように、との内容であった」[*106]

ハリマンはこの返事で諦めるような男ではありませんでした。[*107]

一九〇九年六月二十九日、ストレイトは新たな赴任地北京に向かっています。またしてもニューヨーク港から大西洋航路でロンドンを経由してシベリア鉄道を利用するルートをとっています。彼はもはや国務省の職員ではありませんでした。ニューヨークの金融資本家グループに請われて北京駐在の同グループの代理人となっていたのです。ニューヨークのグループは、J・P・モルガン、クーン＆ローブ商会、ファーストナショナルバンク、ナショナルシティバンクそしてエドワード・ハリマンからなるシンジケートでした。[*108]

ストレイトのロンドン到着は七月五日。その翌々日にはヨーロッパ銀行団とアメリカ側シンジケートが進めている支那南部の鉄道建設案件（漢口《かんこう》-広東《カントン》、漢口-成都《せいと》）の協議を済ませると、オーストリアの温泉保養地ガシュタイン（Gastein ザルツブルク近郊）で静養しているハリマンとの打ち合わせに向かっています。ストレイトは南満州鉄道案件についての彼の考えをじっくりと聞きました（七月二十日、二十一日）。ハリマンは、ロシアがいまだに東清鉄道売却に前向きであることをストレイトに告げています。蔵相ウラジーミル・ココフツォフまでもが乗り気であると知らされたのです。

二人の間の協議の詳細をストレイトは書き留めていませんが、明らかに次のような計画がハリマンから打ち明けられたはずです。

ロシアと日本政府を直接交渉させる。日本政府との交渉はココフツォフが当たる。日本側のカウンターパートとしてはトップ級の人物を招く。

これは渋沢や高橋を通じた交渉の失敗から学んだことでした。日本の考え方を変えさせるにはこうした人物以上に腕力のある政治家の理解を得なければならないと考えたのです。

交渉の材料は錦州《きんしゅう》‐瑷琿ルート新線計画をバーターすることでした。この新線は南満州鉄道の西百マイル（百六十キロメートル）を並行して走ることになります。錦州‐瑷琿新線計画の撤回を条件にした南満州鉄道の買収あるいは経営参加。それがハリマンの考え方でした。この席で、ストレイトはこの新線計画を清朝との間で詰めるよう指示されたのです。もし日本側がハリマンの要求を吞まなければ、最終的にはこの新線を建設せざるを得ないと考えたからでした。[*109] ハリマンの戦略を理解したストレイトは北京に向かい、錦州‐瑷琿新線案件を進める交渉に入っています。

そのストレイトにハリマンの訃報が届いたのは一九〇九年九月十日のことでした。オーストリア有数の保養地での静養にもかかわらずハリマンの健康は回復しなかったのです。この夏に完成したばかりのアーデン（Arden）の大邸宅（ニューヨーク州）に戻っていた彼はそこで息を引き取りました（九月九日）。まだ六十二歳という早すぎる死でした。ストレイトは、ハリマンの構想をシフらのニューヨークの投資家グループに改めて説明しなくてはならない立場に追い込まれてしまいます。

ハリマンは世を去ってしまいましたが、ロシア政府高官と日本政府のトップ交渉についてはそのまま継続しています。ココフツォフ蔵相と伊藤博文がハルビンで会談することが決まったのです。ココフツォフは後に改革派首相ピョートル・ストルイピンの暗殺（一九一一年）を受けて蔵相兼任のまま首相にまで上り詰めた、ニコライ二世の信頼が厚い人物です。伊藤のカウンターパートには相応しい人物でした。しかしここでも予想外の事件が発生してしまうのです。

「蔵相は、早くも一九〇九年（明治四十二年）十月二十四日にハルビンに来て伊藤を待ちうけていた。二十六日午前九時、伊藤の乗った汽車はハルビン駅に到着した。ココーフツォフ（ココフツォフ）は直ちにサロン車に入って伊藤を迎え、二人は初対面の挨拶を交わした。それから二人は、プラットフォームに降りる。ココーフツォフの希望により、伊藤らの一行はロシア軍守備隊を閲兵し、各国領事団が整列した位置に進んで握手をかわした。さらに伊藤らは、日本人が並んでいる前にさしかかり、軍隊や歓迎の人々を右手に見ながら二、三歩前に進みでたあと、先頭の伊藤のみがくるりと回って、もと来た方に戻りかけた。そのとき時刻は午前九時三十分。軍隊の一端後方より青年が突然現れ、伊藤に近づき、ピストルを数発撃った。安重根《あんじゆうこん》である」（伊藤之雄『伊藤博文』五七〇頁）

三発の銃弾を受けた伊藤が最後の息を引き取ったのは午前十時のことでした。死の直前まで世界を一つのマネージメントの下で運営する交通網創設を願ったハリマンが、最後に賭けたココフツォフ蔵相と伊藤博文のトップ会談。しかしその夢は一人の暗殺者の手で潰されてしまったのでした。ハリマンがこの事件を知ることなく亡くなっていたのは、むしろ幸いだったのかもしれません。

『イグザミナー（ロンドン）』紙（一九〇九年十月二十八日付）は伊藤の死を次のように伝えています。

「十月二十八日ロンドン発　プリンス伊藤暗殺さる　伊藤公はロシアのココフツォフとの会談のためにハルビンにいた。満州の鉄道問題を話し合うことが目的だったと考えられる」

ハリマンと伊藤が相次いで世を去ったことで、アメリカ資本が南満州鉄道の経営に参加する可能性は完全に絶たれてしまいます。アメリカ国務省はハリマンの死後、きわめて稚拙な行動をとっています。鉄道経営の機微と交渉のテクニックを知り尽くしたハリマンとは対極にあるやり方でした。満州にある鉄道の中立化案を示したのです。なんの根回しもないまま、清国と列強数ヵ国による共同管理を提案したのです[*110]（国務省のメディアへの公表は一九一〇年一月六日）。ハリマンのようにロシアの理解を得ることもなく、日本に交換条件を用意することもない、当時の世界常識からも外れた提案でした。

アメリカはイギリスが同調するだろうとの甘い期待を持っていました。[111] しかしイギリスは極東での日本との協力関係は崩さない、と固く決めていましたから、アメリカに与《くみ》することはありませんでした。中立化案は当然のように、日本からもロシアからも一蹴されてしまいます。タフトの進めたダラー外交の典型的な失敗例でした。理不尽な中立化案は日本とロシアのアメリカへの不快感、そして警戒感をかえって高めさせるだけでした。両国はタフト政権の中立化構想をはっきりと拒絶する第二次日露協約（一九一〇年七月四日調印）を結んでしまいます。タフト外交は、前任者セオドア・ルーズベルトの展開した外交とは似ても似つかぬ青臭いものでした。調印の日がアメリカ建国記念日であるのは、明らかにアメリカへのあてつけでした。[112]

## ドイツ外交の巻き返し　その一

ハリマンと伊藤の死にドイツが安堵していたことは間違いありません。南満州鉄道がハリマンの構想の下で、東清鉄道、シベリア鉄道と一体運用され、かつシベリア鉄道の複線化が実現してしまえば輸送能力が格段に強化されます。そうなってしまってはドイツの安全保障上大きな脅威になるのです。万一ロシアとの間に紛争が起こった場合、ロシアの必要とする軍需物資は容易に極東から運び込まれることになってしまいます。二人の死でその可能性は消えたのです。

二人が亡くなった一九〇九年はドイツ外交にとって反転攻勢の年でした。事を構えることが確実な宿敵イギリスと日本の強固な関係に、風穴をあけるために米日関係を悪化させる。その狙いが実現できる可能性が大きく高まったのがこの年でした。この前年の「ルート・高平協定」の成立でその夢は絶たれたかに見えたものの、年が明けタフトの外交が始まると、タフト政権は日本よりも支那を大事にする外交にシフトしました。タフトが政権についた一九〇九年三月から、アメリカの動きが日本を刺激する方向に動き始めたことを、独駐ワシントン大使のヨハン・フォン・ベルンストルフは敏感に感じ取っていました。

「ベルンストルフは、ドイツとアメリカの友好関係の構築によりイギリスと対抗すべきという外交思想を信奉していた。ルーズベルトの後継者タフトはラテン・アメリカよりも東アジアを重視した。ベルンストルフは支那を巻き込んでの独米友好関係が構築できるチャンスが到来したと考えた[*113]」

「タフトの態度がドイツに友好的なものになってきていることは明白であり、政治的にも実に好ましいことである。このままでいけばアメリカと日本の対立は激化し、それはイギリスとの関係までも悪化させることになろう[*114]」

ベルンストルフの分析にヴィルヘルム二世も同調しています。

「ドイツ、アメリカそして支那は今こそ立ち上がり、英露日三国の挑発的な協商関係を打破しなければならない」[*115]

一九〇九年にはドイツのこのような分析を後押しする出来事がアメリカ国内でも頻発していました。この年にはカリフォルニア州での反日本人運動が再び活発化していました。同州の農業従事者のうちで日本人移民の割合が四十一・九パーセントにまでなったのもこの年でした。[*116] ホーマー・リーが日米戦争の不可避性を訴えた『無知の勇気』(邦訳『日米戦争』)が出版され、「ウィリアム・ハースト系のメディアがこの主張に飛びつ」[*117]いて反日本人運動に都合よく利用したのもこの年です。ドイツが小躍りするようなニュースが続いていたのです。

アメリカの外交方針の変化のきっかけを作ったのが、愛娘アリスのお気に入りでもあったストレイトだったのは皮肉なことでした。ストレイトの考え方は明らかにドイツに知られていました。ドイツとしては、彼の日本を刺激する外交方針は大歓迎でした。

ドイツは、支那に投資機会を探っているアメリカ金融グループに対しても融和的な態度を示しています。タフト政権の歓心を買おうとしたのです。アメリカ金融界を牛耳る投資会社にも、ドイツの態度を評価させるために日本嫌いのストレイトに花を持たせることにしたのです。

ハリマンと伊藤の死を受けて錦州-璦琿新線案件の重要性は一気に減じました。しかしストレイトにはもう一つ大きな投資案件が待っていました。支那南部の鉄道建設案件（漢口-広東、漢口-成都）です。こちらは錦州-璦琿新線プロジェクトより、はるかにスケールの大きい、うまみのあるものでした。この支那南部の鉄道投資案件はすでにイギリス、フランス、ドイツの投資グループの間で、融資条件やその割合についてて折り合いがほとんどついていたプロジェクトでした。タフト政権発足後、そこにアメリカの投資グループが強引に割り込んできたのです。そのグループの代表がストレイトでした。これまでのドイツがサモアやベネズエラで見せた外交姿勢であれば、アメリカの横暴に反発する可能性の高いものでした。しかしドイツはアメリカの要望を前向きに聞き入れます。

「（一九〇九年）七月五日から七日にロンドンで行われたアメリカ金融グループとの交渉結果が報告された。アメリカの要望である四分の一の参加は『漢口-成都』鉄道の湖北部分のみならず、同鉄道の延長部分、四川《しせん》省の省都、成都へも及んでいた[*118]」

これが、ストレイトがオーストリアに向かう前のロンドンで英仏独のグループと交渉した内容だったのです。後れてやって来たアメリカ投資グループのごり押しでした。ドイツの融和的態度に助けられて、この交渉が最終的にまとまったのは一九一一年五月二十日のことでした（湖口帝国政府鉄道・最終協定）。

セオドア・ルーズベルトは大統領職を去るとすぐさま念願のアフリカ・ツアーに旅立っていきました（一九〇九年四月二十一日から一九一〇年三月十四日）。彼の耳に入ってくるタフトのアジア外交は我慢のならないものでした。あきれ返ったという表現が相応しいほどでした（Roosevelt was aghast）。特に外交常識を無視した、満州を走る鉄道の中立化提案に憤っています。[*119] ルーズベルトがあれほど気を遣った対日外交を台無しにしてしまうやり方は、とても許せるものではありませんでした。パナマ運河はいまだ完成していません。日本の海軍力には十分に配慮しなければならないことにはいささかの変化もないのです。

ルーズベルトは、アフリカの旅を終えるとヨーロッパ各国からの招待を受けています。一民間人となったルーズベルトですが、アメリカ国内では絶大な人気を誇る前大統領を、各国が国賓待遇で迎えたのです。ドイツもルーズベルトを歓迎しています。英語を流暢にあやつるヴィルヘルム二世にとって、ルーズベルトを親ドイツに誘導するには絶好の機会でした。

ルーズベルトはベルリン大学で講演しています（一九一〇年五月十二日）。そこでの彼のスピーチはヴィルヘルム二世を失望させるものでした。ルーズベルトは日本を褒め称えたのです。

「世界のそこかしこで西洋文明の影響が現れている。その好例が日本である。過去半世紀に見せた日本の変化と成長は、歴史的に見ても驚異的な現象であるといえる(the most striking phenomenon of all history)。日本は、強烈なまでにその伝統に誇りを持つ一方で、旧弊から自らを解き放った。その結果、世界をリードする文化国家の一員に変貌を遂げたのである」[*120]

ドイツの煽る黄禍論への真っ向からの挑戦でした。ヴィルヘルム二世も、米日離反政策がいかに難しいかを改めて悟ったに違いありません。ドイツの新聞がこのスピーチを取り上げることはほとんどありませんでした。[*121]ルーズベルトはおそらくこのスピーチがドイツでは無視されることは承知していたでしょう。しかし彼はこれが本国に伝わることはわかっていたはずです。タフト政権に対しての不快の表明になることを期待していたのです。

ベルリンにはウィラード・ストレイトがルーズベルトを待っていました。ストレイトは暗礁に乗り上げた錦州-璦琿新線案件を進捗させるための最後の賭けに出ていました。アメリカの不様な外交に態度を硬化させたロシアへの直接交渉に向かう旅の途次でした。[*122]五月五日にはベルリンに入っていたストレイトは、タフト外交への憤懣をルーズベルトにぶつけたに違いないのです。サンクトペテルブルクでは首相、蔵相、外相、陸軍大臣など主だった首脳すべてと会談しています（六月二十日から二十五日）。ストレイトは、ロシアが錦州-璦琿新線を認めることはまずないと諦め、交渉を打ち切っています。[*123]

## ドイツ外交の巻き返し　その二

タフト政権の外交責任者は国務長官のフィランダー・ノックスでした。彼は外交よりもゴルフが好きという政治家でした。「支那問題などたいしたことはない案件である。とにかく俺のゴルフの邪魔をするな」[*124]と言い放つほど外交には無関心でした。日常業務は国務次官補のフランシス・ウィルソンに任せきりでした。ウィルソン次官補も気の短い癇癪持ち[*125]で気難しい外交官でした。タフト外交はアメリカ外交史の中でも、あまり感心できない人物たちによって進められていたのです。

ワシントン国務省の危うさに東京の大使館は気づいていました。ドイツの狡猾な外交を苦々しく見つめていました。大使館付の陸軍駐在武官モントゴメリー・スカイラー（Montgomery Schuyler）はアメリカがドイツ外交に攪乱されることがないよう注意を促しています。

「ドイツ政府の狙いは、アジア外交においてドイツとわが国が手をたずさえている、ということを外に向けてアピールすることである。ヨーロッパの国がわが国に協力をオファーしてきても、そのオファーを額面どおりに理解してはならない」とした上で次のように報告しています。

「ヨーロッパ諸国から東洋問題でどのような甘い言葉が出てきても、それはその場限りのものである（ephemeral）ことを肝に銘じなければならない。そうしたオファーはほとんどの場合、ヨーロッパにおける利害と絡んでいる。彼らがヨーロッパで抱える問題は、わが国にとって何の関係もないことばかりである。（対東洋外交は）われわれ自身の判断のみによるべきであって、ヨーロッパのいかなる国にも頼ってはならない[*126]」

こうした現場の外交官の危惧を嘲笑うかのように、ドイツは対米情報工作を執拗に仕掛けてくるのです。

ドイツが次にターゲットにしたのはメキシコでした。アメリカと国境を接し、アメリカが最もナーバスになるのがメキシコの政治です。ドイツにとっては幸いなことに、この頃メキシコでは政情が著しく不安定になっていました。メキシコは元来、日本との関係がよい国でした。日本人移民の受け入れにも早くから積極的でした。一八八八年には日墨修好通商条約を結び、その三年後には早くも中南米最初の日本領事館が開設されています。ポルフィリオ・ディアス大統領は日本人が開拓にやって来るのであれば「当局はどんな便宜でも与えるであろう」と述べています[*127]。一八九七年には、海外植民に積極的であった榎本武揚《えのもとたけあき》が進めた「榎本メキシコ殖民団」三十四名がメキシコのコーヒープランテーション開拓に向かっています[*128]。

メキシコの不安定な政治状況と日本人移民の存在は、ドイツの情報工作にとっては絶好の組み合わせでした。

一九一一年四月、ニューヨークのメディアが、メキシコと日本がある密約を結んだと一斉に報じています。『ニューヨーク・サン』紙などの主要紙だけでなく地方紙までもが大きく扱っています。ニューヨーク州内陸の小さな町コートランド（Cortland）のタウン紙が一面トップで報じたのです（『コートランド・スタンダード』紙、一九一一年四月十日付）。

「メキシコ、日本と密約。ジャップは給炭港（coaling station）を要求」との見出しをつけて、日本の特使がディアス政権幹部と極秘会談を持ち、日本がメキシコの太平洋岸に給炭を目的とした港を確保することが決まったと伝えたのです。この見返りに日本が、メキシコに対する侵略行為に強い関心を寄せていることを表明した、と併せて報じています。

この年のメキシコはディアス大統領による長期政権に辟易《へきえき》した国民の怒りが頂点に達し、国内が騒然としていました。ディアスは外国資本の導入を積極的に進めてきた政治家です。鉄道、石油、鉱山などの主要産業の九割以上が外国資本のコントロール下に入っています。メキシコ国民は外国資本の象徴であるアメリカに強い反感を持っていました。米墨国境での緊張も高まっている時期に、日本がメキシコに同情を示し、その見返りにメキシコ太平洋岸に給炭港を確保したというニュースはタフト政権を驚愕させました。

この報道によれば、日墨秘密協定文書を密かにカメラに収めたのは駐メキシコ大使のヘンリー・ウィルソンだとされていました。しかしウィルソンにはまったく身に覚えのないことでした。ウィルソン大使は、誰がメディアに情報を持ち込んだか調査しています。その結果、犯人は独駐ワシントン大使館付の武官フォン・ヘルヴァルト（von Herwarth）少佐であることを突き止めたのです。[*129]

ドイツにとって真相が暴かれてもいっこうに構わないことでした。アメリカへの移民を制限された日本人がメキシコに向かっていることはよく知られていることでした。アメリカを恨んでいるはずの日本人が、アメリカに反感を持つメキシコ民衆と一緒になり、そこに日本海軍が現れたらどうなるか。アメリカ国民の想像力に訴えながら、恐怖の念を植えつけることができさえすれば、それでよかったのです。

タフトが政権についてからの時代に、反日本（人）のメディア工作がドイツによって積極的に仕掛けられたことは、この一件を見ても明らかなことでした。評論家カレイ・マックウィリアムスは次のようにこの時代を振り返っています。

「一九一一年には日本がメキシコのカリフォルニア半島の太平洋岸にあるマグダレナ湾に海軍基地の建設を計画している、という噂がまことしやかに流れている。この前年にマニラ湾にあるデューイ号と名づけられたドライドックを機雷で破壊し、同湾をベースにするわが海軍を危機に晒《さら》しているという噂に続くものだった。ほかにも日本がメキシコと共謀してわが国を攻撃する基地を作ろうとしているという噂もひっきりなしに飛び交っていた[*130]」

「この年（一九一二年）には日本がアメリカ西海岸のインディアンたちと気脈を通じて、わが国攻撃の前哨基地を作ろうとしているという噂まで飛び交ったのだ[*131]」

米日の対立の様を見て心配になったのはイギリスでした。日英同盟のサイレントパートナーであるアメリカとイギリスが戦うことなど想定されていません。しかし危うい対日外交を続けるアメリカに、イギリスは不安になってきたのです。日英同盟での条文上は米日が戦うことになれば日本の側に立たなくてはなりません。その可能性を否定することを明文化したいとイギリスから申し入れがあったのは一九一〇年のことでした。日本はその意向を了承しています。

「日英同盟締結の歴史と英米両国の関係とに鑑み米国に対し同盟協約を適用せんとするも英国に於て極力米国との交戦に参加するを避けんとし該協約は事実上米国に対し其実効を生ぜざること必然なるべきを認め[*132]」たのでした（第三次日英同盟、一九一一年）。

## 一九一二年の大統領選挙

一九一二年は大統領選挙の年でした。この選挙をめぐって、六年前にはホワイトハウスでの結婚式で幸せの絶頂にあったアリスとニックの間に深い亀裂が走りました。ニックの選挙区はタフトと同じオハイオです。ニックは義父が後継指名したタフトの政権運営の強力な推進役を演じてきました。タフトの金融資本家をはじめとしたビッグビジネスへの協力的な姿勢も共有してきました。彼は共和党の堂々たる中堅幹部の地位を確立していたのです。

この年の夏に行われた共和党大会では、現職のタフトが候補に選出されています。大会には義父のルーズベルトも立候補していました。ルーズベルトはタフトの外交方針には腹を立てていましたし、何よりもルーズベルトが政府の要職に任命していた彼の友人を次々に交代させたことは我慢のならないことでした。しかし彼は代表戦にタフトに敗れます。ルーズベルトはここで諦めませんでした。党主流派の工作でタフトが再選（六月十六日）されたものの、ルーズベルトに対する国民の人気は絶大でした。ルーズベルトは新党、進歩党（the Progressive Party）を結成し、同党のリーダーとして三度目の大統領職に挑戦を決めたのです（六月二十三日）。

アリスは共和党主流派の幹部である夫と、父ルーズベルトのどちらの側につくかの厳しい選択を迫られることになりました。夫は相変わらず酒びたりになる癖は直っていないものの彼女は彼を愛していました。しかし夫は父ではなく党を選んだのでした。どれほど夫を愛していようが、かけがえのない父を見限った夫を許すことはできませんでした。アリスは離婚を決意しています。それを思いとどまらせたのはルーズベルトと義母でした。[*133]アリスは夫婦でありながら、夫ニックとはまったく異なる立場で大統領選挙に臨むことを覚悟したのです。

この時代の選挙戦は、観衆を前にしたスピーチが最も重要な選挙運動のツールでした。シカゴでの大観衆を前にしたスピーチ（十月十二日）をこなしたルーズベルトの次の遊説先はミルウォーキー（ウィスコンシン州）でした。十月十四日午後六時、ルーズベルトを乗せた汽車が駅に入ると進歩党のメンバーが待ち受けていました。全米各地でのスピーチの連続で彼の疲れはピークに達していました。八時過ぎに予定されている演説会までゆっくり休みたいと訴えるルーズベルトに、進歩党ミルウォーキー支部はそれを許しませんでした。宿泊先のジルパトリック・ホテルまでの一マイルの道のりを車に乗せられ、待ち受ける群衆に手を振り続けたのです。[*134]

ホテルで食事をとり、しばらくまどろんだルーズベルトが、その夜の講演に備えたのは八時を少し回った頃でした。スピーチ原稿を右の内ポケットに入れ、演説会場に向かっています。ホテルの玄関で待つ車への移動には前に二人、後ろには左右に二人ずつのボディーガードがついていました。[*135]七人乗りのオープンカーの周囲にはロープが張られ、ルーズベルトを一目見ようとする支持者が彼を囲んでしまうのを防いでいました。ルーズベルトはいつもどおり後部の右座席につくと、立ち上がって帽子を振り支援者に笑顔を振りまきます[*136]。

突然一発の銃声が響いたのはその時でした。車からわずか二メートルの距離で、かすかに白煙を上げるリボルバーを握り締めていたのは、短い髪をこぎれいに整えた中年の男でした。男はたちまちボディーガードに地面にねじ伏せられ拘束されています。この男の体軀は貧弱でした。一切の抵抗を見せていません。怒りにかられたボディーガードのエルバート・マーチンが男の首をへし折らんばかりの首絞めをかけています[*137]。マーチンはその時「そいつを殺すな。顔を見たい」というルーズベルトの声を聞きました。至近距離からの被弾です。誰もが最悪の事態を予想していました。しかしルーズベルトは生きていました。彼は羽交い絞めされた暗殺者の顔をまじまじと見つめました。その顔に見覚えがあるか確認したかったのです。まったく見ず知らずの男の顔がそこにありました。

ルーズベルトは幸運でした。暗殺者はわずか一発の銃弾しか発射しませんでした。しかもその弾丸は右の胸ポケットにあった鉄製のメガネケースに当たったのです。さらに銃弾は、たまたま胸にしまっていたスピーチ原稿の厚みで減速され、彼の体を破壊するエネルギーを失っていました。右胸にもぐるように進入したものの、肺に到達する手前で止まっていたのです。ルーズベルトは、キューバでの戦いの経験から弾丸が肺に到達していないと確信していました。血を吐かなかったからです。

ルーズベルトは、病院に運ぼうとするスタッフを制止し、そのまま演説会場に向かうように命じています。ルーズベルトが傷の状態を確認したのは演説会場の裏手にある控え室に入ってからのことでした。シャツを脱ぐと、右乳首を右に少しだけ逸れた位置に、一インチ（二・五センチメートル）ほどの丸い傷がありそこからわずかな出血がありました。弾丸は目視はできませんでした。「痛みはない」とつぶやくと、ルーズベルトは清潔なハンカチを傷に当て、シャツをおろして身支度をすると、そのまま演壇に向かいました。

会場の聴衆はすでに事件を知っていました。動揺する彼らに「今日は一つだけお願いがある。大きな声を出せないので、できるだけ静かに私の話を聞いて欲しい」と切り出し、予定のスピーチに入りました。[*138] スピーチ原稿には弾丸が引き裂いた丸い穴がぽっかりと開いていました。およそ八十分後、スピーチを終えると、付き添っていた医師に、血の気の失せた顔で病院での治療を指示したのです。

ルーズベルトのライバルの二人の候補者、タフトと民主党のウィルソンは、彼が演説を再開する二日後まで選挙活動を自粛しています。彼らなりの騎士道精神の発露でした。この事件をルーズベルトは後日、次のように振り返っています。

「私は撃たれたことにいささかも動揺しなかった。（暗殺の危険に晒されるのは）政治家の宿命である。公のために働く者は甘んじてこの危険を受け入れなければならない。……（あのケトルヒルの戦いで）部下が肋骨を折るよりも軽い傷で戦場から退却などすれば、私は二度とその男を信用することはないだろう。そうである以上、指揮官も、同様の、いやそれを上回るほどの強い意志を見せなければならない[*139]」

EXTRA THE MILWAUKEE SENTINEL EXTRA

INSANE MAN SHOOTS ROOSEVELT

CANDIDATE IS FOLLOWED ON HIS TRIP

WHILE HURT HE ADDRESSES A BIG CROWD

NEW YORK MAN WHO ATTEMPTED ASSASSINATION OF COL. ROOSEVELT

ルーズベルト暗殺未遂事件を伝える号外。犯人のジョン・シュランク（37歳）は精神を病んでいると認定され、死亡する1943年まで精神病棟に収容された

「アングロサクソン種は戦いの精神を失ってはならない」。それが彼の身上でした。それを身をもって示したのです。銃弾は肺にあまりに近いところで止まっていました。摘出手術は危険でした。彼は銃弾が入ったままの身体で選挙戦を戦ったのです。

戦いは共和党の分裂選挙で漁夫の利を得た民主党のウッドロー・ウィルソン（ニュージャージー州知事）の圧勝でした。一般投票での結果はウィルソン四十二パーセント、ルーズベルト二十七パーセント、タフトは二十三パーセントに終わっています。ルーズベルトは敗れましたが、カリフォルニア、ミシガン、ペンシルバニアなどの大票田を押さえています。現職のタフトが獲得した州はバーモント、ユタのわずか二州という惨敗でした。同時に行われた下院議員選挙でニックも議席を失っています。

**◉原註**

＊1 Henry F. Pringle, *Theodore Roosevelt: A biography*, Harcourt Brace and Company, 1931, p405.
＊2 同右 pp403-04.
＊3 同右 p404.
＊4 同右 p404.
＊5 同右 p408.
＊6 同右 p408.
＊7 同右 p408.
＊8 同右 p408.
＊9 同右 pp408-09.
＊10 川井裕「外国軍艦の日本訪問に関する一考察」(防衛省防衛研究所『戦史研究年報』第14号、二〇一一年三月) 七四頁。
＊11 松方の発言は報道された英文記事を筆者が翻訳したもの。オリジナルな松方の日本語の発言

ではない。
http://chroniclingamerica.loc.gov/lccn/sn84026749/1907-07-13/ed-1/seq-2/;words = Aoki + count + Roosevelt + BAY + Count + Oyster + 1907 + Bay + Yamamoto + OYSTER

＊12 Lisa Blee, Completing Lewis and Clark's Westward March, *OHQ Oregon Historical Society*, vol 106 No. 2, 2005, p246.

＊13 Francis Gieringer, Born into the Purple, 2011 Georgetown University History Thesis, p22. http://aladinrc.wrlc.org/bitstream/handle/1961/9655/Gieringerthesis.pdf?sequence = 1

＊14 同右　p23.

＊15 極本亮「『修養』から『教育』へ――早大アメリカ遠征と『科学的野球』」（早稲田大学修士論文、二〇一〇年）一四頁。

＊16 Born into the Purple, p15.

＊17 Alaska-Yukon-Pacific Exposition in Seattle celebrates Japanese Navy Day on June 4, 1909. HistoryLink. org Essay 8680. http://www.historylink.org/index.cfm?DisplayPage = output.cfm&file_id = 8680

＊18 Born into the Purple, p70.

＊19 同右 p92.

＊20 Alaska-Yukon-Pacific Exposition in Seattle celebrates Japanese Navy Day on June 4, 1909.

＊21 Born into the Purple, p89.

＊22 Alaska-Yukon-Pacific Exposition in Seattle celebrates Japanese Navy Day on June 4, 1909.

＊23 Born into the Purple, p70.

＊24 木村昌人「百年前の日米実業団相互訪問」（『青淵』二〇〇八年十月号―十二月号）

＊25 同右。

＊26 Eiichi Shibusawa, *Japanese-American Relations and Myself, Japan's Message to America,* Edited and compiled by Naomichi Masaoka, 1914, pp19-36. 出版社不明。

＊27 同右 p27.

＊28 同右 p30.

＊29 同右 p31.

＊30 同右 p32.

＊31 「百年前の日米実業団相互訪問」

＊32 外務省ホームページ。外交史料Q＆A明治期。
http://www.mofa.go.jp/mofaj/annai/honsho/shiryo/qa/meiji_05.html

＊33 タフトの家系については『日米衝突の根源』15章「白い艦隊」中の「フィリピン併合の失敗：原住民を啓蒙できるのか」の項を参照されたい。

＊34 George Herring, *From Colony to Superpower,* Oxford University Press, 2008, p375.

＊35 原文は左記のとおり。
A Jap is first of all Jap and would be glad to aggrandize himself at the expense of anybody.

＊36 Herbert Croly, *Willard Straight,* The MacMillan Company, 1924, p72.

＊37 同右 p121.

＊38 同右 p125.

＊39 松村正義「日露戦争と外国新聞従軍記者」（『外務省調査月報』二〇〇四年№2）三七頁。

＊40 クリールマンについては『日米衝突の根源』13章「ハワイ攻防戦」中の「『旅順虐殺』捏造報道」の項を参照されたい。

＊41　「日露戦争と外国新聞従軍記者」三九頁、および Jack L. Hammersmith, *Spoilsmen in a "Flowery Fairland"*, The Kent State University Press, 1998, p196.
＊42　同右　p30.
＊43　同右　p37.
＊44　*Willard Straight*, p126.
＊45　同右　p133.
＊46　同右　pp150-51.
＊47　*The Korea Review*, Volume 5, The Methodist Publishing House 電子版 p353. http://hompi.sogang.ac.kr/anthony/KoreaReviewFulltextVolume5.pdf
＊48　*Willard Straight*, p163.
＊49　*Alice*, p126.
＊50　*Willard Straight*, pp170-71.
＊51　同右　p171.
＊52　同右　p177.
＊53　同右　p177.
＊54　*The Korea Review*, p177.
＊55　*Willard Straight*, p177.
＊56　同右　p180.
＊57　同右　p183.
＊58　同右　p188.
＊59　同右　p193.

＊60 同右 p197.

＊61 *The Imperial Cruise*, p19.

＊62 Whitte House Wedding, Alice Roosevelt.
http://www.whitehouseweddings.com/alice-roosevelt.html

＊63 *Alice*, p156.

＊64 同右 p152.

＊65 *Willard Straight*, p198

＊66 ダイキリからケトルヒルに至るルーズベルトの戦いの模様については『日米衝突の根源』14章「米西戦争」中の「志願兵部隊『ラフ・ライダーズ』」および「サンファン高地占領」の項を参照されたい。

＊67 *Willard Straight*, p199.

＊68 *Alice*, p167.

＊69 同右 p167.

＊70 同右 p166.

＊71 同右 p177.

＊72 *Willard Straight*, p199.

＊73 同右 p202.

＊74 同右 p199.

＊75 同右 p203.

＊76 同右 p200.

＊77 同右 p203.

＊78 F. Hilary Conroy, Francis Conroy and Sophie Quinn-Judge, *West Across the Pacific: American Involvement in East Asia from 1898 to the Vietnam War*, Cambria Press, 2008, p74.

＊79 *Willard Straight*, p205.

＊80 同右　p210. BATは一九〇二年にイギリスのインペリアル煙草とアメリカのアメリカン煙草が合弁してできた会社なので純粋のアメリカ企業ではない。

＊81 同右　p235.

＊82 同右　p235.

＊83 徐世昌（一八五五―一九三九）天津出身の文官。後の第四代中華民国大総統。

＊84 R・F・ジョンストン、中山理訳、渡部昇一監修『完訳　紫禁城の黄昏（上巻）』（祥伝社、二〇〇五年）一〇四頁。

＊85 *Willard Straight*, p237.

＊86 唐紹儀（一八六〇―一九三八）広州出身の政治家。初代中華民国国務総理。

＊87 Robert Morrison（一七八二―一八三四）イギリス人プロテスタント宣教師。マカオでの漢語教育のパイオニア。詳細は拙著『日本開国』7章「宣教師の死」を参照されたい。

＊88 Edward JM Rhoads, Stepping forth into the world: the Chinese educational mission and its antecedents, *International Institute for Asian Study News Letter*, No. 59, 2009. http://www.iias.nl/sites/default/files/IIAS_NL59_08.pdf

＊89 *Willard Straight*, p241.

＊90 同右　p241.

＊91 Panic of 1907, Federal Reserve Bank of Boston, p3. http://www.bostonfed.org/about/pubs/panicof1.pdf

＊92 同右　pp4-5.
＊93 *Willard Straight,* p242.
＊94 同右　p243.
＊95 同右　p243.
＊96 Masuda Hajimu, Rumors of War, *Diplomatic History,* Vol. 33 No. 1, January 2009, pp1-2.
http://seetell.jp/wp-content/uploads/2010/08/j.1467-7709.2008.00745.x-1.pdf
＊97 同右　pp1-2.
＊98 *Willard Straight,* p249.
＊99 同右　p250.
＊100 同右　p266.
＊101 同右　p270.
＊102 同右　p272.
＊103 同右　p274.
＊104 Jewish Encyclopedia.
http://www.jewishencyclopedia.com/articles/14926-wilenkin-gregory
＊105 *Willard Straight,* p279.
＊106 同右　p279.
＊107 同右　p279.
＊108 同右　p296.
＊109 同右　p297.
＊110 同右　p314.

＊111　同右　p311.
＊112　同右　p331.
＊113　German Weltpolitik and the American Two-Front Dilemma, p1477.
＊114　同右　p1477.
＊115　同右　p1477.
＊116　『日米開戦の人種的側面　アメリカの反省１９４４』一二一頁。
＊117　同右、六八頁。
＊118　赤川元章「中国鉄道投資とドイツ・アジア銀行」（『三田商学研究』第48巻第5号、二〇〇五年）二四三頁。
＊119　John Van Sant, Peter Mauch, Yoneyuki Sugita, *Historical Dictionary of United States-Japan Relations*, Scarecrow Press, 2007, p14.
＊120　Edmund Morris, *Colonel Roosevelt*, Random House, 2010, p58.
＊121　同右　p58.
＊122　*Willard Straight*, p325.
＊123　同右　p326.
＊124　*From Colony to Superpower*, p372.
＊125　同右　p373.
＊126　German Weltpolitik and the American Two-Front Dilemma, p1465.
＊127　柳沼孝一郎「ディアス政権の産業振興・殖民政策と日本人移民」（『ラテンアメリカ論集』第33号、一九九九年）
＊128　同右。

＊129 German Weltpolitik and the American Two-Front Dilemma, p1466.

＊130 『日米開戦の人種的側面　アメリカの反省１９４４』六四頁。

＊131 同右、六四頁。

＊132 大畑篤四郎「ワシントン会議日本政府訓令についての考察」（『早稲田法学』38巻1号、一九六三年）一〇八頁。原文はカタカナ表記。

＊133 *Alice*, p228.

＊134 *Colonel Roosevelt*, p243.

＊135 同右　p243.

＊136 同右　p244.

＊137 同右　p244.

＊138 同右　p245.

＊139 Daniel Ruddy, *Theodore Roosevelt's History of the United States*, Harper Perenniar, 2010, pp305–6.

# 第9章 第一次世界大戦：アメリカの戦争準備と参戦、そしてドイツの対日外交の紆余曲折

## 一九一二年四月一日、エイプリルフールの与太記事

一九一二年のエイプリルフール（四月一日）の『ロサンゼルス・イグザミナー』紙におぞましい記事が躍り、読者を驚かせています。『イグザミナー』紙は日本人嫌いのウィリアム・ハースト系の新聞です。その新聞が、日本はメキシコ太平洋岸の最良の港であるマグダレナ湾に大型植民地の建設を計画している、と大きく報道したのです。その二日後には、姉妹紙である『サンフランシスコ・イグザミナー』紙が植民の規模は七万五千にのぼり、そのほとんどが兵士であると伝えました。[*1] しかも、すでに入植は終わっているというセンセーショナルなものでした。

『イグザミナー』紙の記者は、マサハル・コンドー[*2]の動向を探っていました。マサハル・コンドーとは近藤正治のことでした。東京帝国大学で水産学を学び、水産講習所（後の東京水産大学、現東京海洋大学）で教鞭をとったエリート学者でした。一九〇八年に渡米した際、サンディエゴでアウレリオ・サンドヴァルと知り合っています。サンド

ヴァルは時のディアス政権から、メキシコ北西部太平洋沿岸の水産資源加工の利権を与えられた人物でした。

サンドヴァルは、カリフォルニア半島南部のマグダレナ湾内にある小さな島に缶詰工場を持っていました。加工技術に不安があったサンドヴァルは近藤に助言を求めたのでした。近藤のアドバイスで缶詰加工のノウハウを持つタツノスケ・タカサキの採用を決めています。タカサキは東京でイワシの缶詰加工の経験がありました。

マグダレナ湾内にある加工工場の責任者となったタカサキは、六人の日本人、同数の支那人、九十人強のメキシコ現地人を雇用し、アワビの缶詰加工を始めています。仕向け先は日本とハワイでした。[*3]タカサキがマグダレナ湾にやって来たのは四月のことでしたから、『ロサンゼルス・イグザミナー』紙の報道の時点では、サンドヴァルが始めた加工場が細々と稼動していたに過ぎませんでした。

『イグザミナー』紙のオーナー、ウィリアム・ハーストは傘下の新聞が煽る事件の現場を自らの目で確かめるのが好きな男でした。十五年前の米西戦争では、サンチアゴ・デ・クーバ沖海戦後に、沈みゆくスペイン戦艦を、所有するヨットに乗って確かめました。今回も報道の現場にチャーター船を仕立てて向かっています。

ハーストがそこで見たものは、わずか二人の日本人が小さな工場で現地労働者とともに汗を流している姿でした。しかしセンセーショナルな記事で部数を増やせれば何を書いても構わない、と信じるイエロージャーナリズムの時代にあっては、報道の内容と現実にどれほどの乖離《かいり》があろうが、どうでもよいことでした。彼らの筋書きに沿った虚報を流し続けたのです。

「ハーストの雇った記者はタカサキにインタビューしている。そのインタビューを受けて、日本は同地に十万人規模の植民計画を持っていると報道した。タカサキもサンドヴァルも、そしてもちろん日本政府もメキシコ政府もその内容を否定した。しかしハースト系新聞がそうした声に耳を貸すことはなかった。カリフォルニア半島に忍び寄る日本の脅威を執拗に煽り続けたのである[*4]」

この頃、パナマ運河開削作業は最終段階に入っていました。ワシントンの政治家にとって、この運河をどう防衛するかを真剣に考える時に来ていました。ヘンリー・ロッジ上院議員はこの問題にとくに敏感でした。盟友セオドア・ルーズベルトが強引な手法でパナマを独立させ、政治的に大きなリスクを冒してアメリカ単独の事業にするお膳立てをした世紀のプロジェクトでした。

ロッジにとって『イグザミナー』紙の報じる日本のマグダレナ湾植民計画は放置するにはあまりに危険なものでした。この年のワシントン第六十二議会で、アメリカの国防にとって戦略的に重要だと考えられる地域における非ヨーロッパ政府、またはそのエージェントによる土地の購入を禁止する決議案（ロッジ・コロラリー Lodge

Corollary）を提出するのです（一九一二年七月三十一日）。ロッジは趣旨説明を次のように結んでいます。

「パナマ運河の開通が目前に迫っているなか、マグダレナ湾やガラパゴス諸島の重要性がいっそう高まっていることは言を俟たない。この問題はこれまでにも何度か検討されているが、（日本のマグダレナ湾周辺の植民計画の情報が入っている）今こそ上院はこの決議案を可決するべきである」

　上院がこれを可決したのは八月二日のことでした。

『東京朝日新聞』はこの決議に対して次のようにコメントしています。

「此決議は列国の感情を害せん事を恐れ、特に秘密にせるものなりとロッジ氏は是れマグダレナのみに関するにあらず。同事件は其真相既に判明したればなりと言へり。尤も外交団は欧州の反響少からざるべしと信じ居れり。或る者は又、之を以て独逸の使嗾《しそう》（注：そそのかし）に出づるならんとの説も根拠なく、別に甚だしく注意すべきものにあらずと揣摩《しま》（注：推量）し、又或る者は斯かる決議は却って藪蛇の結果を来さずとも云ひ難く、モンロー主義の趣旨は嘗てクリーブランド大統領の言の如く『我国家的生活の何れの階級にも適合さる』にて足れり。此決議は幾度かなされしも、一回も実際に用ひられし事なきにあらずやと論ずるもあり」[*5]

『東京朝日新聞』の記事はこの決議にはそれほどの意味はなかろうとの論評でした。

しかし現実は思わぬ事態に発展していきます。この決議に勇気づけられたかのようにカリフォルニア議会が外国人土地所有禁止法を可決するのです（一九一三年五月）。州議会上下両院の圧倒的多数の賛成で制定されたこの法律は、市民権を持つことのできない移民（帰化不能人種）、あるいはそうした移民が経営する法人などの土地売買や所有を禁じたものでした。明らかに日本人移民を対象にした法律でした。こうした性質の法案を過去何度も提出しようとしていたカリフォルニア州の反日本人勢力にとって、ロッジ議員によるワシントン上院での議決は、待ちに待った追い風でした。

この時代の日本人は、アメリカをどう理解してよいのか途方に暮れていたといってよいでしょう。ポトマック河畔の桜の苗木の寄贈や各地で開かれる博覧会への出展で、両国の親善が高らかに謳われる一方で、次々と日本を刺激する外交政策をとり、アメリカ国内でも反日本人の政策を進めるアメリカ。日本の多くの知識人を困惑させています。徳富蘇峰はその頃の空気を次のように記しています。

「（アメリカの支那外交は）我が縄張は、我之を専らにす可し。君の縄張りも我之を専にせむと云うに均し。……日本の墨西哥《メキシコ》湾に於ける、海軍根拠地を得んとするの訛《か》傳《でん》（注：誤った伝え）に、恐慌を惹起し、輿論の沸騰したるを見て、如何に其の神経の過敏なるかを、驚かざるを得ず。これ実に臥榻《がとう》（注：寝床）の側《かたわら》、他人の鼾睡《かんすい》を容れさざる（注：近隣に独立を認めないこと。自分の寝床で他人が眠るのを許さないの意）が為めな

らずんばあらず」（『大正の青年と帝国の前途』第九章、大正五年〈一九一六〉）

## ウィルソンの日本人嫌いと対日戦争準備勧告

徳富蘇峰のアメリカに対する描写、すなわち「日本の墨西哥湾に於ける、海軍根拠地を得んとするの訛傳に、恐慌を惹起し、輿論の沸騰したるを見て、如何に其の神経の過敏なるかを、驚かざるを得ず」は、日本国内からアメリカを見る限りにおいてはもっともな感想でした。しかし視座をアメリカに移したときに、日本の北太平洋における海軍力にはとてもかないはしない現実と、フィリピンをけっして防衛できない恐怖がアメリカの政治家や軍人にあったことは紛れもない事実であったことがわかります。

セオドア・ルーズベルトはそれをはっきりと認識していました。その現実がある以上、日本とはけっして事を構えないという覚悟がありました。彼は日本にはWASPと同様、死を恐れない騎士道（武士道）が存在していることを高く評価していました。だからこそ彼の対日本外交は大胆でしたが丁寧なものでした。

しかしタフト政権にはそうした気遣いはありませんでした。タフトの後継のウィルソンもタフトに似た対日外交、対支那政策を継続していくのです。その理由の一つは後で詳述しますが、ウィルソンを支援したニューヨークの金融資本家たちの存在でした。彼らはルーズベルトが立候補したことでタフトが敗れることを見越し、ウィルソンへの支援をも惜しみませんでした。彼らは二股をかけていたのです。金融資本家に配慮したタフト政権のダラー外交の継続を望んでいたのです。支那への投資案件でもウィルソン新政権の後押しを期待していたのです。

日本が危惧する人種問題の視点からも、ウィルソンの登場は好ましいものではありませんでした。民主党の基盤は南部にありました。南北戦争で敗れた南部白人が、かつての栄光を取り戻すために結集した政治勢力の中心が民主党でした。勢力の強い南部諸州で、白人の優位を保持するための黒人隔離政策（Solid South）を当たり前のように続けてきた政党でした。民主党は人種差別的政党だったのです。南北戦争に敗れて以来、共和党がアメリカの政治を運営してきました。クリーブランド大統領（民主党）だけがその個人的人気で政権についただけでした。しかし共和党の分裂で、これまで勝ち目のなかった大統領選についに勝利したのです。

ウィルソンは選挙戦の間は黒人に融和的な物言いでしたが、政権を握ると民主党本来の黒人隔離政策に沿った政策を進めます。それを示す典型的な人事がウィリアム・マカドゥー（財務長官）とアルバート・バーレソン（郵政長官。テキサス州）の登用でした。どちらも南部で教育を受けた政治家です（マカドゥーはテネシー大学、バーレソンはテキサス大学）。この二人は就任すると間髪を置かず、省の建物内に南部で実施されていた人種隔離政策を持ち込むのです。

財務省は造幣の現業部門を持ち、郵便事業も同様に全国に現業部門を持っています。そこには多くの黒人労働者が働いていました。その現場を、オフィスも食堂もトイレも白人と黒人とに分離したのです。ワシントン市内でもそれが実行されました。人種隔離政策が首都ワシントンで現実に施行されるのは南北戦争以来初めてのことでした。さらに地方の郵便局や税務の責任者に、黒人職員を皮膚の色を理由に降格、配転あるいは解雇できる権限を与えたのです。[*6] 一九一四年五月には、公務員採用試験に写真の添付を義務づけています。これは成りすましの不正を防ぐためではありません。人種をあらかじめ確認する手段だったのです。[*7]

ウィルソンの日本人に対する考えも、黒人隔離政策容認の姿勢を色濃く反映するものでした。黒人隔離政策をワシントンに持ち込んだマカドゥー財務長官はウィルソンの娘エレノアと結婚しています。その結婚式もホワイトハウスで行われています（一九一四年五月七日）。ウィルソンの人種観が義理の息子に近かっただろうと推量しても間違いなさそうなのです。

民主党候補選出の選挙戦でのウィルソンの姿勢からも、そのことが正しいらしいことがわかります。カリフォルニアの反日本人勢力の票を狙って、そのリーダー格である前サンフランシスコ市長ジェームズ・D・フェラン[*8]に、次のような電報を打っているのです。

「支那人および日本人苦力《クーリー》の移民問題については、私も彼らは排斥されなければならないという立場に立つ。この問題の本質は、異なる人種が（アメリカ人として）同化できるかどうかにかかっている。白人種（Caucasian race）と同化できない人種がいては同質の国民を創造することはできない」*9

ウィルソンは日本人を同化不能人種と決めつけることで、カリフォルニアの反日本人勢力に媚《こび》を売ったのです。彼は、日本人移民は十九世紀半ばの大陸横断鉄道建設に駆り出された支那人労働者「苦力」と同質だと断定したのです。本番の大統領選挙で、ウィルソンはカリフォルニア州ではルーズベルトに敗れています。しかしその差はわずか百七十四票でした。クリーブランド大統領が一八八二年の選挙戦で同州を制して以来の善戦でした。*10

セオドア・ルーズベルトの退場以来、アメリカの対日本外交はきわめて危険な方向に動き始めていたのです。カリフォルニアでの日本人排斥運動の再燃、マグダレナ湾の給炭港の確保と大規模植民計画の噂。これを深く憂慮したのはむしろ軍部でした。日本がこのような動きを不快に思うのは確かなことでした。国防を預かる軍としては、日本が戦争行動をとる万一の可能性を考えていました。

日本の攻撃に備え、太平洋岸の防備を固めるべきだとウィルソン政権に建言したのは陸海軍合同会議議長のデューイ提督でした。

「日本が宣戦布告する可能性を疑っていた将官会議（General Board）と陸海軍合同会議は、ウィルソン政権に太平洋方面に艦隊を派遣し、万一の戦争に備えるべきだと進言した。しかし、この軍人たちの具申に賛成した者は少なかった。陸軍長官のリンドリー・ガリソンと海軍省次官のフランクリン・D・ルーズベルトの二人が支持しただけだった。ウィルソン大統領もブライアン国務長官もダニエルズ海軍長官も外交交渉による解決を選択したのである。同政権が軍の提案を却下したのは一九一三年五月のことであった[*11]」

## パナマ運河開通

ルーズベルト大統領の暗殺未遂のあったミルウォーキーの町に、当時世界最大規模のパワーシャベルを製造するメーカー、ビサイラス（Buycyrus International）社がありました。当時のパワーシャベルの動力源は蒸気でした。ビサイラス社の納入した七十台以上のパワーシャベルがパナマ運河開削工事の難所クレブラでフル稼働していました。大量のダイナマイトを使用して切り通しを作る作業で出た土砂、その後に起こる崩落から発生する土砂。その除去には欠かせない大型機械でした。一九一三年には、そうした作業もいよいよ最終段階に差しかかっていました。

東西から進められた工事がついに対面し、堰で止めている大量の水を解き放つダイナマイトによる発破作業はこの年の十月十日に予定されていました。アメリカが工事に注ぎ込んだ費用は三億七千五百万ドルにのぼっています。この数字にはパナマ政府への一千万ドル、フランスの旧資産を保有していた新パナマ運河会社への四千万ドルの支払いが含まれています。後日進められた運河防衛施設建設コストを含めると総額三億八千七百万ドルまでにその数字は膨らむのです。[*12] そのメガプロジェクトも、もうすぐフィナーレを迎えるのです。

十月十日に計画されている発破作業は、国家プロジェクトの節目となるセレモニーに相応しくワシントンに起爆装置を設置するという演出がなされていました。その模様を次のようにメディアが伝えています（『グレイ・リバー・アーガス』紙、一九一三年十一月二十六日付）。

「パナマ運河　ワシントンからの電気信号によりガンボア堰を爆破し、ついに通水」

「去る十月十日午後二時、ホワイトハウスに設置された電信装置のスイッチをウィルソン大統領が押した。ガンボア堰が二つの大洋の水を止めていたが、ダイナマイトでそれが破壊されたのである。過去四百年来の（人々の）夢、アメリカのおよそ七十五年に及ぶ野望。それがついに現実となった」

「起爆の儀式には大仰なセレモニーは用意されていなかった。……大統領はいつもどおり昼食をとり階上の執務室に戻った。部屋には誰もいなかった。閣僚も政府高官も姿を見せていない。秘書の一人が時間ですと伝えにきた。大統領は（執務室近くの電信室に移動し）準備されていたボタンを数秒間押した。わずかな時間に、このアクションの意味するところを頭の中で想像しているようであった。これを終えると執務室に戻り、いつもどおりのルーティン業務についたのであった」

バルボアがパナマ地峡を抜け太平洋を発見（一五一三年九月二十九日）してから四百年目の節目に起きた、世界の歴史を変貌させる一大イベント（八千マイルを短縮する「偉大なる近道（the Greatest Shortcut in the World）」の開通）は実にあっさりしたものでした。しかしホワイトハウスから送り出された電気信号はニューヨーク、ガルベストン（テキサス州）を経由しパナマの現場に一瞬にして到達しています。ガンボア堰の周囲では、まさに固唾を呑むという言葉どおり、多数の工事関係者が黙りこくったまま爆破の瞬間を待っていました。堰の中央部に仕掛けられていたダイナマイトが低い轟音をあげて堰を粉砕すると、そこかしこから歓喜の声が上がったのでした。

最後の爆破作業はこうして終了したものの、これで運河が完成したわけではありません。その後も頻発する崩落による土砂は幾たびも水路を封鎖し、そのたびに切り通しを拡げ土砂を撤去する作業に追われました。ロック式水門の試験も繰り返さなければなりませんでした。実際に船舶を使っての試験航行が始まったのは、年が明けた四

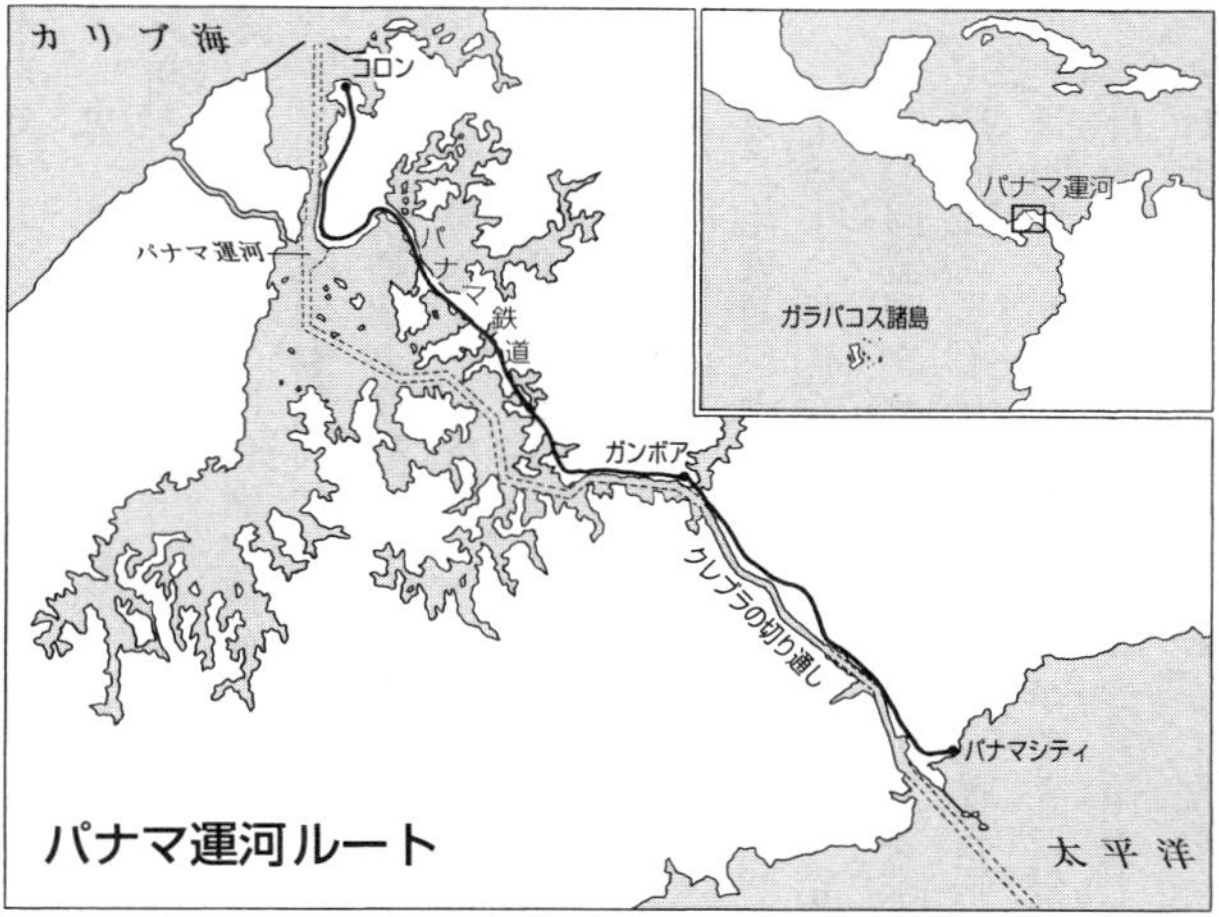

パナマ運河ルート

月のことでした。公式オープニングは八月十五日と決まっています。その日に向かって入念な作業が続きました。

さすがに公式オープニングには盛大なセレモニーが計画されています。大西洋側から船団を組んでの船のパレード。パレードの先頭を行く栄誉はパナマ鉄道所有の蒸汽船「アンコン」に与えられました。それに続くのが戦艦「オレゴン」に率いられたアメリカ艦隊。「オレゴン」の船上にはもちろんアメリカ大統領ウィルソンの姿がなくてはなりません。太平洋に出た戦艦「オレゴン」が向かう先はサンフランシスコです[*13]。そこではサンフランシスコ大地震からの復興のシンボルとなる大型イベント、サンフランシスコ博覧会が運河開通に同期して開催される予定です。

一九一四年八月十五日のオープニング・セレモニーには蒸気船「アンコン」の姿がありました。新造されたばかりのタグボートに曳かれた「アンコン」には、乗せられるだけ乗せた工事関係者の満面の笑みがありました。しかしそれがすべてでした。ウィルソン大統領も現れず、セオドア・ルーズベルトの姿もなかったのです。世界はヨーロッパの動向を注視していました。この年の六月二十八日にオーストリア・ハンガリー帝国皇太子フランツ・フェルディナンドがサラエボで暗殺されています。それ以来、世界中の政治家がヨーロッパで次々に発生する事件への対応に追われていたのです。

七月二十八日　オーストリア・ハンガリー帝国、セルビアに宣戦布告
七月二十九日　セルビアの同盟国ロシア、全軍に動員命令
八月一日　オーストリア・ハンガリー帝国の同盟国ドイツ、ロシアに宣戦布告、ロシアの同盟国フランスに対して中立要求。フランスの拒絶
八月三日　ドイツ、フランスに宣戦布告
八月四日　ドイツ、中立国ベルギーに侵攻、イギリスがドイツに宣戦布告
八月十日　オーストリア、ロシア領ポーランド侵攻
八月十五日　ロシア、東プロシア侵攻

世界中が、オーストリア皇太子暗殺事件（サラエボ事件）から雪崩《なだれ》を打ったように続く事件の連鎖と戦火の拡大に呆然としているなかで、パナマ運河公式オープニングのニュースは新聞の一面から追いやられてしまったのです。

## アメリカン・システムの完成：中央銀行（FRB）の創設　その一

アメリカは南北戦争以来、リンカーン政権の経済ブレーンであったヘンリー・カレイが主張したアメリカン・システムによって国家建設に取り組んできました。アメリカン・システムの中心的な考え方は次の三つを重要視するものでした。

一、高関税政策による国内産業の保護（高関税政策）
二、連邦政府の積極的関与によるインフラストラクチャー整備（官主導のインフラ整備）
三、銀行制度改革による産業振興（中央銀行の設立）

アメリカは半世紀にわたり、その国家収入を、平均五十パーセントにのぼる高い関税による収入に頼り、そこからの資金を積極的にインフラストラクチャー整備に注ぎ込んだのです。その根幹をなす事業が鉄道建設に代表される交通システムの構築でした。一八六九年には最初の大陸横断鉄道を完成させ、それ以後の経済発展は目覚しいものがありました。

一八七〇年から一九一三年までの実質GDPの平均成長率は三・九四パーセントに達し、同時期のイギリスの一・九パーセントを大きく引き離していました。[*14] アメリカン・システムは見事に成功を収めたのです。パナマ運河の完成は「官主導のインフラ整備」の総決算とも言えるメガプロジェクトでした。しかしアメリカン・システムの三番目の狙いである「中央銀行の設立」についてだけはいっこうに進みませんでした。

その理由は、第七代大統領アンドリュー・ジャクソン[*15]に代表される歴代大統領の、銀行の紙幣発行システムに対する根深い不信でした。ジャクソンはフィラデルフィアの資本家が設立した中央銀行、第二合衆国銀行が連邦銀行として機能する権限を剥奪しています。一八三六年以来、アメリカには中央銀行は存在していなかったのです。アメリカの政治家は銀行の依って立つ部分準備金制度による銀行券の発行行為の倫理性に強い疑いを持っていました。

一般の人々は銀行の利益は、貸し出しと預け入れの利子率の差によって生まれると漠然と思っています。しかし銀行システム生成の歴史的過程を知ると、それが間違いであることがわかるのです。銀行券の始まりと言われるゴールドスミス・ノート（金匠手形）の発生の経緯とメカニズムがそのことをよく示しています。[*16] 十七世紀のイギリスでは人々は金属貨幣を使用していました。手持ちの貴金属の盗難防止は頭の痛い問題でした。自宅に保管することは危険でしたから、町の金細工士（金匠）の金庫に預けるようになりました。金匠は貴金属の計量ノウハウを持ち、安全な金庫も備えていましたからそれを利用したのです。金匠は預かった貴金属の量を示した預り証（金匠手形）を発行します。

その後の経過は想像すればすぐわかるように、人々はしだいにこの手形を決済に使うようになるのです。わざわざ重い金や銀を引き出して支払いにあてるよりも、手持ちの手形を譲渡するほうが便利であることに気づきます。金匠手形が貨幣としての機能を持ったのです。ここまでのプロセスには何の問題もありません。問題は、金を預かる金匠があることに気づいたことでした。月日が経つうちに、預かっている金を実際に引き出しに来る顧客がかなり少ないことがわかったのです。預かっている貴金属の出し入れは、預かっている貴金属の総量のわずか四分の一程度でした。そこである悪意が芽生えます。倫理性にきわめて欠ける悪魔の囁きでした。

金匠は、金庫に保存する貴金属のうち、動きのない四分の三の利用を考えたのです。彼らは自らの発行する預り証が市中で貨幣として流通していることを知っています。貴金属を預かってもいないのに金匠手形を発行することを考えたのです。そしてその手形を、資金を必要としている人々への貸付証券としたのです。仮に、一億円相当の貴金属を預かっている場合を想定すると、経験から得た貴金属の引き出し率（二十五パーセント）から計算すれば、最大四億円まで金匠手形を発行できることになるのです。

四億円相当の手形は市中に出回り貨幣としての役割を果たします。時折、遠方との貿易決済や、他所に移住するために貴金属の現物を必要とする人々が預けている金や銀を引き出しに来るだけなのです。そうした場合への備えに金庫には一億円相当の貴金属が保管してあります。経験上、それで十分に対応できます。

この例でいけば、あらたに発行した三億円分の金匠手形は、空気の中から魔法のように作り出したお金なのです。現実に貴金属を預けて、預り証を所有している手形の所有者に対する明白な背信行為です。本当に預けた者にとって、その預り証の価値は四分の一に減価したのです。しかしそのことを知りません。預かった額以上の手形を発行していることを知っているのは金匠だけなのです。十九世紀に入ってから、銀行システムには預金者を保護する工夫がなされますが、右記に描写したメカニズムの本質は変わりませんでした。

右記の金匠の仕組みに従えば、資金を必要としている会社に三億円を貸し出し最大株主になることが可能です。しかしよく考えるとその貸し出した三億円は、どこにも存在しなかった三億円なのです。この仕組みから得られる利益は、貸し出しと預け入れの金利差からの利益をはるかに上回る巨額なものです。

アメリカの政治家はこのからくりを知っていました。この悪辣な仕組みは「部分準備制度 Fractional Reserve System」と呼ばれ、あたかもスマートな仕組みのようなイメージをまとっていますが、その実態は実に性悪なものです。ですからアメリカの政治家の、銀行への警戒感はつねに高かったのです。彼らはこの仕組みそのものはやめさせることはできないと考えていました。ただ銀行間に競争させることで、放漫になりがちな（融資額をできるだけ増やそうとする）銀行経営をチェックさせようとしたのです。

安全な経営を目指す銀行家はなるべく多めの貴金属を金庫に用意し、予期せぬ大量の引き出しに備えます。逆に冒険的な銀行家はできるだけ貸し出しを増やそうとします。その場合には、引き出しに備えた貴金属の量が不足しがちになります。引き出しの量が、少しでも予想した数字を超えると取り付け騒ぎとなり、破綻に追い込まれてしまいます。アメリカの政治家は、銀行間競争により健全な銀行が市場に残ることを期待したのです。預金者も銀行の選択には十分な注意が必要な時代でした。預け入れしている銀行が放埒な経営で取り付け騒ぎとなり倒産でもすれば、一夜のうちにその財産を失うのです。

取り付けの事態に備えて銀行家は、どれほどの割合（準備率）を支払い用として金庫に用意していたのでしょう。きわめて保守的な（預金者からみれば安全な）銀行は五十パーセント近くを用意しています。たとえばハリマンの支配下にあったウェル・

ファーゴ銀行（二〇一〇年、全米第四位）と合併したネバダ銀行のオーナー、イサイアス・ヘルマン（Isaias W. Hellman）は保守的な銀行家の典型でした。つねに預金量の四十五パーセントを準備し、不測の事態に備えるほどの堅実経営でした。[*17] しかし多くの銀行では二十パーセント程度の準備率で経営していたのです[*18]（平均では二十一・一パーセント）。制度的にその程度の準備でよしとされていたのです。

前述のパニック・オブ・1907が起きたのは、こうした低い準備率での融資が行われていたことが原因でした。銀行家たちにとっての悪夢は取り付け騒ぎです。言葉を換えて言えば、どれほど危ない経営でも、取り付け騒ぎさえ起きなければ経営は成り立つのです。健全な経営を進めていても、時に予想を上回る量の引き出しがある場合もあります。前述のケースであれば、仮に短期間だけ一億五千万円相当の貴金属の引き出しがあれば、不足の五千万円相当を緊急に用意しなければなりません。そのわずかな期間を切り抜ければ通常の四分の一の貴金属準備で十分になることがわかっているとしても、不足量をどこからか緊急に融通できなければ破綻するのです。

パニック・オブ・1907では、マーカンタイル・ナショナル銀行やニッカーボッカー信託銀行に取り付け騒動が広がりました。払い出し用の資金を急遽融通して、パニックが銀行システム全般に拡がるのを防いだのがJ・P・モルガンでした。

## アメリカン・システムの完成：中央銀行（FRB）の創設　その二

パニック・オブ・1907は、モンタナの地方銀行の乱暴な経営が原因となった取り付け騒ぎでした。それではその取り付け騒ぎの危機を防いだJ・P・モルガンなどの有力投資銀行が資金の融通に困った場合はどうなるのでしょうか。ストレイトが仕掛けていたような支那鉄道投資案件などは大きな投資です。そうした投資はつねにリスクを内包しています。彼らが、そうした場合に備えて最後の駆け込み寺として、資金提供できる金融機関（中央銀行）が欲しいと思うのは当然でした。

彼らの問題意識の重要なポイントは以下のようなものでした[*19]。

一、銀行のわずかな準備金をすべて一つに集めてプールし、少なくとも一部の銀行が決済資金不足や取り付けを免れるようにするにはどうしたらいいか

二、不可避の損失負担を銀行から納税者に転嫁するにはどうすればよいか

三、どうやって、そのような施策は市民を守るものであるとして議会を納得させるか

ニューヨークの金融資本家は、アメリカの長きにわたる銀行システムに対する不信の伝統を知り尽くしていました。国内に流通するマネー量がアメリカの経済活動の浮沈に深いかかわりのあることを知っていました。ですからマネー量の決定は銀行間の競争に委ねてきたのです。それがアメリカの伝統でした。しかし中央銀行ができあが

ると、マネーの供給量において自由競争の原理が排除されてしまうのです。

一九一〇年十一月二十二日の夜、アメリカ金融界を牛耳る大物たちがニューヨークの対岸にある小さな鉄道駅に集まっていました。この夜は初雪が降り、身が縮み上がるほど気温が下がっていました。ニュージャージー鉄道のホーボーケン駅は、アメリカ最初の中央銀行（第一合衆国銀行）を創設（一七九一年）したアレキサンダー・ハミルトンが決闘で命を落としたウィホーケンに程近い町でした。[20] ハミルトンが命を落としてから百年以上が経ち、アメリカから中央銀行（第二合衆国銀行）が消えてから も七十年以上が過ぎています。アメリカの銀行家の悲願である中央銀行を、第三の合衆国銀行としていかにして蘇らせることができるか。この夜にホーボーケン駅に集合した金融の専門家はそのことで頭が一杯でした。

ここに集まった七人はどのような顔ぶれだったのでしょうか。

ネルソン・オルドリッチ上院議員（共和党）は全国通貨委員会委員長。全国通貨委員会はパニック・オブ・1907を受けて、ヨーロッパの金融システムの調査のために上院に設けられた組織でした。J・P・モルガンのビジネスパートナーであり、娘はジョン・D・ロックフェラー・ジュニアに嫁しています。これにヘンリー・デイヴィソン（J・P・モルガンのパートナー）とチャールズ・ノートン（ファースト・ナショナル・バンク・オブ・ニューヨーク頭取）、ベンジャミン・ストロングの三人を合わせた四人がJ・P・モルガン系の人物でした。なかでもデイヴィソンは、ウィラード・ストレイトが必要に応じて指示を仰いだ大物でした。*21 フランク・ヴァンダーリップ（ナショナル・シティー・バンク・オブ・ニューヨーク頭取）とポール・ウォーバーグ（クーン&ローブ商会およびウォーバーグ商会のパートナー）の二人はクーン&ローブ商会系です。最後の一人はエイブラハム・アンドリュー財務次官補でした。

七人が向かった先はジョージア州の狩猟の名所であるリゾート地ジキル島でした。そこにJ・P・モルガンの所有する大きな別荘があったのです。彼らが代表する金融会社は当時の世界の富の四分の一を支配していきます。参加者の一人ポール・ウォーバーグはヨーロッパのロスチャイルド系とも関係の深い人物でしたから、ロスチャイルドがヨーロッパで支配する富を考慮したら四分の一をはるかに凌駕します。

この七人が第三合衆国銀行の設計図をジキル島で検討してから二年後の大統領選挙でウッドロー・ウィルソンが当選しています。彼は中央銀行設立を目指す金融資本家グループが周到に用意した人物（弾《たま》）でした。彼らは大統領には金融システムには何の理解もない人物がつくことを望んでいました。ウィルソンは一九〇二年にプリンストン大学学長の職を射止めています。アメリカ東海岸の有名大学はみな資産家や大企業の寄付を頼りにしていますから、学長職にはそうしたスポンサーに受けがよい人物でなくてはなりません。

ウィルソンはJ・P・モルガン系企業との強いコネクションがありました。だからこそJ・P・モルガンは、一九一二年の選挙にウィルソンを担ぎ出したのでした。その担ぎ出しを担当したのはJ・P・モルガン・ジュニアをファーストネームの「ジャック」と呼ぶほどの仲であったエドワード・マンデル・ハウスでした。*22

第三合衆国銀行設立を可能にする法律の準備が整ったのは、ウィルソン政権の一年目が終わろうとする一九一三年の暮れのことでした。法案（Federal Reserve Acts）は連邦準備制度理事会（Federal Reserve Board: FRB）の創設をうたうものでした。数々の工夫がなされ、中央銀行はおろか銀行という名称さえ使用しない周到さでした。どこにも第三合衆国銀行が創設されることを匂わせる文言はないのです。委員会のメンバーの選任も、上院の助言と同意によって大統領が任命するという仕組みで、国民のコントロールが利くかのような制度となっていました。

名称にはFederal（連邦の）を使用し、政府機関であるかのような錯覚を与えています。委員の選定は運用でどうにでもなります。この委員会が全米各地に設立されることになる十二の連邦銀行を指導するのです。しかしその中心的役割を果たすニューヨーク連邦準備銀行もその他の連邦準備銀行も、株主名は公開されませんでした。すべてを主要な民間金融機関が押さえていたのです。わざわざ連邦銀行を各地に十二も設立したのは、権限が分散しているというイメージを醸しだすためでした。

準備ができた法案（連邦準備法）は一九一三年十二月二十二日、ワシントン議会に上程されています。下院では二百八十二対六十、上院では四十三対二十三で可決されると翌日には大統領署名が終わっています。クリスマス気分で浮わついた議員が真剣な討議をすることはありませんでした。もちろんウィルソン大統領が拒否権を発動することなど考えられません。大統領は、国務長官以外の閣僚人事はすべて彼の恩人エドワード・マンデル・ハウスに委ねています。ハウスにはホワイトハウス北棟に二つの執務室が与えられています。ハウスの人選で成立した閣僚が連邦準備法案に反対することはあり得なかったのです。

第一次世界大戦の勃発直前に中央銀行システムを導入できたことで、アメリカは期待される戦争需要への対応準備が整いました。巨額な戦費を必要とするイギリスやフランスが発行するであろう戦争債購入のための資金需要にも、戦争に必要となる各種工業製品を製造する企業の資金需要にも、アメリカの金融機関は存分に対応できることになったのです。貸付をどれほど拡大してもＦＲＢが最後の砦として守ってくれる仕組みができあがったのです。

実際、ＦＲＢ創設の結果、準備率は平均で十一・六パーセントに下げられ、一九一七年六月には九・八パーセントまで下がりました。[*23] このことはＦＲＢが生まれてからわずか四年で銀行の貸し出し量が二倍になったということなのです。これこそがＪ・

P・モルガンをはじめとした金融資本家が企図していたことでした。

連邦政府主導のパナマ運河が開通し、第三中央銀行としてのFRBの活動が始まる一九一四年。まさにこの年にアメリカが、リンカーン政権以来の国是としてきたアメリカン・システムが完成したのです。強力な国家として、ヨーロッパ列強を凌駕するためのすべての準備ができた年でした。

## イギリスの参戦　その一　イギリス艦隊のドイツ表敬訪問

一九一四年五月、ウィルソン大統領が自らの分身と考えてもよいと公言するほどの満腔の信頼を寄せているアドバイザー、エドワード・マンデル・ハウスがヨーロッパ情勢の視察から戻っています。ハウスはヨーロッパ中に「いけいけの軍国主義者」の声が満ちていると報告しています。憎しみと嫉妬が渦巻き、なかでも露仏のドイツへの猜疑心と警戒感がひどいと伝えています。[*24] 確かにフランスは、普仏戦争で失ったアルザス・ロレーヌの奪回を目論見、ドイツへの反攻の機会を狙っていました。ロシアは、ドイツがトルコを囲い込み、ロシア黒海海軍を牽制していることが我慢なりませんでした。

ヴィルヘルム二世は病める大国トルコとの提携を強めていました。トルコは、陸軍の再編と指揮をドイツ将校に任せるほどにドイツを信頼しています。ドイツ陸軍はオットー・ザンデルス将軍をコンスタンチノープルに派遣し（一九一三年十二月）、トルコ陸軍全軍の指導と、ボスポラス海峡の監視防衛を強化させています。[*25]ドイツはロシアの近代化が進むのを恐れていたのです。ロシアからすれば、黒海と地中海連結の要《かなめ》、コンスタンチノープルをドイツ陸軍の指揮下に置かれてはロシア黒海艦隊の動きは完全に止められてしまいます。ロシアにとってはドイツとトルコの接近はきわめて危険なものでした。

露仏のドイツに対する警戒心は、ハウスがワシントンに報告したとおり激しいものでした。しかし英独の関係については必ずしも悪いものではありませんでした。激しい建艦競争を繰り広げてきたティルピッツ提督も、一九一三年にはドイツ議会に対してイギリス海軍と同じ規模の艦隊を作り上げるのは難しい、対英比率十六対十に甘んじざるを得ないと述べるまでになっています。ドイツにとっても陸海両軍の同時増強はさすがに荷が重かったのです。[*26]イギリスとドイツの融和ムードの象徴はイギリス第二艦隊のキール軍港訪問でした。

キール（Kiel）はドイツ北部の軍港で、バルト海に面しています。一九一四年六月二十四日、イギリス艦隊がこの軍港にその雄姿を現しています。『ロンドン・タイムズ』紙がイギリス艦隊のドイツ表敬訪問を発表（五月二十二日）して以来、両国には親善ムードが盛り上がっていました。『タイムズ』紙は、六月二十三日から三十日の日程で英海軍第二艦隊がキールを訪問すること、その編成は戦艦四隻、軽巡洋艦三隻で編成されることを伝えています。*27 ドイツはこの日の訪問に備え入念な準備を進めていました。ヴィルヘルム二世は艦隊受け入れに万全を尽くすよう指示しています。英国艦隊を率いる提督と副指揮官には接遇のドイツ海軍士官をマンツーマンで配置させています。

英国艦隊は二十三日早朝にキール軍港沖に姿を見せています。この日はあいにくの小雨で、霧も出ていました。その霧を晴らすはずの風はほとんどありませんでした。霧のカーテンが降りた海面の奥から黒煙を吐くイギリス艦隊が現れたのは、湾内に待機するドイツ接伴艦隊が歓迎のために隊形を整えた時でした。

イギリス艦隊は二手に分かれた編成でした。左手に現れた艦隊は戦艦四隻で構成されていました。「キングジョージ五世（King George V）」「アジャックス（Ajax）」「オーデイシャス（Audacious）」「センチュリオン（Centurion）」。四隻ともイギリスが誇る世界最大級のドレッドノート型戦艦（弩級戦艦）です。旗艦「キングジョージ五世」は二万三千トン、主砲に十三・五インチ砲十門を搭載し、一九一二年に完成した新鋭艦でした。これに続く三隻もすべて同型（「キングジョージ五世」級）で、一九一三年に完成した最新の戦艦でした。

その右手に随伴するように現れた船団は三隻の軽巡洋艦で編成されていました

（「サウサンプトン」「バーミンガム」「ノッティンガム」）。こちらも弩級戦艦と同時期に就役した新鋭艦です。しかし、巡洋艦ですから五千トンから九千トンの大きさです。弩級戦艦に比べたら、ひとまわりもふたまわりも小さく見えました。港はイギリス艦隊を一目見ようというキール市民で溢れていました。七隻が湾内に入ったのは午前九時のことでした。それぞれの艦船が見事なまでに所定の位置にぴたりと碇を下ろすと、待ち受けていたハインリッヒ親王一行が旗艦「キングジョージ五世」に乗船していきました。

英国艦隊を率いるのはジョージ・ワレンダー中将です。親王一行とインフォーマルな歓迎と返礼の言葉を交わすと、マホガニー製の調度品で飾られた提督室で軽い朝食をとっています。そのあとにはドイツ艦隊の戦艦「フリードリッヒ・デア・グロッセ」で公式な歓迎会が準備されていました。この艦も一九一二年に就役についたばかりの弩級戦艦（二万五千トン）でした。そこに両国艦隊の提督とすべての艦長が集まったのです。ドイツ艦隊を率いるインゲノール提督とワレンダー提督との格式ばった挨拶が終わると、両国の士官たちは一気に打ち解けています。ドイツ士官は英語を操ります。会話には何の支障もありませんでした。

ドイツ海軍の下級士官や水兵には、幹部に用意されている会食や舞踏会や音楽会への出席の機会がありません。しかし、日本が六年前に「偉大なる白い艦隊」を接待した時と同じように、彼らには無料鉄道乗車券が手配されていました。みなそれを利用して、ベルリンやハンブルクへの小旅行に散っていきました。*28

二十四日の午後には、ドイツ海軍建艦計画の大立者ティルピッツ提督が装甲巡洋艦「フリードリッヒ・カール」に乗ってやって来ています。続いてヴィルヘルム二世が皇帝専用ヨット「ホーエンツォレルン」で姿を見せました。皇帝（国家元首）が港に現れる場合の礼砲は二十一発です。両国のすべての軍船からこの数の礼砲が放たれ、港のお祭りムードは一気に高まりました。湾の上空には飛行機が旋回し、飛行船ツェッペリンがゆったりと浮かんでいます。*29

要人が顔をそろえた二十五日は、びっしりと公式行事が組まれています。港では皇帝杯を争うヨットレースが企画されていました。湾内には白い三角帆が林立し、九時には最初のグループ（五メートル、八メートル級）がスタートしていきました。さらに十時（十二メートル、十九メートル級）、十一時（十五メートル級）、正午（スペシャル級）と次々にクラス別のレースが続きました。海軍関係者の公式行事は正午から予定されていました。

正午　ドイツ艦隊司令官主催の昼食会

午後　キール市民スポーツ大会見学、ドイツ第二艦隊旗艦「プロイセン」艦上でのパーティー、キール市長主催のガーデンパーティー

夜　ヴィルヘルム二世主催の晩餐会（ヨット「ホーエンツォレルン」船上）

行事への身支度を進めるワレンダー提督に突然の予定変更が知らされます。皇帝が正午に提督の乗る旗艦「キングジョージ五世」を訪問するという連絡でした。提督は急ぎ艦内の準備を進めさせると、各艦の艦長を旗艦に集合させています。

皇帝は予定どおりの時間に姿を見せました。しかも彼はイギリス海軍提督の制服に身を包んでいたのです。驚きを隠しながら、慣例どおり、艦上にそろった各艦長の紹介を始めようとする提督をさえぎり、提督室への案内を願ったのは皇帝でした。提督室に入った皇帝はワレンダー提督と三十分ほどの会話を楽しみ、備え付けのビジターブックに記帳したのでした。イギリス海軍高官のその日の午後は忙しいものでした。過密スケジュールを分担しながらこなしています。

この日の最重要セレモニーは「ホーエンツォレルン」の船上で催される皇帝主催の晩餐会でした。席順には十分な配慮がなされていました。長テーブルの中央に皇帝ヴィルヘルム二世、その向かいにはハインリッヒ親王の席が用意されています。皇帝の左にはワレンダー提督、右手には英駐独大使エドワード・ゴーシェンが座ります。ゴーシェン大使の右手の席はティルピッツ提督でした。親王側の席の左右にはイギリス艦隊の艦長クラスがドイツ艦隊の艦長と仲良く交互に席を並べていました。[*30]

贅を尽くしたメニューを囲んでの会話はすべて英語でした。ワレンダー提督は右耳が不自由でしたから皇帝はスムーズな会話に苦労しています。[*31]それでも、精一杯のもてなしであることは招待された者にはよく伝わっていました。

その後もお祭りムードは続きました。翌二十六日にはドイツ海軍士官が海軍兵学校で舞踏会を催しています。その宴は夜を徹して続き、男も女も明け方まで踊り続けました。懇親を深めていった両国の艦隊幹部はそれぞれの艦船の視察を許しあっています。イギリス側もドイツ海軍幹部を「キングジョージ五世」に招待し、返礼のパーティーを催しています。二十八日の日曜日もティルピッツ提督主催の午餐会があり、午後には市内にあるロイヤル・パレスで盛大な晩餐会に続いて舞踏会が用意されていました。

ワレンダー提督の接遇の命を受け、二十三日以来「キングジョージ五世」の艦内に小部屋を用意され、提督とドイツ側の連絡役を務めていたゲオルク・フォン・ハーゼ中佐は、二十八日の午後に開かれたティルピッツ提督主催のパーティーには呼ばれていませんでした。

「(市内で)静かに食事を済ませると私は『キングジョージ五世』に戻った。乗艦すると私に皇帝からの命令を伝える電話があった。『オーストリア皇太子が暗殺された。[*32]半旗を掲げるよう手配せよ。メインマストにはオーストリア国旗を掲げよ』」

「しばらくすると、ワレンダー提督とゴーシェン大使が真っ青な顔をして戻ってきた。

二人とも深刻な面持ちであった。私は今受けたばかりの皇帝の命令を伝えた。ゴーシェン大使の眼には涙が浮かんでいた[*33]

「ゴーシェン大使と船内で話し込んでいた提督がデッキに出てきた。顔色はいっそう悪くなっていた。彼はこの暗殺事件が何を意味するか語ってくれた。『オーストリアとセルビアは必ず戦争になる。ロシアがまずそれに巻き込まれる。そうなればドイツとフランスも傍観者の立場はとれない。世界的な全面戦争になるかもしれない』。しかし提督はイギリスがどうするかについては何も語らなかった[*34]」

オーストリア皇太子暗殺事件はキールのお祭り気分をたちまち冷やしてしまいました。翌朝、皇帝は駆けつけた皇后とともに列車でウィーンに旅立っていきました。この日の夜には、ヨットのレガッタ皇帝杯の授与式がヨットクラブで予定されていました。このセレモニーはキャンセルするわけにはいきません。皇帝の代役はハインリッヒ親王が務めています。これが最後の公式行事でした。

イギリス艦隊は予定どおり六月三十日に出港していきました。ハーゼ中佐はこの日の模様を次のように記録しています。

「私は艀《はしけ》に乗って『キングジョージ五世』から離れた。イギリス艦隊はかなりのスピードでキール湾をあとにしていった。ドイツ艦隊からは『航海の無事を祈る(Pleasant Journey)』とのメッセージが手旗信号で送られた。湾外に出ていたワレンダー提督は無線で返礼をよこした。『これからもずっと友であり続けよう（Friends in past and friends for ever)[*35]』」

## イギリスの参戦　その二　オーストリア皇太子暗殺

一九一四年六月二十八日日曜日、お祭りムードの続いていたキールの町と同じように、サラエボも祝賀ムードが溢れていました。一九〇八年以来、オーストリア・ハンガリー帝国に併合されていたボスニア・ヘルツェゴビナの首都サラエボを、王位継承者と決まっているフェルディナンド皇太子が訪問し、パレードが行われるのです。皇太子はこれまで一度も公式行事に連れ出さなかったソフィー皇太子妃をパレードに参加させています。

これから本格化しようとするボスニア・ヘルツェゴビナ改革には国民の支持を必要としていました。かつてオスマントルコ領であったこの地は多民族が混在する土地です。ハプスブルグ王朝の臣民としてこれをまとめあげたいと考えていた皇太子の政治デモンストレーションがこの日曜日に計画されていたのです。

新聞で報道されていたパレードのコース沿いに多くの市民が集まっていました。そのなかに七人の暗殺団が紛れ込んでいました。隣国セルビアの秘密情報機関、通称「黒い手（Black Hand)」に組織されたメンバーです。サラエボ駅からオープンカーで現れる皇太子一行のパレードのコースに沿って、目立たないようにばらばらに配置され、それぞれの持ち場でチャンスを窺い、暗殺を実行するよう指示されていました。皇太子一行の目的地は、十時から演説会が予定されている市庁舎でした。暗殺グループは、六台の車の、前から二台目に皇太子夫妻が乗っているという情報を得ていました。メンバー全員が青酸カリを持ち、暗殺を実行ししだいそれを飲んで果てることが決められていました。

パレードの車は市中を流れるミリャツカ川北岸を走るアッペル・キー（Appel Quay）通りを東に走り、市庁舎に向かいます。七人はその通り沿いに横に広がり皇太子の現れるのを待ったのです。パレードのルートには百二十人の警官が警備についていました。

一番目の刺客はまったく動けませんでした。二番目の位置に配置されたカブリノヴィッチ（Cabrinovic）に与えられていた武器は手榴弾でした。結核で死期の迫っていたこの若者には迷いはありませんでした。安全ピンを外すと、思い切り皇太子夫妻の乗る車に投げたのです。この日はセルビア人の信じるセルビア正教の祝祭日でした。栄光のセルビア王国の復活を夢見て殉教者となることに何の躊躇もなかったのです。手榴弾の投擲を終えると用意していた青酸カリを飲み込むや、傍らを流れる川に身を投じています。

しかし殉教者になろうとする若者の計画は見事に失敗してしまいます。安全ピンを外してから爆発までは十秒。それを待たずに投げてしまったのです。皇太子の乗る車は爆発の起こった時点ではすでにそれをやり過ごしていました。手榴弾は後続の車両の下で爆発したのです。その上、自殺に用意された青酸カリは古すぎて効果がありませんでした。カブリノヴィッチはたちまち川から引き上げられて拘束されています。

皇太子一行の車はスピードを上げ、市庁舎に向けて疾走していきました。沿道で待ち受けていた残り五人の暗殺要員には動くチャンスはまったくありませんでした。カブリノヴィッチの逮捕で、残された六人は近くの公園に集合し善後策を話し合っています。早晩彼らの存在は突き止められるはずなのです。そのなかの一人プリンツィプ(Principt)は腹が空き、アッペル・キーを少し北に抜けた路地にある小さな食堂モルリッツ・シラーにパン[*36]を求めに出かけました。プリンツィプは七人のなかでは最も拳銃の扱いにすぐれ、六番目の位置で待っていた十九歳の暗殺者でした。

市庁舎での演説を終えた皇太子は、手榴弾の爆破で負傷した者が治療を受けている病院に行くよう運転手に命じています。ボスニアに安定した政治状況を作り上げなければなりません。オーストリア・ハプスブルグ王朝の皇位継承者としては、犠牲になった者を見舞うことは政治的にも意義のあることでした。運転手はパレードで走った道路を引き返すルートをとっています。ミリャツカ川北岸のアッペル・キー通りを再び西に走り病院に向かいました。ところが運転手は少し早めに右折してしまいフランツ・ヨゼフ通りに進入してしまいます。間違いを指摘された運転手が車を止め、ギアをバックに入れようとしたその位置が、食堂モルリッツ・シラーの前でした。

食堂の前の歩道でパンをかじっていたプリンツィプはそれに気づくと、あまりの幸運に驚きながらもすぐさま車に近づき、隠し持っていたブローニング銃から二発の弾丸を発射したのでした。一発は妊娠中の皇太子妃ソフィーの腹部を、もう一発は皇太子の首を貫通しています。皇太子妃の傷も、皇太子妃の体とお腹の赤子をかばおうとするかのように倒れた皇太子の傷も致命傷でした。一九一四年六月二十八日午前十時五十五分のことでした。プリンツィプも用意していた青酸カリをすぐに口にしました。彼も結核を病んでいました。死ぬことに何の恐れもなかったのです。しかし彼の飲み込んだ青酸カリもその役目を果たしませんでした。

命に未練のない若者を大セルビア王国再建の尖兵に仕立て上げたのはセルビアの秘密情報部長ドラグーチン・ディミトリーヴィッチ大佐でした。「黒い手（Black Hand）」のリーダーです。改革派のフェルディナンド皇太子にボスニアの安定を築かれたら困るのです[*37]。ロシア政府もこの組織とのコンタクトを持っていました。セルビアの首都ベオグラードのロシア大使ハルトウィグ（Hartwig）は、ディミトリーヴィッチ大佐と接触を繰り返していました。ですから大使はこの暗殺計画を事前に知らされていたらしいのです[38]。暗殺計画の成否をベオグラードで待つセルビア政府高官もロシア政府関係者も、プリンツィプの皇太子との遭遇のあまりの偶然の顛末を知りません。しかし、皇太子夫妻が狙いどおり殺害されたニュースは彼らのもとにたちまち届けられたのです。

## イギリスの参戦　その三　チャーチルの策謀

イギリス蔵相ロイド・ジョージは、オーストリア皇太子暗殺事件がイギリスに及ぼす影響はないだろうと楽観視していました。オーストリアとセルビアの火花の出るような交渉が続いていた七月十七日、「あの事件は水平線にちょっとだけ湧いた小さな雲のようなものだ、国際関係に、雲ひとつなく晴れ上がった日などありはしない[39]」と述べていました。続く二十三日には「英独関係は数年前とはまったく違い、良好である[40]」と述べたのです。

イギリスは大陸のロシアとフランスとが激しくドイツを憎むほどにはドイツを嫌っていませんでした。ロシアは大スラブ主義の盟主として、セルビアが攻撃されることがあればそれを座視することができない立場でした。ドイツに一矢報いたいフランスはロシアと、ドイツを東西から挟撃する機会を窺い続けていました。暗殺事件を受けて、ロシアに対して、ドイツ、オーストリア国境への軍の配備を促していたのは、仏駐ロシア大使モーリス・ペレオローグ（Maurice Paleologue）でした。この動きはポワンカレ首相の了解のもとで行われていたことに間違いはありませんでした。[*41]ポワンカレは一九一二年に、「もしドイツがバルカン半島問題でオーストリアに与《くみ》すれば、必ず軍を動かす[*42]」とロシアに約束していたのです。

ドイツはオーストリアの危機には必ずその助けにまわること、ロシアがセルビアの後ろ盾であること、フランスはロシアと必ず共同歩調をとること。ここまでの連鎖は当時の政治家や軍人には誰でも予想できることでした。しかし、イギリスがドイツを包囲したと理解されている英仏協商（一九〇四年）も、英露協商（一九〇七年）も、イギリスの参戦を義務づけるほど強い性格のものではありませんでした。ですからイギリスには大陸における紛争からは距離を置く外交も可能だとみられていたのです。

イギリスの立場は、一九一一年に、モロッコをめぐってフランスとドイツが再び揉めた事件（第二次モロッコ危機）の際の対応からも推し量ることができました。この危機に際して、イギリスはフランスに軍事援助の約束はしないと閣議決定していたのです（一九一一年十一月二十九日）。大陸国家間の紛争に介入しない態度を明白にしていた政治家の代表はジョン・モーレイ（John Morley）枢密院議長でした。一九一一年の閣議決定が十五対五でなされています。「大陸の紛争には介入しない」とする考えが当時のイギリス政界では主流だったのです。[*43]

七月二十四日には閣議が開かれています。やむことのないアイルランド問題が議題の中心でした。その協議が終わるとエドワード・グレイ外務大臣から、オーストリア・ハンガリー帝国がセルビアに発したばかりの最後通牒の中身が報告されています。閣僚の一人であるウィンストン・チャーチル（海軍大臣）はそれを静かに聞き入っていました。当時三十九歳の新進の政治家でした。この夜、閣議を終えたアスキス首相は、国王に最後通牒の件および大陸の情勢を報告しています。その報告書には次のように記されていました。

「オーストリアの最後通牒は、ヨーロッパの長い歴史においてもきわめて危うい状態を惹起している。少なくとも四つの大国（ドイツ、オーストリア、ロシア、フランス）が戦争状態に陥る可能性が高い[*44]」

しかしアスキス首相もイギリスはこの戦いに巻き込まれないだろうと観測していました。彼が若き愛人ヴェネシア・スタンレーに宛てた手紙で次のように語っているのです。

「わが国がこれから起こるだろうハルマゲドン（最終決戦）に巻き込まれる可能性はゼロとはいえない。しかし幸いなことに、われわれが傍観者の立場以上になる理由はどこにも見出せない[*45]」

七月二十七日の閣議でもイギリスは参戦しない、という考えの閣僚がほとんどでした。「少なくとも四分の三のメンバーは、イギリスそのものが攻撃されない限り参戦はないという雰囲気」（チャーチルの回想）[46]だったのです。八月一日の閣議でも十八人のメンバーのうち十二人が参戦に反対であり、政権与党自由党内部も、四対一で不介入の立場を維持するべきだとの意見でした[47]。

ところがイギリスが参戦を決めたのは、このわずか三日後の八月四日のことでした。この数日の間に何かがあったのです。紛争介入を主張する閣僚の筆頭格は外務大臣エドワード・グレイと海軍大臣ウィンストン・チャーチルでした。チャーチルはなぜ対独戦争に積極的だったのでしょうか。おそらくアフリカ大陸のドイツ植民地や、豊かな埋蔵資源が期待されるメソポタミア地方の油田開発利権を狙っていたのでしょう。トルコ石油会社（一九一四年三月設立）のドイツ利権（ドイツ国立銀行が二十五パーセント所有）などはその典型です。

彼らは巧妙なトリックを考え出しました。戦争には表向き消極的な態度を見せながら、「イギリスが攻撃された場合」以外には参戦しないという誰もが反対できない条件にもう一つ、新たな条件を潜り込ませることに成功したのです。それは「中立国ベルギーが侵略された場合」という条件でした。

ベルギーはドーバー海峡の対面に位置します。大陸側のイギリスへの玄関口です。ベルギーはイギリスの安全保障と関係の深い国であることは間違いありません。しかしその中立が侵されれば参戦する、という論理には飛躍がありました。それでも、アスキス政権内部の「いけいけの軍国主義者」は、ベルギーの中立はイギリスの責任として担保しなければならないとしたのです。その根拠は、七十五年前に、フランス、プロシア、イギリスとの間で結ばれた条約でした。そこにそれが規定されていたのです。[*48]しかし、その条約もイギリスの参戦を義務とはしない緩やかなものだったのです。

それでも、グレイ外相とチャーチル海軍大臣はベルギーの中立維持がイギリスの国益に重要であり、また条約上の義務であるかのようなレトリックを駆使しました。仮にベルギーが侵攻されたらイギリスは参戦せざるを得ないというムードを、閣内に巧妙に醸成していったのです。

### イギリスの参戦　その四　参戦の詭弁

ロンドンでイギリス参戦の条件が巧みに整えられていくなかで、ドイツは精力的に戦争回避に動いていました。これまでのドイツ外交の傲慢な姿勢とは違い、現実的な対応で戦火が広がらない努力をしていました。八月一日の段階でも、サンクトペテルブルクの駐ロシア大使ポルタレス（Portales）は四度もロシア外相を訪ね、国境近くに展開しているロシア軍の撤兵を要請しています。しかしその要請はすべて拒否されています。[*49]

ドイツはこの時期、積極的に戦争を仕掛けるムードになかったことは、モルトケ参謀総長や軍の情報幹部が、皇太子暗殺事件後も休暇からベルリンに戻っていなかったことからも推量できるのです。モルトケ（ヘルムート・モルトケ。小モルトケ）がベルリンに戻ったのは暗殺事件から一ヵ月近く経った七月二十五日のことでした。[*50] 七月二十八日、セルビアに対する最後通牒の回答に満足しなかったオーストリアが同国に宣戦布告すると、事態は誰もが恐れていた展開を見せました。

七月二十九日　セルビアの同盟国ロシア、全軍に動員命令
八月一日　オーストリア・ハンガリー帝国の同盟国ドイツ、ロシアに宣戦布告、ロシアの同盟国フランスに対して中立要求。フランスの拒絶
八月三日　ドイツ、フランスに宣戦布告
八月四日　ドイツ、中立国ベルギーに侵攻、イギリスがドイツに宣戦布告

ロシアが軍を引けばドイツの宣戦布告は避けられた可能性はありました。宣戦布告前日の七月三十一日、ヴィルヘルム二世は開戦回避のためのメッセージを、ロシアとイギリスの王室に送っています。ロシアのニコライ二世も、イギリスのジョージ五世も複雑なヨーロッパの婚姻関係を通じてヴィルヘルムにとってはいとこにあたります。

いとこからいとこへ、最後の願いを伝えるシグナルでした。

「この文明世界を破壊するような危機が到来した責任は私にはない。これを回避できるのはロシアである。現在、ロシアの名誉を傷つけ、そして脅かす国はどこにも存在しない。（中略）ロシアがわが国とオーストリア・ハンガリー帝国に対して展開させている軍を引き揚げさえすればこの戦争は回避できる」*51

しかしニコライ二世がこれに応えることはありませんでした。宣戦布告したドイツがとった軍事行動はシュリーフェン・プラン（Schlieffen-Plan）と呼ばれる計画をベースにしています。これはドイツが、潜在的敵国フランスとロシアに挟撃された場合に余儀なくされる東西二正面作戦を想定した計画でした。フランスを早い段階で降伏させ、すばやく陸軍部隊の主力を東方に移動させることでロシアの侵攻に備える、というものでした。フランス攻略までのスピードが重視される作戦でした。

フランスの防衛ラインはスイス国境付近から北海沿岸までおよそ七百キロメートル。最も脆弱な部分が中立国ベルギーやルクセンブルクのある北部でした。政治的にはイギリス参戦のリスクがあるものの、ベルギーを経由したフランス北部への侵攻計画が軍事的には最も魅力あるものでした。八月二日にベルギーに対し、ドイツ軍の通過に理解を示す要請を出しています。しかしベルギーは拒絶しています。これを受けて対仏宣戦布告の翌日、ドイツはベルギーの町リエージュに侵攻したのです。ドイツのベルギー侵攻を待っていたかのようにイギリスは宣戦布告します。

アスキス政権のほとんどが参戦を忌避していた状況は、チャーチルやグレイの工作で完全に逆転していました。八月一日の夜には、グレイ外相はカンボン仏駐英大使にイギリスの参戦の意思を伝え、翌二日には、イギリス海軍に、フランス商船の防衛にあたらせることを閣内で了承させています。決断を迷っていたアスキス首相はグレイとチャーチルに押し切られたのです。[52]

「日曜日（八月二日）の二回目の閣議で、ドイツがベルギーに侵攻し、ベルギーがそれに対して抵抗し、かつわが国に支援を求めた場合、一八三九年の条約に基づき参戦することが決まった。五人の大臣が、前日に抗議の辞表を出したジョン・バーンズに続いて辞任の構えを見せた。独仏間の戦争にイギリス人の血と財産を犠牲にすることに彼らは我慢がならなかった。彼らはロイド・ジョージ蔵相に期待した。彼ならイギリスが戦争に巻き込まれることを回避してくれるかもしれないと願った。もしロイド・ジョージ蔵相が参戦に反対し、五人の閣僚とともに辞任していれば、アスキス政権は瓦解した可能性があった。そうなっていれば歴史は大きく変わっていたに違いない」[53]

この日の緊迫した閣議の模様をアスキス首相の娘バイオレットが記録しています。

「続いていた閣議がお昼時に中断し、閣僚が部屋から出てきた。誰もが深刻な面持ちであった。ただウィンストンだけは晴れやかな顔つき（buoyant）だった」[*54]

チャーチルがこの決定を喜んだのはけっしてベルギーを救いたかったからではありません。チャーチルは政治家デビューの前はジャーナリストでした。ボーア戦争（南アフリカ）取材時には捕虜にまでなっています（一八九九年）。わずか四週間で脱出した英雄譚がスター政治家への切符になりました。チャーチルはアフリカでの経験を通して、ベルギーの残虐な植民地支配のさまをよく知っていました。レオポルド二世によるコンゴでの一千万人虐殺を知っていました。チャーチルは、ベルギーはドイツとすでに秘密協定を結び、ドイツ軍隊の通過を何の抵抗もなく許すのではないかとさえ疑っていました。[*55]チャーチルにとってのベルギー防衛は、あくまでもイギリス参戦の方便でした。

イギリスは参戦とほぼ同時にフランスに十二万の部隊を派遣しています。訓練の行き届いた正規軍が主体で、イギリス陸軍の機動性の高さを誇示するものでした。第一陣は開戦の三日後には早くも前線に到着しています。イギリス陸軍の到着で、ドイツが狙っていたスピーディーなフランス攻略の目論見が崩れてしまいます。イギリスの参戦で、英仏露と独墺の国力もほぼ拮抗してしまっています。これにより西部戦線は長期の膠着状態に陥ってしまうのです。ドイツにとって幸いだったのは、ロシア陸軍の機動力が思いのほか脆弱で、東部戦線ではロシアに侵入される恐れがなくなっていたことでした。

## 参戦正当化のプロパガンダ：レイプ・オブ・ベルギー

アスキス政権は閣内の政治工作で参戦を決めました。しかし参戦肯定派の仕事は始まったばかりでした。国民にその正当性を訴え、理解させる必要があったのです。またアメリカの支援は不可欠でしたから、イギリスに対する同情の念をアメリカ世論に醸成する必要がありました。アスキス政権は物理的開戦とほぼ同時に情報戦争を開始します。

イギリスの宣戦布告の翌日、八月五日、海底ケーブル敷設船テルコニア号がドイツ北西部の港町エムデン沖で隠密の作業を進めていました。この海域にはスペイン領カナリア諸島経由でニューヨークと繋がる海底ケーブルが敷設されていたのです。テルコニア号はこのケーブル切断の任務を負っていました。イギリス帝国防衛委員会(the British Committee of Imperial Defence)は、万一ドイツと交戦状態に陥った場合、ドイツとニューヨークを結ぶ海底ケーブルをただちに切断することを決めていたのです[*56](一九一二年決定)。

短時間で切断作業を終えたテルコニア号はこの数日後に再び現場に戻り、切断されたケーブルを数千フィート巻き上げています。ドイツの補修作業をほぼ完全に不可能にしたのです。ドイツはアメリカへの海底ケーブルを通じた情報発信の術を失ってしまいました。地中海に敷設された海底ケーブルは切断の必要がありませんでした。イギリスの所有でしたから容易に情報遮断ができたのです。[*57] この作業によってドイツの情報発信力は極端に低下し、無線による暗号通信に頼らざるを得なくなっています。

ケーブルの切断作業を終えたイギリスはプロパガンダ戦争を開始します。アスキス首相とロイド・ジョージ蔵相が白羽の矢を立てたのは枢密院委員のチャールズ・マスターマンでした。ロイド・ジョージと同じく自由党員であるマスターマンに情報戦争の指揮を任せたのです。彼はかつて『デイリー・メール』紙の編集責任者の経験がありました。メディアの内情にも詳しく人脈も豊富でした。

マスターマンは九月二日に、ロンドン市内のウェリントン・ハウスと呼ばれる建物に著名人二十五人を招集し、対ドイツ情報戦争の方針を伝えます。この組織は後に戦争宣伝局（War Propaganda Bureau: WPB）に発展していきます。集められた二十五人はイギリスの知識人を代表する人物ばかりでした。そこには日本でもよく知られている空想小説家H・G・ウェルズ、推理小説家アーサー・コナン・ドイルの顔もありました。イギリス政府の情報戦争の目的は三つありました。まず、世論にイギリス参戦の目的を納得させること、二番目は戦意昂揚、三つ目はアメリカ世論がイギリスに同情的になるよう誘導することでした。

この三つの目的を達成する方策として採用されたのは「ドイツの仕掛けた戦争は人道に対する犯罪である」と訴えることでした。戦争の原因を語る必要はありません。徹頭徹尾ドイツ人を悪魔の使徒として描き出すことで、三つの目的を同時に達成できると考えたのです。ドイツ軍のリエージュ侵攻以来、ベルギーでの激しい戦闘が続いています。彼らの手元には十分な材料が揃っていたのです。その材料をうまく料理して「ドイツ兵士の非道ぶり」を世界に発信することを決めたのです。

イギリスでドイツ兵の残虐ぶりを初めて伝えたのは『デイリー・メール』紙でした。八月二十一日付で「残虐なドイツ兵、文明への背信行為の数々（The Barbarity of German Troops-Sins against Civilization）」の見出しが躍っています。続いて各紙が、激しい戦いのあったルーヴェン（Louvain）でのドイツ軍による市街の破壊行為、とくに図書館の焼き払いを連日報道しています[*58]（八月二十四日から二十六日）。九月九日には同じくベルギーの町デンデルモンデの戦いが報じられ、さらに九月十七日から十九日にはフランス国内に拡大したランスの戦いの模様が伝えられています。パリから東方百八十キロメートルにあるランスにはノートルダム聖堂があるだけに、その破壊は非人道的であり、文明社会への背信であるとセンセーショナルに報道したのです。

「ドイツと戦うためにとる武器は平和の道具である。ドイツを打ち負かすことができれば世界は軍縮の道を探ることができ、世界平和が実現できるのである」[*59]（H・G・

ウェルズ）

　これがイギリスが世界に発したメッセージでした。

　イギリス政府の情報工作は新聞を使うものだけではありませんでした。政府の公式報告書としてもドイツの残虐行為をまとめあげています。アスキス政権は第三者的な信憑性を持たせた調査レポートをタイムリーに発表しました。調査委員会のリーダーにはジェームズ・ブライスをあてています。ブライスは自由党の政治家ですが、法律家と歴史家の顔を併せもつ世界的にも知られた学者でした。表向きはドイツの残虐行為の報道に驚いたイギリス政府が、学者としての名声を博しているブライスに調査を依頼した体裁がとられています。

　ブライスはパナマ運河の開通が迫った時期に駐米大使（任期一九〇七―一三年）を務め、アメリカにもよく知られた親米思想の持ち主でした。日本でも彼の政治哲学書や歴史書が翻訳されているほどです。同時期にワシントンに赴任していた幣原喜重郎《しではらきじゅうろう》とも親交がありました。カリフォルニア州の外国人土地所有禁止法（一九一三年）への対応に悩む幣原にアドバイスもしています。

「アメリカとは何があっても戦争になるようなことはしない。それがイギリスの国策である[*60]」

　これが幣原への助言でした。

ブライスが報告書をまとめたのは一九一五年五月十二日のことでした。そこに記されたドイツ軍による「残虐行為」の描写はおぞましいものでした。[*61]

・メヘレン（ベルギー）

ドイツ兵が女性を殺し、その乳房を切り取ったことが目撃されている。町には多数の女性の死体が転がっていた。

・ハーヒト（ベルギー）

ここでは数人の幼児が殺されている。農家の納屋のドアに、二、三歳と思われる幼児が、手と足を釘で打ちつけられて死んでいた。信じがたい話だが、われわれの持っている証拠からは事実と考えざるを得ない。この農家の庭では少女が額を銃で撃ち抜かれて死んでいた。

・エッペゲム（ベルギー）

二歳の子供の死体が見つかった。ドイツ兵の槍状の武器が子供の体を通して地面に突き立てられていた。

右記のような新聞記事や政府公式調査報告書のほかに、イギリスに亡命したベルギー難民が作成したパンフレットも大量に印刷されています。それがアメリカに、そして世界に発信されたのです。海底ケーブルを切断されたドイツにとっては、この情報戦争を戦うにはあまりに不利でした。いかにそうした報道に嘘や誇張があっても反論

1915年にロンドンに現れたプロパガンダ・イメージ（＊62）

の手段が奪われていました。ドイツ人に浴びせられたのは、蛮族（barbarian）、フン族（Huns）、猿（apes）、盗人（robbers）、人間以下の動物（subhuman）といった侮蔑と憎しみの言葉の数々でした。アメリカ国内に数多いドイツ系移民や、イギリスに反感を持つアイルランド系移民の声を封じ込めるにも十分な質と量のプロパガンダ情報でした。

　イギリスの情報戦争で広まったドイツの蛮行は「レイプ・オブ・ベルギー」と巷間呼ばれています。ゲリラ戦によって民間人と敵兵との区別がつかないドイツ兵による民間人殺害の事実があったことは否定できません。しかし世界に伝えられた多くの事件が、異常なほどに誇張され、あるいは捏造《ねつぞう》されていたのです。イギリスの宣伝戦はドイツ軍の蛮行を非難し続けました。その蛮行の責任をヴィルヘルム二世や軍部のみの仕業であるとして、指導層とドイツ国民との分離を図る作業も忘れはしませんでした。

「われわれはドイツ国民と戦っているのではない。彼らはただドイツ軍部の指導の下にあるだけである」[*63]（ロイド・ジョージ）

ドイツ民族そのものが人間以下の生き物と煽る宣伝戦とは明らかに矛盾がありました。しかし政治的には筋が通った物言いだったのです。

## 戦線の膠着とアメリカ金融資本

両陣営の戦力の拮抗で、両軍が対峙する前線には、それぞれが蟻の巣のような塹壕を張り巡らしています。睨み合いが続く膠着状態に陥っています。時折、相手の防衛ラインを突破しようと大規模な作戦が試みられました。しかし大きな犠牲にはほとんど割りの合わないわずかな前進ができただけでした。海の戦いも小規模なもので、大きな衝突はわずか一度だけ。それも開戦後二年も経ってからのことでした（ユトランド沖海戦、一九一六年五月三十一日、六月一日）。雌雄を決するような戦いにはならずドイツは海軍力を温存したままでした。拮抗した国力と軍事力は、人類史上初めての国家総力戦と化し長期化の様相を呈したのです。

アメリカは第三中央銀行（ＦＲＢシステム）を大戦の前年に完成し、ヨーロッパからの資金需要、軍需物資需要への対応準備をすませていました。アメリカは建前上は中立でした。しかし現実には、初めから英仏ら連合国側について、資金や武器供給の便宜を図っていました。その意味では準交戦国だったのです。金融市場は一九一五年にはヨーロッパ市場が機能不全となり、正常に機能しているのはニューヨーク市場だけでした。

戦争の長期化でアメリカには連合国から凄まじい額の注文が殺到しています。一九一四年にはわずか四千万ドルに過ぎなかった武器輸出が一九一六年には十三億ドルに急増しています。全輸出額では二十四億ドル（一九一四年）から五十五億ドル（一九一六年）に増えているのです。輸入額は戦争前とほとんど変わりませんでしたから、アメリカの貿易黒字は年間二十五億ドルにのぼる凄まじいものでした。この黒字は戦前期の五倍を超える数字です。[*64]

連合国は、武器購入の原資に、保有していた対アメリカ債権をあてています。連合国が売却した対米債権の総額は開戦からアメリカの参戦（一九一七年）までの三年間で二十億ドルにのぼっています。しかし、それではとうてい足りません。J・P・モルガン商会が英仏政府の借款五億ドルの引き受けを決定したのは一九一五年十月のことでした。これが連合国への最初の金融支援でした。アメリカ国内の、中立維持を主張するグループや、ドイツ系やアイルランド系のアメリカ人勢力の反発が強く、J・P・モルガン商会も苦労した案件でした。[*65]

国内の根強い中立要求にもかかわらずJ・P・モルガン商会に代表されるアメリカ

**アメリカの国別債権額**（*66）　単位：100万ドル

| | 1914年 | 1919年 |
|---|---|---|
| 連合国 | | |
| 対英 | 122 | 891 |
| 対カナダ | 179 | 729 |
| 対仏 | 10 | 343 |
| 対ロシア | 29 | 127 |
| 対イタリア | 0 | 38 |
| 枢軸国 | | |
| 対独 | 23 | 2 |
| 対オーストリア | 1 | 0 |

金融資本の連合国支援は積極的でした。アメリカのファイナンスによって資金調達が実現すると、米国製の武器弾薬の調達も加速していきました。その作業はJ・P・モルガン商会が一任を受けています。アメリカ参戦までの期間にJ・P・モルガンが手配した輸出の総額はアメリカの全輸出の四分の一を占めるほどでした。[*67] イギリスの反ドイツ・プロパガンダがアメリカ世論に浸透すると、J・P・モルガンは次々と大型借款を組んでいきます。一九一六年十月には三億ドル、一九一七年一月には二億五千万ドルと続いています。アメリカの連合国側への肩入れがいかに凄まじかったかは上の表の数字に示されています。連合国向け債権が急増しているのです。

ウィルソン政権はこの幸運に喜びを隠しきれませんでした。一九一五年初めには、マカドゥー財務長官がウィルソン大統領に、戦争による輸出がもたらす「繁栄」の喜びを伝えています（一九一五年初頭）。ビジネスマンたちの思いも同じでした。[*68]

「ヨーロッパの戦争は（ヨーロッパ人にとっては）破滅であり死を意味している。しかしアメリカはそのおかげであちこちに百万長者が生まれている」

アメリカ金融資本にとってヨーロッパを舞台にした大戦は、世界の金融市場の中心をロンドンからニューヨークに移させる絶好のチャンスでした。連邦準備法（連邦準備制度）のおかげで、アメリカの金融機関は安心して貸付ができました。またアメリカの銀行の海外支店開設も、この法律で認められることになっていました（第二十五条）。国内での起債市場だけでなく、ヨーロッパでの一般貸付や送金業務の拡大が可能となる道も用意してあったのです。この時期のアメリカ金融資本はまさに飛ぶ鳥を落とす勢いでした。

アメリカ金融グループの代表として支那における鉄道ファイナンスの業務にあたっていたウィラード・ストレイトも、一九一二年夏にはニューヨークに帰国していました。彼がまとめ上げた漢口《かんこう》鉄道プロジェクトによって、外国資本権益の拡大に対する反発が生まれました。それがきっかけとなり革命に発展（辛亥《しんがい》革命）してしまったのです。アメリカ金融資本グループの支那市場に対する熱も冷めていました。ストレイトは一九一五年にはJ・P・モルガンを辞め、アメリカン・インターナショナル・コーポレーションの副社長に就任しています。これはアメリカ企業の海外でのビジネス展開を支援する会社でした。

ストレイトは、アメリカ有数の資産家で、第一次クリーブランド政権時代の海軍長官であったウィリアム・ホイットニーの娘ドロシーと結婚していました。北京に遊びにきたドロシーを案内したことから始まった恋が実ったのです。ストレイトは彼女の持つ資産で評論誌『ニュー・リパブリック』を創刊し、アメリカが連合国側に立って参戦する論陣を張っています。国内の反戦ムード（中立政策支持）を抑え、アメリカの参戦を望む世論形成に一役買ったのです。

## イギリスの二枚舌とアメリカの同調

イギリスの参戦理由は、七十年以上も前に結ばれたベルギーの中立を約束した条約に対するドイツの違反行為でした。中立国に対する道義心を開戦理由にしたにもかかわらず、イギリスのその後の行動はそれをないがしろにするものでした。戦時における海戦規定を御都合主義的に拡大解釈したのです。大戦が始まる数年前には「海戦法規に関する宣言」がロンドンでなされたばかりでした（ロンドン宣言、一九〇九年）。戦時における海の戦いに関する国際ルールがまとめられていたのです。

この大戦においてこの宣言の遵守を求めたのはアメリカでした。開戦直後の八月六日、ブライアン国務長官が「ロンドン宣言をただちに、かつ解釈の変更なしに」遵守することを要求しています。[69] ドイツなどの枢軸国は連合国側の遵守を前提としてその要請を受け入れることを決めています。しかしイギリスはこれに対して条件をつけたのです。[70] ロンドン宣言の第一章は海上封鎖のルールを細かく規定しています。敵国に支配された港湾を封鎖する場合のルールも詳細に記されています。中立国の船舶であっても臨検され、場合によっては拿捕《だほ》されることもある決まりでした。

　中立国の船が、敵国に渡る武器を積んでいれば拿捕の対象になることは異論のないところでしたが、問題は食料品でした。食料品は軍用か民生用かの判断が難しく、ロンドン宣言でも条件付禁制品（conditional contraband）として分類されていました。[71] 一般的には、食料品が軍用であることを示すかなり明白な証拠がなければ禁制品に分類しないことになっていました。ソールズベリー侯爵（ビクトリア女王期の最後のイギリス首相）の解釈はその典型でした。

「敵国に向かう食料品については、敵の軍隊のための食料である場合に限って禁制品である。軍隊に供給される可能性がある、というだけでは禁制品と見なすことはできない」[72]

　しかしこの戦争ではイギリスはその解釈をあっさりと捨てたのです。「英国は、敵国の領土・占領地・軍隊に仕向けられた場合のみ捕獲可能とされていた『戦時禁制品』の仕向け地に中立国を加えるとともに、自らが『戦時禁制品』と指定した食料品を含むあらゆる物資を捕獲可能とし、最終的に『ロンドン宣言』を廃棄する立場をとった」[*73]のです。スカンジナビア諸国はこのイギリスのやり方に抗議しています。しかしアメリカはこの抗議に加わることはありませんでした。[*74]

ドイツがイギリスのロンドン宣言無視の方針に対抗して、イギリスを囲む海域を戦闘地域（War Zone）に指定したのは一九一五年二月のことでした。この宣言でその海域に入る敵国の商船や客船も攻撃対象としたのです。ドイツが強硬姿勢を決めたのはイギリスによるロンドン宣言の無視だけが原因ではありませんでした。イギリス商船が、攻撃用の武器で武装したのです。これは国際法的には違法行為でした。ドイツは抗議（一九一四年十月）しましたが、イギリス商船がこれを取り外すことはありませんでした。[*75]イギリス商船はもはや軍船と見なされても致し方なくなっていたのです。

イギリス海軍に制海権を握られているドイツが頼ったのはUボートによる魚雷攻撃でした。ドイツの警告に対してアメリカは「アメリカ船あるいはアメリカ人の生命がUボートによる攻撃で失われた場合はドイツがその責任を負うことになる」と強く牽制しています。

一九一五年三月十八日にはイギリス貨客船ファラバ号（四千八百トン）がイギリス中西部セントアンズ岬沖百キロのところでU-28潜水艦の魚雷攻撃で沈没し、アメリカ人一人が犠牲になっています。ファラバ号は軍需品を積載していました。五月七日には、イギリス客船ルシタニア号（三万千五百五十トン）がU-20潜水艦の攻撃で沈んでいます。乗客および船員の犠牲者千百九十五名。そのなかには百二十四名のアメリカ人が含まれていました。ウィルソン政権にとって、将来の参戦のための理屈づけには格好の事件でした。

同政権のなかで唯一、金融資本家グループとの距離を置いていたブライアン国務長官は、ルシタニア号沈没の報を受け、交戦国の船の利用（とくにイギリス船）は危険であることを、国民に広く知らせるよう大統領に迫っています。ドイツによるUボート攻撃への抗議と併せて、ロンドン宣言を無視するイギリスに対しても同様に抗議すべきだと主張しました。ウィルソン大統領がその意見を聞くことはありませんでした。

ブライアン国務長官は、ウィルソンの態度は自らの正義感に照らして許すことはできないと考えています。彼は六月には辞表を提出しました。[*76] ルシタニア号は客船でありながら、イギリス向けの武器を運んでいたことがわかっています。[*77] ブライアン国務長官の後任にはロバート・ランシングが選任されました。

## 国務長官ロバート・ランシングの詭弁

ブライアン辞任を受けて国務長官に任命されたロバート・ランシングは一九一四年三月二十七日から、国務省顧問（counselor）の職にありました。五十歳になっていたランシングの髪はすでに白く、法律家というよりもむしろ学者に近い風貌でした。この顧問職は、現在の、国務次官（Under Secretary）に相当するポストでした。ランシングはベーリング海国境紛争（一八九二―九三年）や、アラスカ国境紛争（一九〇三年）に際して、対英交渉に参加した国際法のプロでした。ウィルソン大統領もブライアン国務長官も国際法には疎かったため、ウィルソン政権の外交交渉はランシングのアドバイスに頼りきっていました。[*78]

ランシングはその学者風の顔立ちとは似合わない徹底した現実主義者でした。アメリカの国益が何にもまして優先されねばならないという考えの持ち主でした。「健康的な常識とは相容れない理想主義はまったく無意味である」[*79]と、はっきりと述べています。それでもランシングは、イギリスがロンドン宣言を遵守しないことに道理はないと考えていました。法学者の論理で構成したイギリス非難の草稿をウィルソン大統領に提出しようとしています（一九一四年九月二十七日）。しかしそれはハウスや他の閣僚の反対で大統領に届けられることはありませんでした。[*80]

武装したイギリス商船に対するドイツの潜水艦攻撃宣言もドイツに理があることは法学者としてはわかっていました。イギリスの強引な外交を変える方策は、おそらくアメリカのイギリスに対する武器禁輸以外にはなかったでしょう。[*81]ランシングはアメリカ産業界がそれに応じるはずもなく、非現実的であることはわかっていたのです。

アメリカ政界は一九一四年十一月には上院選挙が予定されていました。政府は国内の親ドイツ勢力に対して、厳正なる中立の立場をとっていない理由の説明に追われています。それをまず求めたのは上院外交問題委員会委員長のウィリアム・ストーン(民主党)でした。彼の選挙区セントルイスにはドイツ系移民が多かっただけに、ウィルソン政権の外交に批判的な選挙民の声が数多く届いていたのです。[*82]ウィルソン政権としては、そうした批判に応えなければなりませんでした。ランシングは法学者としてのこじつけの論理を展開します。彼のまとめた考え方が、ウィルソン大統領の承認を得て、政府の公式見解(Contraband Circular)として発表されたのは十月十四日のことでした。

「アメリカ政府自身が交戦国に(禁制品を)売ることは中立国の行為ではない。しかし民間人が交戦国にどんなアメリカ製品を売ろうと、法を犯すわけでもなく、中立の立場を侵しているわけではない。また民間人のそうした行為を取り締まったり、規制したりする権限は行政府には与えられていないのである[*83]」

おそるおそる輸出を続けていた産業界はこの公式見解を歓迎しました。連合国への輸出に政府が口を出さないと決めたのです。この見解で輸出に大きく弾みがついていきます。

「(この見解で)アメリカは、イギリスへの武器供給基地となると決めたことがはっきりした。そしてドイツは、アメリカの中立政策がいかにうさんくさいものかを確信した[*84]」

アメリカは武器の輸出だけではなく金融支援も活発化させていきました。アメリカの産業界も金融界もヨーロッパが戦禍で荒廃するのと反比例して活況を極めていくことになるのです。国際法学者として、当初はいくばくかの罪悪感を持っていただろうランシングも、ファラバ号とルシタニア号の沈没で、参戦肯定の考えに傾いていきます。彼はドイツがこの戦いに勝利したり、あるいは引き分けの形で終わったりすることをひどく怖れていました。法学者ではなくアメリカ外交を預かる政治家として、世界のパワーバランスの均衡をつねに念頭に置き、それが崩れることを恐れていたのです。

ランシングは社会を構成するもののなかで、力こそが古今を通じて変わらぬ基礎的要素であり、国内政治でも国際政治でもそれは変わらぬ法則だと信じていました。これを統制し調整することこそ文明国に課せられた任務なのです[*85]。列強の軍事力が絶妙にバランスがとれていることこそが平和の条件だと信じていました。一九一五年七月には次のように述べています。

「ドイツがこの戦いで勝利すれば、ドイツはおそらく日本、ロシアと同盟を結ぶだろう[*86]」

「イギリスが敗北すれば極東においては、あの拡張主義の日本と、アメリカ一国で対峙しなくてはならなくなる。その上、大西洋方面では復讐心に燃えるドイツが待っているのである」[*87]

アメリカの悪夢である太平洋と大西洋の二正面作戦を強いられる恐怖にランシングは怯えたのです。ランシングにとって幸いなことに、ヨーロッパにおける戦いは民主主義を守る戦いであるとの世論形成に成功しつつありました。イギリスのプロパガンダが功を奏していたのです。「アメリカ世論は軍事介入への心の準備ができ始めていました」[*88]

## 日本への秋波　その一　ドイツからのアプローチ

ドイツが、東アジアの小ベルリンとするべく、巨額の資金を投入した青島《チンタオ》の都市建設はヨーロッパで戦いの火蓋が切って落とされる頃にはすでに完成の域に入っていました。禿山に囲まれた、荒れた小道があるだけの海辺の寒村は、およそ十五年の間に、見事なまでにドイツ風近代都市に生まれ変わっていたのです。舗装された道路の総延長は十四万六千キロメートルに及び、手押し車や荷馬車用の側道には花崗岩が敷かれていました。

道路の八十パーセントに街灯が設置され、街路樹にはアカシア、ポプラ、日本松、桜が植えられています。*89 そうした木々が夏にもなると青々とした葉を茂らせていました。一八九八年から一九一三年までにドイツが青島開発にかけた総額は累計で二億マルクに及んでいます。一九〇九年には海軍無線電信局が開設され、ドイツ本国、ニューヨークそしてドイツ領植民地を結んでいます。上下水道も完成し、名実ともに小ベルリンが築き上げられていたのです。

ヨーロッパにおける開戦で、北京のドイツ公使館は日本の参戦は近いと判断し、清《しん》国に青島を返還することで、日本との交戦が回避できないか検討しています。しかし、青島総督アルフレッド・ヴァルデック大佐は戦うことを決めています（八月十八日）。翌日にはドイツ海軍省本省からも海軍大臣名で正式な防衛命令が下っています。*90 日本の大隈内閣は日英同盟に基づき、八月十五日には「対独最後通牒文」を採択し、ドイツからの回答がないことから八月二十三日に対独宣戦布告に踏み切っています。

日本の青島に対する攻撃は水陸両面から迫る本格的なものでした。海軍は第二艦隊（司令官加藤定吉中将）を出動（八月二十七日）させて海上封鎖を完了すると、陸軍は独立第十八師団（師団長神尾光臣中将）五万千七百を山東《さんとう》半島北部の龍口《りゅうこう》に上陸させています。十月初めには膠済《こうさい》鉄道全線の占領を終え、イギリス部隊も加わり総攻撃の準備を進めました。

青島総攻撃は十月三十一日から始まりました。陸軍は三万の兵士を上陸させ、それを第二艦隊が海から支援しました。この戦いには初めて航空母艦（水上機母艦「若宮」）が登場し、空からは陸海の航空隊も参加しています。ヴァルデック大佐が降伏を決意したのは十一月七日のことでした。

帝国海軍も無傷ではありませんでした。最も大きな損害は防護巡洋艦「高千穂」が撃沈されたことでした。膠州湾《こうしゅうわん》に残っていた数少ない艦艇であったドイツ水雷艇S-90から発射された三発の魚雷を被弾し膠州湾に沈んだのです。艦長伊東大佐以下二百七十一名が戦死、生存者はわずか三名という大きな犠牲でした。[*91] また小型駆逐艦「白妙」も膠州湾内で座礁して失われています。[*92]

「十一月十日、午前九時モルトケ兵営において、神尾青島攻囲軍司令官とヴァルデック青島総督の会見が行われた。神尾中将は、日本軍隊がドイツ陸軍より受けたこれまでの指導について謝意を述べた後、日本政策上不本意ながら青島を攻撃したこと、日本側に多大な損失が出るほどドイツ軍の防備の優れたことが語られると、ヴァルデック総督は、日本の武勇を称えたといわれている。日露戦争時の乃木、ステッセル両将軍の水師営《すいしえい》会見を想起させる」[*93]

ドイツ外務省は日本の攻撃を座視していたわけではありませんでした。ドイツ外交の基本どおり、アメリカを使って日本とイギリスとの間に楔《くさび》を打ち込もうと試みています。一般の外交チャンネルのほかに、J・P・モルガンとならぶ金融資本家のウォーバーグ商会を通じての工作を仕掛けたのです。ウォーバーグ商会はドイツ系ですが、ＦＲＢ設立のためのジキル島の秘密会議にも代表を出しているほどですから、その影響力は確かなものがあるはずでした。同商会の人脈を通じて、アメリカに日本の青島攻撃を牽制させようと目論んだのです。独駐清国大使フォン・マルツァン（von Maltzan）は「アメリカ海軍による威嚇行動」ができないかとまで教唆したのです。[*94]

しかし、アメリカの反応はつれないものでした。ブライアン国務長官は「日本の行動に対してこちらからアクションを起こすことはない」と在北京米国大使に指示しています。ワシントンのイギリス大使館からも、アメリカが日本を刺激すれば事態は悪化するだけだ、と警告がありました。[*95]

青島陥落後においても、メディアを使った工作が試みられています。ティルピッツ提督は在ベルリンのアメリカン・ユナイテッド・プレスの記者に「米日が戦えば、ドイツはアメリカを支援すること、米独が同盟すれば日英の同盟関係に風穴が開けられること」を伝えたのです（一九一四年十二月）。ティルピッツはこの工作の望みが薄いことはわかっていました。このインタビューが行なわれた十二月には、青島はすでに日本軍の手にあり、ドイツはアメリカのインセンティブとなるような交渉材料を持ち合わせていなかったのです。

伝統的な、アメリカを梃子《てこ》とした英日離反政策には見るべき成果はありませんでした。この失敗を受けてドイツは百八十度方針を転換し、日本との接近を試みます。ドイツは、日本の参戦の見返り条件をめぐって英日関係がゴタゴタしているとの情報を得ています。ドイツの宰相ベートマン・ホルヴェークは、早くも十一月にはドイツ駐北京大使館に対して日本との関係修復の道を探るよう指示を出していました（一九一四年十一月二十四日）。「日本は間違った側についている。ドイツと同盟することが日本の国益である」と伝えさせたのです[*96]。

この方針転換に、ハンブルク・アメリカ汽船会社の役員であるシーグフリード・ヘックシャー（Siegfried Heckscher）は賛意を示し、ドイツ外務省次官アーサー・ジンマーマンに「ドイツは黄禍論を煽るのはもうやめにして、太平洋の大国（日本）の力を借りるようにすべきである[*97]」と訴えています（一九一四年十二月九日）。

翌一五年に入ると、日本との仲介交渉が中立国スウェーデンの首都ストックホルムを舞台にして隠密裏に進められています。まず同国駐在のトルコ公使から日本公使内田康哉《こうさい》に「ドイツ人は日本人に対して敵愾心をあまり抱いていない[*98]」と伝え、今後の青島帰属問題についてドイツとの単独交渉が可能であることを仄《ほの》めかしたのです[*99]（一九一五年三月十七日）。内田公使は四月五日にオーストリア公使館を密かに訪ね、申し出の裏づけ作業を行っています。ここでもオーストリア公使は、日本側に意思があれば秘密交渉の仲介に入ってもよいと答えました。

内田公使は、日英同盟の存在を根拠にして単独交渉は難しいと回答したものの、併せて「日本人は現在の同盟国よりも中欧諸国の国民に対して好感を持っているとも述べ[*100]」たのでした。この物言いはドイツ側に日本との単独交渉が必ずしも不可能ではないとの印象を残しています[*101]。

一九一五年夏頃には、アメリカの中立政策が完全に欺瞞であることが明白になったこともあり、ドイツ国内では日本との融和を求める声はいっそう高まっていきました。日本との強固な同盟関係の締結を主張する者まで現れています。日本とアメリカの関係も、大隈内閣の対華二十一ケ条要求（一九一五年一月）にアメリカが反発したことで、必ずしもうまくいっているとは言えない状況にありました。ドイツにとってはチャンスでした。

ドイツの海軍長官ホルツェンドルフ提督（Henning von Holtzendorf）の考えが当時のドイツ外交の典型的な意見でした。ホルツェンドルフは後に無制限潜水艦攻撃を決定した人物です。

「日本という『外交の梃子』は対イギリス、対米、対ロシアに対し同時に使わなければならない。日本との単独講和ができれば、敵国の同盟関係に大きな亀裂を生じさせることができる。イギリスは太平洋方面に軍事力をシフトせざるを得ないし、ロシアへの日本からの軍用品の供給を止められる。ロシア陸軍は二正面作戦を強いられることになる。アメリカの武器が太平洋側から供給されることもなくなる。日本の動向がこの戦争の帰趨を決することになろう。アメリカは日本への恐怖から、ドイツとの戦いを決断することができなくなろう」[*102]（一九一五年十二月十一日）

無制限潜水艦攻撃を検討していたドイツ海軍にとって、アメリカの日本に対する恐怖心は使える材料でした。それを煽れば、アメリカは対ドイツ戦争に踏み込めなくなる可能性は高いのです。

## 日本への秋波　その二　ドイツ領南洋諸島争奪戦

イギリスの外務大臣エドワード・グレイは、日本との同盟関係がイギリスの安全保障に重要なことは十分すぎるほどわかっていました。それでも、日本の軍事力はできるだけ極東方面に封じ込めておきたいという考えを持っていました。日本の青島攻撃は日本の軍事力だけで十分に対応できたにもかかわらず、イギリス軍の派遣を決めています。日本政府の、支援は不要との言葉を無視して、サウスウェールズ・ボーダラーズ連隊とインド・シーク兵部隊を送り込んでいます[*103]（指揮官はN・W・バーナディストン准将）。

グレイ外相の嫌がらせのようなイギリス軍の青島攻撃参加でしたが、イギリスのアジア海域の海軍力は、日本帝国海軍の力を借りなければ、まったく作戦行動が成り立たないほどに弱体化していました。対ドイツ戦に備えて北海方面に海軍力をシフトさせた結果、極東に配備していた戦艦は五隻（一九〇四年）からわずか二隻（一九一四年）となっています。巡洋艦も三隻に過ぎませんでした。[104]海軍力を北海にシフトさせた責任者であるチャーチルは極東方面での実態をよくわかっていただけに、日本を警戒するグレイ外相の意識は過剰であると批判しています。

「あなた（グレイ）のやり方は日本に冷淡である。日本に対してどっちつかずの態度は好ましくない。日本にこの戦争に参加して欲しいのか、そうでないのかはっきりさせるべきで、日本に参加してもらうのであれば彼らを同志（comrades）として歓迎する態度を見せなければならない」[105]（一九一四年八月十一日）

日本帝国海軍はチャーチルが期待したように頼もしい存在でした。弱体化したイギリス海軍の力を補って余りある活躍を見せたのです。帝国海軍第二艦隊が青島攻略に忙しくしているなか、太平洋のどこかに潜むドイツ東洋艦隊の行方を追ったのは山屋《やまや》他人《たにん》中将率いる第一艦隊でした。マキシミリアン・シュペー中将指揮下のドイツ東洋《よう》艦隊は青島を根拠地としていましたが、開戦時にはそこを離れていて、その行方は杳として知れなかったのです。山屋中将はドイツとの戦いが始まると戦艦「金剛」をミッドウェイ島にただちに派遣し通信ラインの防衛に当たらせ、メキシコ太平洋岸に展開していた巡洋艦「出雲」を同海域のシーレーン防衛に当てています。[106]

インド洋にはシュペー艦隊から離れ、単独でイギリス商船を狙った通商破壊工作を続ける巡洋艦「エムデン」が遊弋《ゆうよく》していました。山屋中将は「エムデン」探索の連合軍の部隊に、巡洋艦「伊吹」と「筑摩」を派遣するとともに、戦艦「薩摩」、巡洋艦「矢《や》矧《はぎ》」、同「平戸」をインド洋に向かわせオーストラリア航路の防衛に当たらせました。早くも十月十六日には「伊吹」が、ニュージーランド兵（ANZAC軍）を中東に運ぶ船団の護衛に当たっています。活動範囲は紅海にまで及んだのです。

一九一四年十月に入ると、栃内曾次《とちないそうじ》郎《ろう》中将指揮下に、巡洋艦「常盤」「八雲」「伊吹」「日進」「筑摩」「平戸」「矢矧」「生駒」からなる艦隊が編成され、インド洋でのドイツ艦船の探索を任されています。十一月にはイギリス海軍はますます日本海軍への期待を高め、東経九十度以東のインド洋の警戒を日本に任せました。[*107]

ドイツ艦船は太平洋にも出没していました。巡洋艦「ガイエル」は、日本海軍の探索を避けてホノルル港に逃げ込んでいます（十月十五日）。アメリカは建前上は中立国でした。「ガイエル」をアメリカ政府が接収する十一月七日まで湾内に封じこめたのは、戦艦「肥前」（旧ロシア戦艦「レトヴィザン」）と巡洋艦「浅間」でした。両艦はこの任務を終えると、南アメリカの太平洋岸でドイツ艦船の警戒に当たっています。[*108]

ドイツ艦船が給炭の地として利用したのはドイツ領南洋諸島でした。日本海軍は同諸島を次々と攻略していきました。その遂行に当たったのは山屋中将指揮下の艦船でした。まずマーシャル諸島のヤルート環礁（Jaluit）を取り（十月四日）、そこからカロリン諸島中部に位置するトラック諸島に向かい、同島を攻略しています（十月十二日）。また松村龍雄少将の部隊はニューブリテン島（ビスマルク諸島最大の島）のラバウルを攻略し（十月一日）、さらにヤップ島の征圧に成功したのです[*109]（十月七日）。

ドイツ領南洋諸島の占領について帝国海軍は次のように報告しています[*110]（大正三年十一月、「欧州戦争実記」）。

「ヤルート島方面に行動せる我艦隊の一部は、爾後十月十四日迄に於て、マリアナ、マーシャル、東西カロリン群島中、作戦要地たる諸島の軍事占領を了せり。此行動中、潜伏せる敵の測量船二隻を発見せしが、其の一隻は自沈し、他の一隻は、乗員と共に捕獲せり。我に損害なし。（中略）南洋方面の独領は是にて殆ど我軍の有に帰し、南洋諸群島に於て高く日章旗の翻るを見るに至るなり」

日本軍が次々とドイツ領南洋諸島を攻略する事態に対して、まず安全保障上の恐怖を感じたのはオーストラリアとニュージーランドでした。オーストラリアはニューギニアとその近隣の諸島を、ニュージーランドはドイツ領サモアを急ぎ征圧しています。日本海軍を刺激したくないイギリスは、赤道以北のドイツ領についての占拠はしないことを決めています[*111]。

## 日本への秋波　その三　連合国の軍事支援要請

アジアの小ベルリン青島は大戦の始まりとほぼ同時に陥落しました。青島を守備していたドイツ兵は捕虜となり、およそ四千七百人が日本各地の収容所に収監されています。ドイツ領南洋諸島攻略で捕虜としたドイツ兵は、一部はイギリスに引き渡されましたが、日本の収容所に送られています。ドイツ本国から遠く離れた青島と南洋諸島の守りは日本の軍事力の前にはまったくの無力でした。

しかしヨーロッパ大陸では、むしろドイツが連合国を押し気味に戦いを進めていました。ベルギー全土は簡単に攻略され、フランスへの侵攻も進んでいきます。パリの安全は早くも九月には脅かされるにいたり、首都機能をパリからボルドーに移さなければならないほどでした（九月三日）。

東部戦線でも八月末頃から連合国の劣勢は明らかで、十一月にはトルコがドイツの側（同盟国＝枢軸側）に立って参戦しています。これによってスエズ運河の安全保障が危ぶまれる状況も生まれていました。[*112]ロシアとフランスは威勢よく対独戦争に突入したものの「緒戦から日本に武器弾薬の供給を仰ぐほど不十分なありさまで反撃準備もままならず、戦局の前途は暗澹《あんたん》[*113]」としていました。仏露両国は早い段階から日本の陸軍派遣を願っていたのです。

海の戦いを担っていたイギリスも北海方面に主力艦隊を配置せざるを得ず、地中海方面のドイツ艦隊、トルコ艦隊を効果的に牽制するほどの余裕はありませんでした。トルコ艦隊には、ドイツの装甲巡洋艦「ゲーベン」も配属されていたのです。その上、ドイツは世界の海洋に仮装巡洋艦を放ち海洋通商の破壊工作を進め、Uボートもその活動を活発化させていました。

こうした状況のなかで、日本の海軍力は頼りになる存在でした。開戦の翌月（九月三日）には早くも日本海軍の派遣を日本政府に願っています。[*114] 山屋中将の艦隊のインド洋方面での活躍は、イギリスの正式な要請に沿ったものでした。開戦前には日本海軍の勢力拡大を恐れて、その活動範囲を極東海域に限定させようとしていたイギリスの御都合主義には、帝国海軍幹部も不快感を示すほどでした。

連合国からその後も執拗な派遣要請が続き、日本も苦慮しています。加藤高明外務大臣は「帝国軍隊は徴兵制度及国民皆兵の主義に基き組織せられ其唯一の目的は国防に在るが故に（中略）、遠く国外に出征せしむることは其組織の根本たる主義と相容れざる所」であるとしてイギリス外務大臣宛に欧州派兵要請には断りを入れています[*115]（一九一四年十一月十四日付覚書）。

欧州派兵は断られたものの、インド洋方面での日本海軍はイギリスにとってもはや欠かせないものになっていました。一九一五年二月、シンガポール駐留のインド兵による叛乱が起きると、土屋光金少将指揮下の巡洋艦「対馬」「音羽」が現地に急行し、イギリス、フランス、ロシアの部隊とともにその鎮圧に当たっています。さらにイギリスのインド洋シーレーンを脅かすドイツ巡洋艦「ドレスデン」の探索にも日本海軍は協力しています。[*116]

その後も日本艦隊はシンガポールを拠点として、南支那海、スル海（フィリピン・スル諸島北側の海）、オランダ領東インド諸島周辺でドイツ艦船に対する警戒に当たり、イギリスに全面的に協力したのです。一九一六年に入っても日本海軍への依存度は高まる一方でした。グレイ外相は、出没を繰り返すドイツ艦船によるシーレーン破壊工作で失われる商船の被害の甚大なことに業を煮やし、改めて日本海軍の支援強化を要請しています[*117]（一九一六年二月）。日本はそれに応えて駆逐艦隊をシンガポールに派遣し、マラッカ海峡の警備を拡充させています。また巡洋艦「千曲」と「平戸」はオーストラリア、ニュージーランドを結ぶインド洋シーレーン防衛にも活躍しているのです。[*118]

ヨーロッパ大陸では、一九一五年にはドイツの攻勢もその勢いを失い戦線が膠着していきました。そのため日本に対するヨーロッパ戦線への軍派遣の要請は下火になっています。この年十一月には、日本は枢軸国とは単独で講和をしないことを連合国に約束（単独不講和宣言）しています。日本の単独講和を恐れていた連合国は安堵し、その結果として連合国の一員として同格の地位を認めています。

一九一六年の暮れから一九一七年初めには再び、ヨーロッパ戦線への日本の参戦を求めるイギリスの声が強まります。この時期の内閣は、大隈内閣から寺内（正毅）内閣（一九一六年十月―一八年九月）に代わっていたものの、「欧州派兵問題に関しては、基本的には拒否の姿勢を維持してい」ました。しかし、一九一七年に入ると、イギリスが改めて艦隊派遣を要請してきます（二月十一日）。地中海への駆逐艦隊派遣および喜望峰周辺への巡洋艦部隊の派遣が求められたのです。寺内内閣はこの要請を条件付きで引き受けることを決めています。見返りの条件は二つありました。青島・山東半島およびドイツ領南洋諸島に対する日本の要求をイギリスが支持する保障を与えること、そして派遣する艦隊は英国海軍の指揮下に入らないことでした[*119]。

この二つの条件のうち「青島・山東半島およびドイツ領南洋諸島に対する日本の要求をイギリスが支持する保障を与えること」については、イギリス政府は苦悩しています。イギリスの自治国であるオーストラリアとニュージーランドが南洋諸島の日本領有を警戒していましたし、またアメリカが、支那および南洋諸島にかかわる日本の要求に反発することが予想されたのです。当時、アメリカは参戦を決意する微妙な時期にありましたから、イギリスは議論を重ねています[*120]（一九一七年一月から二月）。

日本は渋るイギリス政府に対して、日本の要求は、ロシアがコンスタンチノープルを占領するという要求となんら変わるものではない[*121]、としてその主張を認めさせたのでした。五月になると、重ねて駆逐艦増派要請があり、四隻からなる駆逐艦隊の増援を了承しています。フランスやイタリアからも駆逐艦派遣要請がありましたが断っています。さすがに「無い袖は振れぬ」状態だったのです。[*122]

## 日本への秋波　その四　地中海での日本駆逐艦隊の活躍

日本の駆逐艦隊がシンガポールを出港し、地中海のイギリス軍港マルタに向かったのは一九一七年三月十一日のことでした（司令官、佐藤皐蔵《こうぞう》少将）。巡洋艦「明石」を旗艦とし、駆逐艦「梅」「楠」「楓」「桂」「柏」「松」「杉」「榊」からなる艦隊でした。インド洋をドイツ艦船の捜索を進めながら西進し、四月四日にはアデン港に入っています。イギリスからはさっそく、兵士輸送船「サクソン」号の護衛を依頼されています。佐藤は、ポートサイード港からマルタまでの護衛に「梅」と「楠」を当て、他の艦船は地中海に入ると、すぐさまドイツ・オーストリアの潜水艦探索に従事させました。[*123]

この時期の地中海におけるUボートによる攻撃は凄まじいものがありました。一九一七年四月だけでも沈められた船舶の総トン数は二十一万八千トンにのぼっています。これは大戦全期間を通じて地中海で被害を受けた船舶の七パーセントに当たっています。あまりの被害にイギリスはスエズ運河から地中海に抜ける航路を諦め、比較的安全な喜望峰航路をとることを検討するほどでした。[*124] 彼らは、日本の駆逐艦隊がどのような成果を挙げてくれるか固唾を呑んで見守っていたのです。

一九一七年五月四日、兵士輸送船トランシルバニア号はイタリア・ジェノヴァ湾沖を航行していました。同船は、この前日に、乗組員と兵士併せておよそ三千人を乗せ、エジプト・アレキサンドリアに向けてマルセイユを出港し、駆逐艦「松」と「榊」がこれを護衛していました。トランシルバニア号の左舷をUボート（U-63）から発射された魚雷が襲ったのは午前十時のことでした。速度十四ノットでジグザグ航路をとり、警戒しながらの航海でしたが、Uボートの攻撃をかわしきれなかったのです。[*125]「松」は乗員の救助に当たり、「榊」は潜水艦の浮上を防ぐ行動をとっていました。どちらの艦もUボートの攻撃に船体を晒《さら》す危険な海上行動でした。U-63は「榊」を狙い、二発目を発射しています。「榊」はかろうじてそれをかわしたものの、運悪くトランシルバニア号に命中してしまうのです。トランシルバニア号が海に沈んだのは最初の攻撃から一時間後のことでした。この短い時間に二隻の駆逐艦は懸命の救助活動を続けています。犠牲者は乗員の数からすればきわめて少ない四百二人でした。[*126] 護衛の目的は果たせなかったものの、救助活動に対するイギリス政府の評価は高いものがありました。イギリス海軍省は日本政府に電信で謝意を表しています。[*127]

六月には旗艦「明石」に代えて「出雲」を派遣し、マルタを拠点に活動する艦隊には駆逐艦「樫」「檜」「桃」「柳」を増派しました。さらには人員の不足するイギリス艦船を日本海軍が独自で運用するまでになっています。砲艦二隻は「東京」「西京」、そして駆逐艦二隻は「橄欖《かんらん》」と「栴檀《せんだん》」と命名され、警護についたのです。ピーク時には日本海軍が地中海方面で運用する艦船の総数は十七にのぼっています。*128

当初、日本海軍の能力に懐疑的であったイギリス海軍も、夏も終わる頃になると、その高い能力をはっきりと認めるまでになっています。マルタ軍港の司令官ジョージ・バラード提督は海軍省に対して、日本の警護活動の成果を報告し、日本海軍の能力の高さを激賞したのでした（一九一七年八月二十一日付）。一九一八年に入ると、イギリスの日本海軍への依存度はいっそう高まっています。

三月には、ドイツがロシアとの単独講和（ブレスト・リトフスク条約）を成功させ、東部戦線からその兵力を西部戦線にシフトしてきます。イギリスはそれに対抗して中東に展開している兵力をマルセイユ港に移動させなければなりませんでした。イギリスが四月、五月に移動させた兵力は十万人を超えています。連合軍が優勢になり始めたこの年の秋には、エジプトからサロニカへの兵士輸送の護衛も担当しています。

戦争終結までに日本駆逐艦隊が護衛した艦船の総数は七百八十八、そうした艦船が輸送した兵士の数は七十万人に達しています。ドイツ・オーストリア潜水艦との交戦も三十四回にも上っています。一九一八年十一月十一日に停戦協定が結ばれて以後も日本の艦隊は、ドイツ艦船の接収作業に従事し、艦隊が横須賀に戻ったのは一九一九年七月二日のことでした。[*129]

日本海軍の功績に対してチャーチルは「日本海軍は必ず（任務を）うまくやってくれるものと信じていた」と述べ、マルタ総督ポール・メスエン卿はその活躍に強く感謝し、「われわれの同盟関係に神の加護あれ。流された血で、両国の関係はますます強固になった」と述べるとともに「この同盟が末長く続くことを願」ったのです。[*130]

## アメリカ参戦の策謀　その一　影の国務長官エドワード・マンデル・ハウス

エドワード・マンデル・ハウスはウィルソン大統領の分身として、ホワイトハウス内での居住スペースと執務室を与えられるほど信頼されていたことはすでに述べました。彼はウィルソンの二期八年の政権で、大統領に次いで二番目の権力を揮《ふる》った人物でした。[*131]ハウスの家系はテキサスで大規模な綿花プランテーションを経営する富豪でした。一八五八年に生まれたハウスは、大学は東部アイヴィーリーグの名門コーネル大学に進んでいます（一八七七年）。

しかし卒業はしていません。父親の死（一八八〇年）で故郷に戻らざるを得なかったのです。父トーマスはテキサス州で三番目の財産家として多額の遺産を残していました。[*132]遺産の一部である綿花プランテーションを売却すると、ハウスはそこで得た資産をテキサスの石油開発や鉄道建設に注ぎ込んでいます。一九〇一年一月のスピンドルトップ油田の発見で始まったテキサス石油ブームに乗って石油開発投資を手がけ、同州の鉄道開発(トリニティー&ブラゾスヴァレー鉄道)にもかかわっています。[*133] その過程でボストンのJ・P・モルガン系金融機関オールド・コロニー信託会社(Old Colony Trust Company)との関係を深めています。一九〇二年には居住地をニューヨークに移しました。

ハウスは政治に関与することは好きでしたが、表舞台に立たない主義でした。お気に入りの政治家のために選挙資金を調達し、党内抗争を勝利させ、当選させると私的アドバイザーとなることを好んだのです。活動拠点をニューヨークに移動させる前にはテキサスの政治に深く関与していました。南部民主党員として、一八九〇年のテキサス州知事選では友人ジェームス・ホッグを担いで当選させると、その後も三代にわたって民主党知事の擁立に成功しています。しかし彼は州の役職に就くことは固辞しています。

ニューヨークに移ってからも、民主党の大統領候補の選出に関わり続けています。共和党に敗れ続けていた民主党が勝てる候補を探していた時期に、ハウスがニュージャージー州知事となっていたウィルソンに白羽の矢を立てたのです。二人が初めて出会ったのは一九一一年十一月二十五日のことでした。[*134] 気が合ったせいか、たちまち親交を深めていきます。ハウスは、一九一二年の大統領選挙にウィルソンを民主党候補として擁立することに成功します。十一月の大統領選挙では、大票田のテキサス州は当然のように民主党支持となり、ウィルソンの当選に大きく貢献したのでした。

　ウィルソン大統領の絶大な信頼を得たハウスは、無任所のアドバイザーとしてホワイトハウスに陣取り、外交は素人のウィルソンの片腕として辣腕を揮うことになります。

エドワード・マンデル・ハウス

「(ウィルソンは) 党内の権力闘争にまったく無関心であった。論功行賞の配分にも閣僚ポスト人事にも、政府高官の指名作業にも何の興味もなかった。こうした作業はハウスに任されたのである[*135]」

　ウィルソン外交の基本戦略はハウスが立て、それに理屈をつける役割を担ったのがランシングでした。当時ホワイトハウス内で流行《はや》ったジョークがその関係を如実に示しています[*136]。

ランシング (Lansing) はどういうスペル(綴り) だったっけ?

H-O-U-S-E (ハウス) と綴ればいいんだよ。

ハウスは、彼が実質差配したウィルソン政権人事にもはっきり現れているように、アメリカ金融資本の利益を代弁する人物でした。アメリカには、表向きには中立の立場をとらせ、その一方で連合国への軍需産品供給を容認し、金融支援も認め、アメリカ金融資本を喜ばせています。とくにJ・P・モルガンはアメリカの軍需品の連合国向け買付を一手に引き受けることになりましたから、ハウスの仕切ったウィルソン政権の外交方針の利益を最大限に享受していました。ハウスがJ・P・モルガン・ジュニアを「ジャック」と、ファーストネームで呼ぶほどの仲であったことがその関係の深さを示しています。[*137]

ハウスにとってこの戦争で連合軍を敗者にすることはできませんでした。アメリカ金融資本が積み上げた連合国向け債権が債務不履行になることはけっして許されることではなかったのです。アメリカ外交を舞台裏で振り付けるハウスは、金融資本の利益を考慮し、アメリカを適当な時期に連合国側に立って参戦させなければならないと考えていたのです。

フランスの外務省高官ジュール・カンボン（Jules Cambon）は、彼が語った言葉を次のように伝えています。

「アメリカが連合国の側に立って参戦することは避けられない。参戦すべきだという大統領の主張に、アメリカ世論が納得できるような事件が起こるのを、われわれは待

っている」（一九一六年二月）[*138]

カンボンは米西戦争終結交渉（パリ会議）では精力的に両国の間に立って、和平を実現させ、第一次大戦勃発前までは駐ベルリン大使を務めた老練な外交官でした。戦中はフランス外務省の政治部門の責任者を務める大物です。ハウスはその本音をカンボンに吐露していたのです。

表舞台に立つ役者であるランシング国務長官は、国際政治の厳しい現実を見据え、列強の軍事力のバランスを絶妙にとることが重要だと考えていた人物です。ドイツがもし勝利するようなことがあれば、アメリカは、ドイツと日本に挟撃される可能性の高い不安定な戦後世界が生まれてしまいます。ランシングはそれを恐れていました。ランシングもその思考回路はハウスとは異なるものの、アメリカの参戦は不可避であると考えるのです。舞台の表と裏に立つ二人の人物が、アメリカ参戦の機会を待ち続けていました。

## アメリカ参戦の策謀　その二　一九一六年大統領選、ハイラム・ジョンソン上院議員の裏切り

ハウスにとって、そして民主党にとってウィルソン政権を継続させることは簡単ではありませんでした。一九一二年の選挙では、共和党勢力がセオドア・ルーズベルト

の立候補によって分裂したことで、ウィルソンはかろうじて勝利できました。しかし一九一六年の選挙ではルーズベルトが立候補を固辞しています。共和党は最高裁判所判事チャールズ・ヒューズ（Charles Evans Hughes）を候補にすることで一本化に成功していました。ウィルソンの再選はとても楽観視できるものではありませんでした。

ウィルソン陣営にとって、世論にアピールできる実績を訴えることは効果的な戦術でした。最もわかりやすい訴えは、中立政策をとり、ヨーロッパの戦争に巻き込まれることを回避したことでした。民主党が選んだメッセージは「ウィルソンはわれわれを戦争から遠ざけた（He kept us out of war）」でした。中立を頑なに守り続けた実績を徹底的に利用したのです。

もう一つの有効な訴えは、ウィルソンが労働運動に好意的な政策をとってきたことを示すことでした。「ウィルソンは資本家の利益を攻撃した。世論の銀行嫌悪、大企業嫌いの気持ちを利用しながら、労働組合の利益を擁護することで支持を拡大することに成功した[*139]」

ウィルソンは選挙を秋に控えた一九一六年に労働者保護の政策を連続して法制化しています。労災補償法（Workingmen's Compensation Act）により連邦政府公務員の労災補償を充実させ、児童労働法（Keating-Owen Child Labor Act）で低年齢児童の雇用制限あるいは労働時間の制限をかけ、アダムソン法（Adamson Act）で州を越えて営業する鉄道労働者の労働時間を八時間に制限したのです。イギリスやフランスへの借款を通じて大企業の利益を最大限に追求しているウィルソン政権は、労働者のための政策を重視するというアピールにも熱心だったのです。

また連邦農業貸付法（Federal Farm Loan Act）により農業従事者への低利子ローンを可能にし、穀物保管法（Warehouse Act）では主要穀物の連邦政府倉庫保管を容易にし、過剰生産による価格下落から農民を保護する政策をとったのです。農業票を意識した典型的な人気取り政策でした。

少数民族政策では、黒人に対しては差別政策を取り続けていたものの、ユダヤ人については、初めてユダヤ系の法律家ルイス・ブランダイス（Louis Brandeis）を最高裁判所判事に任命しています。ブランダイスは後にイスラエル建国運動（シオニズム運動）を支持した人物でした。金融資本家の代名詞のようなユダヤ系民族への配慮は、ウィルソン政権の本質を垣間見せたものでした。ウィルソンに対して強い疑いの眼を向けながらも、彼が少数派民族にも配慮し始めたことで、近い将来には黒人問題の解決にあたってくれるかもしれないと、淡い期待を寄せた黒人政治グループも、消極的ながらウィルソンの再選支持に傾いていきました。

大統領選挙は十一月七日（火曜日）の投票でした。大票田の北東部や中西部諸州の結果が次々と入ってきます。共和党圧勝の知らせでした。勝利を早々と確信したヒューズ候補の友人や共和党幹部から、続々と祝福のメッセージが届けられています。民主党幹部も敗北を認めています。次期大統領となることを確信したヒューズは、その夜は早めに床についたのでした。

新聞記者からヒューズの私邸に電話が入ったのは翌日早朝のことでした。ヒューズと話したいという記者に断りをいれた使用人に、記者から次のようなメッセージが残されたのです[*140]。

「ヒューズ候補に、まだ次期大統領に決まったわけではない、と伝えて欲しい」

カリフォルニア州の選挙結果があまりに接戦で、その最終結果が出るのが遅れていたのです。時差の関係で開票が遅れるカリフォルニア州の開票の前に選挙結果はすでに決まっていることが多く、同州の成り行きには関心が薄れてしまうのがつねでした。しかし一九一六年の選挙で民主党は、予想どおり北東部や中西部の大票田を持つ州では敗れたものの、少ない数の選挙人しか持たない民主党の勢力基盤である南部や西部の州を取りこぼすことなく、ものにしていたのです。その結果、カリフォルニア州の票の行方がこの選挙の雌雄を決する情勢になっていました。

カリフォルニア州の持つ選挙人の数は十三でした。この十三票の行方が最後までわからなかったのです。同州は歴史的に共和党が圧倒的な強さを誇る州でした。一九一二年の選挙でも、共和党は同州で勝利しています。この年の選挙では、カリフォルニア州の日本人差別のリーダー格ジェームズ・フェランに擦り寄って、日本人差別の政治グループの票の獲得を目指したウィルソンでしたが、それでも勝つことができなかったのです。

遅れた開票作業が終わり、同州共和党幹部が敗北を宣言したのは金曜日のことでした。わずか三千七百七十三票の僅差で民主党が勝利し、同州の持つ十三票がウィルソンのものになったのです。最終的な選挙人の獲得数はウィルソン二百七十七票、ヒューズ二百五十四票でした。十三票がヒューズに入っていたら共和党が勝利していたのです。同時に行われた下院議員選挙では共和党が五十三パーセント、民主党が二十三パーセントで共和党が圧勝していましたから、なんとも不思議な選挙結果でした。その理由は同州の知事から上院議員になっていたハイラム・ジョンソンの裏切りでした。

労働運動の活発なカリフォルニア州の知事であったハイラム・ジョンソンは進歩主義者として知られ、同州の選挙戦を左右できる有力者でした。一九一二年の選挙ではセオドア・ルーズベルトが副大統領として指名し、ともに選挙戦を戦った人物でした。ジョンソンは共和党内の進歩派と呼ばれるグループのリーダー格だったのです。一九一二年の共和党分裂選挙ではルーズベルトの側についていています。その戦いを通じて、タフトを応援した共和党主流派との間に深い亀裂が生まれ、彼は主流派を嫌悪するようになっていました。

「政治記者はカリフォルニアに向かい、いったい何が起こったのかを調べた。ヒューズの敗北はハイラム・ジョンソンが原因であった*141」

「ヒューズ候補が選挙キャンペーンでカリフォルニア州を回ったのは八月のことであった。同州に入ったヒューズ候補は共和党幹部に温かく迎えられている。ヒューズは共和党主流派とハイラム・ジョンソンに代表される『進歩派』共和党員の間がかなり気まずくなっていることを知らなかったらしい。主流派が党の選挙活動組織を仕切っていたが、州の有権者の心は進歩派にあった。主流派は彼らの嫌うジョンソンに、ヒューズ候補を取り次ぐことをしなかったのである*142」

「ただ一度だけヒューズ候補がジョンソンと話す機会があるにはあった。ロングビーチのホテルに二人は同時期に宿泊していたのである。しかしヒューズはジョンソンが宿泊していることを知らなかったし、ジョンソンはヒューズが知らないことを知らなかった。ヒューズはジョンソンと顔を合わせることなくホテルを出たのであった*143」

カリフォルニア州の十三票が共和党候補に入っていれば、ウィルソンは二百六十四票、ヒューズは二百六十七票となり、ウィルソンの再選はなかったのです。

ハイラム・ジョンソン上院議員は、カリフォルニア州議会が一九一三年に外国人土地所有禁止法を成立させた時代の州知事でした。日本政府との軋轢《あつれき》を憂慮したウィルソン大統領が知事に再考を促してもいます。ジョンソンがこの法律制定の旗振りをした事実からもわかるように、彼は徹底した日本人移民排斥論者でした。カリフォルニアで日本人移民排斥運動をリードした組織「黄金の西海岸の子供たち the Native Sons of the Golden West: ＮＳＧＷ」のメンバーでもありました。カリフォルニアの反日本人運動の起源を歴史的に検証したカレイ・マックウィリアムスはこの組織について次のように語っています。

「一九〇七年から一九四一年に悪名を轟かせた反東洋人運動のリーダーは軒並み『黄金の西海岸の子供たち（ＮＳＧＷ）』のメンバーであることがわかっている。ハイラム・ジョンソン、ジェームズ・フェラン、Ｕ・Ｓ・ウェブ、Ｖ・Ｓ・マックラチー（カリフォルニア反東洋人運動の長老格）、Ｊ・Ｍ・インマン（カリフォルニア州上院議員、カリフォルニア東洋人排斥連盟会長）、ユージン・シュミッツ、エイブ・ルーフ、アーロン・アルトマン、ジェームズ・Ｌ・ギャラハー（一九〇六年にはサンフランシスコ教育委員会委員）、アンソニー・カミネッティ（元カリフォルニア州上院議員、合衆国移民局長官）などはこの組織の役員であるか、あるいは一般会員であった［*144］」

「進歩派」という形容詞で語られるハイラム・ジョンソン議員は、自らの勢力基盤である労働組合の利益誘導については、確かに進歩的な考え方でした。しかし同時に、反日本人の政治組織と強い結びつきをも持っていたのです。彼は「人種差別的な進歩主義者」だったのです。ウィルソンの再選は日本人嫌いの政治家の持っていた十三票によって実現したのでした。

**アメリカ参戦の策謀　その三　ハウスのウィルソン洗脳工作とドイツの無制限潜水艦攻撃**

ウィルソン政権が連合国の側に立って参戦したい意思のあることは、一九一六年の選挙戦において「ウィルソンは、われわれを戦争から遠ざけた（He kept us out of war）」と、そのスローガンが過去形表現であったことからも窺えます。参戦はそれほど難しいことではありませんでした。そうはいっても多くの若者の犠牲を強いる開戦の決断は、一国のリーダーにとってそう簡単にできるものではありません。決断には国民の死を正当化する理由が必要なのです。ウィルソン大統領にも国民にもそれが必要でした。

アドバイザーのハウスはそれをよく理解していました。ハウスは一九一二年に近未来政治小説『フィリップ・ドルー[*145]（*Philip Dru*）』を出版しています。金権政治のアメリカ東部改革のために西部のリーダー、フィリップ・ドルーが立ち上がり、内戦を経て勝利すると、独裁者となって数々の進歩的改革を進めるという矛盾に満ちた物語でした。ハウスは、ウィルソンを、自らの空想小説の主人公フィリップのように振る舞わせます。

まずハウスが始めたのは、ウィルソンに、彼こそが人類の進歩のために神に選ばれた人間である、と信じ込ませることでした。

「ハウスはウィルソンに誘惑の言葉を伝えた。『世界が不幸の真っ只中にある今こそ、あなたの出番である。選ばれた人間が果たしうる最も尊い使命があなたに課せられている。アメリカはどんな犠牲を払うことになっても、あなたについていくだろう』[*146]」

ハウスはウィルソンに対する心理工作を続けながら、アメリカ世論を参戦ムードに変えてくれる事件の発生を待ち続けました。ハウスの待ち望んでいた事件は実にタイミングよく、そしてまた連続して起きました。

ドイツは、イギリスの工作船に海底ケーブルを切断されて以来、駐アメリカ独大使館と本国との通信に苦労していました。ルシタニア号をU-20が撃沈（一九一五年五月七日）した事件では、憤るアメリカ政府との交渉にドイツ大使館は本国の指示を頻繁に仰がなければなりませんでした。困ったドイツにアメリカの持つ外交ケーブルの使用を認めたのはアメリカ自身でした。ワシントン-ロンドン-コペンハーゲン-ベルリンを結ぶルートで外交文書の交信を許したのです。この指示を出したのはハウスでした。ウィルソン大統領は、六月二日のベルンストルフ大使との会談の際に、アメリカ国務省の外交ケーブルを使用するよう勧めています[*147]。

交信内容は暗号化されていたものの、ドイツはアメリカからイギリスにその内容が渡っているだろうと疑っていました。アメリカがイギリスに情報を伝えていたかどうかの証拠は残っていません。しかし、イギリスがアメリカの外交通信ケーブルを通じて交信される情報を盗聴しているのは確かなことでした。

「イギリスは明らかにこのルートの存在を知っていた。（中略）もちろんアメリカの外交用ケーブルを盗聴していることをイギリスは秘密にしていた[*148]」

ドイツは中立国スウェーデンの通信ケーブルにも頼っていました。スウェーデンはイギリスの北海封鎖のやり方を好ましく思っていませんでした。ですから中立国でしたが、親ドイツ的外交を進め、通信ケーブル使用の便宜をドイツに図っていたのです。ドイツはスウェーデンのケーブル・ルートでも駐アメリカ独大使館との交信が可能でした。その事実を知ったイギリスはスウェーデンに抗議しています[*149]（一九一五年夏）。

スウェーデンはその抗議を受け入れました。しかし、スウェーデンの通信ケーブルを使ってのドイツとブエノスアイレス（アルゼンチン）との交信は黙認しました。駐ブエノスアイレス独大使館は、本国からの通信をワシントンやメキシコの大使館に転送する中継局の役割を果たしたのです。イギリスはこのルートでの交信もたちまち嗅ぎつけています。しかし今度はスウェーデンに抗議することはしませんでした[*150]。

「このルートもイギリスを経由していた。そして暗号解読に当たっていたルーム40

(Room 40) は (ドイツがスウェーデン・ルートを使用していることに) すぐに気づいた。イギリスはこの中立国による不法行為に対して今度は口を噤《つぐ》んだのである。通信内容の解読を続けるほうが、(スウェーデンに対する) 抗議より価値が高かったのである」*151

ヨーロッパの交戦国の外交は、アメリカの今後の動向に対する「読み」に大きな影響を受けていました。英仏両国はアメリカの参戦を期待し、それが実現すれば必ず勝利できると考えていました。一方ドイツはアメリカの参戦を警戒しながらも、膠着した状況を一気に変えられる攻勢ができれば、イギリスを屈服させることが可能だと考えていました。ドイツは、いつ参戦するか知れないアメリカがヨーロッパに兵士を送り込む前に決着をつけたい、という心理に追い込まれていました。仮にアメリカが参戦を決めても、現実にアメリカ軍が戦場に現れるまでには相当な時間が必要です。その前にイギリスを完膚なきまでに叩きのめすことができれば停戦は可能だ、という考えが芽生えたのです。

ドイツはアメリカの参戦を恐れる慎重派の声を抑え込み、潜水艦による無差別攻撃でイギリスの海運通商を完全に麻痺させ、それによって少しでも早く停戦に持ち込む方法を選択するのです。イギリスの港湾封鎖でドイツの食糧事情は悪化の一途をたどっていたことも、この戦術をとった理由の一つでした。既述のように英仏の商船はドイツの抗議にもかかわらず武装していました。そのためドイツ潜水艦は商船に対しては無警告魚雷攻撃を再開することを決めていました。しかし無警告魚雷攻撃はアメリカ参戦の呼び水となるとして、一九一六年の春からドイツは自粛していたのです。

イギリスの港フォークストンを出たフランス商船「サセックス」がU-29の無警告魚雷攻撃で大破したのは一九一六年三月二十四日のことでした。この事件に対してウィルソン大統領は、ドイツとの外交関係断絶も辞さないと強く抗議しました。アメリカとの外交関係を重視したドイツはアメリカがイギリスに対して港湾封鎖を止めさせることを条件に次のような約束（「サセックス・プリッジ Sussex Pledge」）をしていたのです。

・客船は攻撃しない

・商船は、武装されていることが確認できない場合は攻撃しないが、必要に応じて臨検する

・商船を撃沈する場合は、乗員の脱出を図った上で実施する

アメリカは、イギリスが続けている海上封鎖を解除させることはありませんでしたが、ドイツはこの考え方を、潜水艦攻撃の基本方針としていたのです。

ドイツ軍部は「サセックス・プリッジ」は自らの手を縛るようなものだと考えていました。いっこうに膠着状態から抜け出せない大陸での戦いに業を煮やしていたドイ

ツ軍部は、東部戦線での攻勢をきっかけに強気な姿勢に変わっていきました。アメリカとの外交的妥協の産物である「サセックス・プリッジ」の束縛から自らを解き放ち、連合国商船への無制限潜水艦攻撃の再開を強く求めたのです。

「いつ終わるとも知れない血なまぐさい塹壕戦で、ドイツ司令部は無制限潜水艦攻撃が唯一イギリスを屈服させる手段であると考えるようになった。（アメリカとの外交関係を重視する）宰相ベートマン・ホルヴェークはこれに頑強に反対した。軍部高官は逆にホルヴェークの更迭を要求した。（駐ワシントン大使の）フォン・ベルンストルフもワシントンから無制限潜水艦攻撃の再開は危険だと警告してきた[*152]」

「一九一七年一月九日、北部シレジアのダッチーオブプレス（Duchy of Pless）で開催されていた（陸海軍首脳による）ドイツ帝国会議で、政治的には稚拙であることが否めない無制限潜水艦攻撃が決定され、皇帝ヴィルヘルム二世もその決定書にサインしたのであった[*153]」

アメリカの参戦を恐れる政治家に対して、ドイツ海軍は強気だったのです。海軍はイギリスの海運を破壊すればイギリスが停戦を求めることは間違いないと考えたのです。そして何よりアメリカ海軍を見くびっていました。エドアルド・フォン・カペレ（Eduard von Capelle）提督は「アメリカ海軍はこちらにやって来ないかもしれないし、やって来たらやって来たで、われわれの潜水艦攻撃で海底に沈むだけである[*154]」とまで言い切っていたのです。

一月九日の決定を伝える暗号電が、ドイツ外相ツィンメルマンの承認（一月十三日）を受け、ベルリンからワシントンに打電されたのは一月十六日のことでした。

## アメリカ参戦の策謀　その四　ツィンメルマン暗号

ツィンメルマン暗号は、スウェーデンがドイツに残したブエノスアイレス経由のルートで発信されています。使用された暗号表0075は一九一六年半ばから使用されている比較的新しいものでした。イギリス海軍省の旧い建物内にあるルーム40と呼ばれる部屋に陣取ったイギリス海軍暗号解読チーム（ウィリアム・ホール海軍情報部長、後の海軍提督）は、一月十七日早朝には傍受した暗号電の解読を始めています。部屋番号40がこの解読チームの代名詞になっていました。0075によって暗号化された文書の解読は簡単ではありませんでした。[*155] 部分解読にとどまっています。

ドイツ外務省は、暗号に自信がありましたから、駐ベルリン米大使館にも同様の文書の打電を依頼しています。そこからワシントンのアメリカ国務省本省に打電させ、駐ワシントン独大使館に手交してもらう方法をとり、ベルンストルフ大使宛の指示に万全を期したのです。

イギリス海軍の、世界の最先端を行っていた暗号解読班ルーム40が格闘していた暗号文は短いものでした。しかしそこには、ハウスが待ちに待ったアメリカ世論の潮目をはっきりと変える情報が含まれていました。ベルンストルフが反対していた無制限潜水艦攻撃の再開と、メキシコ内戦へのアメリカの介入で開戦の危機にあったメキシコとの同盟関係締結計画が記されていたのです。

一九一七年一月十三日、ベルリン発、文書番号：ＡＳ１６２
最高機密：解読は大使本人によってなされること
われわれは、二月一日をもって無制限潜水艦攻撃を再開する考えである。アメリカが今後とも中立でいるよう努力を続けるが、それに失敗した場合、われわれはメキシコに対して次のような条件で同盟関係締結を働きかける。
（メキシコの対米戦争に）ドイツは参戦し、和平交渉についても共同で当たる。金融支援を惜しまず、メキシコが失った領土であるテキサス、ニューメキシコ、アリゾナをメキシコが再び領有することに同意する。条件の詳細については駐メキシコ大使に任せる。なお（旧メキシコ領土である）カリフォルニアについては、（将来日本領土としてオファーすべく）日本のために残しておくこととする[*156]（California should be reserved for Japan）。

この暗号電を受けた駐ワシントン独大使館が、駐メキシコ公使フォン・エッカルトに同じ内容の暗号電を打電したのは一月十九日のことでした。ただ一つ問題がありました。メキシコ公使館には暗号表００７５がなかったのです。そのため古いタイプの暗号表１３０４０に変換しての転送を余儀なくされました。

イギリスは暗号解読組織ルーム40の存在を極秘にしていました。解読は完全ではありませんでしたが、その内容はアメリカを参戦させる口実となる、宝のような情報であることはわかっていました。ドイツにその存在を隠さなければいけないことは当然でしたが、アメリカの外交文書をも盗み見ていたのですから、アメリカに対してもその存在を知られてはなりませんでした。まだ不完全な解読でしたから、アメリカ政府がその真贋を疑う可能性もありました。特に入手経路はけっして知られるようなことがあってはなりませんでした[*157]。

ところがイギリスは、駐ワシントン独大使館からメキシコに送られた暗号文の原文入手に成功します。そしてそれがすべての問題を解決できることに気づいたのです。この暗号文に使用された旧式の暗号コード１３０４０についてはイギリスはすでに解析が終わっていました。００７５で暗号化されていて解読ができなかった部分についても読み取ることが可能になったのです。また駐ワシントン独大使館の送付した暗号文は、ウェスタンユニオン社の電報を使用していました。その原文をメキシコで入手したと説明することで、ルーム40の存在を秘匿することが可能になったのです。[158]

ベルンストルフ大使が、無制限潜水艦攻撃を二月一日から再開することをランシング国務長官に伝えたのは一月三十一日のことでした。その文章にはドイツのイギリスに対する憤懣があふれていました。

「このような方針をドイツが採らざるを得ないのはひとえにイギリスの責任である。イギリスは過去二年半にわたり、その海軍力を行使して、わが国民を飢えさせることによって（わが国を）屈服させようとしてきた。それは犯罪行為なのである。国際法を無視したイギリスに主導された連合国は、同盟国の国際法上認められた貿易を妨害し、中立国に対しても同盟国との貿易を諦めるよう強いたのである。われわれ同盟国にとってはとうてい受け入れがたいことであった[159]」

1917年1月19日に送付されたツィンメルマン暗号

「（国際法に違反しているにもかかわらず）イギリスは無慈悲なやり方を変えることなく、世界を困難に陥れ、中立国を困らせ、また連合国内の平和を希求する声にも耳を貸さなかったのである[160]」

「アメリカ国民およびアメリカ政府におかれては、わが国の決定に理解を示してくれることを強く望むものであり、それは中立の立場の視点から行われることを希望する。そして(この戦いが)これ以上悲惨な状況になることのないよう、また人命が無為に失われることのなきようアメリカ政府の支援を願うものである」[*161]

アメリカは、ドイツの無制限潜水艦攻撃再開に対して予想どおりの強硬な態度を見せ、ドイツとの外交関係を断絶しています。イギリスはアメリカの参戦表明を、今か今かと固唾を呑んで待ち構えていました。ドイツが公にした無制限潜水艦攻撃再開の方針だけでアメリカは参戦を決意するだろうと考えていたのです。取得した暗号文をアメリカに開示せずともアメリカ参戦になる可能性が高いと考えていたのです。

しかしアメリカは動きませんでした。ホール部長はハーディンジ(Lord Hardinge)外務次官およびアーサー・バルフォア外務大臣と暗号の扱いについて協議しています(二月五日)。バルフォアは前年の十二月まで海軍大臣でしたから、課報機関ルーム40の価値を最もよく理解していた人物でした。[*162] イギリス政府が、秘匿し続けていたツィンメルマン暗号の存在をアメリカに明かしたのは二月二十二日のことでした。[*163]

暗号文はアメリカ駐英大使ウォルター・ペイジに手交されています。彼は早い時期からアメリカの参戦を望み、ウィルソン政権の中立政策に批判的な人物でした。ペイジは暗号文に目を通すと、イギリスが期待したとおり、激しい怒りを露にします。イギリスは、アメリカがこの暗号電を公開することを了承しています。公開の条件は、情報源がイギリスであることは公にしないということだけでした。[*164] 公開する暗号電の原文はウェスタンユニオン社の電報でしたから、ルーム40の存在が露見する可能性はありませんでした。

ペイジ大使がウィルソン大統領に暗号電の内容を報告したのは二日後のことでした。アメリカ政府は二十七日にAP通信社に公表を許しています。アメリカは独自に数字の羅列された暗号電文を、ウェスタンユニオン社のワシントンオフィスから入手し、イギリスからの漏洩情報であることを隠しています。この暗号の公開でアメリカ世論は参戦容認に一気に傾いていったのです。

## アメリカ参戦の策謀　その五　メキシコ革命への介入（一）

休暇から帰ったランシング国務長官がツィンメルマン暗号についての扱いをウィルソン大統領と協議したのは二月二十七日のことでした。ハウスは両者の会談で、大統領がこの暗号文を公開することを決めるだろうと予想していました。[*165] ハウスの予期したとおり、翌日には、ランシングはAP通信記者（E・M・フッド）に暗号内容のブリーフィングを行い、その文面の公開を許したのです。ツィンメルマン暗号はアメリカ全土に、そして全世界に配信されていきました。[*166]

三月三日にはツィンメルマン外相がこの暗号文を自らが発したことを認め、翌月にはアメリカ議会は大統領が求めたドイツへの宣戦布告を決めています（四月六日）。潜水艦無制限攻撃の通告を受けても、アメリカがその中立の立場を変えきれなかったにもかかわらず、ツィンメルマン暗号で参戦を決意したのは、この時期、アメリカはメキシコの内乱に介入しており、メキシコとは実質的に交戦状態にあったからでした。陸軍の正規軍のほとんどがメキシコ国境付近やメキシコ領内に展開していたのです。

その上、暗号には日本とメキシコ、そしてドイツの同盟関係の締結による対米戦争計画まで記されていました。アメリカはもはやドイツを徹底的に叩くしかないとの決断を下せたのです。アメリカと国境を接するメキシコとの外交関係は、アメリカにとってそれほどセンシティブなものでした。

メキシコはポルフィリオ・ディアスによる長期政権が続いていました。一八三〇年生まれのディアスは一八七六年に大統領に就任し、その後断続的にその職を離れることがあっても実質的な最高権力者として君臨してきました。彼は外資を徹底的に利用しての近代化を目指した指導者でした。その基礎となるのは土地の所有制度でした。メキシコでは古来、土地は共同体が所有し、個人所有の考えがありませんでした。そのため、ディアスは所有者が曖昧な土地を国家所有とし、鉄道、鉱山あるいは大規模農園に投資する外国資本に便宜を図ったのです。近代化はディアスの狙いどおり進み

アメリカ人ジャーナリスト、ジェームズ・クリールマン

ましたが、その過程で土地を失った大量の困窮農民層が作り出されました。

ディアスの政権運営に国民の不満が高まりを見せたのは一九〇八年のことでした。この年、彼はアメリカ人ジャーナリスト、ジェームズ・クリールマンのインタビューを受けています。クリールマンは日清戦争時にフリージャーナリストとして、日本軍「旅順《りよじゆん》虐殺」を捏造し、売名でのし上がってきた男です。ディアスへの長文のインタビュー記事は雑誌『ピアソンズ *Pearson's*』（一九〇八年三月号）に掲載されました。ディアスはこの記事のなかで民主化と自らの退任を匂わせました。[*167]

メキシコ国民の多くが彼の言葉をそのまま受け取っています。政治について自由な議論が可能になったとの空気が生まれ、政治的な意見を述べる出版物も増えました。そのなかで明らかに考えの異なる二つの勢力が形成されていきました。一つは、これまで政治的な発言力は持てなかったものの社会的・経済的な力を持っていたグループでした。彼らはディアス政治の継続を望んでいました。知識人の寡頭政治体制による国家運営がこのグループの目論見でした。もう一方の勢力は一気に選挙によって指導者を選べる体制を要求する過激なグループでした。思惑の異なる二つの勢力による国内の混乱（メキシコ革命）が始まるのは一九一〇年のことでした。

前者の勢力のリーダーとして登場したのがフランシスコ・マデロでした。マデロはテキサス州と接するメキシコ北部のコアウイラ州周辺に大規模農場（ハイシエンダ）を経営する富裕な家庭に生まれています（一八七三年）。マデロ家は農業だけでなく、鉱業、ワイン醸造、織物などにも影響力を持っていました。ディアスの進めた政治のなかで富を形成した一族でした。マデロは裕福な家庭に生まれた若者によく見られるように貧困層に同情を示し、自らの農場で働く者の扱いは先進的でした。

マデロはディアスの「引退声明」を受けてメキシコ改革の旗手になることを決意するのです。マデロは新たな指導者の登場を待ち望む国民に向けた書（*La Succession Presidential en 1910*）を発表します（一九一〇年）。それがたちまちベストセラーになると、次代のリーダーの第一人者と見なされるようになりました。彼は、この前年にはディアスの再選阻止を標榜する政党「反再選クラブ」を創設していました。

大地主層の出身であるだけに、彼の主張はディアスを激しく攻撃するようなものではなく、長期政権とディアスに集中しすぎた権力への批判、選挙の腐敗を糾弾するものでした。それでも、クリールマンのインタビューのなかで約束した民主化も引退も口先だけであったディアス大統領はマデロをひどく警戒し、この年の六月に彼を逮捕してしまいます。マデロは親族の力で解放されるとサンアントニオ（テキサス州）に逃亡しました。まもなくしてメキシコに戻った彼が新たな民主化計画（Plan of San Luis Potosi）を発表して、国民に革命を呼びかけたのは一九一〇年十一月二十日のことでした。

彼の呼びかけで、メキシコ全土にマデロを担いだ叛乱が発生していきます。マデロは軍人ではありませんでしたから、反政府運動の先頭に立ったのはパスカル・オロスコ（Pascal Orozco）やフランシスコ・ヴィヤ（Francisco Villa）といった軍のリーダーでした。敗戦の続いたディアスは、反乱軍に退位と国外亡命を約束しています（一九一一年五月）。六月にマデロはメキシコシティーに凱旋し、暫定大統領（フランシスコ・バラ）のもとで選挙を実施することを約束しました。マデロは大統領に選出されています（十一月）。

マデロを支持した勢力の多くが、土地所有制度の過激な変更を望んでいました。しかしマデロはその出身勢力の権力の源泉である土地所有制度を変えようとは考えていませんでした。ディアス政権時代からの権力構造を温存したのです。彼を支持した軍のリーダーは次々とマデロと袂を分かっていきました。マデロから離反した軍の鎮圧を命じられたのはヴィクトリアーノ・ウエルタ（Victoriano Huerta）将軍でした。

メキシコ各地で発生した反マデロ・グループの要求は、まずは土地の解放であり、労働条件の改善であり、教育改革でした。そして外国資本の手にある鉱山や石油利権を取り戻すことでした。メキシコへの投資を続けてきた外国資本は、マデロ政権は弱体で、各地に発生した反政府運動を鎮圧することはできないと危ぶんでいました。タフト大統領によってメキシコ大使となっていたヘンリー・ウィルソン駐メキシコ大使はそうしたグループの中心人物でした。ヨーロッパ諸国の大使との協議を通じて、体制側の軍の首領ウエルタ将軍を担いでのクーデターを画策します。ウエルタが、マデロを裏切ったのはアメリカのウィルソン政権が始まる直前の一九一三年二月十八日のことでした。将軍はマデロと副大統領を逮捕するとただちに殺害（二月二十二日）しました。ウエルタは大統領に就任し、アメリカ主導の新政権ができあがったのです。

ウエルタ将軍はアメリカの指導で政権を奪取しました。しかし彼も三月から始まるウィルソン政権に裏切られることになります。ウィルソン新大統領は、タフト前政権の遺物であるウエルタ政権を承認しない方針をとったのです。ウィルソンは過度の理想主義に走る性癖がありました。その典型的な外交判断が、ウエルタ政権の非民主的な成り立ちを嫌った非承認政策でした。

ウィルソンが新しく駐メキシコ大使に任命したのはジョン・リンド（John Lind）

でした。かつてミネソタ州知事でもあったリンドは古くからの民主党支持者で、ブライアン国務長官とも親しい仲でした。ウィルソン大統領はメキシコ大統領は民主的な手続きで選出されるべきだとの理想を掲げていました。アメリカはその手助けをする義務を負っているとの信念を持っていたのです。しかしアメリカの手助けで大統領職についたウエルタ将軍が新大統領の身勝手な要求に応えるはずもありません。

リンド大使はウィルソンの意向を汲んだ外交交渉がいっこうに進捗しないことに焦っています。焦りのなかでリンド大使がワシントンに報告したのは、メキシコの現政権はヨーロッパ勢力、特にイギリスの石油資本の影響下にあるという分析でした。自らの職務の遂行がはかどらないのはイギリスの責任であるかのような自己正当化の報告でした。*168 リンド大使が、黒幕であると非難したのはウィートマン・ピアソン(Weetman Pearson) 伯爵でした。

ピアソンはイギリス人鉄道技術者でした。ディアス政権時代に招かれ（一八八九年）、メキシコを東西に横断し、二つの大洋を結ぶメキシコ横断鉄道の建設に当たっています。その過程で油田を発見し、メキシカン・イーグル石油会社を設立しています。メキシコ最大級であるこの会社は後日ロイヤル・ダッチ・シェル社に売却されています（一九一九年）。リンドは駐メキシコ英大使であるライオネル・カルデンもウエルタ将軍を操る黒幕の一人ではないかと疑っていました。

ウィルソンはリンドにその裏づけとなる証拠を要求しましたが、それは出てきませんでした。それでもウィルソンは、イギリスの石油資本がメキシコに介入しているらしいことに強い憤りを見せています。ウィルソン大統領はこの年の秋、アラバマ州モービルで演説しています[*169]（一九一三年十月二十七日）。そのなかで、メキシコの独立国家としての尊厳を守るため、「良き隣人として、経済的利益の追求ではない軍事介入」があり得ることを示唆したのです。

一九一四年四月、アメリカ海軍砲艦「ドルフィン」は在メキシコ米人の安全を確保するため、メキシコ中部のカリブ海側に面した港町タンピコの沖合いで警戒を続けていました。ウィルソン大統領は前年の秋からメキシコのカリブ沿岸沖に同胞保護の名目で大西洋艦隊を派遣し、ウエルタ政権に圧力をかけていたのです。「ドルフィン」はカリブ艦隊の旗艦でした。タンピコ港は石油関連施設が多く、アメリカ人の持つ経済利権も集中していました。

「ドルフィン」は、四月九日の朝、燃料の調達に九人の隊員をタンピコの港に向かわせています。救助用小型ボートを利用し、星条旗を掲げていました。この港町では連日にわたってウエルタ政府軍と反政府兵士との間で戦闘が続いていて町の空気は緊迫していました。町に上陸した九名のアメリカ兵はウエルタ政府軍にたちまち逮捕されます。この事件に対して艦隊司令官ヘンリー・マヨ少将は激しく憤っています。タンピコ防衛の責任者サラゴサ将軍（Ignacio Morelos Zaragoza）に対して強硬な文書を送りつけ、謝罪を要求しました。*170

一九一四年四月九日
サラゴサ将軍殿
今朝、貴下のメキシコ軍が、わが海軍の士官、調達会計責任者および七人の水兵を逮捕し、タンピコの町を引き回した。
逮捕時において、わが部隊は武器を持っておらず、燃料の調達に当たっていただけであった。上陸した者はわずかで、ほとんどがボート内に留まっていた。それにもかかわらず貴下の武装兵士によって連行されたのである。
アメリカ国旗を掲げているボートからわが兵士を連れ去ることは（わが国に対する）敵対行為そのものであって、とうてい許されるものではない。貴殿からすでに口頭での謝罪の言葉をもらっていて、この事件が無知な兵士によって引き起こされたと知らされている。しかしこのような行為が、無知であったという言い訳だけで許されるものではない。
しかるべき地位にある者による正式な謝罪を要求するものである。また事件の責任者については厳しい処罰がなされることが確約されなければならない。

また、港のしかるべきところにアメリカ国旗を掲揚した上、それに対して二十一発の礼砲を撃つことを要求する。その礼砲に対してはわが艦も外交儀礼に則り、応えるであろう。

この文書への回答および礼砲については本日午後六時から起算して、二十四時間以内になされなければならない。

(司令官)マヨ

マヨ少将の要求は、ウエルタ政権に対するウィルソン政権の態度を如実に反映したものでした。ウエルタ大統領は謝罪はしたものの、礼砲の要求は断固として拒否しました。自らの政権を承認しない国家に礼砲を捧げることはとても容認できるものではなかったのです。アメリカが物理的な軍事行動に出たのは、この後しばらくしてからのことでした。

## アメリカ参戦の策謀　その六　メキシコ革命への介入(二)

タンピコの事件から二週間も経たない四月二十一日午前十一時十分、戦艦「ユタ」、同「フロリダ」、輸送船に転用した軽巡洋艦「プレーリー」から第二連隊に所属する海兵隊員やブルージャケットを身に着けた陸戦隊がメキシコの最重要港であるベラクルスに上陸していきました。[*171] 一八四七年（米墨戦争）にはこの港を、ペリー提督が指揮するミシシッピ号が攻撃しています。それから七十年近くが過ぎ、また新たな戦争が始まろうとしていたのです。

カーキ色の迷彩服にキャンバス地のゲートルを巻き、ボルトアクションのスプリングフィールド03式の銃で武装した八百名近い海兵隊が向かったのは、ベラクルスの税関事務所ビルでした。武力による抵抗もなく、何事が始まったのかと興味深げに市民が見守るなかでの占拠劇でした。占拠からわずか二十時間後には、アメリカ大西洋艦隊がベラクルス沖に姿を見せています。主力艦は戦艦「アーカンソー」を旗艦に、戦艦「ニューハンプシャー」、同「ルイジアナ」、同「バーモント」、同「ニュージャージー」、同「ノースダコタ」、同「サウスカロライナ」、同「ミシガン」、防護巡洋艦「タコマ」、砲艦「ナッシュュビル」で、艦船数は補助艦船まで入れると二十一隻となる大艦隊でした。兵力は陸戦隊七千七百、海兵隊五百の規模でした。[*172]

この日の戦いの模様は、艦隊司令官フランク・フレッチャー少将が次のように海軍省に電信で報告しています。

「火曜日（注：四月二十一日）港の北部に、戦艦『ユタ』、同『フロリダ』、輸送艦『プレーリー』から海兵隊員および陸戦隊を上陸させ、税関事務所を占拠した。メキシコ軍はこれに対して反撃しなかった。しかし税関占拠後からライフルや重火器によ

である。」

る反抗が始まった。（湾内の）『プレーリー』からメキシコ軍に向けて砲撃を加えた。その後、散発的にビルの屋上や街路で銃撃があった。わが軍は税関事務所、その周辺の埠頭一帯およびアメリカ領事館周辺を征圧した。わが軍の損害は戦死四、負傷二十であった」[*173]

それにしてもアメリカはなぜ、これほどの大艦隊を、ほとんど無防備の港町に派遣したのでしょう。征圧目標がなぜ税関オフィスだったのでしょうか。理由はメキシコ政治の混乱にヨーロッパ勢力が、現実に介入していることがわかったからでした。ヨーロッパ勢力とはリンド大使が疑っていたイギリスではなく、ドイツでした。

アメリカのタフト政権の画策で権力を奪取したウエルタ将軍に対して、メキシコ各地で武装勢力が相変わらず対峙していました。北東部ではベヌシティアーノ・カランサが、北部中央にはパンチョ（フランシスコ）・ビヤが、北西部にはアルバロ・オブレゴンが、そして南部ではエミリアーノ・ザパタが反旗を翻していたのです。政権の安定化のためにはこれらの反政府勢力を鎮圧することが急務でした。しかし、ウエルタ将軍は武器の調達に苦しんでいました。アメリカがメキシコに対して武器禁輸を実施していたのです。

ウエルタ将軍が頼ったのはドイツとベルギーの企業でした。二千万発のライフルの弾薬を発注したのです。またスペインには四万丁のライフルを注文しています。スペインが米西戦争時代に使用した古いライフルでした。さらに一九一三年の夏には日本にも七万丁のライフルを注文しているのです[*174]。アメリカ国内のエージェントも米国製武器を密かに調達しニューオリンズに運び、夜陰に紛れてベラクルス行きの貨物船に運び込んでいました[*175]。

ウエルタ将軍はもう一つ怪しいルートを持っていました。彼はメキシコシティのロシア副領事レオン・ラースト（Leon Raast）とのコネクションを使って武器調達を目論んでいたのです。一九一三年十一月、ラーストは多額の現金を持ってニューヨークに旅立っています。ニューヨークでは、現地のエージェント、アブラハム・ラトナー（Abraham Ratner）が注文の品を揃えて待っていました。そのラーストに注文品を増やせとの指示がウエルタから入ります。ラーストが密かに発注をかけたのはハートフォード（コネチカット州）にあるコルト銃器製造会社でした[*176]。

ラーストがその大量の武器の輸送を委ねたのはガンズ汽船会社でした。ガンズ汽船はアメリカの禁輸政策を警戒して、メキシコへ直接搬送することはせず、わざわざ大西洋を横断して、黒海に面したロシアの港町オデッサに運んだのでした。ラトナーの準備した荷受人の書類は不備でした。その結果、一万五千七百七十の爆薬包とマシンガン二十機の荷受処理が宙に浮いてしまいました。この事実を知ったロシア政府はアルメニアの反政府組織にこの武器が渡ることを恐れ、接収してしまうのです[*177]。

この情報を入手したのがドイツでした。ドイツはアメリカ外交のアキレス腱であるメキシコへの介入をその伝統としていたことはすでに述べたとおりです。その伝統どおり、ウエルタ将軍に便宜を図ることを画策したのです。ロシアから、接収された武器を引き受け、それをオデッサからドイツ商船ペルナウ号でハンブルクに運びます。ハンブルクに入った武器は、商船イピランガ（Ypiranga）号に移され、もともとの目的地であったベラクルスに搬送されることになったのです。

皇帝ヴィルヘルム二世は、さらに二隻の商船にもドイツからの贈り物の武器を積んで同港に向かわせています。[*178] ロシア副領事が武器の調達を計画してからすでに五ヵ月が経っていました。アメリカで調達された武器は大西洋を往復し、総計一万二千マイル（約一万九千キロメートル）もの距離を移動することになりました。[*179] アメリカがこの情報を摑んだのは、イピランガ号が大西洋をベラクルスに向かっている頃でした。輸送されている武器の量は、ワシントンの首脳に軍事介入を真剣に考えさせるほどのものでした。

ブライアン国務長官が大統領と最終的な結論を出すための協議を始めたのは四月二十一日の明け方でした。こんな時間になったのはイピランガ号のベラクルス入りが想定以上に早くなることがわかったからでした。この報告を受けたウィルソン大統領はパジャマ姿のまま、海軍長官ジョセファス・ダニエルズをホワイトハウスに呼び出しています。

大統領、国務長官、海軍長官の会議は「パジャマ会議（Pajama Conference）」と呼ばれています。この三者会議で、ウエルタ将軍に武器が渡ることは断固許さないと決めたのです。[*180]そのためにはアメリカ大西洋艦隊の大部隊のベラクルス派遣が必要だと判断したのです。この日の午前八時三十分、フレッチャー将軍の乗る旗艦「ユタ」は早くも捕捉したイピランガ号を臨検し、アメリカ海軍の方針をボナス（Bonath）船長に伝えています。船長は米海軍の指示に従うことを約束しました。海上での臨検に時を合わせるようにして、上陸した米軍が税関事務所を占拠したのです。この過程で米兵十九、メキシコ兵百二十六が命を失ったのでした。駐ワシントン独大使ベルンストルフは、このアメリカ海軍の行為は非合法であると強く非難しています。二週間後にはブライアン国務長官が謝罪し、解放されたイピランガ号は、少し南にある港町プエルト・メキシコに向かい、同地で武器を下ろすことができたのです。[*181]荷揚げされた武器は、そこからメキシコシティに陸送されていきました。

国際法上問題のあるアメリカの臨検行為と武器の搬入を阻止できなかったことはブライアン国務長官の外交失策となっています。結局、武器はメキシコ軍の手中に入ることになってしまいました。何の成果もない軍事行動で十九人の犠牲者が出てしまったことは国務長官の重大なミスだったのです。

武器の調達に成功したものの、ウエルタは政権を維持できませんでした。この年の夏には、北東部から侵攻したベヌシティアーノ・カランサがウエルタ政権を崩壊させてしまったのです（一九一四年八月二十日）。ウエルタ将軍はバルセロナに亡命しています。[*182] アメリカはカランサ新政権も承認しませんでした。カランサ政権は、承認を拒否するアメリカと、国内不満分子との長い戦いを続けることを余儀なくされています。

アメリカが大艦隊をメキシコに派遣した事実は、ドイツの外交方針である「米墨関係を悪化させることによってアメリカの軍事力を北米内部へ封じ込める」という政策が有効であることを如実に示すものでした。ドイツにとっては誰がメキシコで政権をとろうがどうでもよいことでした。米墨の緊張関係の持続こそが、アメリカのヨーロッパ問題への介入を防ぐことになると確信できたのです。大戦勃発後も同様の方針を継続しています。

一九一五年四月末、ドイツ政府は海軍士官フランツ・フォン・リンテーレン（Franz von Rintelen）をバルセロナに遣《や》っています。亡命しているウエルタ将軍をもう一度政権につけるためでした。ウエルタをニューヨークに連れ戻したリンテーレンは、四十二番街とマジソン街の交差する一角にあるマンハッタン・ホテルで、関係者と密議を繰り返しました。[*183] しかしこのドイツの工作は英米の諜報機関、そしてカランサ政権の情報組織に洩れていたのです。ウエルタの滞在するホテルでの謀議は三つの機関が独自に盗聴を続けていました。[*184]

ウエルタ将軍をもう一度政権につかせて米墨関係の緊張を狙うドイツの作戦とは独立して、対米攪乱を狙うドイツスパイ組織も活動を活発化させていました。その活動の中心人物の一人がドイツ人外交官（商務担当）ハインリッヒ・アルベルトでした。アルベルトの行動は米諜報組織（Secret Service）のフランク・バークによって監視されています。

アルベルトがニューヨークの地下鉄に乗って眠りこけてしまったのは一九一五年七月二十四日のことでした。目的地直前で目覚めたアルベルトはあわてて下車してしまい、持っていたブリーフケースを忘れてしまいました。密かに彼を尾行していたバークはこのチャンスを逃しませんでした。アルベルトに監視されていることを気づかせずに所持品を略取し、内容物を手に入れることに成功したのです。ブリーフケースのなかにあった書類には、ドイツの計画が事細かに記されていました。[*185]

ドイツの秘密エージェントによるアメリカ製武器の買い付け、労働組合運動を親ドイツに仕向けたり、メディアに親ドイツ報道を仕向けるプラン、新聞社の買収あるいは親ドイツの講演会に対する資金援助プラン。ドイツの工作を示す厳然たる証拠はウイリアム・マカドゥー財務長官に届けられたのです。[*186]「ドイツのこのような工作活動は違法ではなかった。しかしアメリカの内政に干渉する下品な行為であると認識されたのである」[*187]

ランシング国務長官もドイツへの警戒心を高めています。日記に次のように記しています。

「ドイツはメキシコの混乱を継続させ、アメリカを何とかメキシコ内政に干渉させようと画策している。だからこそ、われわれはメキシコへの干渉を慎まなければならない。ドイツはメキシコに安定した権力が成立するのを望んでいない。そうであるからこそ、われわれは一つの勢力による安定政権を作る必要がある。したがって（アメリカの外交は）対ドイツ戦略を第一義とし、メキシコに対する外交は対ドイツ外交に従属して決定されなければならない」[*188]

アメリカはメキシコの混乱にドイツが拍車をかけていることをはっきりと認識していました。ひっきりなしに仕掛けられるメキシコの反政府運動分子の挑発に自制的な態度を取り続けたのです。ドイツが期待していたウエルタ将軍がニューヨークからメキシコに戻ろうとするとアメリカはそれを阻止しています。ウエルタ将軍が拘束され最終的に病死（一九一六年一月）すると、ドイツは今度はメキシコ各地の反カランサ政府勢力の支援に切り替えています。

ドイツが狙いをつけたのはメキシコ北部中央で反政府運動を続けてきたパンチョ・

ビヤでした。ビヤにはドイツ人エージェント、ライマン・ラウシュバウム（Lyman Rauschbaum）がアドバイザーとしてついていました[*189]。文盲だったビヤを操るのは簡単なことでした。彼が資金を預けていたニューメキシコ州コロンバスの銀行が嫌がらせをして、資金の引き出しが滞っていると告げたのです。

ビヤの部下であるパブロ・ロペスがメキシコ国内にある米国資本の鉱山を襲撃したのは一九一六年一月十日のことでした。サンタイザベルにある鉱山（La Cusi Mine）に向かう列車に乗った技術者や作業員を狙ったのです。十七人を拘束し、裸にした上で処刑し、死体も損壊しています。三月九日にはビヤ自身が四百八十五人の部下とともに、「嫌がらせをする銀行」の所在地であるコロンバスを襲っています。午前四時に始まった襲撃は三時間続き、ここでも十七人が死亡し、八人が負傷しています。「メキシコ国境の混乱はドイツを喜ばせた[*190]」のです。アメリカはメキシコによって本土攻撃を受けたのでした。

ドイツの攪乱工作に対しては自制的に臨むことを決めていたウィルソン政権も、アメリカ領内にまで侵入した殺害行為を前にしては、さすがに座視するわけにはいきませんでした。

「ウィルソンはビヤの襲撃事件にひどい苛立ちを見せている。もちろんその背後にはドイツ政府がいることはわかっていた。それでもウィルソンはジョン・パーシング将軍の部隊を派遣しないわけにはいかなかった。一万二千の兵力で、ビヤの行方を追わせたのである。部隊がメキシコ領内に入ったのは一九一六年三月十四日のことであった。パーシング将軍は、一九一七年二月にヨーロッパに派遣されるまで、（メキシコ領内で）部隊を展開したのである」[*191]

パーシングの部隊は、ビヤを拘束することはできませんでした。

## アメリカ参戦の策謀　その七　タイミングの良かったロシア革命

ウィルソン大統領の対ヨーロッパ外交は、建前上は中立を装いながら徹底的にイギリスに肩入れしていたことはすでに述べたとおりです。イギリスはロンドン宣言を無視し、商船を武装しました。国際法上から見ればけっして優等生ではありませんでした。中立国スウェーデンさえもそのやり方を快く思っていませんでした。そのイギリスに金融支援や武器供給の便宜を図り続けてきたアメリカですが、公的な立場はあくまでも中立でした。ウィルソンが発した中立宣言（一九一四年八月十九日）は次のようなものでした。

「わが国を真に愛する者の行動や言動は、徹底した中立の精神に則ったものになる。その精神とは不偏不党であり、フェアであるべきという視点であり、そしてまた関係各国に対する友情の念に基づくものである」[*192]

アメリカの現実の行動はこの中立宣言とは似ても似つかないものでしたが、アメリカ大統領にとっての公的な物言いは、どこからも「けちがつけられない」ほど筋が通っていることが求められていたのです。学者であり理想主義者の性癖が顕著なウィルソン大統領は、人類の進歩のために選ばれた国アメリカの指導者としての大統領の立場を、一点の曇りもないほどに明確に説明できなければ落ち着かない政治家でした。

ウィルソンの考えは、人類の平和のためには民主主義が勝利しなければならないという信念がベースになっていました。世界にアメリカのような民主主義国家が成立するのを手助けすること。それこそが神託されたアメリカの使命でした。一九一七年初頭のツィンメルマン暗号の露見でアメリカの参戦は政治的には決定的になりました。しかし、アメリカの参戦を世論に得心させるためには、政治的な理由を超越したイデオロギーが必要でした。つまり、民主主義国家のリーダーの当然の振る舞いとして、連合国の側に立って参戦することを決意したとの理屈を明確に示さなければならなかったのです。連合国は民主主義国家連合であり、同盟国は専制主義国家連合であるという鮮明な対立軸を見せたかったウィルソン政権のアキレス腱は、専制主義国家ロシアが連合国の一員だったことでした。

民主主義国家連合のなかに、典型的な専制国家であるロシア帝国が存在していることはウィルソンの主張の障害となっていたのです。ところが、そのロシアに、ニコライ二世を退位させ、ロマノフ王朝を崩壊させるという事件が発生するのです（ロシア三月革命。ロシア暦では二月革命）。そのタイミングは誰かが謀《はか》ったかのように、ウィルソン第二期政権が発足したばかりの一九一七年三月でした。三月十五日にニコライ二世は退位し、ロシアは民主主義の道を歩み始めた国家になったのです。少なくともそう主張できる大義名分ができあがったのです。これで連合国メンバーから専制国家が消えたのです。

ランシング国務長官は、「ロシアでの革命の動きが起きていることを鑑みると、今こそドイツに対する宣戦を布告するべき時であり、（世論にわかりやすい説明ができる）『心理的に絶妙のタイミング（the psychological moment）』である」と大統領に説いています。ランシングがハウスに対して、大統領にそう説得したと報告しているのです[*193]（三月十九日）。

デイヴィッド・フランシス駐ロシア大使は、ロシア暫定政権をアメリカがすぐにでも承認すべきであるとワシントンに建言しています。ウィルソンはその具申どおりに暫定政権を承認しています。三月二十日の閣僚を交えた協議の場で、「ロシア新政府を最初に承認したのがアメリカであったことをウィルソンは喜んでいた」とロバート・ダニエル海軍長官が日記に残しています[*194]（三月二十三日付）。ロシアが対独戦争を続けることを望むイギリス、フランス、イタリアもアメリカに続いてロシア暫定政権を承認します。

この頃、アメリカの知識人もロシア・ロマノフ王朝の崩壊は、ロシアが民主国家に向かい始めた証《あかし》であると本気で信じていました。その代表的な人物は前ハーバード大学学長チャールズ・エリオットでした。エリオットは、議会に対独宣戦布告を求める大統領演説には、ロシアでの民主化の動きに必ず触れるべきだと、ウィルソンにアドバイスするほどでした。[*195]

アメリカ参戦の是非を決定する閣議は、ロシア暫定政権が発足してからわずか四日後に開かれています。ランシング国務長官が彼の任期中、最も重要で歴史的に意義があったと振り返るこの閣議では、参戦に積極的な閣僚の発言が相次いでいます。マカドゥー財務長官、デイヴィッド・ヒューストン農務長官、ニュートン・ベーカー陸軍長官、トーマス・グレゴリー司法長官、ウィリアム・レッドフィールド商務長官らはみな参戦積極派でした。閣議で最初に口を開いたのは、大統領の娘婿マカドゥーでした。[*196]Ｊ・Ｐ・モルガンとの関係の深い財務長官が、多額の対英仏債権を焦げつかせないようイギリスが勝利することを切望するモルガングループに代わって、早期参戦決定を促しました。

同じ閣議でランシング国務長官は次のように発言しています。

「ロシアでの革命は成功しつつあるようだ。これで、ヨーロッパで繰り広げられているのは、民主主義対絶対主義（absolutism）の戦いであるとする、われわれの主張にとっての不都合が消えたことになる。世界が恒久的に平和になるためには、世界に遍く民主国家が成立しなければならない。どのような連合も、そのメンバーに専制国家が含まれていては無意味になってしまう。……（メンバー国のロシアが専制国家でなくなったことで）専制国家ドイツに対する民主国家連合の戦いになる。その戦いにわが国が参加することで、民主主義の精神を世界に発展させることができるのである」[*197]

アメリカが後年、参戦する際に繰り返し使うことになる、戦いを正当化するロジックをランシングは使ったのでした。ランシングは、参戦理由がドイツの無制限潜水艦攻撃で危惧されるアメリカ船舶の損害だけであれば、議会は簡単には参戦承認しないだろうと危ぶんでいました。しかし、メキシコを操りながらのドイツ外交の「汚い」やり方（ツィンメルマン暗号）に加え、ロシア革命で専制国家ロシアが民主主義国家に変貌しつつある事実が、議会の対ドイツ宣戦布告決定を容易にするはずなのです。

四月二日の大統領の議会演説を受けて、その四日後の六日には議会は対独戦争布告を決議します。アメリカの参戦をウィルソン大統領に最後に決断させた要因は、ドイツの無制限潜水艦攻撃か、ツィンメルマン暗号か、それともロシア革命だったのか。この三つの要素はどれもおそらく同じ程度のインパクトで、ウィルソンの背を押したに違いないのです。

## ウィルソン政権の対日宥和政策：「石井・ランシング協定」と日本の南洋諸島占領問題

アメリカのドイツに対する宣戦布告は対日外交を劇的に方針転換させます。対ドイツ戦争に勝利するというアメリカ外交の最重要課題を前にして、他の案件はその実現に向けたベクトル方向にあっさりと切り替えられていったのです。当時のアメリカの政治家の対日本観は「日本の対支那外交への不快感と、日本人移民への反感という二つの要素が混在したプリズム」を通して形成されたものでした。[198]この二大ファクターにオレンジ計画を練っていた海軍の思惑、支那市場に対してオープンドア政策を主張してきた米産業界や金融界、あるいは支那で活動していた日本嫌いの宣教師のアンチ日本の感情が重なっていました。日本への警戒感が充満していた時代でした。ところが、対ドイツ戦争の開始でこうした反日本の感情はほとんど意味を持たなくなってしまったのです。

対英仏債権を心配するJ・P・モルガンに代表されるアメリカ金融資本にとって、将来性だけの支那市場よりも、現実に存在する巨額の債権を担保するほうがよほど重要でした。その金融資本の利益を代弁する政治家で構成されるウィルソン政権が、支那市場に拘泥するよりも、日本を対独戦争遂行の強力なパートナーとしたほうが断然有利であると考えるのは自然なことでした。アメリカはイギリス支援を確実なものにするためには、その海軍力を大西洋に大きくシフトさせなければなりませんでした。

太平洋の安全保障は日本に任せるしかなくなったのです。

アメリカの海軍力を必要としていたイギリスは、アメリカが参戦すると同時に外務大臣アーサー・バルフォアをアメリカに遣《や》っています。対独戦争の勝利を確実にするため、アメリカの具体的な支援を引き出す直接交渉に当たらせたのです。

「バルフォアが率いたイギリス外交団は、アメリカの建艦思想を変更させねばならないと考えた。当時のアメリカ海軍は、日独が同盟した場合の（最悪の）シナリオを想定していたこともあって、主力艦の建造を急いでいた。アメリカに入ったバルフォアは四月、五月にかけて、アメリカ政府と秘密交渉に入った。ウィルソン大統領の分身であるエドワード・ハウスも当然に交渉の相手であった[*199]」

「イギリスは（ドイツの潜水艦攻撃に対抗するために）どうしても護衛艦を増やす必要があった。（主力艦ではなく）護衛艦の建造をアメリカに納得させるために、万一アメリカの危惧する米日の紛争があった場合には、イギリスはアメリカを支援すると約束した。結局、両国がこの秘密協定を取り交わすことはなかった。イギリスの重要な同盟国であった日本の機嫌を損ねることを恐れたからだった[*200]」

利害が相反する秘密条約の締結が当たり前の時代でした。国家存亡の危機にあったイギリスが、日英同盟の存在など忘れたかのような対アメリカ秘密外交を進めていたとしても驚くようなことではありませんでした。アメリカ海軍はイギリス支援のためには、太平洋に配備している艦船も大西洋にシフトしなければなりません。その結果、太平洋方面の防衛は無力化してしまうことになります。「アメリカはその防衛を日本の善意（dependent on Japanese good will）に頼らざるを得［*201］」なくなっていたのです。

もちろん外交では相手国の善意に完全に頼ることはあり得ません。アメリカは、かねてから日本に示していた不快感そのものを、対日本外交にバーターとして利用したのです。日本の対支那外交に一定の理解を示すことで、日本の海軍力を太平洋方面防衛に利用しようと目論んだのです。ハウスがそのような意図を持って佐藤愛麿《よしまろ》駐米大使と単独会見を行ったのは一九一七年五月二日のことでした。その会見は二時間にも及んでいます［*202］。

ハウスは、この会見で佐藤大使が「両国間の未解決問題を話し合うのに今が好機ではないか、と余の意見を質《ただ》した」と日記に記しています［*203］。

「余（ハウス）が佐藤大使に、日米交渉の議題とすべきと考える事柄を列挙するよう促したところ、大使は米国の土地所有法と移民法を指摘した。日本がこれらの要求を押しつけるべくこの機を選んだことは明らかである」

ハウスは自らの記す日記が後日他者の目に触れることを予期していたはずでした。日本が、アメリカが苦しんでいる時期に、難題を吹きかけてきたかのような描写は、ハウスの狡猾な工作だったと考えて間違いないでしょう。日本の協力を欲していたのはアメリカ自身であるにもかかわらず、そのような態度を、けっしてハウスは見せなかった。後世にそのように伝えておかねばならなかったのです。

ハウスは日本の二十一ケ条要求に対しても、アメリカは（現実の利益を生んではいない）オープンドア政策のために日本と戦争することなどあってはならないと、自制の必要性を説いてきました。[*204] 将来の参戦に備えていたハウスにとって、日本の力を少なくとも短期的には必要とすることを見通すことは何でもないことでした。

ランシングは佐藤大使の提示した日米間の懸案の解決には、日本から特派大使が派遣されるべきだと日本側に伝えています（五月十二日）。佐藤大使は外務省本省に次のように報告しています。

「太平洋の警備に関する協同動作を取極め、追って米国が太平洋に有する艦隊を大西洋に引揚ぐること等種々あるべく。尚、時局問題のみに限らず東洋問題に付ても亦打合を試むるを妨げざるべし。然れども右は米国政府の申出とせらるは面白からざるに付、佐藤大使に於て同意ならば同大使の想い付きとして日本政府に稟議せられ間敷くや云々[*205]」（原文カタカナ、傍点筆者）

外交の専門家として、特使の派遣は日本が言い出した形にしておくことが、将来の世論工作に重要であることをわかっていたのです。アメリカは欲深く狡猾な国であってはなりません。日本こそが小ずるい国でなければならないのです。

佐藤大使の報告を受けた日本政府は、ランシングの特使派遣要請が「東洋問題ではなく単に太平洋の警備問題であるとしても、対独作戦において米国と責任を共同分担することは米国に好感情を植えつける結果を生むであろう[206]」との結論に達し、特使派遣要請に応えたのです。佐藤大使が、「特命全権大使石井菊次郎子爵と六名の随員の顔ぶれを国務長官に通達した」のは六月十四日のことでした[207]。ランシングが狙ったとおり、公的には、あくまで日本側の主導で送り込む特命全権大使が石井菊次郎だったのです。

日本の海軍力を必要とする喫緊の課題を前に、支那問題をバーター条件にすることを決めましたが、それでもアメリカは日本の支那における権益の拡大を最小限に留めようと考えていました。石井特使の到着を前にして、ウィリアムス極東部長は次のようにその考えをまとめています。

「シナにおける日本の優先的地位、日本の満州・東部内蒙古・山東・福建省における特殊利益、シナに対する二十一ケ条要求等はすべて相互に関連している。これらは非常に取扱いの困難な問題である。日本はこれらの問題に対する要求を積極的に押し付けてくるであろうし、所謂《いわゆる》日本の諸権利を米国が認めることを執拗に迫るであろう。しかしながら、これまで米国が認めた以上に如何なる承認も与えることは好ましくない[208]」

ランシング国務長官と石井特使の最初の会談は九月六日に行われ、支那における日本の立場にかかわる激しい議論が交わされたのは第三次会談（九月二十二日）でのことでした。

日本の支那権益を可能な限り限定しておきたいランシングは、「米国は支那に於ける日本の経済的特殊利益を認むるに躊躇せざることは御承知の通りなるも（日本の要求する）『パラマウント・インタレスト』（注：他に優先する卓越した権益）は『オープン・ドアー』と衝突するものなるが故に之を認むる能わず[209]」と主張しています。

これに対して石井特使は、「帝国政府は『パラマウント』なる文字に格別の意義を附するものにあらず。米国は墨国に於て『パラマウント・インタレスト』を主張するものなる可きも、之は墨国に於ける門戸開放と矛盾せざる如く、支那に於ける『パラマウント・インタレスト』と云うも決して門戸開放を冒すの意思なし[210]」と反駁しています。

アメリカのモンロー宣言はアメリカ近隣諸国におけるアメリカの「パラマウント・インタレスト」の主張そのものでした。アメリカのモンロー宣言の思想に準拠すれば、日本が支那において「パラマウント・インタレスト」を要求するのは当然の論理的帰結でした。石井特使の物言いは、そのことを直接的に表現していませんが、言葉の裏に込められた皮肉は、メキシコ領内に軍を派遣している現実を前にして、ランシングの心に刺さったに違いないのです。

国際法の専門家であるランシングが思いついた妙案は日本の支那における権益を「スペシャル・インタレスト」という用語を使って表現することでした。石井特使は、ランシングが、「special interest なる字句には適宜解釈の余地あり外交上の用語として頗《すこぶ》る妙なり」[*211]と述べたと記録しています。その後も細かな語句の修正協議を繰り返し、日本の支那に於ける「スペシャル・インタレスト」とアメリカの「門戸開放」要求のバランスを考慮した日米合意（石井・ランシング協定[*212]）が発表されたのは十一月二日のことでした。

二ヵ月もの長期にわたり十三度の交渉を繰り返してまとめ上げた協定も、先に述べたエグゼクティブ・アグリーメント（Executive Agreement 大統領府が独自に結んだ約束事）の持つ危うさを孕んでいました。議会の承認を得ない約束事には限界があったのです。

「ランシング国務長官はランシング・石井協定は単なる政権の方針をステートメントにしただけのものと理解していた。日本の北支方面の特殊権益を認めた重要な内容を含む協定であるにもかかわらず、ランシングはアメリカの意思でいつでも破棄できる（revocable at will）ものであり、アメリカを拘束しないと理解していた[*213]」

いずれにしても石井・ランシング協定が締結されたことで、アメリカは日本との緊張を緩和することに成功しました。そのことでアメリカ海軍を、イギリス支援のために全面的に大西洋方面で運用することが可能になったのです。[*214] 交渉が続けられるなかで、早くもハワイ諸島の防衛は日本海軍が請け負うことが決まっています。太平洋方面に残っていた最後の主力艦である巡洋艦「サラトガ」の役割も、日本海軍巡洋艦「常盤」が請け負っています（一九一七年十月）。一九一八年八月には「常盤」に代わって巡洋艦「浅間」が任務に就いています。日本海軍の軍船がハワイ防衛の役割を終え日本に戻ったのは一九一九年二月のことでした。[*215]

アメリカの日本に対する宥和の姿勢は石井・ランシング協定で示された支那方面での日本の「スペシャル・インタレスト」を容認したことだけではありません。もう一つ重要案件がありました。それはドイツ領南洋諸島の領有問題でした。赤道以北にある日本の占領下にある諸島は、戦争終結後は日本の管理下に置くことは日英間で密かに合意されていたことでした。そのことは早くも一九一六年十月、イギリス駐米大使スプリング・ライスからランシングに知らされています。[*216] ランシングは九月六日の第一回の石井特使との会談でこの問題を話題にはしていますが、その後の会談では支那問題に議論を集中させています。

軍事的視点からすれば、これは不思議なことでした。南北三千キロメートルにわたって延びるドイツ領南洋諸島が日本の管理下に入れば、フィリピンとハワイを結ぶ兵站線はほぼ完全に分断され、フィリピン防衛は、グアム方面から東西に細々とつながる線だけに頼ることになってしまいます。日本のドイツ領南洋諸島領有を容認することは、「アメリカはフィリピン防衛を諦めた」とも言い切ることができるほどの重大事です。アメリカの軍事・安全保障上の観点からすれば、日本の支那市場への進出懸念よりも、日本の南洋諸島領有のほうがより深刻な事件なのです。

そうであるにもかかわらず、アメリカはそれを明確な形で問題視しませんでした。なぜなのでしょうか。南洋諸島は日本が実質的に占領支配しています。この事実に不快感を示せば日本を強く刺激してしまいます。おそらく日本海軍の支援が不可欠であったアメリカにとって、この問題を持ち出すことはあまりにリスクが高かったのでしょう。

アメリカの悪夢は、日本とドイツからの同時攻撃、つまり太平洋と大西洋の二正面作戦を強いられることでした。しかしドイツをこの大戦で破ることができれば、このシナリオは消えるのです。ドイツの脅威がなくなった時点で、ゆっくりと太平洋方面の防衛を固めていけばよいのです。日本のドイツ領南洋諸島の実質的領有（正確には赤道の南北で日英が分割）に口を噤んだこと、それ自体が、アメリカの対日宥和政策の重要な側面でした。

### ◉原註

＊1 Andrew F. Smith, *American Tuna*, University of California Press, 2012, P61.

＊2 近藤正治（一八七七―一九四八）東京帝国大学で水産学を学ぶ。メキシコ・カリフォルニア半島で水産加工会社を起業した。
http://www.pioneerhonor.jp/pioneer/us/gunzok.html

＊3 *American Tuna*, p61.

＊4 同右　p61.

＊5 http://tokyosigaku. jugem.jp/?eid = 248

＊6 Henry Blumenthal, Woodrow Wilson and the Race Question, *Journal of Negro History*, Vol. 48, Jan. 1963, pp5-6.

＊7 同右　p7.

＊8 ジェームズ・D・フェランの徹底的な日本嫌いは、彼が一九二〇年の上院議員選挙に使用したポスターに象徴的に表れている。『日米開戦の人種的側面　アメリカの反省１９４４』のカバーの絵がそれである。

＊9 Zoltan I. Buzas, The Color of Threat, Research in International Politics workshop, Ohio State University, 2011 May 27, p21.
http://politicalscience. osu. edu/intranet/rip/papers/Buzas%20The%20Color%20of%20Threat.pdf

＊10 同右　p21.

＊11 German Weltpolitik and the American Two-Front Dilemma, pp1466-67.

＊12 Canal de Panama HP, Frequently Asked Questions.
http://www.pancanal.com/eng/general/canal-faqs/index.html

＊13 *Panama Fever*, p459.

＊14 拙著『TPP　知財戦争の始まり』（草思社、二〇一二年）三四頁。

＊15 Andrew Jackson（一七六七―一八四五）任期は一八二九年から三七年。

＊16 ゴールドスミス・ノートについては、吉野俊彦『通貨の知識』（日経文庫、昭和五十一年版、八七頁）に拠った。

＊17 Frances Dinkelspiel, *Towers of Gold*, St. Martin's Griffin, 2008, p152.

＊18 *Money in Crisis*（*The Federal Reserve, the Economy, and Monetary Reform*）, editedy by Barry N. Siegel, Ballinger Publishing Company, 1984, p106.

＊19 G・エドワード・グリフィン、吉田利子訳『マネーを生みだす怪物――連邦準備制度という壮大な詐欺システム』（草思社、二〇〇五年）五一三頁。

＊20 Alexander Hamilton（一七五五―一八〇四）初代財務長官。彼の決闘による死については『日本開国』14章「決闘、アメリカの騎士道」に詳しい。

＊21 *Willard Straight*, p373.

＊22 Robert Higgs, Who was Edward M. House? , *The Independent Review*, vol. 13 Winter 2009.

＊23 The Federal Reserve as a Cartelization Device: The early Years 1913-1930, p106.

＊24 Patrick Buchanan, *Churchill-Hitler and The Unnecessary War*, Crown Publishing Group, 2008, pp22-23.

＊25 Jack Beatty, *The Lost Hostory of 1914*, Walker & Company, 2012, p63.

＊26 *Churchill-Hitler and The Unnecessary War,* p23.
＊27 Georg von Hase, *Kiel and Jutland,* Skeffington & Sons, 1921, pp17-18.
＊28 同右　p27.
＊29 同右　p33.
＊30 同右　p45の配席表に拠った。
＊31 同右　p46.
＊32 同右　p55.
＊33 同右　p56.
＊34 同右　p56.
＊35 同右　pp61-62.
＊36 サンドウィッチという説もある。
＊37 Ralph Raico, Great Wars and Great Leaders, the Ludwig von Mises Institute, 2010, p10.
＊38 同右　p9.
＊39 *Churchill-Hitler and The Unnecessary War,* p25.
＊40 同右　p25.
＊41 Great Wars and Great Leaders, p13.
＊42 同右　p13.
＊43 「オーストラリア国立大学イアン・バックレイ（Ian Buckley）教授退官記念講演録」（二〇〇七年七月十八日）A Case History: Britain, Empire Decline, and the Origins of WW1 or, Might the Lessons of the Boer War have saved the Day? , p6.
http://www.anu.edu.au/emeritus/events/docs/Ian_Buckley_Emeritus_L1_2.pdf

＊44 *Churchill-Hitler and The Unnecessary War*, p26.
＊45 同右 p26.
＊46 A Case History: Britain, Empire Decline, and the Origins of WW1 or, Might the Lessons of the Boer War have saved the Day? , p7.
＊47 *Churchill-Hitler and The Unnecessary War*, p28.
＊48 同右 p31.
＊49 Great Wars and Great Leaders, p14.
＊50 同右 p15.
＊51 *Churchill-Hitler and The Unnecessary War*, p56.
＊52 同右 pp36-37.
＊53 同右 p37.
＊54 同右 p37.
＊55 同右 p39.
＊56 James T. Westwood, Electronic Warfare and Signals Intelligence at the Outset of World War 1. アメリカ海軍公開情報。
http://www.nsa.gov/public_info/_files/cryptologic_spectrum/electronic_warfare.pdf
＊57 同右。
＊58 Ava Caroline Jacobi, Into the Abyss: The Legacy of the "Rape of Belgium" Propaganda, Georgetown Univ. Senior thesis, 2009, p25.
＊59 *Churchill-Hitler and The Unnecessary War*, p50.
＊60 「幣原喜重郎とその時代」第11章　Beginning of an American Century, p15. 岡崎研究所ホー

ムページ版。
http://www.okazaki-inst.jp/Shidehara%20Chapter%202%20%28final-final%29%20submitted%20on%20March%208.pdf

＊61 The Bryce Report (Excerpts).「ブライス報告書」(要約版)
http://web. viu. ca/davies/H482. WWI/Bryce. Report. 1915. htm

＊62 Into the Abyss, p102.

＊63 同右。

＊64 Jeff Frieden, Sectoral Conflict and Foreign Economic Policy, 1914–1940, *International Organization,* vol. 42, Winter 1988, p70.

＊65 同右　p70.

＊66 同右　p72の表より抜粋。

＊67 同右　p70.

＊68 Murray N. Rothbard, Wall Street Banks and American Foreign Policy 2nd Edition, Ludwig von Mises Institute, 2011, p19.

＊69 Daniel M. Smith, Robert Lansing and the Formulation of American Neutrality Policies 1914–1915, *The Mississippi Valley Historical Review,* Vol. 43, June 1956, p63.

＊70 Great Wars and Great Leaders, p23.

＊71 「ロンドン宣言」第二十四条。

＊72 Great Wars and Great Leaders, p23.

＊73 高橋文雄「経済封鎖から見た太平洋戦争開戦の経緯」(防衛省『戦史研究年報』第14号、二〇一一年三月) PDF版、六頁。

http://www.nids.go.jp/publication/senshi/pdf/201103/05.pdf

＊74 Great Wars and Great Leaders, p25.

＊75 Robert Lansing and the Formulation of American Neutrality Policies 1914-1915, p66.

＊76 *From Colony to Superpower*, p403.

＊77 同右　p403.

＊78 Robert Lansing and the Formulation of American Neutrality Policies 1914-1915, p60.

＊79 同右　p62.

＊80 同右　p64.

＊81 同右　p65.

＊82 同右　p68.

＊83 同右　p68.

＊84 同右　p69.

＊85 岡俊孝「ロバート・ランシングの対日政策」*The journal of law & politics*, Kwansei Gakuin University, 1961 p205.（関西学院大学『法と政治』一九六一年）二〇五頁。

＊86 Robert Lansing and the Formulation of American Neutrality Policies 1914-1915, p80.

＊87 同右　p80.

＊88 同右　p80.

＊89 欒玉璽「ドイツ・日本の青島進出とインフラ整備」（『アジア研究』第54巻第1号、二〇〇八年一月）八四頁。

＊90 同右、八八頁。

＊91 瀬戸武彦「青島をめぐるドイツと日本（2）」（『高知大学学術研究報告』第48号、一九九九

年）第4節「戦闘の終結」。

＊92 Timothy Saxon, Anglo-Japanese Naval Cooperation 1914-1918, *Naval War College Review*, Winter 2000, vol. 53.
http://digitalcommons.liberty.edu/cgi/viewcontent.cgi? article = 1004&context = hist_fac_pubs

＊93 「青島をめぐるドイツと日本（2）」第4節「戦闘の終結」。

＊94 German Weltpolitik and the American Two-Front Dilemma, p1468.

＊95 同右 p1468.

＊96 同右 p1469.

＊97 同右 p1469.

＊98 バールィシェフ・エドワルド『日露同盟の時代 1914～1917年――「例外的な友好」の真相』（比較社会文化叢書8、花書院、二〇〇八年）一三〇頁。

＊99 同右、一三〇頁。

＊100 同右、一三〇頁。

＊101 同右、一三〇頁。

＊102 German Weltpolitik and the American Two-Front Dilemma, p1469.

＊103 Anglo-Japanese Naval Cooperation 1914-1918.

＊104 同右 p6.

＊105 同右 p5.

＊106 同右 p7.

＊107 同右 p7.

＊108　同右　p7.
＊109　同右　p8.
＊110　「日独戦争と俘虜郵便の時代」
http://www.takahashistamp.com/2note72.htm
＊111　Anglo-Japanese Naval Cooperation 1914-1918, p8.
＊112　永井煥生「第一次世界大戦における欧州戦線派兵要求と日本の対応」（『防衛研究所戦史部年報』創刊号、平成十年）九頁。
＊113　同右、一〇頁。
＊114　同右、一〇頁。
＊115　同右、一〇頁。
＊116　Anglo-Japanese Naval Cooperation 1914-1918, p8.
＊117　同右　p8.
＊118　同右　p9.
＊119　「第一次世界大戦における欧州戦線派兵要求と日本の対応」一一頁。
＊120　Anglo-Japanese Naval Cooperation 1914-1918, p10.
＊121　同右　p10.
＊122　「第一次世界大戦における欧州戦線派兵要求と日本の対応」一二頁。
＊123　Anglo-Japanese Naval Cooperation 1914-1918, p12.
＊124　同右　p12.
＊125　Clydebuilt Database.
http://www.clydesite.co.uk/clydebuilt/viewship.asp?id = 19107

＊126 同右。

＊127 Anglo-Japanese Naval Cooperation 1914–1918, p13.

＊128 同右 p13.

＊129 同右 p14.

＊130 同右 p14.

＊131 Great Wars and Great Leaders, p20.

＊132 Who was Edward M. House?, p455.
http://www.independent.org/pdf/tir/tir_13_03_9_higgs.pdf

＊133 A Guide to the Edward Mandell House Papers, 1896–1938, Biographical Sketch.
http://www. lib. utexas. edu/taro/utcah/01545/cah-01545. html

＊134 Texas State Histrical Association HP, Edward Mandell House.
http://www. tshaonline. org/handbook/online/articles/fho66

＊135 Who was Edward M. House? , p457.

＊136 同右 p458.

＊137 同右 p456.

＊138 同右 p458.

＊139 Charles Seymour, *Woodrow Wilson and the World War: A Chronicle of Our Own Times*, Yale University Press, 1921, p91.

＊140 "Hughes Elected" for One Night Only, *The Milwaukee Journal*. 一九四四年十一月六日付。

＊141 同右。

＊142 同右。

＊143 同右。
＊144 『日米開戦の人種的側面　アメリカの反省１９４４』四二―四三頁。
＊145 Edward Mandell House, *Philip Dru: Administrator*, B. W. Huebsch, 1912.
＊146 Great Wars and Great Leaders, p31.
＊147 Joachim von Zur Gathen, Zimmermann Telegram: The Original Draft, *Cryptologia*, #31, 2007, p13.
http://cosec.bit.uni-bonn.de/fileadmin/user_upload/publications/pubs/gat07a.pdf
＊148 同右　p13.
＊149 同右　p13.
＊150 同右　p13.
＊151 同右　p13.
＊152 同右　p19.
＊153 同右　p19.
＊154 William Clifton Lorick Jr, He Kept Us Out of War: Narrative Analysis of Woodrow Wilson's Drive to War 1916-1919, Thesis at University of Alabama, 2011, p41.
＊155 Zimmermann Telegram: The Original Draft, p18.
＊156 同右　p6.
＊157 アメリカ国家安全保障局（ＮＳＡ）機密解除文書。四五頁。
http://www.nsa.gov/public_info/_files/cryptologic_quarterly/the_zimmermann_telegram.pdf
＊158 同右、四五頁。

＊159 German Ambassador Count Johann von Bernstorff to Robert Lansing, U. S. Secretary of State.
http://www.firstworldwar.com/source/uboat_bernstorff.htm

＊160 同右。

＊161 同右。

＊162 Joachim Von Zur Gothen, The Zimmermann Telegram Revisited: A Reconciliation of the Primary Sources, *Cryptologia*, #30, 2006, p122.
http://people.ischool.berkeley.edu/~tygar/F10.security/Papers.2010.09.01/Zimmerman%20Telegram%20Revisited.pdf

＊163 アメリカ国家安全保障局（ＮＳＡ）機密解除文書。四五頁。

＊164 同右、四五頁。

＊165 The Zimmermann Telegram Revisited, p126.

＊166 同右 p126.

＊167 President Diaz: Hero of the Americans, *Pearson's Magazine*, March 1908, p231.

＊168 Caroline Clark, Woodrow Wilson's Departure from Isolationist to Interventionist Policy, Thesis, 2006, p4.
http://sun.menloschool.org/~chanson/apush/rp/ccww.pdf

＊169 Wilsonian Missionary Diplomacy-President wilson's address at mobile, alabama, 27 october, 1913.
http://www.americanforeignrelations.com/O-W/Wilsonian-Missionary-Diplomacy-President-wilson-s-address-at-mobile-alabama-27-october-1913.html

＊170 Don M. Coerver and Linda B. Hall, The United States and Revolutionary Mexico: A Documentary Hstory, Thesis of Southern Methodist University, 1970, p35.

＊171 Thomas H. Russel, *Mexico in Peace and War* (*1914*), Reilly and Britton Syndicate, 1914, p17.

＊172 同右　p18.

＊173 同右　p21.

＊174 Tom Taubensee, German Influences in Mexico prior to America's Entrance into the Great War, Thesis, p6.
http://tomtaubensee.com/Works_files/History%20%20WWI%20German%20Influences%20in%20Mexico.pdf

＊175 同右　pp6–7.

＊176 同右　p7.

＊177 同右　p7.

＊178 同右　p7.

＊179 同右　p8.

＊180 同右　p9.

＊181 同右　p10.

＊182 同右　p10.

＊183 同右　p11.

＊184 同右　p11.

＊185 Francis MacDonnell, *Insidious Foes*, Oxford University Press, 1995, p17.

＊186 同右　p17.

＊187 同右 p17.
＊188 German Influences in Mexico prior to America's Entrance into the Great War, p12.
＊189 同右 p12.
＊190 同右 p13.
＊191 同右 p15.
＊192 Marilyn Alicia Delbosque, Texas State University San Marcos Honor Program Thesis, From Neutrality to War, 2009, P7.
＊193 同右 p29.
＊194 同右 p30.
＊195 同右 pp30–31.
＊196 同右 p33.
＊197 同右 p34.
＊198 Anglo-Japanese Naval Cooperation 1914-1918, p11.
＊199 同右 p11.
＊200 同右 p11.
＊201 同右 p12.
＊202 岡俊孝「ロバート・ランシングの対日政策」八〇頁。
＊203 同右、八〇頁。
＊204 German Weltpolitik and the American Two-Front Dilemma, p1475.
＊205 「ロバート・ランシングの対日政策」八一頁。
＊206 同右、八二頁。

＊207 同右、八二頁。

＊208 同右、八八頁。

＊209 同右、九〇頁。

＊210 同右、九〇頁。

＊211 同右、九二頁。

＊212 協定の英語原文およびランシング国務長官、石井特使のステートメントは巻末に収載（七二六―七一九頁）。
http://net.lib.byu.edu/~rdh7/wwi/comment/japanvisit/JapanA2.htm

＊213 Edwin M. Borchard, Shall the Executive Agreement Replace the Treaty; Yale Law School Legal Scholarship Repository, *Yale Law Journal*, 1944, p679.

＊214 Anglo-Japanese Naval Cooperation 1914-1918, p12.

＊215 同右　p12.

＊216 「ロバート・ランシングの対日政策」九七頁。

終章　民主主義のための「軍国主義」

## 兵士調達と人種差別

ウィルソン大統領は、アメリカの参戦はあくまでドイツの責任であることを繰り返し国民に説明しています。「ドイツの戦略によってアメリカの中立である権利が侵された」[*1]（一九一七年六月十四日）。アメリカの決定はあくまで受身であり、アメリカを戦争に巻き込まないとする約束を破ったことに対する言い訳でもありました。

ツィンメルマン暗号を受信した駐メキシコ公使フォン・エッカルトはメキシコ外務大臣カンディド・バルガス（Candido Vargas）にその内容を伝えています（一九一七年二月二十日）。カランサ大統領がその拒否を決めたのは、アメリカの対独宣戦布告後すぐのことでした[*2]（四月十四日）。メキシコの憂いを除いたアメリカは、メキシコ介入部隊の指揮官であったパーシング将軍の部隊を引き揚げ、ヨーロッパ戦線に派遣することを決めています。

ツィンメルマン暗号に、カリフォルニアは将来の領土にすると記述されていた仮想敵国日本に、太平洋防衛の要《かなめ》ハワイ諸島と、二正面作戦に備えようと巨費を投じて建設したパナマ運河の太平洋側の防衛を委ねるという、不思議な光景が生まれました。

対ドイツ宣戦布告を受けて、海軍は太平洋方面の戦力をすべて大西洋に向けることで、まがりなりにも必要な戦力をやりくりできました。しかし陸軍はそうはいきませんでした。アメリカ陸軍の戦力は列強のなかでも悲しいほどに微力だったのです。一九一七年当時アメリカ陸軍の兵力はわずか十二万人に過ぎませんでした。これに訓練の未熟な州兵（National Guard）十八万人が加わっても、わずか三十万人強の兵力だったのです。

ヨーロッパ戦線で必要とされる兵士の数は一桁違う百万単位でした。南北戦争時を除けば、アメリカの伝統は志願兵による陸軍の編成でした。しかし、もはやそのやり方では必要な兵士の数をそろえることは難しかったのです。徴兵制度を法律化したのは五月のことでした（Selective Service Act）。この法律で二十一歳から三十歳までの男子は指定された機関に登録を義務づけられました（後日、年齢制限が十八歳から四十五歳に拡大）。南北戦争時代の制度では一定額の支払いで代用人を立てることが可能でしたが、もはやそれはできない法律に変化していました。これによって、およそ二千四百万人が召集対象として登録されたのです。

ウィルソン政権に代わって以来、明らかに差別（隔離）がひどくなっていた黒人に対しても、この法律は等しく適用されています。およそ二百三十万人の黒人が召集の対象となっています。黒人に対する差別解消を主張していた活動家も、ウィルソンの標榜する民主主義の世界規模での拡大、という国家目標のために戦うことで、アメリカ国内での黒人差別が緩和されるに違いないと期待しました。彼らはヨーロッパ戦線の戦いに積極的に参加したのです。およそ三十八万六千の黒人兵士が生まれています（陸軍三十八万、海軍六千）。アメリカの兵力の十分の一が黒人兵士だったのです。[*3]

しかし黒人に対する扱いは、陸軍でも海軍でも、ウィルソンの白人優越感情を反映して、まごうことなく差別的でした。敵であるドイツ人はアーリア人種に属し、白人種のなかでも最優秀種でした。「人類の最終進化形」に属する白人種ドイツ人を、たとえ彼らが敵性人種であっても、劣勢種の黒人に殺させるわけにはいかなかったのです。「ドイツ人を殺す行為は白人種だけの特権」でした。[*4] ヨーロッパ戦線に送られた黒人の数は二十万ですが、実際に前線で戦った黒人兵士はわずか三万八千に過ぎませんでした。黒人兵士の戦死は七百五十、負傷は五千という数字が残っています。[*5]

有色人種の兵士に対する態度はアメリカもイギリスも同じでした。イギリスはインド兵のみは戦うことのできる人種（martial race）としてフランスの前線に送りましたが、他の人種を前線で戦わせることはしませんでした。[*6] インド兵もそのほとんどは中東に派遣されています。そこでの敵兵は白人ではないのです。ニュージーランドが送り込んだマオリ兵はトルコ戦線のガリポリが戦いの場でした。ヨーロッパに派遣されたインド兵もマオリ兵も後方の非戦闘任務がほとんどでした。

カナダでも少数民族が見せた態度はアメリカに似ていました。

「日本人移民は戦場に行くことで参政権が得られると期待した。この思いは原住インディアンとも共通であった。カナダの黒人たちも『正義の戦い』への参加がカナダにおける人種問題の解決にインパクトを与えるはずだと考えた[*7]」

カナダ陸軍の採用担当者は黒人や原住インディアンは戦闘能力に劣るが、日本人は兵士には向く人種であると考えていました。しかし日本人グループには参政権獲得の政治的意図があると疑い、日本人を嫌っていたのです。その結果、カナダ陸軍が有色人種を採用することはありませんでした。しかしヨーロッパ戦線での戦傷者の激増で、カナダが送り込んでいる五十万規模の軍隊を維持するために、年間三十万人の補充が必要になると、有色人種の採用も避けられなくなります（一九一

入隊勧誘のポスター。ドイツの兵士は獰猛な類人猿に擬せられている

六年初頭）。ここで採用された有色人種も、後方での任務に当てられたのでした。

　イギリスは、港湾業務、軍需工場作業あるいは保線作業に支那人苦力《クーリー》の調達を、早くも一九一六年半ばから始めています。英国租借地の軍港、威海衛《いかいえい》と同盟国日本の占領下にある青島《チンタオ》から、九万六千人の苦力を太平洋、カナダ・ルートで送り出しています[*8]（一九一七年初頭から）。支那人労働部隊（Chinese Labor Corp：ＣＬＣ）と名づけられた苦力の部隊は、カナダ太平洋汽船の客船で日本海軍が警戒する太平洋をおそるおそるジグザグ横断しました。

「われわれを運んだ船はドイツ潜水艦を警戒し遠回りとなる航路をとった。バンクーバー島のウィリアムヘッドに到着したのは一九一七年四月二日のことであった。そこから鉄道に乗り換えた。貨車は外からはわれわれが運ばれていることがわからないようにされ、鉄道警備隊が警備にあたっていた。警戒が厳重だったのはプロジェクトを秘密にしておく必要に加え、支那人が逃げ出してカナダに住み着くことがないようにすることが目的であった[*9]」

　アメリカ陸軍では、黒人兵士だけで組織（指揮官は白人）された数少ない部隊の活躍がありましたが、それは例外的なことでした。殺傷力の高い機関銃や長距離砲などの重火器あるいは戦車や毒ガスなどの新兵器の登場で夥しい戦死者を出している「白人種の戦い」の前線に、有色人種が投入されなかったことは幸運であったかもしれません。しかしその理由は「有色人種には白人を殺す権利はなかった」からでした。

## 横行するリンチと黒人のエクソダス

アメリカの産業界は一九一四年の戦争勃発以来、好景気に沸いていました。連合国からの軍需関連品の注文が殺到し、連合国の手持ちの資金が枯れるとアメリカ自身がファイナンスし、注文はJ・P・モルガン商会がまとめて発注していました。生産すればするだけ物が売れ、しかも価格競争もない、経営者にとっては夢のような時代でした。しかしアメリカの参戦が決まると大きな問題が発生します。徴兵制度によって、ただでさえ不足気味の労働者が戦場に引き抜かれていったのです。

アメリカ北部や中西部の工業の盛んな地方の労働需要にはヨーロッパからの移民が対応していました。しかしこの大戦で移民の流入が激減しています。現場で作業する労働者が不足し、悩んだ経営者層が目をつけたのは南部の黒人労働力でした。採用担当者が次々に南部諸州に派遣され、黒人労働者をリクルートしたのです。イリノイ州イーストセントルイス市もそうした工業都市の一つでした。

「労働者は高い割合で組織化されていた。度重なるストライキは経営者の悩みの種になっていた。イーストリバティーにある会社は南部の黒人労働力を積極的に採用する動きを見せた。（採用担当者は）仕事のオファーだけでなく、交通費の負担も、黒人が安全に住める居住区も約束して採用に努めたのである。一九一七年の春には、毎週二千人もの黒人がイーストセントルイスにやって来た」[*10]

労働組合にとっては労働者の不足は労働環境改善の絶好のチャンスでした。黒人労働者がやって来てはそれも台無しになってしまいます。労働組合は、ストライキの邪魔をする非労働組合員（scabs）を徹底的に憎みます。三千人の組合員が集合し市庁舎に押しかけたのは一九一七年五月二十八日のことでした。黒人労働者との「アンフェア」な競争を是正しろと叫ぶ群衆は暴徒化し、建物を破壊し、不幸にも通りかかってしまった黒人たちに次々と襲いかかったのでした。二日間にわたる騒乱は州知事が派遣した州兵が抑え込みました。怯えた黒人たちは自衛団を結成し、新たな襲撃に備えたのです。

州兵の出動でいったんは沈静化した白人労働者の憤懣が再び爆発したのは、およそ一ヵ月後のことでした（七月一日）。黒人居住区に車で乗りつけた白人の一団が民家、商店あるいは教会に向けて無差別に銃弾を撃ち込んだのです。黒人グループは自警団が集まり、再びやって来た白人の乗る車に向けて応戦します。しかしその車は最初の襲撃の車ではありませんでした。事件を聞いて駆けつけてきた私服刑事を乗せた警察車両だったのです。

刑事が殺害されたことを知った白人の集団が黒人居住区に襲いかかったのはこの翌

日のことでした。この時も警官だけでなく州兵が動員されています。彼らは黒人居住区の保護よりもむしろ黒人の「叛乱」を抑えるのが仕事だと考えていました。襲いかかった白人を制する者はどこにもいない状況が出現してしまったのです。[*11]

この「叛乱」は一週間続き、白人が九人死んでいます。黒人の死者は確定していません。しかし数百人が殺されたと記録されています。「子供たちは焼ける家の中に放り込まれ、大人たちも閉じ込められた家に火が放たれて焼き殺されていった[*12]」のです。生命の危険を感じてこの町を逃げ出した黒人は六千を超えました。この事件に憤ったニューヨークの黒人の集会がハーレムで開かれています（七月八日）。黒人の地位向上を標榜する活動家マーカス・ガーヴィー（Marcus Garvey）は次のように訴えたのです。「われわれ黒人（Negro）はこの大戦に大きく貢献しているにもかかわらず白人種から徹底的に嫌われている。（中略）この事件は人間の尊厳に対する汚点として人類史上にしっかりと記録されるだろう[*13]」

ジム・クロウ法に基づく隔離を示すサインの一例

イーストセントルイス市の事件から一ヵ月半後の八月二十三日、今度は南部の都市ヒューストン（テキサス州）で白人種と黒人種の激しい衝突が発生しています。こちらの事件は、ウィルソン政権というきわめて人種差別的な政権が「世界の民主主義のために」ヨーロッパの戦争に介入するという明らかな矛盾を曝《さら》け出したものでした。

ヒューストンの町には、召集された一般人を訓練するキャンプ・ローガンが設置されていました。この陸軍キャンプの警備を任されたのが第二十四歩兵連隊だったのです。第二十四歩兵連隊は陸軍が設けた数少ない、黒人兵士だけで編成された部隊でした。テキサス州は黒人隔離政策がきわめて露骨に行われていた州でした。そこに黒人だけの部隊が武器を持って警備に現れたのですから、事件が起こるのは必定でした。ヒューストンの町では黒人と白人の隔離を合法とする法律（ジム・クロウ法[*14]）が厳格に施行され、路面電車にもレストランにも公衆トイレにも「白人専用（White Only）」のサインが掲示されていました（前ページ参照）。国家に忠誠を誓う兵士が町に出ると差別（隔離）される環境のなかで、「白人専用」の掲示を無視する兵士が現れるのは時間の問題でした。規制を無視する兵士と、車掌やレストランのマネージャーあるいは警官との間で小競り合いが生まれます。罵り合いから暴行に発展し、黒人兵士が負傷する事件が相次ぎました。

八月二十三日にはそうした事件が二つ連続して起きています。二件目の事件に巻き込まれた兵士は連隊になかなか戻りませんでした。心配した同僚兵士の間で、警官に射殺されたとの噂が広がってしまいます。射殺の事実はなく、件《くだん》の兵士は帰隊しましたが、黒人兵士の怒りはもはやコントロールできないほどに昂揚していました。指揮官のキーンランド・スノウ少佐が落ち着いて隊に留まるよう命令しましたが、興奮した兵士たちを制御することはできませんでした[*15]。

支給されているスプリングフィールド銃で武装したおよそ百人の兵士が町に繰り出し、ヒューストン警察、州兵そして市民との銃撃戦を展開しました。兵士たちは二時間後に隊に戻っています。二時間の戦いで、四人の警官と白人市民十一人が死亡し、十一人が重傷を負っています。黒人兵士も四人が命を落としています。黒人兵士グループのリーダー格であったヴィダ・ヘンリーは事の重大さをわかっていたのか、自ら命を絶っています[*16]。

軍法会議にかけられた兵士は六十三人にのぼっています。十一月一日から二十二日間にわたる裁判で、弁護人は軍と市民の協力関係を維持できなかった責任はヒューストン警察にあると主張しましたが、十一月末に出た判決で無罪となった者はわずか五人でした。十三人に死刑、四十一人に終身刑が下され、軽い刑ですんだ者は四人となっています。十三人の死刑囚が絞首刑に処せられたのは十二月十一日の夜明けのことでした[*17]。

ドイツ軍はウィルソン政権の二枚舌がよくわかっていました。民主主義を広めると謳うウィルソン大統領の主張はアメリカ参戦のための虚飾に塗《まみ》れたものだとわかっていたのです。ドイツ軍が、前線やその後方にいる黒人兵士に向けて作成したプロパガンダ用のビラが残っています。航空機で空から撒《ま》かれたものでした。[*18]

「アメリカ陸軍の黒人兵士諸君に告ぐ：黒人兵士諸君。こんなところにやって来て、いったい何をしているんだい？　ドイツ兵と戦うためだって？　ではなぜドイツ兵と戦うんだい？　ドイツが君たちに何をしたというんだろう？　あなたたちのお国の白人連中や新聞が、世界に人類愛や民主主義を広めるために、ドイツ人を一掃しろ(wipe out)と言っているんだろう？　ところで民主主義ってなんなんだい？　個人の自由ってことかい？　すべての国民が法の前には平等ということかい？　それじゃあ聞くけど、君たち黒人は自分のお国で白人と平等なのかい？　あなたのお国は自由と民主主義の国なのかい？」

「君らは二等国民ではないのですか？　白人が食事するレストラン、白人が観劇する劇場。そんなところで席をとることができるかい？　豪華なプルマン客車や白人専用列車に乗れるかい？　お国では法律だっていい加減ではないですか？　君らへのリンチが横行しているじゃないですか？」

「ドイツではそんなことはないんだよ。ドイツ人は有色人種が大好きさ。有色人種だってドイツ人として扱っているよ。二等国民扱いなどしやしない。有色人種だって白人と同じ権利を持っている。ベルリンでもどこの町でも有色人種が重要なビジネスの地位を占めている」

「君らはドイツと戦っているけれど、それはウォールストリートの連中のためではないのかい？　彼らはイギリスやフランスやイタリアにとんでもない額のお金を貸し付けているからね。君らは、お国やイギリスにいる大金持ちのために戦っているんだよ（後略）」

**ウィルソンの反女性参政権**

一九一七年一月九日、女性参政権を求める政党（National Woman's Party: ＮＷＰ）の代表者がホワイトハウスでウィルソン大統領と会談しています。ＮＷＰはウィルソンの第一期目就任以来、彼が女性参政権付与に積極的に取り組むことを期待していました。しかしそれがいっこうに進捗しないことに業を煮やし、ウィルソン政権の二期目のスタート（三月）を前にして直談判に臨んだのでした。彼女たちは学者風の風貌を持つウィルソンの理想主義的な物言いから、彼が女性参政権問題に積極的に取り組むだろうと期待し続けてきたのです。しかしウィルソンは消極的な態度に終始しました。

ホワイトハウスを後にしたＮＷＰのメンバーは、ウィルソンが最後に発した皮肉の言葉が許せませんでした。

「ご婦人たち。参政権が欲しかったら世論をまとめたらいかがですか」[19]

ウィルソンは南部民主党の支持を受けてきた大統領です。女性参政権に冷たい南部民主党の態度そのものでした。公的には「この問題は各州が独自に判断すべきである」として逃げの姿勢を見せながら、私的な場面では新聞記者たちに向かって「私は女性が投票権を持つことに強く反対する」と述べていたのです。[20]NWPのメンバーはその日のうちに、ウィルソン大統領が別れ際に発した「挑発の言葉」に応えることを決めました。

翌日（一九一七年一月十日）の午前十時、十二人の女たちがホワイトハウス正門の前に集まっています。もうすぐ三十二歳の誕生日を迎えるアリス・ポールがこのグループのリーダー格でした。彼女たちは手に手にプラカードを携えていました。[21]

「ミスター・プレジデント、あなたは女性参政権問題で何かしてくれましたか？」

「ミスター・プレジデント、私たち女性が自由を持てるまであとどのくらい待ち続ければよいのですか？」

抗議にやって来たNWPのメンバーのほとんどは、伝統的な、そして淑やかな女性のいでたちで現れました。あえて「あるべき女性に相応しい服装」でやって来たのです。女性が直接行動を起こすことは、当時としてはきわめて戦闘的な行為でした。その「武闘性」を見事に覆い隠した「レディーたち」は、その後も毎日ホワイトハウス正門で「穏やかな」抗議を続けたのです。その数はたいてい十二人から十五人でした。彼女たちが静かに掲げるプラカードはウィルソン大統領の二枚舌を皮肉るものばかりでした。

しかしアメリカの参戦の決定で彼女たちの掲げるプラカードにも徐々に強烈な主張が現れるようになります。六月二十日の主張はその典型でした。

「ロシアからの使節に告ぐ：ウィルソン大統領と貴国を訪問しているルート代表はロシアを騙しています。彼らは、アメリカには民主主義があると言い、この戦争に勝つことで民主主義が生き残れる、と主張します。しかし私たちアメリカ人女性はそれを信じません。アメリカでは二千万人の女性が参政権を否定されています。ウィルソン大統領こそが女性の参政権を否定する代表格です。私たちを支持してください。私たちはこの国を自由の国にしたいと考えています。（貴国を訪れている）代表団に言ってやってください。ロシアが連合国の一員として自由な国になる手助けをする、などという前に自国民に自由を与えるのが先でしょう、と」[22]

NWPが引き合いに出した、ロシアへの代表団とは、かつてセオドア・ルーズベルト政権で国務長官を務めたエリフ・ルートを団長とする使節（ルート・ミッション）のことでした。ロシアが三月革命でロマノフ王朝を崩壊させたことは、ウィルソン大統領に参戦の決意を促す口実にはなりました。しかし軍事的にみれば、ロシア暫定政権がドイツとの単独講和に向かう恐れが出たのです。そうした事態を絶対に避けたいアメリカが、ドイツ潜水艦攻撃の危険を顧みずロシアに遣《や》った使節がルート・ミッションでした。

「ワシントン発：一九一七年六月二日　戦時広報委員会（the Committee on Public Information: CPI）は、ルート・ミッションが『あるロシアの港』に無事到着した、と伝えた。これは国務省に入った情報に基づいている。……ルート・ミッションはワシントンをおそらく五月十五日頃に出発している。このミッションには新しく生まれた民主主義国家ロシアに対して無制限の援助を与える権限が付与されている。共通の敵（ドイツ）との戦いを続けるための、そしてまた、士気の低下したロシア国民を鼓舞するためのミッションである。時間との闘いが強いられている使節である……」

（『ニューヨーク・タイムズ』紙、一九一七年六月四日付）

ルート・ミッションはアメリカが戦争に勝つための交渉を委ねられた重要な外交使節でした。女性参政権を主張するグループがそれを皮肉ったのです。彼女たちのメッセージに気づいた群衆は、怒りに任せて抗議の横断幕をずたずたに切り裂いたのでした。この事件をきっかけに警察の取締りが厳しくなっています。六月二十二日に二人が逮捕され、二十六日までにさらに二十七人が検挙されました。罪状は単純な交通妨害でした。

アメリカは参戦を表明して以来、国内の反政府的な言論やデモンストレーション行為に過敏になっていました。ホワイトハウス正門でのデモンストレーション活動が活発化した六月にはスパイ防止法が成立しています（六月十五日）。この法律で、軍隊や政府に対する批判は厳しく制限されることになりました。ここで規定された刑罰は重いものでした。有罪となれば一万ドルの罰金、または二十年以下の禁固刑と決められたのです。この法律でアメリカから言論の自由が消えたのです。

## 続発していた爆弾テロとスパイ防止法

ウィルソン政権が国内の反政府運動に敏感になっていたのには十分な理由がありました。ホワイトハウス前の女性参政権運動家の活動もウィルソン政権にとっては五月蠅《うるさ》いものでしたが、それ以上にこの政権は国内で活発化するテロ活動と先鋭化する労働運動を警戒していたのです。テロ事件はウィルソン大統領が再選を狙っていた一九一六年頃から激しくなっていました。事件の背後にはドイツのスパイ組織の関与が疑われていました。

一九一六年七月二十二日、サンフランシスコのビジネスリーダーが組織した「戦いに備えよパレード（the Preparedness Parade）」で爆弾テロが発生しています。「いつでもヨーロッパの戦いに参加できるよう準備しよう」と訴える集会に続いて、大規模なデモンストレーションの行進が予定されていました。そのパレードに参加する人々を狙い、何者かが時限爆弾を仕掛けていたのです。

五万人を超える参加者が行進を始めたおよそ三十分後の午後二時六分、港にあるフェリー乗り場付近で、鉄パイプ製の時限爆弾が爆発するのです。死者十人、負傷者は四十人を超える惨劇でした。サンフランシスコは労働組合運動が先鋭化していた町でした。労働運動事件でした。過激なボルシェビキ思想のシンパによる犯行と疑われたのリーダーであったトム・ムーニーとウォーレン・ビリングが不確かな証拠で逮捕されています。

サンフランシスコの爆弾事件の記憶も生々しい七月三十日、日曜日の深夜（午前二時過ぎ）、今度は東海岸のニュージャージー州ジャージーシティー（マンハッタンの西を流れるハドソン川の向かいの町）の貨物埠頭ブラックトム・アイランドで爆弾が炸裂しています。マンハッタンの南端からフェリーでわずか十五分の距離にあるブラックトム・アイランドにはイギリスやフランスからの発注を受け、積み出しを待つばかりになっていた大量の火薬や弾頭が積まれていました。

「ブラックトム・アイランドは自由の女神像のすぐ向かいにある小島で、埋め立てによって、ちょっとした半島のような形になっていた。リーハイヴァレー鉄道会社の専用埠頭として使用されていて、大量の火薬や武器が保管されていた。ブラックトム・

アイランドに平底の荷船がやって来て火薬などを積み出すと、それを貨物船に移していたのである[*23]」

「七月三十日深夜、ブラックトム・アイランドで火災が発生した。その火はたちまち鉄道ターミナルに停車していた貨車や荷を積んだ平底船《バージ》を包んでいった。貨車やバージに積まれていた大量の弾薬に火がつき、爆発が次々に起こった。それは花火のように（対岸にある）ニューヨーク市の空を赤々と染めたのだった[*24]」

爆発後のブラックトム・アイランドの様子

仕掛けられた爆弾で火薬に引火し、それが止むことのない誘爆を起こしたのです。その爆発音はマンハッタンで眠りについていた者のほとんどを目覚めさせています。何事かとベッドから這い出たニューヨーカーは、赤々と染まる空を恐ろしげに見つめました。千トンものＴＮＴ火薬、弾頭あるいはダイナマイトの爆発音は九十マイル（百四十キロメートル）先にまで聞こえるほどでした。夜が明けると、自由の女神像には弾頭の破片がいくつも突き刺さっていました。

しかしこれほどの事故の規模にしてはあっけないほどに「事故である」との報道がなされています。この「事故」がドイツの工作であったと被害者が訴えたのは大戦もとうに終わった一九二四年のことでした。[*25] 爆発の揺れはマグニチュード（リヒタースケール）五・五に相当したテロ事件でしたが、この事件はほとんど国民に知らされなかったのです。

ヨーロッパの注文に応える軍需工場や注文品を運び出す埠頭では、その後も不審な事故が相次いでいます。年が明けたばかりの一九一七年一月一日には、同じニュージャージー州トレントンの町にあるローブリング製鉄所（Roebling Steel）が火災を起こしています。この製鉄所は連合国からの注文に追われ、二交代勤務で鉄製ワイヤー、構造物用鉄骨、対潜水艦ネットなどを製造していました。

一月十七日には、またしてもニュージャージー州のキングスランド（現リンドハーストLyndhurst）にある弾薬製造工場が火災を起こしています。この工場はカナダ資本の会社（Canada Car and Foundry Company of Montreal）がロシアからの大量の弾薬と弾頭の注文を受け、マンハッタンに近いキングスランドに急遽立ち上げたものでした。千四百人の従業員で年間三百万発の弾薬をロシア陸軍用に製造していたのです。[*26]

連合国向けに武器弾薬を製造したり供給する施設が、次々と火災や爆発を起こす事態に直面したウィルソン政権が、ドイツの工作を疑うのは当然でした。しかしテロが色濃く疑われる事件はアメリカ国内では、政治的には起きてはいけない事件だったのです。アメリカはあくまで中立国です。一九一六年十一月の選挙でウィルソンが再選できたのはアメリカを戦争に巻き込まなかったという民主党の主張でした（He kept us out of war)。テロ事件の背後にドイツの工作があることを国民に知らせることは、すでに対独戦争が始まっていることの証拠になってしまいます。ウィルソン政権は連続する軍需施設への「攻撃」に静かに耐えていたのです。[*27]

「一九三七年に出版された書によると、一九一五年初頭から一九一七年春にかけての時期に原因不明の爆発や火事に見舞われた工場の数は四十三にのぼっていた。これに加えて、連合国に武器を運ぶ、およそ四ダースもの船舶に爆弾が仕掛けられていたのである[*28]」

一九一七年四月に対独宣戦布告すると、ドイツの工作活動を防止する政策を堂々と進めることができるようになりました。それがスパイ防止法（Espionage Act）でした。アメリカ憲法修正第一条は言論の自由を保障しています。しかし、アメリカ軍を妨害する行為、利敵行為、あるいは軍隊命令の不服従を兵士に煽る行為、徴兵業務を妨害する行為が、スパイ防止法の対象となりました。また利敵行為を煽る郵便物を扱うことを拒否する権限を郵政長官に与えています。ウィルソンは検閲まで可能にしようとしましたが、その条項は議会の反対で削除されています。

一九一八年五月にはこの法律がさらに強化されて煽動防止法（Sedition Act）となり、政府、陸海軍組織、軍人あるいはアメリカ国旗に対する侮蔑的態度や言動が処罰の対象となっています。そうした行為に悪意の存在がなくても処罰される可能性が高くなったのです。郵政長官の権限もさらに強化されました。

「国内のアメリカ国民を保護し、ドイツスパイとの謀略戦争に勝利することを目的とした法律が、アメリカ政府のやり方に同意しない国民、とくに戦争にかかわる政権の外交に批判的な国民に対する武器になってしまった。（中略）社会主義者、無政府主義者、平和主義者、労働運動家、黒人、外国人。彼らがこの法律のターゲットになった。彼らと何らかの交わりを持つ者や、彼らの関与する集会に顔を出した者は、誰もが自動的にこの法律に触れる可能性があった」[*29]

**世論工作**

ドイツの情報工作や破壊活動に対抗して、ウィルソンはスパイ防止法を法律として準備しました。ウィルソンが用意したのはそれだけではありません。国民の意識を対独戦争勝利に向けてまとめあげる新組織、広報委員会（the Committee on Public Information: CPI）を設置したのです。参戦する以上、情報の統制が必要なことは国務省も陸海軍も同意見でした。

「われわれは検閲と広報という二つの機能を、誠実かつ効率的に統合することが可能であると信ずる。そのための機関として広報委員会の設立を提案する」[*30]（国務、陸軍、海軍長官の共同書簡、一九一七年四月十三日）

ウィルソンはこの提案に従って大統領令を発し、CPIを設置しています（四月十三日）。委員長に任命されたのはジャーナリストで従前よりウィルソンの知己であったジョージ・クリールでした。クリールはジャーナリスト出身であるだけに、CPIを検閲機関にすることは嫌いました。ランシング国務長官はCPIが積極的な検閲を実施することを求めていました。しかしクリールは検閲よりも広報が重要だとしてCPIを広報に特化した組織にすることで押し切ったのです。[*31]検閲を望む政治家が一歩引いた理由は簡単でした。スパイ防止法が成立すれば、そこで規定される厳しい罰則条項で、メディアが自主規制を実施するだろうから検閲なしでも十分な効果がある、と考えたのです。[*32]

ただし、海外との交信についてはウィルソン大統領は厳しい態度を見せました。検閲委員会の設置を大統領令で命じています（十月十二日）。CPI委員長であるクリールのほか、国務、陸軍、海軍、郵政局そして戦争貿易委員会（War Trade Board）の代表がメンバーでした。[*33]戦争貿易委員会は戦争目的遂行のために貿易を国家管理としようと、検閲委員会と同日に設置された組織でした。

広報活動に特化することができたCPIは、「一九一六年の選挙で平和を希求すると叫んだ大統領を選出した国を、戦意を鼓舞する銅鑼《どら》が鳴り響き、それに抗議する者を迫害し投獄する国に変貌させてしまった」のです[34]。戦意昂揚のパンフレットが大量に配布されました。印刷物を誰でも読むわけではありません。その問題を回避するためにCPIは七万五千人ものボランティアを雇い、全国の映画館、教会、学校あるいは組合集会所などに送り込んだのです。

彼らに課せられた仕事は単純でした。人の集まる場所で四分間だけ、今次の戦争目的を語ることでした。短く強烈な言葉でアメリカ国民の戦争気分を盛り上げるのです。四分間の語り部は「フォーミニットメン(Four-Minute Men)」と呼ばれ全米各地で活動しました。

「クリールの組織した『フォーミニットメン』は、言ってみればボランティアで構成された軍隊のようなものであった。……クリールは、アマチュア弁士たちが七百五十万回の四分スピーチを行い、(重複を含めると)三億千四百万人に語りかけた、と述べている」[35]

七万五千人もの無垢なボランティア弁士たちは全米で、繰り返しこの戦争の重要性を語り、国内における利敵行為に厳しい警告を発したのです[36]。一九一七年はアメリカから言論の自由が消えた年でした。このことを象徴する事件がNWPのリーダー、アリス・ポールの逮捕でした。ホワイトハウス前で女性参政権を求める抗議活動を続けてきたNWPも、その活動を止めることができる法整備の環境が整ったことで、検挙の対象になったのです。アリス・ポールが逮捕されたのは一九一七年十月二十日のことでした。ウィルソン政権は、「フォーミニットメン」の派遣で全国民の戦意昂揚を図りながら、ホワイトハウスの前での抗議活動をそのままにすることはできませんでした。

アリスに下された判決は禁固七ヵ月でした。収監されたアリスは抗議のハンガーストライキに入っています。体重わずか九十五ポンド（四十三キログラム）のアリスは、パンと水以外の一切の食事を拒んだのです。これによって世間の注目が集まることを期待した行動でした。獄吏は精神病棟への移送をちらつかせ、食事を摂らせようとしましたが、彼女はそれを拒否し続けたのでした。医師たちが無理やりチューブを使って流動食を摂らせ生命を維持させています。彼女が自由の身になったのは判決で下された期間よりわずかに早い、入監から五ヵ月後のことでした。[*37]

アメリカから言論の自由が消えかかっていること、アメリカが情報統制にやっきになっていること。そのことをランシング国務長官と厳しい交渉を続けていた石井菊次郎子爵は敏感に感じていたに違いありません。ドイツの情報工作や破壊工作にナーバスになっているアメリカ政界や産業界に対して配慮した発言をしています。

アリス・ポールが逮捕されるおよそ一ヵ月前の九月二十一日金曜日、石井はワシントンのナショナル・プレス・クラブで講演しています。*38 そのスピーチは石井の気遣いを感じさせるものでした。

「過去十年以上にわたって、貴国でもわが国でも、いや全世界で、極東と極西（Far West）にある二つの国（注：アメリカと日本）を分断しようとするプロパガンダが進められてきました。両国間に定められた条約やあるいは相互理解を破壊し、二つの国に不信や疑念といった非友好的な感情を作り出そうとする動きです。その目的はたった一つ、ドイツにとって有利な状況を作り出すためです」

「これまでの十年余の彼ら（注：ドイツ情報機関）の仕事は楽なものでした。世界中に日本は軍事的野望を抱いているとか、日本は二枚舌を使っているとかの話を溢れさせたのです。……今、この時点でもドイツの秘密工作員が私やあなた方の耳元で、囁《ささや》いているかもしれません」

「彼らは工作活動にありとあらゆる手段を使ってきます。ところが（ドイツは）何をしているかがよくわかる大失態を演じてくれました。メキシコと日本を巻き込もうとしたツィンメルマン暗号の露見です。われわれが油断している隙に混乱を企んでいたのです」

石井は、ドイツによる情報工作に対するアメリカの警戒感の高まりを好機として、日本への理解を得ようと工夫したスピーチを続けました。石井は次のように続けています。ランシングとの交渉についても言及したのです。

「『日本は支那市場を閉ざす』『（日本は）支那を抑圧し強奪する』『（日本による）極東の支配』『アジア的モンロー主義』『支那における資源と領土の政治的そして軍事的征圧』。こんな言葉が飛び交っています。われわれの使節は、世界が戦争に苦しみ、利己を忘れた友好が求められる時に、そして文明そのものが危機に晒され、われわれの、そしてあなた方の祖先が、名誉のため、国のために戦えとお墓の中から叫んでいる声が聞こえる時に、ワシントンにやって来ました。ところがその目的は、日本は（貴国の）傭兵であって、今次の戦いに協力する見返り額の交渉にやって来た、と誹謗するものがいるのです」

「まさかこの非難に対して皆さんは、私に釈明しろ、などとは言いますまい。皆さん自身で自らの心に問うてください。真実を求める誠実な心でその答えを問うてください」

（スピーチ原文は英語。邦訳は筆者）

## ロシアの裏切りと「母国なき軍隊」

アメリカが参戦を決め、国内の戦意昂揚に躍起になり、日本の軍事協力を求めていた一九一七年。この年のヨーロッパ戦線は連合国にとって暗いニュースが続いていました。各地で劣勢が続いていたのです。アメリカの部隊の到着はまだまだ先のことでした。

パリ北東およそ百十キロメートルにあるシュマン・デ・ダーム（Chemin des Dames）にフランス軍が大規模な攻勢をかけたのは四月十六日のことでした。この丘陵の尾根は一九一四年末にドイツ軍が占領し、爾来、連合軍の反攻を防いでいた重要な戦略地点でした。この日、フランス軍がイギリス軍のサポートを得てその奪回を図ったのです。しかしドイツ軍の塹壕は採石場の跡を利用した強固なものでした。それに加え、十分な数の新型機関銃ＭＧ０８・１５が備えられていたのです。ＭＧ０８・１５は攻撃型の重機関銃ＭＧ０８を軽量化し、防御の戦いにも機動性を発揮できる改良型機関銃でした。

この戦いを指揮するロベール・ニヴェル将軍は自信に溢れていました。この攻勢に準備した兵力は百二十万、五千の砲に二百の戦車を動員しています。この戦場の広がりはおよそ八十キロメートル。ドイツ軍の陣形は航空機で調べ上げていたのです。「われわれは勝利の方程式を持っている」と将軍は豪語していました。彼はこの大規模な攻勢が始まることを隠そうともしませんでした。誰かれとなくこの計画について語ったのです。ドイツ軍は攻勢開始の二週間前に攻撃プランを入手し対抗策を講じていました。[39]

「攻撃を事前に察知したドイツ軍は準備を怠らなかった。五百万発の砲弾が撃ち込まれたが、部隊を後方にあらかじめ下げておいたり、地中深くにある洞窟や採石跡や尾根の下に深く掘ったトンネルの中で、砲弾をやり過ごしていた」[40]

重火器による砲撃が終わるとフランス軍歩兵の進軍が始まっています。フランス植民地セネガルから召集された黒人部隊（第六十九大隊）の姿もありました。この歩兵をMG08・15が待ち構えていたのです。ドイツ軍はこの新型機関銃を一キロメートルごとに百機の割合で配備していました。[41]フランス軍に襲いかかる銃弾の威力は凄まじいものがありました。一日目の日が暮れる頃には四万の兵士が命を落としていたのです。

わずか一日で失った数としては途方もない数字ですが、動員した兵士の数からすれば少ないと考えたのか、勝利への絶対的な自信があったのか、ニヴェル将軍は同じような攻撃を繰り返しています。彼が戦いを諦めたのは五月九日のことでした。それまでの間に、フランス軍は十八万七千、攻勢を防ぎきったドイツ軍も十六万八千の兵士を失いました。

フランス軍は多大な犠牲者のほかにもう一つ重要なものを失っています。それは戦意でした。ニヴェル将軍の大攻勢は、いっこうに埒のあかない西部戦線に、蟻の一穴を開き、膠着状態を打破することでした。長期にわたる戦いに疲れきっている兵士が、稚拙な指揮に叛旗を翻したのです。第二十一師団の兵士がその口火を切っています（五月五日）。

「兵士の叛乱は野火のように広がった。（中略）兵士の逃亡がそこかしこで見られ、前線へ戻ることを拒否する者が相次いだ。反抗の示威行動も見られたし、あちこちで『インターナショナル』のような革命歌を歌う者が現れた」[*42]

五月十五日、ニヴェル将軍は解任されています。

十一月六日には、イギリス・カナダ軍がパッセンダレ攻略を諦めています。ヘイグ将軍が指揮した、ベルギーの小さな村の丘陵地帯パッセンダレの攻防は七月末から始まっていました。イギリス軍はここを征圧した上で、海岸部まで進出し、Uボートの基地となっているベルギーの港湾部を落としたいと考えていました。ロシアが東部戦線から離脱する可能性を恐れたイギリスが、ドイツ軍の西部戦線強化前に攻勢をかけていたのです。この戦いも、連合国側はその支配地をわずかに広げただけで終わっています。三ヵ月の攻防で連合国側三十二万五千、ドイツ側は二十六万の犠牲を出しています。[*43]

イタリア戦線でも連合国の戦いは押され気味でした。カポレット（イタリア東部の町、現スロヴェニア）の戦いで、毒ガスを使用するドイツ・オーストリア連合軍にイタリア軍が大敗しています（十月二十四日から十一月十二日）。
西部戦線での好転の兆しがいっこうに見えない一方で、東部戦線はより危険な状況にありました。ロシア暫定政府の戦いぶりは、もはや崩壊したといってもよいくらいの状況でした。ロシアが仕掛けた七月攻勢もドイツ・オーストリア軍の反攻で、夏が終わる頃にはロシア領内にまで押し戻されていました。

ロシア軍の劣勢はレーニンに指導されるボルシェビキには権力奪取の好機でした。十一月にはレーニンの指導するソビエトロシアが成立します。レーニンはドイツとの戦いをやめることを決めています。スイスに亡命していたレーニンをロシア領内に連れ戻したのはドイツでした（一九一七年四月）。その目論見どおりでした。両国の交渉は、ドイツはリヒャルト・クールマン外相を、ソビエトロシアはレオン・トロツキーを筆頭の代表として、十二月二十二日からブレスト・リトフスク（現ブレスト、ベラルーシ）で始まっています。

ドイツの強硬な要求にいったんは物別れになった交渉も、ドイツのさらなる軍事侵攻を受けてレーニン政権は屈辱の条約に調印しています（ブレスト・リトフスク条約、三月三日）。レーニンにとって、対ドイツ戦争を終結させるという喫緊の目的は達成できたものの、その代償は大きなものでした。

「ロシアは二十九万平方マイル（注：七十五万平方キロメートル）を割譲した。そこには人口のおよそ四分の一が住んでいた。失った土地での工業生産力は国全体の四分の一を占め、そこからは同国の石炭の九十パーセントが産出されていた」*44

ソビエトロシアがドイツとの戦争を継続するのか、あるいは連合国から脱落し単独講和を結ぶのか、連合国は気が気ではありませんでした。東部戦線からソビエトロシアが脱落すれば、ドイツは西部戦線に兵力を集中できます。ドイツはロシアの穀物や石炭の利用も可能になります。連合国にとってブレスト・リトフスク条約の調印は由々しき問題でした。さらに連合国の頭を悩ます問題がありました。ロシアに送られていた連合国の武器がドイツに渡る可能性があったのです。ロシアの港にはアメリカや英仏のファイナンスでロシアが買い付けた武器が大量に保管されていたのです。

このことを最も恐れたのはデヴィッド・フランシス米駐露大使でした。一九〇四年のセントルイス博覧会では総裁を務め、皇室外交で同博覧会を訪問した伏見宮貞愛《さだなる》親王を直々に案内した人物です。彼はケレンスキー暫定政権に期待していました。ロシアの民主化を信じていたのです。しかしボルシェビキが政権を奪取して以来そのやり方がしだいに明らかになると、その期待は急速に萎んでいきました。アメリカの軍事介入を強く望んだのです。

「ボルシェビキ思想はそれが生まれたところで息の根を止めることが重要である。その理由は二つに要約できる。一つは、もしこの思想がロシア国内に蔓延することになれば、ロシア国内が混乱するのは必至である。第二に、ロシア国民はこれまでつねにアメリカに友好的であったことである。彼らは連合国の対独戦争を支持してきた。ロシア国民がソビエトの支配によって苦しむようなことがあってはならない」[*45]（一九一八年五月二日）

西部戦線で苦しむイギリスやフランスには強い危機感がありました。イギリスはブレスト・リトフスク条約が締結されると間髪を入れずにロシアへの北からの玄関口であるムルマンスクに派兵し、さらに五月二十三日には、モスクワなどロシア中心部により近い軍港アルハンゲリスクへも派兵したのです。この町には混乱を嫌った多くの外交関係者が避難していました。イギリスの派兵には彼らの保護の名目もありました。

ウィルソン大統領はこの年の一月、大戦後の平和原則となる十四ヵ条を議会演説で発表していました。その第六条はロシアの民族自決をことさらに強調したものでした。そのこともあって、理想主義者のウィルソンは、連合国のロシアへの軍事介入には消極的な態度をとり続けました。三年にもわたる戦争。ドイツの攻勢に怯えるイギリスやフランス。両国の現実的な危機感とはまったく異次元にあるかのようなウィルソンの姿がありました。ウィルソンの外交顧問のハウスはより現実的な視点から、ロシアへの武力干渉には消極的でした。「いかなる軍隊をもってしても欧州（東部）やロシアに対独戦線を再建することは、不可能である」[*46]と考えていたのです。

ウィルソン政権がその態度を変えたのは、チェコ軍団とソビエト政権の戦いの始まりでした。現在のチェコとスロバキアは、当時はオーストリア・ハンガリー帝国の一部でした。すでに二十世紀初頭には、オーストリア・ハンガリー帝国の支配を嫌うチェコ人がロシア領土内に移住を始めていました。大戦が始まって組織されたチェコ人部隊はオーストリア・ハンガリー帝国のために戦うことを嫌い、次々とロシアに投降していました。そうしたチェコ人兵士をまとめ上げたのがトマーシュ・マサリクでした。汎スラブ主義を掲げる哲学者が、ロシア暫定政権の承認を得て、対ドイツ戦争を戦う部隊を指導したのです。

しかしブレスト・リトフスク条約で彼らは行き場を失います。ドイツとの戦いをやめることを決めたソビエト革命政府にとっては邪魔な存在になったのです。チェコ軍(Czech Legion)はドイツとの戦いを諦めてはいませんでした。西部戦線への参加を考えたのです。しかし西部戦線への移動のために、ヨーロッパ大陸を西に向かうというわけにはいきません。シベリア鉄道を利用し、ウラジオストックに移動。そこから太平洋を横断しサンフランシスコへ。大陸横断鉄道でニューヨークへ。さらにUボートが遊弋《ゆうよく》する大西洋を越えてフランスの港へ、というとてつもない大移動が必要でした。*47

連合国はチェコ軍の大移動を支援します。「母国なき軍隊」がロシア西部から分散

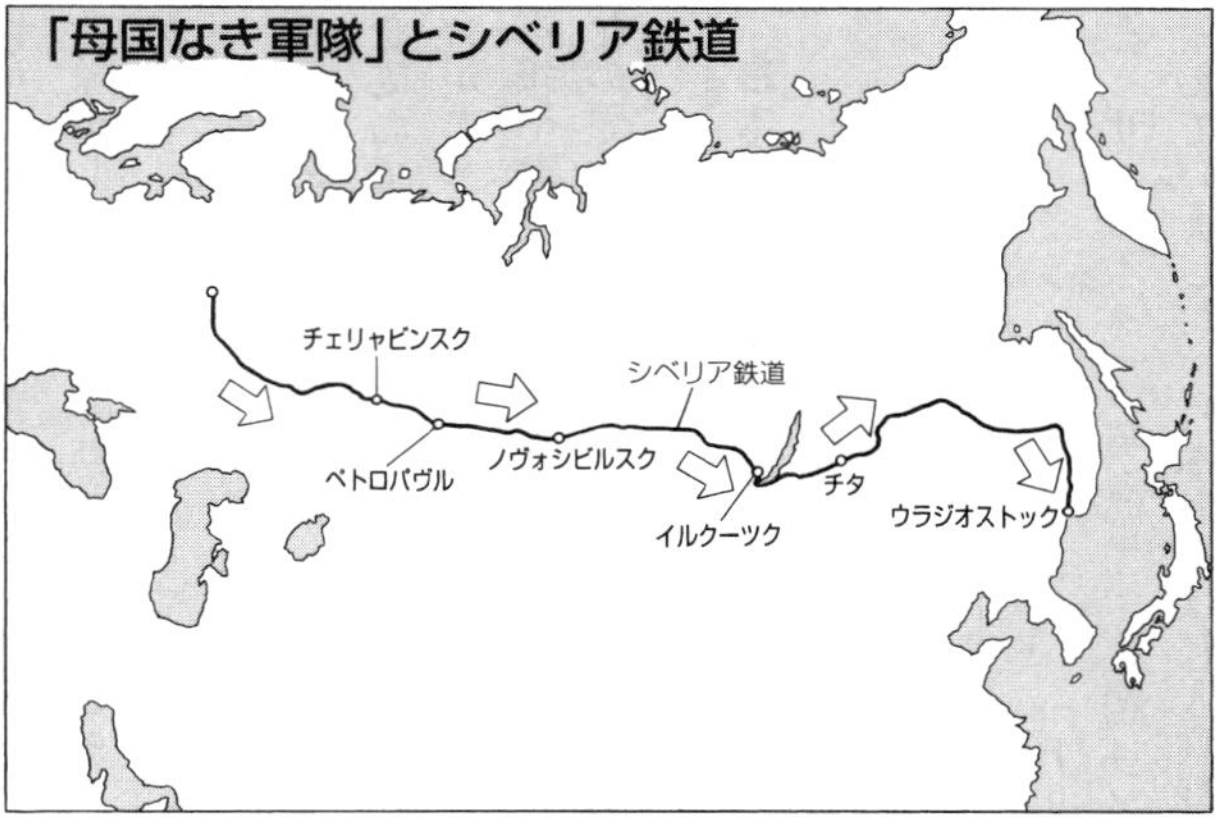


「母国なき軍隊」とシベリア鉄道

して、シベリア鉄道に乗り、ウラジオストックへの旅立ちを始めたのは一九一八年四月のことでした。ドイツはこれを嫌いました。チェコ軍の総数はおよそ四万から五万です。北部ロシアに進駐したイギリス軍との合流を疑い、ソビエト政府に武装解除させることを要求するのです。シベリア鉄道を利用して分散移動していたチェコ軍とボルシェビキの兵士との戦いが始まります。チェリャビンスク（注：二〇一三年の隕石落下で知られる）で始まった小競り合い（五月十四日）がたちまち拡大し、チェコ軍がボルシェビキを圧倒しました。ヴォルガ川以東からウラジオストックまでおよそ六千キロメートルの鉄道沿線を征圧するのです。

　チェコ軍がウラジオストックを占領したのは六月二十九日のことでした。ゴールデン・

ホーン湾に碇泊していた日本、イギリス、さらにはアメリカの艦船からも陸戦隊や海兵隊が上陸してこの動きを支援しました。七月六日にはウラジオストックを連合軍の保護下に置くことを宣言しています。

七月末には、シベリア鉄道（東清鉄道）のマネージャーであった反ボルシェビキ派のリーダー、ドミトリー・ホルヴァース（Dmitri Horvath）にこの町の行政・司法権を委ねています。ウラジオストックにも連合軍からの支援による軍需物資六十五万トンがあっただけに、これがボルシェビキやドイツに渡らなかったことは幸いでした。単線で非効率なシベリア鉄道の輸送力不足で、大量の武器がこの港の埠頭に山積みになっていたのです。[*48]

## 日本を警戒し続けたウィルソンの決断

一九一八年四月四日、ウラジオストック中心部の日本人経営の商店が、武装したロシア人五人に襲われ、日本人三人が射殺される事件が起きています。ボルシェビキの活動はこの極東の港町でも活発化し、治安が悪化していたのです。ウラジオストックのゴールデン・ホーン湾には、一月以来、戦艦「朝日」、同「石見」（日本海軍）、戦艦「サフォーク」（英海軍）、戦艦「ブルックリン」（米海軍）が碇泊し不測の事態に備えていました。日本海軍は邦人殺戮の報を受け、翌早朝五時に二隻の戦艦から陸戦隊を揚陸し邦人保護にあたっています。揚陸の目的が唯一邦人保護にあることは、ロシア官憲と英米領事に通告されました。[*49]

日本人や西洋人が襲われたこの事件はけっして偶発的なものではありませんでした。二月三日から四日にかけて、およそ三十人の軍服を着た暴徒が、市内のベルサイユ・ホテルを襲っています。ホテルから金目のものを強奪し、宿泊客のアメリカ人もパスポートと金品を奪われています。

「こうした事件では多くの場合、日本人が犠牲者であった。事件は日本の軍艦が港に入っているなかでも発生していた。（ボルシェビキの）挑発に日本がどれだけ我慢できるのか誰にもわからない状況であった」[*50]（ジョージ・ケナン）

ボルシェビキ政権は激しく反発しています。

「日本は、ソビエト共和国の不倶戴天の敵として行動しつつある。これに対し他の連合諸国すなわち英米仏伊の諸国政府は果たしていかなる態度をとっているか。（中略）米国政府は日本の侵略には反対のようであるが、事態はいつまでも不明確のままであることを許さない。英国は明らかに日本と提携して、ロシアの破滅を図らんとしている」[*51]

この抗議声明でも明らかなように、この事件ではアメリカ戦艦「ブルックリン」だけは行動を起こさなかったのです。ボルシェビキ政権に対して、その態度を決めかねているウィルソンの迷いの象徴でした。トロツキーはその迷いを利用します。モスクワ米大使館付陸軍武官リッグスと会見したトロツキーは日米離反を仕掛け、「日本はドイツと秘密協定を結んでいると信じている」と伝えたのです（四月六日）。

イギリスとフランスはケレンスキー暫定政権の崩壊以降、ソビエトロシアの戦線離脱を極度に恐れていました。東部戦線にドイツ陸軍を何としてでも留めておきたい。それが英仏両国の願いでした。そのための最も効果的な方法は日本にシベリア出兵させることでした。両国は、米国がそれに否定的な態度であり、また日本も米国の支持のない派兵には消極的であることがわかっていただけに、米国ウィルソン政権に積極的な外交攻勢をかけていたのです。

ロイド・ジョージ首相は、アメリカ自身が日本を誘ってのシベリア出兵を行うことを提議（一九一七年十一月一日）し、フランス首相クレマンソーは、パリでの連合国最高軍事会議に出席しているハウスに対して、ロシア領内で対独戦線を維持するには日本軍を利用すべきだ、と訴えていました。[*52]

執拗に日本のシベリア出兵を認めるよう迫る英仏からの圧力を、ウィルソン政権は頑なに拒んでいます。米国の意向を確認するまで慎重でありたい日本も同様な態度でした。十二月二十七日に佐藤愛麿大使とランシングは会見しています。シベリア出兵はロシア国民をボルシェビキの懐の内に呼び込ませ、かえって逆効果になると、アメリカの考えを伝えています。佐藤大使も、日本政府の考えも同様である、と回答しました。

事態が少しずつ動きだしたのは年が明けた一月一日のことでした。ボルシェビキがウラジオストックを征圧しつつあることに危機感を強めた米国領事が、連合国からの軍艦の派遣を本国に要請したのです。「（ウラジオストックでは）赤軍が編成され、略奪を行い暴動を起こしている。上層階級のロシア人からの干渉および保護」の要請がある、と報告したのです。これを受けてウィルソン政権は、軍艦派遣だけはやむを得ないと決断します。マニラ碇泊中の戦艦「ブルックリン」に対し、ただちに横浜に向かいウラジオストック行きの最終命令を待つように命じました（一九一八年一月五日）。日英の軍艦派遣決定に続いての決定でした。

イギリスはウラジオストック沖に艦船を置いておくだけではまったく不満でした。東部戦線を維持するためには、連合国はシベリア鉄道を確保しなければならないと考え、英国参謀本部は「日本さえ援助を惜しまなければ（シベリア鉄道を）利用し得る」と分析しました。イギリスはそれを実現するためにアメリカへの働きかけを強めています。バルフォア英外相はハウスに対し次のように述べ、シベリア出兵でソビエト政権をドイツ側に接近させてしまうのではないか、と警戒するアメリカに翻意を促したのです。

「ボルシェビストが単独講和を拒否する限り、ある程度の好意を以って彼らを見ている。（中略）しかし彼らが全ロシア人の政府であるという主張は事実に基づいていない[*53]」（一九一八年一月三十日）

フランスもイギリスと同様、アメリカの説得に努めています。三月十二日にフランス政府がランシング国務長官に送った電報は長いものでした。そこには英仏両国が日本にシベリア出兵を求める根拠が明確に述べられていました[*54]。

一、ウラジオストックとハルピ《ママ》ンとの両地点において、シベリア鉄道の終点を占領し、以って連合諸国の貯蔵原を擁護し、ロシアとの軍事上及び経済上の交通路を維持すること

二、北部アジアの鉄道線路の鍵であるチタを占領して、シベリア鉄道の支配権を獲得すること

三、アナキストがドイツ人捕虜の援助を受けて駆逐したイルクーツク及びトムスクにおけるシベリア政権を再建すること

四、ロシアの健全分子のために抵抗と誘《ママ》惑の中心をシベリアに樹立し、南ロシアとの連絡を図らしむこと

五、アジア・ロシアに貯蔵する穀物及び多量の脂肪《ママ》をドイツ人の手の届かないようにし、さらに、トルキスタンの綿花の搬出を防止すること

このフランスからの要請にもアメリカは態度を変えようとはしませんでした。「目下この問題に対する米国の見解及び態度を変更できない」[*55]（三月十六日）と、にべもありませんでした。しかし四月四日の日本人虐殺事件を受けた日英の陸戦隊の上陸、六月末からのチェコ軍のウラジオストック征圧支援のための日米英の陸戦隊上陸と続き、アメリカもシベリア出兵やむなしに舵を切らざるを得なくなるのです。

アメリカは日本がシベリアに進出することを嫌っていました。[*56]シベリアの資源への日本のアクセスを許したくなかったのです。ウィルソン政権は、自らの安全保障には敏感で、既述のとおりメキシコへの政治および軍事介入を行っていました。この政権が軍事介入したのはメキシコだけではありません。一九一五年にはハイチに、その翌年の一六年には隣のドミニカに海兵隊を遣《や》っています。ドイツの影響力の排除やアメリカ人の安全やアメリカ資本の保全がその理由でした。ウィルソンはモンロー・ドクトリンに基づき積極的に軍事介入を進めてきた大統領なのです。しかし、同じロジックを日本が適用することをけっして許そうとはしませんでした。

それでも「母国なき軍隊」チェコ軍を見捨てることは、さすがにできなくなったのです。アメリカのメディアもこの哀れな軍隊の動向を報道していました。ウィルソンが日本のシベリア出兵やむなしと決断したのはウラジオストックがチェコ軍の制圧下に入って間もなくのことでした。出兵のロジックの説明（国民への言い訳）が可能と判断したのです。しかし、日本の単独出兵は容認できるものではありません。ウィルソン大統領が、ランシング国務長官、ジョセファス・ダニエルズ海軍長官らとこの問題を協議したのは七月六日午後二時のことでした。[*57]

この会議はホワイトハウス二階で始まっています。陸軍からはペイトン・マーチ参謀長が、海軍からはウィリアム・ベンソン作戦部長が参加していました。マーチ参謀長はシベリア介入に最後まで懐疑的な姿勢を崩さなかった軍人でした。彼らの前に現れたウィルソン大統領は、立ったまま手に持っていたシベリア出兵決断を伝えるメモを読み上げています。[*58]

「チェコ・スロバキア軍によるウラジオストックおよび西部シベリアの鉄道沿線の征圧、同部隊によるイルクーツク占領、米英仏日の艦船からの陸戦隊の上陸がシベリアの状況を大きく変えた。また連合国最高軍事会議も東部戦線の再構築に期待している」

ウラジオストックで編成されるべき軍の規模は、アメリカ軍七千、日本軍七千であり、公表される派兵の目的はあくまでチェコ軍の支援である。ロシアに対する政治的領土的干渉の意図はまったくないと発表する。

ウィルソンはこう説明すると、出席者の同意を求めたのです。列席者の誰もが頷いているなか、一人マーチ参謀長だけはその首をはっきりと横に振ったのです。

「将軍、君は反対なのかね？　僕には君が反対する理由はわかっている。日本が派兵兵力を七千の規模に抑えるはずがないし、この派兵決定で彼らは領土的野心を一歩も二歩も前に進めるに違いない、というのだろう」

「そうです」と答えた将軍に、「まあ、彼らがどう出るか、見てみようじゃないか(Well, we will take that chance)」と大統領は返したのでした。[*59]

英仏はウィルソンの決断を歓迎したものの、ウィルソンの提示した兵力ではとても足りないと見ていました。より多くの兵力が日本から派遣されるべきだと考えていましたし、日本にはその余裕があることもわかっていました。八月になると、連合軍の部隊が続々とウラジオストックに上陸しています。先行したのは英仏の部隊でした。八月十二日には日本の指揮官大谷喜久蔵大将が上陸し、十五、十六両日にはフィリピンから派遣されたアメリカ軍が加わっています。連合軍全体の指揮を委ねられたのは大谷大将でした。[*60]連合軍中、最大の兵力を出した日本（最終的に七万）が総指揮を任されるのは当然でした。義和団の乱ではドイツの将軍が総指揮官でした。時代は大きく変わっていたのです。

## ドイツ最後の攻勢と敗退　その一

メキシコから呼び戻されフランスに赴任したパーシング将軍が米軍総司令部

(General Head Quarter：GHQ) をパリ南東二百四十キロメートルにあるショーモン (Chaumont) に設営したのは一九一七年九月のことでした。百万人単位で派遣されてくる米国軍を現実の戦闘に参加可能にするためには、英仏軍との命令系統の調整、兵站の確保といった作業に加え、徴兵された素人兵士の訓練という現実的な課題がありました。米国内での派遣前訓練ではとても足りなかったのです。ショーモンの町を選択したのはこのロレーヌ地方で実施される訓練を総監しやすく、またイギリス軍やフランス軍主力が守る中央部から北部の前線と十分に離れていることも理由でした。

イギリスもフランスも、アメリカ陸軍を自らの軍の指揮下に入れた作戦計画を立てたいと望んでいました。たとえばロイド・ジョージ首相は一九一七年末に、ハウスにアプローチし、イギリス軍が訓練を担当し、米軍を英軍のユニットとして戦えないかと、打診しています。しかし、現場での判断をウィルソン大統領やベーカー陸軍長官から一任されていたパーシング将軍は、自らの軍隊を他国の指揮下に編入させることを嫌いました。ただ、後日将軍は第九十三師団に属する四つの歩兵連隊だけは、フランス軍の指揮下に入れることに同意しています。その歩兵連隊は黒人兵士の部隊でした。[*61]

米軍が準備を進めているなか、ドイツは春の大攻勢のプランを練っていました。一九一七年には戦いを有利に進めてきたものの、兵力も底をつきはじめていました。戦争遂行を支える経済力も疲弊し、また何よりも、イギリスの海上封鎖がボディブロウのようにじわじわと効果を表し、ドイツ国民の食料事情がとみに悪化していたのです。ドイツはアメリカの遠征部隊が本格的な参戦の準備を整える前に、一気に戦局を打開しておきたいとの誘惑に駆られるのです。

ドイツ軍の「春の攻勢（Spring Offence）」が始まったのは一九一八年三月二十一日午前四時四十分のことでした。二月の半ばには、東部戦線から、攻勢に十分な数の兵力の移動を終えていたのです。ドイツの最初のターゲットはイギリス軍が防衛する西部戦線北部でした。狙いはフランスのソンム県の町アミアンでした。ここを落とすことができれば、イギリス軍はフランス軍との連携を失いフランドル地方に孤立します。ドイツは六十二個師団を投入するギャンブルに出ました。砲撃の開始から、わずか五時間の間に、広さおよそ三百九十平方キロメートルの攻撃目標に百万発を超える砲弾を撃ち込んだのです。

この日から始まった八日間の戦いでイギリス側は二十万人の戦死、七万の捕虜を出し、ドイツ軍に六十キロメートルの前進を許してしまいます。しかし、アミアンの町をなんとか防ぎきりました。[*62] 四月には再びアミアンの北方にあるリス川（Lys River）沿いにドイツの攻勢がありましたが、それも防いでいます。ドイツはこの二度の戦いで三十三万の兵士を失っています。予備兵力も残り少なくなっていきました。

北部を守るイギリス軍を狙った二度の攻撃に失敗したドイツが、三度目の攻勢をかけたのは西部戦線中央部にあるシュマン・デ・ダームでした。五月二十七日早朝から始まった戦いで、ドイツ軍は圧倒的なスピードでの進軍に成功しています。この戦線は連合国側がつねに攻勢をかけ、ドイツは守勢ばかりでした。ドイツはあえてこの地を選んで攻勢をかけたのです。虚を衝かれた連合軍の崩壊で、ドイツ軍はわずか二日でエーヌ川まで達し、渡河にも成功すると、さらに西進を進め一気にパリまで攻め入ろうとしました。しかしパリまでの侵攻はもともとの計画にはありませんでした。ドイツ軍指導者は焦っていたのです。兵站が延びきっていたため、パリまで八十キロメートルの地点で勢いを失ってしまいます。そこに態勢を立て直した連合軍が反撃に出ます。準備を整えていたアメリカ軍（第一、第二、第三師団）も戦闘に参加しています。

六月六日には、マルヌ川沿いのベローウッドで、改めてパリを目指したドイツ軍をアメリカ第二師団が迎え撃っています。アメリカ軍は五千の戦死者を出しましたが、防衛に成功しています。これがアメリカ軍が本格的に参戦した最初の戦いでした。ドイツ軍はさらに二度の攻勢を試みましたが、いずれも目的を達成することはできませんでした。五月末までにヨーロッパに派遣されたアメリカ軍は六十五万。さらに毎日一万の兵士がアメリカ本土から送られてくる現実と、彼らが前線に姿を現す前にけりをつけなければならない焦燥感。ドイツ軍は「春の攻勢」に失敗したのです。

連合軍が、各国の軍隊の総指揮を委ねる役職を創設したのは一九一八年三月のことでした。それまでは各軍を総合的に指揮する司令塔は存在しませんでした。その任に就いたのはフランスのフェルディナン・フォッシュ元帥でした。ドイツの猛攻を防ぎきった連合国が反転攻勢を開始したのは八月のことでした。

フォッシュは、七月二十四日の各国司令官を集めた会議で、一つの大がかりな攻勢をかけるのではなく、限定的な攻勢を間髪をおかずに連続させるという方針を決めました。ドイツ後方からの兵站補充が弱体化していることから、戦場を拡散させることでロジスティックスの混乱を引き起こす作戦です。また、それぞれの攻撃は各国の指揮官が自国の軍隊を率いて行うことで、指揮官のプライドに起因する命令系統の乱れを防止したのです。

八月八日早朝、ヘンリー・ローリンソン（Henry Rawlinson）将軍指揮下のイギリス第四軍が攻撃を開始しています。狙いはドイツ軍の「春の攻勢」で失っていたアミアン周辺の鉄道沿線に展開する二万人のドイツ部隊でした。カナダ軍、豪州軍も加わった第四軍はその兵力でドイツの六倍。これに加え戦車四百、航空機も八百動員しました。すでに補給線も疲弊していた上に、あまりの圧倒的兵力差の前に、ドイツ防衛網は総崩れとなります。英軍はその勢いにまかせて進軍を続け、これまで崩すことのできなかったドイツ防衛線に突破口を開くことに成功するのです。その幅は二十四キロメートルに及びました。

この日一日の戦いでドイツ軍は二万七千の戦死者を出した上に、一万二千もの投降兵を出すのです。英軍は当初の作戦計画に従い、深追いはしませんでした。ほぼワンサイドゲームに終わった八月八日の戦いは、ドイツ指導者に強烈な衝撃を与えます。ヴィルヘルム二世はエーリヒ・ルーデンドルフ大将に「もう限界だな（We have reached the limits of capacity）[*63]」と呟いています。この日は「ドイツ陸軍暗黒の日となった」（ルーデンドルフ大将）のです。

## ドイツ最後の攻勢と敗退　その二

ドイツ首脳部には、この戦いにいかにして勝利するかなどと考える余裕はもはやありませんでした。どれだけ有利な条件で停戦に持ち込めるか。そのことで頭の中は一杯でした。この翌週の会議で、より有利な停戦の条件を得るには、もう一度戦いに勝利する必要があるとの結論を出しています。しかし連合軍側の勢いは止めようもありませんでした。後に「夏の百日攻勢」と呼ばれる連合軍の猛攻が始まっていました。

九月十二日、五十万を超すアメリカ軍がフランス北東部の町サンミエル（Saint Mihiel）で攻勢をかけています。四万八千のフランス軍が加わっていたものの、パーシング将軍が指揮するアメリカ軍独自の計画による戦いの始まりでした。ここを攻略すれば鉄道網の動脈となる町メッツ（Metz）を脅かすことができます。メッツを落とすことができれば、その先はドイツ本土での戦いになるのです。

アメリカ軍はこの戦いで七千の戦死者を出し、メッツへの進軍はできませんでした。それでも百五十平方マイル（三百九十平方キロメートル）の前線の奪還を成功させています（九月十六日）。ドイツ軍の士気は目に見えて衰えていました。戦死は二千、負傷者は五千でしたが、投降兵士も含めた捕虜の数は一万五千にのぼっています。フランス大統領レイモン・ポワンカレは、アメリカ軍を主力とする初めての戦いの勝利の報に喜びを隠しきれませんでした。ウィルソンに最大限の感謝の意を伝えています。

「アメリカ軍による見事な勝利に賞賛を惜しみません。アメリカ軍は、長きにわたって敵の支配下で喘いでいたロレーヌの町や村を解放してくれたのです。アメリカ国民に、わがフランスからの最大級の感謝の気持ちを伝えたいと思います[*64]」

サンミエルでの戦いを優勢に終えたアメリカ軍は深追いはせず、南に転進し、ミューズ川・アルゴンヌの森での戦いに向かっています。九月二十六日から波状攻撃が始まっています。アメリカ第一、二軍にフランス軍が加わった五十五万がおよそ二十万のドイツ軍を襲いました。この戦いでアメリカ軍は十二万人近い戦死者を出しています。

アメリカ軍が本格的に戦闘に参加したことで、メディアはその戦いぶりとアメリカ兵の犠牲の模様を詳細に報道することになります。同時に、退却するドイツ軍の「非道」ぶりも細大漏らさず伝えるのです。増え続けるアメリカ軍戦死者。村を破壊し、炭鉱を爆破し、置き去りにせざるを得ない軍需品には火を放って退却するドイツ軍。メディアの伝える惨状は、戦争当初に伝えられていたイギリスのプロパガンダ報道の内容と変わるところがありません。[*65] アメリカ全土に散っていた「フォーミニットメン」に格好の材料を提供したのです。

アメリカ世論は、専制皇帝ヴィルヘルム二世に指導されたドイツという国家が敵であるとのウィルソンのロジックを受け入れる余裕を失っていきます。メディアはドイツ民族そのものが野蛮であり犯罪者である、という論調を展開しはじめるのです。

「わがアメリカ兵士はフン族（ドイツ人）を殺している。それは人類のために役立つ行為である。わが兵士は、かの十字軍が味わったに違いない高揚感を味わっているだろう」[*66]（『ノースアメリカン・レビュー』一九一八年八月二十四日）

「ドイツは狂人の作り上げた国家であるという主張は真実のようだ」[*67]（『ニューヨーク・タイムズ』紙、一九一八年十月十五日）

アメリカ兵の犠牲は戦いの現場だけで起きているわけではありませんでした。インフルエンザがヨーロッパとアメリカ大陸で猛威を振るい始めていました。ミューズ川・アルゴンヌの森の戦いでは感染者が続出し、前線から病んだ兵士を戻す作業に追われました。この戦いの死者のうち二万がインフルエンザに倒れた数なのです。第一次世界大戦でのアメリカ軍の犠牲者は十一万五千人強ですが、このうちの半分（五万七千）は病によるものでした。メディアにとってはドイツによって強いられた戦いの犠牲者であることには変わりはありませんでした。

過激化する世論の変化を見逃さなかったのは対独強硬派の共和党議員でした。その筆頭はロッジ上院議員でした。ロッジは共和党大会やワシントン議会で、ドイツの徹底的破壊こそがウィルソンの構想する国際連盟より効果があると訴えたのでした。ドイツ領土内まで侵攻した完全なる軍事的勝利。これによってしか真の平和は確保できない。そのためにはドイツに無条件降伏させる必要がある。それが彼の主張でした[*68]。アメリカ各地に組織されていた戦争協力ロビーもロッジの考えに共鳴しています。「国家安全連盟（the National Security League）」「国家統一連盟（the League for National Unity）」「アメリカ防衛協会（the American Defence Society）」「百パーセント・アメリカクラブ（the One hundred Percent Club）」。こういった組織がドイツの無条件降伏を叫んだのです[*69]。

ドイツはドイツ本土での戦いが日に日に迫るなかで、停戦のタイミングを計っていました。仇敵であるイギリスとフランスがきわめて厳しい条件を出してくるのはわかりきったことでした。ドイツ首脳部はアメリカ政府がどのような態度で停戦交渉に臨んでくるのかが気がかりでした。ウィルソン大統領がこの年の一月に議会で発表した「十四ヵ条の平和原則」[70]がそれを推測するヒントでした。

オーストリア皇太子暗殺事件からドミノが次々と倒れるように世界大戦に発展したこの戦いでは、どの交戦国もその戦争目的を正式な声明として出していませんでした。ウィルソンの一月の議会演説が唯一のものでした。ドイツが頼ったのは彼の演説の後半部分でした。十四ヵ条の平和原則など、この時期のドイツにとってはどうでもよいことでした。ドイツに厳しい態度、つまり無条件降伏をアメリカが要求するか否かが、重大な関心事だったのです。ウィルソンは次のように述べていたのです。[71]

「われわれは、ドイツの偉大さに嫉妬していないし、この計画にはドイツの偉大さを損なう要素はまったくない。われわれは、ドイツの実績や、あるいは羨望に値する輝かしい経歴を、ドイツに与え《ママ》た傑出した学問や平和的事業を、何も妬んでいるわけではない。われわれは、ドイツを傷つけたり、ドイツの正当な影響や力を、いかなる形でも阻止したりすることを望んではいない。ドイツが正義と法と公正な取引の盟約によって、われわれと世界平和を愛する諸国家と連携する意志があるなら、われわれは兵器によってにせよ敵対的協定によってにせよ、ドイツと戦うことは望まない。われわれが望むのは、ドイツが支配者の地位ではなく、今われわれが住む新しい世界の諸国民の間の平等な場所を受け入れることである」

「そしてまた、われわれは、ドイツの諸制度のいかなる変更ないしは修正をも提案するつもりはない。だが、われわれが率直に言っておかなければならないことがある。われわれがドイツとの間に何らかの知的な関係を持つための前提として必要なことがある、ということである。それはドイツの代弁者がわれわれに向かって発言する時、それは誰のために発言しているのか、ドイツ議会の過半数のためなのか、あるいは軍事政党と帝国的支配を信条とする人々のためなのかを理解する必要がある、ということである」（傍点筆者）

ウィルソン大統領の演説のこの部分は、停戦を願うドイツ指導者にとって一縷の望みを抱かせるものでした。それでも、アメリカ国内に跳梁し始めたロッジ議員に代表される無条件降伏を主張する勢力の台頭は気になるものでした。「十四ヵ条の平和原則」の発表はまだドイツが優勢だった時期になされたものでした。ドイツの劣勢が明らかになった今、ウィルソン政権が強気な姿勢にいつ転じてもおかしくないのです。その憂慮を緩和させたのは九月二十七日の大統領演説でした。ウィルソンはこの日ニューヨークのメトロポリタンオペラ劇場で国民に向けてのメッセージを発したのです。[*72]それは勝利を確信したリーダーが敗者に向けて発するメッセージでもありました。

国民に改めてこの戦争目的を語る、として始まったスピーチはたちまちドイツ政府への激しい批判に変わっていきます。

「いかなる交渉や妥協の作業をしたとしても、同盟国の政府との間で和平の実現は難しいと考える。同盟国（枢軸国）がブレスト・リトフスクやブカレスト（注：ルーマニアを降伏させた条約を指す）で見せた態度を見れば、われわれがなぜそう考えるかを説明するまでもない。同盟諸国政府には誠実さも公正さも感ずることはできない。（中略）われわれはこのような政府とは、どのような合意も形成することはできない。彼らのやり方を見ればそう考えざるを得ないのである。ドイツ国民はこのことを肝に銘じなくてはならない。アメリカに戦争を強いた政府のいかなる言葉も受け入れられるものではない」

これは明らかに政体の変更を要求する声明でした。しかしこの激しいドイツ政府あるいはドイツ同盟国批判にもかかわらずウィルソンは「無条件降伏」という言葉を使わなかったのです。ウィルソンはさらに続けて、今後合意される平和維持のための約束事の実行にあたって、アメリカが積極的役割を果たす（assume its full share of responsibility）と約束しました。

藁《わら》にもすがりたいドイツ指導層がウィルソンの二度の演説から導き出した答えは、「ドイツは政体を変え、国民を代表する政府を樹立する。その上で新政府と連合国の間で結ばれる合意は、アメリカが責任を持って遂行させるに違いない」というものだったのです。敵愾心と復讐心に燃える英仏が見せるだろう強欲な要求を、アメリカが抑制してくれるかもしれないのです。ドイツは自らに都合よくウィルソンのメッセージを解釈して、それに国運を賭けたのです。そうでなければベルリンが陥落するまで戦い、完全に敗北するしか道は残されていませんでした。

メトロポリタンオペラ劇場での演説は、激しい調子のドイツ非難で国内の対独強硬派の機嫌をとる一方で、「無条件降伏」を口にせずドイツを誘い込んで停戦交渉のきっかけを作りたいウィルソンの高等戦術だったのです。対独強硬論は共和党がこの年の十一月の上下院議員選挙を睨んだ選挙戦略の一環であることをウィルソンは知っていました。「無条件降伏」まで踏み込んで、彼らの要求に屈したかのような印象を与えることは避けたかったのです。

ドイツが停戦を求めてきたのはメトロポリタンオペラ劇場でのスピーチからしばらく経った十月六日のことでした。予想どおり、「十四ヵ条の平和原則」と「メトロポリタン・スピーチ」を交渉の原則とすることを前提にした停戦の申し込みでした。[*73]

## あせりの停戦交渉

ドイツ首脳部はウィルソンの「二つの演説に隠されたメッセージ」にすがるような思いで改革を進めます。ヴィルヘルム二世は、バーデン大公国プリンス、マクシミリアン・フォン・バーデンを宰相に指名（十月一日）すると、反戦の急先鋒であった政党ＳＰＤ（the Social Democratic Party of Germany 社会民主党）に政府閣内に参加するよう求めています。バーデンの十月三日の停戦提案を、ウィルソンがワシントンで受けたのが六日でした。

ドイツは、イギリスにもフランスにも停戦提案を伝えていません。ウィルソンに提案を持ちかけることで、彼が「十四ヵ条の平和原則」と「メトロポリタン・スピーチ」をベースにした和平交渉にあたってくれることを期待したのです。バーデンはウィルソンの支持を得ようと矢継ぎ早に民主的改革に着手しています。十月五日にはその方針は議会（the Reichstag）の過半数の支持を得ています。二十二日から二十三日にかけて、ドイツを立憲君主制に変更し、より民主的な国家に変えるために法制度を変更しています。

さらにメディアが飛びつきそうなニュースも提供しています。収監されていたＳＰＤ最左派の共産主義者カール・リープクネヒトを釈放（十月二十三日）し、その三日後には陸軍主戦派ルーデンドルフ大将を更迭したのです。ルーデンドルフが陸軍幹部に対して戦争継続、停戦提案拒否を命じていたことが更迭の理由でした[*74]。

閣内に入ったＳＰＤが発表したマニフェスト（十月十八日発表）が残っています。

「ドイツは専制国家から民主主義国家への道を歩む。国民の意思こそが最も崇高な法である。この戦争の惨禍を一刻でも早く収束させるため停戦を申し込み、ドイツが正義に基づく和平の実現と国家再建の準備ができていることを宣言する。これはわが社会民主党が開戦以来主張してきたことである」[*75]

このマニフェストこそが、ドイツがウィルソンに発したメッセージそのものともいえるのです。しかしウィルソンの反応は鈍いものでした。ドイツが対米工作を優先していることを知った英仏が、徹底的な軍事的優位の確保を改めて主張すると、英仏の対独強硬派にアメリカの強硬派も加わり、巨額な賠償金要求の声が高まったのです。アメリカの国内世論も、ウィルソン政権の実施した効果的なアンチ・ドイツのプロパガンダに染まっていました。その世論が生ぬるい停戦条件を容認するはずもありませんでした。[*76]十月末になっても交渉はいっこうに進展を見せませんでした。

ドイツ国内の停戦を望む者にとって、ウィルソンが動かないことは不気味なことでした。彼らのあせりは日に日に高まっていきます。その苛立ちのなかで、ウィルソンはよりドラスティックな改革のニュースを待っているのではないかとの観測が広まるのです。これまでに実施した以上の民主化とは、ヴィルヘルム二世と彼の分身のようなヴィルヘルム皇太子の退位、そして皇帝を取り巻く軍人グループの排除にほかなりませんでした。しかしヴィルヘルム二世が退位など受け付けるはずもありませんでした。最高司令部のあるスパ（Spa ベルギーの町）に引き籠もり軍指導者に囲まれることを選択したのです。

事態を急変させたのは厭戦ムードが蔓延していたキール軍港で起きた水兵の叛乱でした。ドイツ海軍最後の決戦を命じる指揮官に対して反旗を翻したのです。この騒乱はたちまちドイツ北部都市に伝播し、各地で労働者や兵士が革命委員会（レーテ）を組織していきます。政府内で責任ある立場となったSPDには、より過激な独立社会党（USPD）やスパルタクス団からの圧力も強まります。SPDは政権内部にいることはむしろ不利であると判断します。

SPDがバーデンに最後通牒を発したのは十一月七日でした。この日はソビエトロシアのボルシェビキ革命の記念日でした。通牒はSPDの政府内における権限の強化と皇帝の退位を要求するものでした。二十四時間以内に受諾されなければ政府を見捨てると脅したのです。SPDがバーデンを見放したのは九日のことでした。この日に過激派であるUSPDがゼネラルストライキを計画していたのです。バーデンはこうした圧力のなかで皇帝ヴィルヘルム二世の退位を発表しました。しかし何もかも手遅れでした。宰相の地位を同党の指導者フリードリヒ・エーベルトに譲るよう迫るSPDの要求を受け入れざるを得なかったのです。十一月十日にはSPDとUSPDによる社会主義者が指導する政権が樹立されます。

SPDがバーデンに最後通牒を発した十一月七日の午後九時頃、三台の車が北部フランスの町ラ・カペル（La Capelle）に近い、砲弾で穴だらけになった道を西に走っていました。そこはドイツが支配する最前線の町でした。三台の車はここから対峙するフランス軍占領地域に向かうのです。先頭の車は白旗を掲げていました。陸軍士官が一人立ち上がったままで軍隊用トランペットを吹き、小刻みの高い音を鳴らし続けていました。この三台が戦いの車両ではないことを知らせていたのです。[77]

代表団を迎えるフォッシュ元帥

車にはドイツ停戦交渉団が乗っていました。バーデンはマティアス・エルツベルガー（カソリック中央党 Cathoric Central Party）を代表に指名し、連合国との停戦交渉に向かわせました。前線の中間地帯（Noman's Land）を何事もなく越えることができた代表団はフランス占領地側の鉄道駅に案内されると、待ち受けていた客車に乗り込んでいきました。これから始まる夜行の旅に寝台が用意された特別車両でした。[78]

翌朝七時に交渉団はパリ北東部コンピエーニュ

シュ元帥が待ち受けていました。元帥のプライベイトサロンカーに案内された一行が、(Compiègne) に入っています。そこには連合軍最高司令官フェルディナン・フォッ元帥との交渉に臨んだのは午前九時のことでした。

エルツベルガーはウィルソンが停戦交渉に何らかのイニシアティブをとることを期待していました。しかしそれは見事に裏切られました。ウィルソンはハウスを通じて、停戦交渉をフォッシュ将軍に委ねていたのです。フォッシュがドイツに厳しい態度で臨むのはわかりきっていたことでした。

「(フォッシュが突きつけた) 条件はドイツの抵抗を完全に封じ込めることが目的であることは明らかだった。ドイツはフランス、ベルギー、アルザス・ロレーヌからの撤退に加え、ライン川流域の主要都市を含むラインランドに連合国軍の駐留を許すものであった。……大量の武器の引き渡しも決められた。機関車五千に一万の貨車、一万の軍用トラック。その上、海軍艦船とUボートも引き渡さなければならなかった。(こうした条件にもかかわらず) 連合軍は海上封鎖を止めないのである」[*79] (傍点筆者)

「ドイツ政府に屈辱感を与える片務的条件もあった。たとえばドイツは連合軍の捕虜すべてを解放しなくてはならないが、連合軍は戦争犯罪人 (と見なされる捕虜) は解放しないというものであった[*80]」

ドイツを完全に丸腰にしようとする要求にエルツベルガーは強く抗議します。これではドイツの食糧事情はますます悪化するし、ボルシェビキの叛乱に対抗のしようがないと主張したのです。フォッシュはこれには少しばかり譲歩しています。ドイツ軍に引き渡しを要求した機関銃三万のうち五千はドイツ政府がそのまま保有しても構わないというものでした。[*81]ドイツ国内の状況が緊迫しているなか、エルツベルガーには何一つ交渉材料がありませんでした。十一月十一日午前五時、停戦条件を承諾し調印したのです。停戦が発効するのはこの六時間後と決められていました。

## 大統領の決断：パリへ

西部戦線でドイツ軍と睨み合う兵士たちの間でも、停戦交渉が進行していることは噂にはなっていました。しかし停戦が本当に実現するのか誰にもわからない日々が続いていたのです。前線のアメリカ軍兵士たちが将校から一枚の紙片に書かれた指示を受け取ったのは十一月十一日早朝のことでした。そこには次のように書かれていたのです。

「すべての前線において11／11／11をもって停戦する。ジョン・J・パーシング[*82]」

四年あまり続いたこの戦いは、十一月十一日午前十一時に止むことが決まったと伝えられたのです。この日の十一時を迎えることのできた兵士たちは生きていることとの幸運を噛みしめています。

「あの日の興奮はけっして忘れられるものではない。空に停戦を知らせる砲が響くのを待って塹壕から這い出た。どこにも身を隠すところのない荒野に立って（敵のいる前線に）歩き出した。陽の光を受けて恐る恐る前に進んだ。地面がいつ崩れるかを心配するような歩みであった。靄《もや》の向こうに最初に見えたものは、宙に舞っているドイツ兵のヘルメットや軍帽であった。尾根の向こうにはドイツ兵が狂喜のダンスを始めているのが見えた[*83]」

千五百六十三日続いた第一次世界大戦が終了したのです。

　パリも停戦の知らせに興奮しました。十一時きっかりに祝砲が響き、教会の鐘が一斉に響き渡ります。ビルの小窓から誰かれとなく投げる小さな三色旗と星条旗は、あたかも空から降ってきたようでした。パリ市民はバルコニーから身を乗り出して、あるいは屋根の上に立って、「平和万歳（Vive la Paix!）」と叫びます。パリオペラ座のバルコニーからは『ラ・マルセイエーズ』の歌声が聞こえ出し、数万の人々がそれに唱和したのです[*84]。

　アメリカ国務省に停戦合意の報が届いたのは、十一日の東部時間午前二時二十五分のことでした。これを受けて、政府はメディアに東部時間午前六時をもって停戦となることを伝えたのです（二時五十分）。三時頃にはアメリカ東部の町々で人々が騒々しい物音を聞いて眠りから覚めています。夜明けが近づくにつれ、外に出てくる人々の数は膨れ上がります。みな、フライパンや、ヤカンや、牛の首につけるほどの大きな鈴など、音の出せるものを手に手に持ち、喜びの打音を町に響かせたのです。なかには大きなブリキのゴミ箱まで持ち出してそれを叩く者もいるほどでした。夜が明けるにしたがって、教会の鐘や、車のクラクションが加わり、アメリカ国民もパリ市民に劣らず狂喜したのです。

「この年は例年になく寒い秋であったにもかかわらず、十一月十一日はアメリカのほとんどの町が春のような日和に恵まれた。（中略）太陽が移動し各地の町が夜明けを迎えると、人々は窓を開け星条旗の小旗を振り、屋根に上り電話帳を細かくちぎった紙吹雪を舞わせた」*85

　停戦の知らせに沸いた日から三週間が過ぎた一九一八年十二月四日、マンハッタン対岸のホーボーケン埠頭で、客船ジョージ・ワシントン号がウィルソン大統領を待っていました。ジョージ・ワシントン号は一九〇八年にドイツ帝国が帝国最大の汽船として建造した客船でした。当時、世界でも三番目の大きさを誇る最新鋭客船でした。一九一二年にタイタニック号が衝突することになった氷山をいち早く発見すると、その危険を周辺の船舶に知らせた船でした。大戦の勃発に伴いアメリカに鹵獲《ろかく》され、アメリカの参戦によって接収されると、アメリカ兵士をフランスに運ぶ輸送船に転用されていました。ドイツ帝国の誇りであった二万五千トンの客船が、パリで開催されることになった連合国会議に出席するウィルソンを運ぶのです。旧ドイツ客船に大統領を乗せることを企てたのはフランクリン・ルーズベルト海軍次官でした。[*86]

七台のプルマン客車と乗客の手荷物を載せた二台の貨車がホーボーケン四番埠頭に到着したのは午前七時二十分のことでした。普段は貨車だけが使う埠頭駅に大統領がやって来たのです。中央の客車から下車する大統領夫妻を、数千の兵士、警察官、シークレットサービスが厳重にとり囲み、万全の態勢で夫妻の安全を確保していました。降車する二人を音楽隊が国歌吹奏で迎えています。[*87]

ホーボーケン埠頭を望むことのできる対岸のマンハッタン島左岸には一万を超す見物客が押し寄せていました。未曾有の惨禍をもたらした大戦の決着をつける交渉に向かう大統領を一目見ようと集まったのです。アメリカの歴史上、大統領がその職にある時期に国を空けるのは初めてのことでした。

ウィルソン大統領夫妻とともに、アメリカ交渉団のメンバーもジョージ・ワシントン号に乗船していきました。領土問題が主要議題になるだけに、バルカン半島やアルザス・ロレーヌ地方、ロシア、トルコなどの地勢に詳しい地図製作の専門家や経済学者も同行しています。交渉のアドバイザーとなる陸軍省高官にCPIのジョージ・クリールも混じっていました。交渉団の人物はみな民主党系の人物でした。共和党系のアドバイザーはイギリス、ドイツ両国に広い人脈を持つ外交官ヘンリー・ホワイト一人でした。

共和党は十一月五日の選挙で多数派に躍進しています。上院では民主党より二つ、下院では四十八多い議席を獲得していたのです。上院共和党のリーダーは対独強硬派の筆頭ロッジ議員でした。ロッジはウィルソンが、パリの会議にどのような態度で臨むのか見極められずにいました。宥和的な対独姿勢は容認できるものではありません。「ロッジは旅の準備に忙しくしているホワイトを出発の二日前に訪れ、自らの考えを伝えた。そしてホーボーケン行きの特別列車にホワイトが乗り込む数時間前には、彼の主張を書き込んだ九ページのメモを渡している。ロッジはホワイトにこのメモをフランス首相クレマンソーなどのヨーロッパの連合国首脳に手交するよう要請した。（パリでウィルソンが何を言おうが）ウィルソンの主張はアメリカの多数派の意見ではないことを伝えるためであった[*88]」

ロッジはドイツを物理的に戦争のできない国にすると主張していました。世界支配を目論むようなことは二度とさせない。それが彼の信念だったのです。この日、ロッジの盟友セオドア・ルーズベルトも入院先のニューヨークの病院からウィルソンへの警戒の言葉をメディアに向けて発しています。「大統領はこの旅でいったい何をしようとしているのか。彼は何一つ語っていない」。ルーズベルトは停戦の実現した日に激しい座骨神経痛の痛みでニューヨーク市内の病院に担ぎ込まれていたのです。

午前十時十五分、ジョージ・ワシントン号は埠頭を静かに離れていきました。五隻の駆逐艦に先導されたジョージ・ワシントン号がスターテン島までやって来るとアメリカ海軍最新鋭の超弩級戦艦「ペンシルバニア」（三万千九百トン）に率いられた艦隊が護衛についたのでした。

二十一発の礼砲が駆逐艦から放たれ、旅の無事と交渉の成功を祈っています。[*89] 出港するジョージ・ワシントン号は、港に入ってくる客船と遭遇しています。わずか五十メートル足らずの距離で交差した客船は帰還兵を満載していました。デッキでは鈴なりの兵士が歓声を上げ、ジョージ・ワシントン号にいつまでもいつまでも手を振り続けました。

パリでの交渉がどのようなものになるのか、議会の多数派となった共和党の幹部もそして大統領自身もわかりはしませんでした。しかしただ一つ、誰にもはっきりしていることがありました。ドイツに対するアメリカの態度が厳しいものになろうが、宥和的なものになろうが、ドイツはもはやアメリカの安全保障を脅かす国ではなくなったことでした。アメリカ軍部が想定した対独戦争プラン「ブラック計画」はその実質を失ったのです。

ドイツの敗北で、アメリカの安全保障に最も厄介な大西洋と太平洋の二正面からの攻撃を受ける事態は消えたのです。大西洋にはもはやアメリカの安全を脅かす国はないのです。残る一国は、太平洋を自由気ままにコントロールする海軍力を持ち、アメリカ西漸運動の結晶フィリピンを囲い込んでしまった「オレンジ色の国」日本だけでした。

**◉原註**

＊1　Glen T. Cullen, Preparing for Battle: Learning Lessons in the US Army during World War 1, A thesis University of Rochester, 1985, p4.
＊2　Zimmermann Telegram: The Original Draft, p25.
＊3　World War 1 and the Great Migration 1915–1920, New Jersy State Library HP. http://slic.njstatelib.org/NJ_Information/Digital_Collections/AAHCG/unit9.html
＊4　James W. Walker, Race and Recruitment in World War1, *Canadian Historical Review*, LXX, 1, 1989, 電子版 p2.
＊5　http://web.viu.ca/davies/H355H.Cda.WWI/Race%20and%20Recruitment%20in%20World%20War%20One.pdf
＊6　World War 1 and the Great Migration 1915–1920, p1.
＊7　Race and Recruitment in World War 1, p1.
同右　pp5–6.

＊8　Lee Ho Yin and John R. Crampton, The Chinese Go West in WW1, p3.
http://www.heritageworldmedia.com/downloads/pdfs/War%203%20Draft.pdf
＊9　同右　p11.
＊10　John Buescher, East St. Louis Massacre, Teachinghistory. org HP.
http://teachinghistory.org/history-content/ask-a-historian/24297
＊11　この事件の模様は以下の YouTube にアップされた映像でも確認できる。
http://www.youtube.com/watch?v = w7lakXXyMBs
＊12　The East St. Louis Riot.
http://www.pbs.org/wgbh/amex/garvey/peopleevents/e_estlouis.html
＊13　同右。
＊14　Jim Crow Law アメリカ南部州で公共施設の利用を白人種と黒人種で分離することを認めた法律。一九六四年まで存在した。
＊15　Fred L. Borch III, Lore of the Camp, *The Army Lawyer*, Feb. 2011, 電子版 p1.
http://www.stcl.edu/library/1917riot/Borch.pdf
＊16　同右　p1.
＊17　同右　p2.
＊18　http://historymatters.gmu.edu/d/6655/
＊19　Belinda A. Stillion Southhard, Militancy-Power and Identity, *Rhetoric & Public Affairs*, Vol. 10 #3 2007, p399.
＊20　Mary Walton, Alice Paul, *Harvard Magazine*, Nov-Dec. 2010.
＊21　Militancy-Power and Identity, p400.

＊22 同右 p409.

＊23 Francis MacDonnel, *Insidious Foes*, Oxford University Press, 1995, p16.

＊24 同右 p16.

＊25 Oregon Public Broadcasting, History Detective, p2.
http://www-tc.pbs.org/opb/historydetectives/static/media/transcripts/2011-05-16/607_blacktomshell.pdf

＊26 *Insidious Foes*, p16.

＊27 一九三〇年ハーグ国際法廷で、ドイツ政府に対する賠償を求める訴訟の判決が下っている。原告は本文にある火災の被害者リーハイヴァレー鉄道会社、Canada Car and Foundry Company およびその保険会社である。九月三十日に下された判決で、証拠不十分とされドイツ政府の責任は問えないとした。判決詳細は国際連合の下記サイトで閲覧可能である。
http://untreaty.un.org/cod/riaa/cases/vol_VIII/84-101.pdf

＊28 Michael Warner (CIA History Staff), The Kaiser Sows Destruction, *CIA Studies in Intelligence*, Vol. 46 no1, 2007, p7.

＊29 Ann Hagedorn, *Savage Peace*, Simon & Schuster, 2007, p30.

＊30 平体由美「第一次世界大戦時アメリカ合衆国における戦争広報」（『札幌学院大学人文学紀要』第67号、二〇〇〇年）五頁および一八頁。

＊31 同右、五―六頁。

＊32 James Mock and Cedric Larson, *Words that won the War*, Princeton University Press, 1939, p42.

＊33 同右 p80.

＊34 *Savage Peace*, p28.

＊35 Four Minute Men: Volunteer Speeches During World War 1. http://historymatters.gmu.edu/d/4970/

＊36 *Savage Peace*, p29.

＊37 同右 pp47-48.

＊38 石井の講演内容テキストは以下のサイトを参照。http: /net. lib. byu. edu/estu/wwi/comment/japanvisit/JapanC08. htm#30

＊39 Matt Leonard, Chemin des Dames, *Military History*, March 2012, pp64-65.

＊40 同右 p65.

＊41 同右 p65.

＊42 同右 p66.

＊43 イギリスＢＢＣサイト。http://www.bbc.co.uk/history/worldwars/wwone/battle_passchendaele.shtml

＊44 Kennedy Hickman, World War I: Treaty of Brest-Litovsk. http://militaryhistory.about.com/od/militarystrategies/p/World-War-I-Treaty-Of-Brest-Litovsk.htm

＊45 Donald Wayson, Woodrow Wilson's Diplomatic Policies in the Russian Civil War, Thesis of University of Toledo, 2009, pp37-38.

＊46 池田十吾「日本のシベリア出兵をめぐるアメリカの態度（1）」（『日本政教研究所紀要』第六号、昭和五十七年三月）三—四頁。

＊47 Woodrow Wilson's Diplomatic Policies in the Russian Civil War, p46.

＊48 Benjamin Isitt, The Siberian Expedition, *Legion Magazine*, 2008 November 22.
＊49 池田十吾「日本のシベリア出兵をめぐるアメリカの態度（3）」（『国士舘大学政経論叢』第五十二号、昭和六十年）一三九頁。
＊50 George Kennan, *The Decision to Intervene*, Princeton University Press, 1958, pp60-61.
＊51 「日本のシベリア出兵をめぐるアメリカの態度（3）」一四〇頁。
＊52 「日本のシベリア出兵をめぐるアメリカの態度（1）」三頁。
＊53 同右、二五頁。
＊54 池田十吾「日本のシベリア出兵をめぐるアメリカの態度（2）」（『日本政教研究所紀要』第七号、昭和五十八年）三二頁。
＊55 同右、三三、三四頁。
＊56 *The Decision to Intervene*, p81.
＊57 同右　p395.
＊58 同右　p396.
＊59 同右　p397.
＊60 カナダ陸軍ホームページ。「歴史部レポート」No83, Allied Intervention in Siberia 1911-1919, 1959, p8.
＊61 Richard W. Stewart ed., American Military History Vol. 2: The U. S. Army in World War 1; 1917-1918, Center of Military History United States Army, pp27-28.
http://www.history.army.mil/books/AMH-V2/AMH%20V2/chapter1.htm
＊62 同右　p29.
＊63 C. Edmund Clingan, *The Lives of Hans Luther*, Lexington Books, 2010, p26.

＊64　*American in the Great War Vol. 2, The Battle of Saint Mihiel,* Michelin & Cie, 1920, p7.
＊65　Stephen A. Schuker, Woodrow Wilson vs. American Public Opinion, University of Virginia HP, p4.
https://collab.itc.virginia.edu/access/content/group/bf18c8cb-75a1-4dc1-8d3e-109c2cea5178/schuker.woodrow-wilson-vs-american-public-opinion.lib-iss.pdf
＊66　同右　p5.
＊67　同右　p5.
＊68　同右　p5.
＊69　同右　p5.
＊70：十四ヵ条の平和原則は左記のアメリカ大使館ＨＰに邦文がある。
http://aboutusa.japan.usembassy.gov/j/jusaj-majordocs-fourteenpoints.html
＊71　引用は右記サイトに拠った。
＊72　スピーチ全文は一九一八年九月二十八日付『ニューヨーク・タイムズ』紙にある。
＊73　Woodrow Wilson vs. American Public Opinion, p6.
＊74　Douglas Newton, Days of Hope: from the Peace Resolution to the Armistice, 1917-1918, Mackillop College History Department Textbook.
mkc.nsw.edu.au:3390/ PDFs/ GERMANY TEXTBOOK PDF/ Chapter1text.pdf
＊75　同右。
＊76　同右。
＊77　同右。
＊78　同右。

＊79　同右。
＊80　同右。
＊81　同右。
＊82　*Savage Peace*, p3.
＊83　同右　p3.
＊84　同右　p5.
＊85　同右　p7.
＊86　同右　p20.
＊87　同右　p19.
＊88　同右　p22.
＊89　同右　p20.

# おわりに

わずか二十年ほどの歴史の描写に原稿用紙九百枚を費やしてしまいました。それでも本書を読了してくださった読者の方々には、その理由を理解していただけたものと信じています。

一八九八年にアメリカがフィリピンを領土化したことで、日米は国境を接しました。日本領台湾とアメリカ領フィリピンを分かつバシー海峡はわずか百五十キロメートルです。この時に日米の関係に大きな地殻変動が起きたのです。しかし、この歪みで蓄積を始めたエネルギーがその圧力に耐えられなくなって爆発するのはまだまだ先のことです。

しかしその爆発の原因を本当に理解するためには、エネルギーの蓄積過程そのものを丁寧に追いかけなければなりません。蓄積の原因は複合的であるだけに、整然と腑分けして読者に提示することは簡単な作業ではありません。それでもこの難しい課題への挑戦で、読者の方々に歴史解釈のヒントが少しでも提供できたとすれば望外の喜びです。

描写された日本の姿は多くの読者に強い違和感を感じさせたに違いありません。しかし、アメリカの為政者や軍人やジャーナリストの目に映る日本は、日本人には理解しがたいプリズムを通って、醜い恐ろしい姿をしていたのです。「はじめに」でも述べたように、このプリズムの存在に気づくためには、歴史を読み解く視座をアメリカに移さなければなりませんでした。それだけでは十分でなく、ドイツにも、イギリスにもその視座を移動する作業が必要だったのです。

アメリカ人の対日本観は、日本の対支那外交への不快感と、日本人移民への反感という二つのファクターに歪められました。この二大要因に、オレンジ計画を練っていた海軍の思惑、支那市場に対してオープンドア政策を主張してきた米産業界や金融界、あるいは支那で活動していた日本嫌いの宣教師の感情が重なりました。その結果、日本の実像とは似ても似つかない醜い虚像が彼らの心の銀幕に映し出されていたのです。投影されたその姿をさらに醜悪にしたのが、ドイツ外交（米日離反政策）だったのです。

日本人にはとうてい理解しがたい「虚像の日本」を、近年報告された研究成果や、当時の資料を使って再現しようと試みたのが本書です。私の試みの成否にかかわりなく、歴史を内省的にだけ語ることの限界と、その危険性だけでも伝えることができれば、それだけでも十分意味があるのではないかと思っています。

私は当初この作品をパリにおけるベルサイユ条約締結の場面で終えようと考えていました。条約が成るまでの人間模様まで書き込み、ウィルソン大統領が、なぜ日本の全権牧野伸顕《のぶあき》の人種差別撤廃提案を一顧だにしなかったのかを明らかにして筆を擱《お》こうと考えていました。しかし私はウィルソンのパリに向かう旅立ちの光景を描くところでその作業をやめることにしました。パリでの交渉の内幕を書かずとも、その「なぜ」に対する私なりの回答は十分に示すことができたと確信したからです。

それでも次の作品ではパリでの各国の駆け引きの模様は具体的に描かなければならないと思っています。そしてまたアメリカの日本人排斥を決定づけた排日移民法（一九二四年）にも触れなければならないと考えています。それがいつになるのか私自身にもわかりません。まだまだ未読の文献が山積しています。本書に最後まで目を通していただいた読者の皆様に感謝しつつ、この課題に挑みたいと考えています。

私儀になりますが、脱稿前に二人の大事な人を亡くしてしまいました。処女作『日本開国』以来いつも背中を押してくださっていた歴史家鳥居民先生と、理屈抜きで私の執筆活動を応援してくれてきた母が、年明け早々に冥界に旅立ってしまいました。私の筆が遅かったことを悔やむばかりです。本書を霊前に捧げたいと思います。

また今回も草思社の増田敦子さんに励まされること多々でした。この場を借りて深く御礼申し上げます。

二〇一三年春

渡辺惣樹

# 文庫版あとがき

本書は拙著『日米衝突の根源』（二〇一一年）の続編として上梓した作品を文庫化したものである。幸いに第二二回山本七平賞（奨励賞）を頂戴した。私はこの受賞は本作品単独であったとは思っていない。前作『日米衝突の根源』と併せての受賞だと考えている。それぞれが独立した作品として読者の理解が得られるよう工夫したが、両作品とも「日米衝突の種」の生成過程をテーマにしている。本書だけの読者には前作『日米衝突の根源』にも併せて目を通していただきたいと願っている。

さて歴史叙述には二つのプロセスがある。一つは重要な歴史事実の把握であり、もう一つはその合理的解釈過程である。前者はいってみれば生データのインプット作業であり、後者はその演算過程である。間違ったデータをインプットしたらいかなる優秀なコンピューターでも間違った解を出す。正確なデータをインプットしたとしても、あるいは重要なデータが入力されなければその演算プログラムが拙《まず》ければ誤った解になる。近現代史を扱う歴史書には多くの場合このどちらかの、あるいは両方のプロセスに難がある。

**書き換えが進む近現代史：生データの重要性**

例えば、本書を読了した読者は、日米関係の理解に桂・タフト協定の存在とその成立の経緯をしっかりと把握することの重要性を理解されたはずである。何故ならこの協定によってアメリカは、日本が極東で指導的立場をとることを明確に容認したからである。むしろそのように指導したと言ってもよい。一九〇五年七月二十七日[*1]の朝に桂太郎首相とロバート・タフト陸軍長官の間で交わされた密約だが、言うまでもなくセオドア・ルーズベルト大統領の意向に沿ったものである。

大統領は、米国のモンロードクトリンを日本が極東外交において適用することを積極的に支援していた。その意志はポーツマス条約交渉時に米国に特使として派遣された金子堅太郎にも伝えられていた

日本が（極東において）アジア型モンロードクトリンによる外交を進めることで、ヨーロッパ勢力がアジアに触手を伸ばすことを抑制できる。（中略）私（セオドア・ルーズベルト）はその日本の動きを全力で支える。大統領を辞めた後でも引き続き支援していく。[*2]

消極的であった日本の対朝鮮、清国、ロシア外交が二十世紀初頭からよりアグレッシブになったのはセオドア・ルーズベルト政権が日本の背中を強く押したからである。米国のこの方針は若干の変質は見せたものの、高平・ルート協定（一九〇八年）、石井・ランシング協定（一九一七年）と受け継がれていった。日本の朝鮮併合も、南満州鉄道を基盤にした支那大陸東北部への進出もアメリカの外交的了解と後押しの中で遂行されたのである。このアメリカの姿勢はパリ講和会議（一九一九年）まで変わらなかった。これ以降米国の対日外交は次第に冷ややかになっていった。通俗的な表現をすれば「梯子を外された」のであった。それが、日本国内の反米感情を生み、たとえ米国の後押しがなくてもアジア解放を求める動きとなった。だからこそ、大川周明や北一輝の思想や行動は、アメリカ対日外交の心変わりの歴史を踏まえたうえで解釈されなくてはならないといえる。

それでは日本のアジア外交を桂・タフト協定の存在を無視《スルー》して描写するとどうなるか。「日本の対アジア外交の積極化は日本の帝国主義的変質が原因だ。そうした傾向をあおったのは北や大川などの過激な民族主義者だ。日本はヨーロッパ勢力の帝国主義的植民地政策を真似て、極東アジアの帝国支配を始めた」などと書いてしまうことになる。もっともらしい説明であるが、実際の歴史的経緯とはまるでかけ離れた歴史解釈となる。

その典型が高校の歴史教科書「世界史B」である。同書は、桂・タフト協定の存在を指摘しない。日本のアジア外交の変質をセオドア・ルーズベルト政権の対日外交政策という外部ファクターに触れないままで説明する。これが、日本の戦前は問答無用に悪かったとする所謂《いわゆる》「自虐史観」の生成原因の一つとなっていることは言うまでもない。

桂・タフト協定は本書でも書いたように密約であった。およそ二〇年後の一九二四年八月に外交史家タイラー・デネットがその存在を発見し発表した。もしデネットの密約文書発掘がなかったら、日本の近現代史は永久に「世界史B」的な解釈が続くことになっていた。日本外務省も密約本文を保存していないからである。この一件をもってしてても生データとしての重要事件や文書を捨象して歴史を語ることが如何《いか》に危険であるかが理解できよう。

この例からわかるように近現代史には未公開史料が多いのである。

真珠湾攻撃以前にアメリカは日本の帝国海軍暗号（JN25）を解読できていなかったとされている。しかし、一九四一年十二月初めの時点でどこまでの解読が完了していたのかは明らかにされていない。暗号解析は突然にゼロから一〇〇パーセントの解読状態になるのではない。ジグソーパズルを解くようにつなぎ合わせていく作業である。

一〇〇パーセント解読できたのは一九四二年に入ってからであったと了解するとしても、それでは真珠湾攻撃前の時点でどこまでの解読ができていたのか。ある程度解読できた文書は存在するのではないか。もし八割がたの解読ができていたのなら、アメリカは真珠湾攻撃を事前に知っていた可能性が高くなる。こうした資料が公開されれば、近現代史は書き換えが必要となる。

この事例からもわかるように近現代史は常に書き換えられる性質のものなのである。(なおJN25解読に関連する資料は一九三九年六月から一九四一年十一月末にかけての分が消えており、隠蔽が疑われている)[*3]

## 書き換えが進む近現代史：歴史解釈「プログラム」の修正

近現代史解釈におけるもう一つの問題は歴史解釈「プログラム」の不具合である。第二次世界大戦後はリベラル国際主義による歴史解釈が主流になった。この思想は大戦期の連合国の戦争動機や指導を是とし、その結果出来上がった戦後の国際協調の枠組み（国際連合、ＩＭＦ、世界銀行など）を絶対善とする。換言すれば、フランクリン・ルーズベルト大統領とウィンストン・チャーチル首相が共産主義国家の首魁《しゅかい》ヨセフ・スターリンと手を携えた外交を是とする。日独伊三国を中心とした枢軸国は「極悪人」として語られる。要するに現代における歴史解釈は、リベラル国際主義的「演算プログラム」によって導き出されたものなのである。

しかし今リベラル国際主義は急速にその勢いを失っている。英国のＥＵ脱退（ブレグジット）もドナルド・トランプ大統領の登場もその傾向を示す現象である。こうした動きに連動するようにリベラル国際主義的善悪の判断を内包する歴史記述への疑念が高まっている。少し前までは、このような態度をとる歴史家はたちまち侮蔑的な意味で「歴史修正主義者」と罵倒された。歴史捏造は言語道断だが新たに発見された「生データ」を使って歴史を修正する行為をなんら恥じることはない。歴史解釈プログラムからリベラル国際主義というバイアスを除去したうえで、新たな解釈を開陳することに何ら躊躇《ちゆうちよ》する必要はない。事件の連鎖をあくまでも（倫理的善悪の判断抜きで）合理的に解釈する歴史「演算プログラム」を使って近現代史を語る歴史家は確実に増えている。

本書及び前作『日米衝突の根源』を読了された読者は、筆者が本来的な意味での「歴史修正主義」に立って歴史著述をしていることに気付いてくれるはずである。そうした作業にイデオロギーは不要である。

ただ母国に対する愛情を捨て去ることは難しい。可能な限り冷静な描写を心がけたが、私の記述にいささかでも日本びいきを感じることがあれば、そのことに対する批判は甘んじて受けたいと思っている。祖国への愛情はイデオロギーではないからだ。
　本書の文庫化にあたっての編集作業に麻生泰子さん、草思社編集部の藤田博さんのお骨折りをいただいた。この場を借りて謝意を伝えたい。

二〇一八年　秋

渡辺惣樹

---

＊1：協定の成立を七月二九日と書く史書もあるがこれはタフトがルート国務長官に報告した日である。Raymond A. Esthus, The Taft-Katsura Agreement-Reality or Myth?, *The Journal of Modern History* 31, March 1959, p46

＊2：James Bradley, *The China Mirage*, Little Brown, 2015, p74

＊3：http://corregidor.org/crypto/chs_crypto1/jn25. htm

farsightedness of Secretary Lansing, with whom it was my privilege to associate in so pleasurable a way. It is my firm belief that so long as the two governments maintain a perfectly appreciative attitude toward each other, so long as there is no lack of statesmanship to guide public opinion, the reign of peace and tranquillity in our part of the world will remain unchallenged.

Mission, was given out by the Japanese Embassy:

My final departure from Washington affords a fit occasion for me to express once more to the American people my deep sense of gratitude for the cordial reception and hospitality accorded to the Special Mission of Japan. The spontaneous and enthusiastic manifestations of friendship and good will toward us on all hands have profoundly impressed not only the members of the Mission, but the whole Japanese people. The kindly feeling and fraternal spirit always existing between the two nations have never been more emphatically testified to.

Believing, as I do, in frank talking, I have tried as best I could in my public utterances in this country to tell the truth and the facts about my country, the aspirations and motives which spur my nation. For to my mind it is misrepresentation and the lack of information that allow discordance and distrust to creep in the relationship between nations. I am happy to think that at a time when the true unity and cooperation between the Allied nations are dire necessities it has been given me to contribute in my small way to a better understanding and appreciation among the Americans with regard to Japan.

The new understanding in regard to the line of policy to be followed by Japan and America respecting the republic of China augurs well for the undisturbed maintenance of the harmonious accord and good neighborliness between our two countries. It certainly will do away with all doubts that have now and then shadowed the Japanese-American relationship. It can not fail to defeat for all time the pernicious efforts of German agents, to whom every new situation developing in China always furnished so, fruitful a field for black machinations. For the rest, this new understanding of ours substantiates the solidity of comradeship, which is daily gaining strength among the honorable and worthy nations of the civilized world.

It is a great pleasure for me to add that this declaration has been reached as an outcome of free exchange of frank views between the two governments. I can not pay too high a tribute to the sincerity and with due regard to relative resources and ability, showed the same spirit of sincerity and candor which characterized the negotiations resulting in the exchange of notes.

At the present time, it is inexpedient to make public the details of these conversations, but it may be said that this government has been gratified by the assertions of Viscount Ishii and his colleagues that their government desired to do their part in the suppression of Prussian militarism and were eager to cooperate in every practical way to that end. It might be added, however, that complete and satisfactory understandings upon the matter of naval cooperation in the Pacific for the purpose of attaining the common object against Germany and her allies have been reached between the representative of the Imperial Japanese navy who is attached to the Special Mission of Japan and the representative of the United States navy.

It is only just to say that success which has attended the intercourse of the Japanese Commission with American officials and with private persons as well is due in large measure to the personality of Viscount Ishii, the head of the Mission. The natural reserve and hesitation which are not unusual in negotiations of a delicate nature disappeared under the influence of his open friendliness, while his frankness won the confidence and good will of all. It is doubtful if a representative of a different temper could in so short a time have done as much as Viscount Ishii to place on a better and firmer basis the relations between the United States and Japan. Through him the American people have gained a new and higher conception of the reality of Japan's friendship for the United States, which will be mutually beneficial in the future.

Viscount Ishii will be remembered in this country as a statesman of high attainments, as a diplomat with a true vision of international affairs and as a genuine and outspoken friend of America.

### Viscount Ishii's Statement

The following statement by Viscount Ishii, head of the Japanese Special to take advantage, commercially or industrially, of the special relations to China created by geographical position, the representatives of Japan have cleared the diplomatic atmosphere of the suspicions which had been so carefully spread by our enemies and by misguided or overzealous people in both countries. In a few days the propaganda of years has been undone, and both nations are now able to see bow near they came to being led into the trap which had been skilfully set for them.

Throughout the conferences which have taken place Viscount Ishii has shown a sincerity and candor which dispelled every doubt as to his purpose and brought the two governments into an attitude of confidence toward each other which made it possible to discuss every question with frankness and cordiality. Approaching the subjects in such a spirit and with the mutual desire to remove every possible cause of controversy the negotiations were marked by a sincerity and good will which from the first insured their success.

The principal result of the negotiations was the mutual understanding which was reached as to the principles governing the policies of the two governments in relation to China. This understanding is formally set forth in the notes exchanged, and now made public. The statements in the notes require no explanation. They not only contain a reaffirmation of the open door policy, but introduce a principle of non-interference with the sovereignty and territorial integrity of China, which, generally applied, is essential to perpetual international peace, as clearly declared by President Wilson, and which is the very foundation also of Pan Americanism as interpreted by this government.

The removal of doubts and suspicions and the mutual declaration of the new doctrine as to the Far East would be enough to make the visit of the Japanese Commission to the United States historic and memorable, but it accomplished a further purpose, which is of special interest to the world at this time, in expressing Japan's earnest desire to cooperate with this country in waging war against the German government. The discussions, which covered the military, naval and economic activities to be employed

There had unquestionably been growing up between the peoples of the two countries a feeling of suspicion as to the motives inducing the activities of the other in the Far East-a feeling which, if unchecked, promised to develop a serious situation. Rumors and reports of improper intentions were increasing and were more and more believed. Legitimate commercial and industrial enterprises without ulterior motive were presumed to have political significance, with the result that opposition to those enterprises was aroused in the other country.

The attitude of constraint and doubt thus created was fostered and encouraged by the campaign of falsehood, which for a long time had been adroitly and secretly carried on by Germans, whose government as a part of its foreign policy desired especially to so alienate this country and Japan, that it would be at the chosen time no difficult task to cause a rupture of their good relations. Unfortunately there were people in both countries, many of whom were entirely honest in their beliefs, who accepted every false rumor as true, and aided the German propaganda by declaring that their own government should prepare for the conflict, which they asserted was inevitable, that the interests of the two nations in the Far East were hostile, and that every. activity of the other country in the Pacific had a sinister purpose.

Fortunately this distrust was not so general in either the United States or Japan as to affect the friendly relations of the two governments, but there is no doubt that the feeling of suspicion was increasing and the untrue reports were receiving more and more credence in spite of the earnest efforts which were made on both sides of the Pacific to counteract a movement which would jeopardize the ancient friendship of the two nations.

The visit of Viscount Ishii and his colleagues has accomplished a great change of opinion in this country. By frankly denouncing the evil influences which have been at work, by openly proclaiming that the policy of Japan is not one of aggression, and by declaring that there is no intention

(Signed) ROBERT LANSING.
His EXCELLENCY, VISCOUNT KIKUJIRO ISHII,
*Ambassador Extraordinary and Plenipotentiary*
*of Japan, on Special Mission.*

Note from the Japanese Ambassador to the Secretary of State
THE SPECIAL MISSION OF JAPAN,
*Washington, Nov. 2, 1917*

Sir:
I have the honor to acknowledge the receipt of your note today, communicating to me your understanding of the agreement reached by us in our recent conversations touching the questions of mutual interests to our governments relating to the republic of China.

I am happy to be able to confirm to you, under authorization of my government, the understanding in question set forth in the following terms:

[Here the special Ambassador repeats the language of the agreement as given in Secretary Lansing's note].

(Signed) K. ISHII,
*Ambassador Extraordinary and Plenipotentiary*
*of Japan on Special Mission.*

HONORABLE ROBERT LANSING.,
SECRETARY OF STATE.

**Secretary of State Lansing's Statement.**

In his statement accompanying the announcement Secretary Lansing said:

Viscount Ishii and the other Japanese Commissioners who are now on their way back to their country have performed a service to the United States as well as to Japan which is of the highest value.

In order to silence mischievous reports that have from time to time been circulated it is believed by us that a public announcement once more of the desires and intentions shared by our two governments with regard to China is advisable.

The governments of the United States and Japan recognize that territorial propinquity creates special relations between countries, and, consequently, the government of the United States recognizes that Japan has special interests in China, particularly in the part to which her possessions are contiguous.

The territorial sovereignty of China, nevertheless, remains unimpaired, and the government of the United States has every confidence in the repeated assurances of the Imperial Japanese government that while geographical position gives Japan such special interests they have no desire to discriminate against the trade of other nations or to disregard the commercial rights heretofore granted by China in treaties with other powers.

The governments of the United States and Japan deny that they have any purpose to infringe in any way the independence or territorial integrity of China, and they declare, furthermore, that they always adhere to the principle of the so-called "open door" or equal opportunity for commerce and industry in China.

Moreover, they mutually declare that they are opposed to the acquisition by any government of any special rights or privileges that would affect the independence or territorial integrity of China or that would deny to the subjects or citizens of any country the full enjoyment of equal opportunity in the commerce and industry of China.

I shall be glad to have Your Excellency confirm this understanding of the agreement reached by us.
Accept, Excellency, the renewed assurance of my highest consideration.

# THE LANSING-ISHII EXCHANGE OF NOTES, 1917

As a culmination of the labors of the Imperial Japanese Mission to the United States, under the leadership of Viscount Ishii, in its conversations with the American Department of State under Secretary of State Robert Lansing, an agreement was reached on November 2, 1917. This important state paper setting forth this agreement has been hailed in Japan and the United States alike as of happiest augury for the peace of the world, as defining permanently the relations of Japan and the United States in regard to China, and as assuring definitely the status of China before the nations. The Lansing-Ishii agreement is the crown of the high achievements of the Imperial Mission. It will take its place in living history beside the celebrated Root-Takahira agreement, and will long share renown with the John Hay correspondence originally proclaiming the "open door" in China.

The agreement follows, and with it are included the illuminating comments of Secretary of State Lansing and Viscount Ishii.

Following is the State Department's announcement:

On Friday. November 2, 1917. the Secretary of State and Viscount Ishii, the special Japanese Ambassador, exchanged at the Department of State the following notes dealing with the policy of the United States and Japan in regard to China:

**Note from the Secretary of State to the Japanese Ambassador**

DEPARTMENT OF STATE,
*Washington,* NOV. 2, 1917.
Excellency:
I have the honor to communicate herein my understanding of the agreement reached by us in our recent conversations touching the questions of mutual interest to our governments relating to the republic of China.

＊本書は、二〇一三年に当社より刊行した著作を文庫化したものです。

草思社文庫

日米衝突の萌芽 1898 - 1918

2018年10月8日　第1刷発行

著　者　渡辺惣樹

発行者　藤田　博

発行所　株式会社 草思社

〒160-0022　東京都新宿区新宿 1-10-1
電話　03(4580)7680(編集)
　　　03(4580)7676(営業)
　　　http://www.soshisha.com/

印刷所　株式会社 三陽社

付物印刷　株式会社 暁印刷

製本所　大口製本印刷 株式会社

本体表紙デザイン　間村俊一



ISBN978-4-7942-2354-8　Printed in Japan